11

欧阳予倩研究资料

OUYANGYUQIAN YANJIUZILIAO

苏关鑫 编

中国社会科学院
文学研究所 总纂

中国文学史资料全编

现代卷

知识产权出版社

内容提要：

欧阳予倩，现代著名艺术家、戏剧教育家，我国话剧的开拓者和戏剧运动的创始人之一。本书分生平与文学戏剧活动，创作自述与戏剧主张，研究评论文章选辑，资料目录索引等四个部分，全面收集了关于欧阳予倩的研究资料。

责任编辑：马 岳　　　　**装帧设计：**段维东

图书在版编目（CIP）数据

欧阳予倩研究资料/苏关鑫 编.— 北京：知识产权出版社，2009. 6
（中国文学史资料全编·现代卷）
ISBN 978-7-80247-764-3

Ⅰ. 欧… Ⅱ. 苏… Ⅲ. 欧阳予倩（1889—1962）—人物研究 Ⅳ. K825.78

中国版本图书馆 CIP 数据核字（2009）第 138998 号

中国文学史资料全编·现代卷
欧阳予倩研究资料
苏关鑫 编

出版发行：知识产权出版社

社　址：北京市海淀区马甸南村 1 号	**邮　编：**100088
网　址：http: // www. ipph. cn	**邮　箱：**bjb@cnipr.com
发行电话：010-82000893 82000860 转 8104	**传　真：**010-82000893
责编电话：010-82000860 转 8171	**责编邮箱：**mayue@cnipr. com
印　刷：北京市兴怀印刷厂	**经　销：**新华书店及相关销售网点
开　本：720mm×960mm　1/16	**印　张：**26.25
版　次：2009 年 10 月第一版	**印　次：**2009 年 10 月第一次印刷
字　数：390 千字	**定　价：**53.00 元

ISBN 978-7-80247-764-3 / K · 027（2612）

汇纂工作小组

名单

（按姓氏笔画排列）

王润贵　刘跃进　刘福春　严　平

张大明　杨　义　欧　剑　段红梅

编辑说明

中国社会科学院文学研究所向来重视文学史料的系统整理与深入研究，建所50多年来，组织编纂了很多资料丛书，包括《古本戏曲丛刊》、《古本小说丛刊》、《中国现代文学史资料汇编》、《近代文学史料汇编》、《当代文学史料汇编》以及《文艺理论译丛》、《现代文艺理论译丛》、《古典文艺理论译丛》等。其中，介绍国外文艺理论的3套丛书，已经汇编为《文学研究所学术汇刊》9种30册，交由知识产权出版社出版。该书出版后，国内一些重要媒体刊发评介文章，给予充分肯定。为满足学术研究的需要，2007年初，中国社会科学院文学研究所与知识产权出版社商定继续合作，编辑出版《中国文学史料全编》，将以往出版的史料著作汇为一编，统一装帧，集中出版。

这里推出的《中国文学史料全编·现代卷》就是其中的一种。本卷主要以《中国现代文学史资料汇编》为基础而又有所扩展。《中国现代文学史资料汇编》的编纂工作启动于1979年，稍后列入国家第六个五年计划社科重点项目。该编分为《中国现代文学运动、论争、社团资料丛书》、《中国现代作家作品研究资料丛书》、《中国现代文学书刊资料丛书》即甲乙丙3种，总主编陈荒煤，副主编许觉民、马良春，编委有丁景唐、马良春、王景山、王瑶、方铭、许觉民、刘增杰、孙中田、孙玉石、沈承宽、芮和师、张大明、张晓翠、杨占陞、陈荒煤、唐弢、贾植芳、徐迺翔、常君实、鄂基瑞、薛绥之、魏绍昌，具体组织主要由徐迺翔、张大明负责。此项目计划出书约200种。至20世纪末，前后20多年间，这套书由数家出版社陆陆续续出版了80余种，还有数十种虽然已经编就，由于种种原因，迄今尚未出版。“现代卷”包括上述已经出版的图书和若干种当时已经编好而尚未出版的图书。

这项工作得到了中国社会科学院文学研究所和知识产权出版社的高度重视，为此成立了汇纂工作小组。杨义、刘跃进、严平、张大明、刘福春等具体负责学术协调工作，于2007年11月，向著作权人发出《征求〈中国文学史料全编·现代卷〉版权的一封信》，很快得到了绝大多数编者的授权，使这项工作得以如期顺利开展。为此，我们向原书的编者表示由衷的谢意。为尽快将这套书推向社会，满足学界和社会的急需，除原版少量排印错误外，此次重印一律不作任何修改，保留原书原貌，待全部出齐，视市场情况出版修订本。为此，我们也诚挚地希望广大读者能给予充分谅解。

《中国文学史料全编·现代卷》出版后，我们将尽快启动“古代卷”、“近代卷”和“当代卷”的编纂工作，希望能继续得到专家学者的大力支持和热心参与。

现代卷汇纂工作组

目 录

生平与文学戏剧活动

创作自述与戏剧主张

研究评论文章选辑

资料目录索引

欧阳予倩传略

苏关鑫

欧阳予倩，著名艺术家、戏剧教育家，我国话剧的开拓者和戏剧运动的创始人之一。原名立袁，号南杰，湖南浏阳人。自1907年在日本参加“春柳社”起，一直到1962年在北京逝世，他不间断地从事戏剧事业长达半个多世纪，在话剧京剧表演、剧本创作、电影编导、戏剧理论研究、旧剧改革、戏剧教育诸方面辛勤耕耘，硕果累累，作出了巨大的贡献。

1889年5月1日，他出生于湖南省浏阳县的一个仕宦之家。祖父欧阳中鹄，是清末的一位具有民主主义思想的著名学者，曾出任过广西桂林的知府。谭嗣同、唐才常皆是他祖父的学生。他自幼在家塾读书，唐才常是他的启蒙老师。读书之余，酷爱旧戏，常舞刀弄杖，扮演戏中角色。1902年，入长沙经正中学，同年冬，赴日本东京，在成城中学学习。一心想读陆军士官学校，故注意身体锻炼，次年毕业，终因眼睛近视而未果。1906年返国，与刘韵秋结婚，三个月后，重返日本，入明治大学学习商科，旋即转入早稻田大学学习文科。1907年，加入话剧团体“春柳社”并参与演出中国第一个完整的话剧《黑奴吁天录》。1909年，又演出了另一个大戏《热血》，扮演女主人公杜司克。演出在留学生中引起强烈反响，尤其得到同盟会会员的高度评价，但同时却遭到清政府驻日公使馆的阻挠和反对。1910年，其父欧阳自耘因病赴东京就医，不幸去世，即扶灵回国，后在桂林祖父的府衙内阅读古籍。1911年秋，祖父去世，即返回湖南。

1912年应邀赴上海参加陆镜若发起组织的“新剧同志会”，在上海、苏州、无锡一带演出。欧阳予倩出身仕宦之家，又是日本著名的早稻田大学的留学生，却不顾家庭和社会的反对和鄙视，甘愿做为世俗所歧视的“戏子”，其精神十分难能可贵。他决心已下，即使“挨一百个炸弹也不灰心”，以戏剧作为自己的志向，开始了长达16年的职业演员的生活道路。

1913年，他在湖南组织“文社”，写下了他的揭露和讽刺贿选议员丑行的第一个话剧剧本《运动力》，并演出了大量新剧，在长沙播下了新剧的种子。不久，“文社”被袁世凯的走狗汤芗铭封闭。1914年，返回上海与陆镜若等组织“春柳剧场”，演出并创作新剧，内容多是暴露封建礼教、洋奴买办、军阀政客的罪行，同情劳动人民、宣传民主革命、歌颂纯洁爱情和革命志士，对中国的话剧起了启蒙和促进作用，成为我国话剧运动的主要奠基人之一。

与此同时，他刻苦学习京剧，并正式登台演出。1915年，成为职业京剧演员。他大力创作剧本，仅编写的“红楼戏”就有九本之多，可惜多半未能保存下来。他演京剧虽是半路出家，但由于苦练基本功，博采众长，演艺日精，并在京剧的表演、布景、唱腔等方面作了多种改良的尝试，创造了独特的舞台表演风格，蜚声剧坛，曾与梅兰芳齐名，得到“南欧北梅”的赞誉。

由于痛感旧剧界的腐败和新型演员培养的艰难，1919年应张謇之邀，创办南通伶工学社，主持社务，任社主任。该社是我国最早的以科学方法培养戏剧人才的场所之一。他制定了学社的办学方针，其中有：“伶工学社是为社会效力之艺术团体，不是私家歌僮养习所”；“伶工学社是要造就改革戏剧的演员，不是科班”。他亲自授课，并在课余登台演出，以作示范。他还创建了新型的更俗剧场，制定剧场规则，革除旧时剧场的陈规陋习。他十分重视教学与实践的结合，经常组织学生在本地以至汉口演出。三年间，学社培养了不少戏剧人才，终因与南通士绅意见不合，加之有人攻击他为“乱党”，使他的理想不得实现而愤然离去。

1921年5月，与沈雁冰、熊佛西、郑振铎、陈大悲等组织“民众戏剧社”。1922年，又加入“戏剧协社”，作独幕剧《泼妇》和《回家以后》。他支持洪深男女合演的主张，《泼妇》即是我国话剧男女合演的第一个尝试。1925年冬，他对登台卖艺产生厌倦，步入影坛，在民新影片公司任编导。不到两年的时间内，他先后编导了《玉洁冰清》、《三年以后》和《天涯歌女》三部影片，并自任其中两片中的角色。1927年，加入田汉领导的“南国社”，并在田汉主持的上海艺术大学的“鱼龙会”上自编自演了最后一出京剧《潘金莲》。1928年初，在田汉创办的南国艺术学院任戏剧系主任。

1928年冬，应李济深之邀，赴广州筹建广东戏剧研究所，任所长。所内附设戏剧学校、音乐学校和大、小剧场各一所。他用先进的方法培养了大批新型的戏剧、音乐人才。在繁重的教学、行政工作之余，他写下了反映下层人民苦难生活、讽刺国民党腐败凶横、揭露封建伪道学丑态的《车夫之家》、《买卖》、《屏风后》、《国粹》、《小英姑娘》等剧本，还写了大量的戏剧理论文章（后结集为《予倩论剧》）。1931年秋，广东戏剧研究所停办，他在10月离穗抵沪，与应云卫等组织“现代剧团”。

1932年“一·二八”事变爆发，他目睹19路军在上海各界人民的支持下抗击日本帝国主义的壮烈场面，也目睹蒋介石扼杀上海抗战的罪行，思想有了“显著的转变”。这可从他此时奋笔写下的19景的大型活报剧《不要忘了》和《同住的三家人》中清楚看出。

1932年冬，他到欧洲考察戏剧。到过法国，参加过法共所组织的工人晚会；到过德国，参观了乌发公司的摄影场；在英国时曾到莎士比亚故乡看过纪念演出；两次去苏联，参加了苏联第一届戏剧节，看了许多名著的演出，会见了普多夫金等著名导演，参观列宁格勒的冬宫。1933年冬回国，适逢19路军在福建发动反蒋的“福建事变”，成立福建人民政府。欧阳予倩十分欣喜，积极投入19路军的反蒋活动。不久，事败，遭蒋介石通缉，即去日本避难半年多。在东京时参观了不少摄影场，激起他“也颇想尝试一下拍声片的滋味”的强烈愿望。

1934年秋，回到上海，重新步入影坛。先后在新华、明星、联华等公司编导了一系列影片，如反对封建军阀的《新桃花扇》、暴露封建家族制度黑暗的《清明时节》、揭露资产阶级罪恶的《小玲子》、描写旧社会女艺人悲惨命运的《海棠红》和抨击旧中国上层人物种种丑行的《如此繁华》。抗战前夕，他是“上海电影界救国会”主要发起人之一，“中国文艺界协会”宣言的签名者，“电影工作人协会”常务委员。1937年“八·一三”上海抗战爆发，他与郭沫若、田汉等组织上海戏剧界救亡协会，并任上海文化界救亡协会的理事。同年11月，上海沦陷，他在日寇势力尚未控制的租界内组织“中华京剧团”，配合抗战救亡运动，演出了由他编导的《梁红玉》、《渔夫恨》、《桃花扇》等京剧，表达他反对阶级压迫、反抗异族统治、歌颂民族气节的思想，曲折而巧妙地为抗战救亡服务，收到了强烈的艺术效果。此外还创作了《青纱帐里》、《曙光》等直接配合抗战宣传的话剧。欧阳予倩抗战救亡的艺术活动，招来了敌伪汉奸的注意。随着迫害的加重，1938年4月12日，他不得不离开上海，应马君武之邀，取道香港，辗转到达桂林。

这是他第二次入桂了。他同桂林有着深厚的感情。在桂林，他着手进行桂剧改革，把京剧《梁红玉》移植为桂戏，也应国防艺术社之邀，帮排话剧。此外作文演讲，足足忙了4个月。终因与马君武在戏曲改革方面存有原则分歧，于1938年9月1日离桂抵港。在香港，他协助“中国旅行剧团”和由该团分化另行组建的“中华艺术剧团”排演话剧。单是为“中艺”就义务导演长剧11个，短剧3个，此外还写了2个电影剧本：《木兰从军》和《开天辟地》。1939年9月28日，他举家三度入桂，主持广西戏剧改进会，担任广西艺术馆馆长兼戏剧部主任、桂剧实验剧团团长，被选为中华全国文艺界抗敌协会桂林分会的历届常务理事。这次入桂，时间长达7年之久。在桂期间，他利用桂系军阀与蒋介石之间的矛盾进行抗日宣传，创作了《忠王李秀成》、《越打越肥》、《战地鸳鸯》、《一刻千金》、《旧家》等话剧剧本，并大力进行桂剧改革，先后把《桃花扇》、《木兰从军》改编为桂剧，还创作了桂剧剧本《搜庙反正》、《广西娘子军》、《胜利年》等，此外还写了大量的文章，导演了20个左右的话剧，表现了他充沛的精力和可贵的政治热情。1944年2月15日，西南戏剧展览会在桂林开幕。这是中国戏剧史上的空前盛会，历时3个月，与会者有来自8省团队戏剧工作者千余人，是国民党统治区抗日进步演剧运动的大检阅。欧阳予倩作为剧展的筹委会主任，在极度艰难的条件下，与田汉、熊佛西等一起为剧展的成功举办作出了巨大贡献。

1944年6月下旬，由于日寇铁蹄的步步进逼，桂林文化团体开始疏散。但欧阳予倩一直坚持到9月上旬才率领广西艺术馆的部分工作人员离开桂林，撤往桂东南的昭平县。在昭平，他和张锡昌、千家驹、胡仲持等创办了《广西日报》昭平版，继续从事抗日宣传。作为该报的社务委员，他积极撰稿，在报纸创办的11个月中，他发表了创作、专论、时事述评、回忆录、文艺杂谈等大小文章，共40余篇之多。

抗战胜利后，他于1945年10月20日返回桂林。经过日寇的浩劫，昔日文化城已成了一片废墟。他所苦心经营的艺术馆和广西剧场，也已荡然无存。"为引春风入芜城，再把锄头种新柳"，他慨然之余，重建了广西艺术馆，恢复文协桂林分会的活动，组织救灾义演。针对蒋介石反动面目的日益暴露、对人民实行严酷的思想控制，他写下了《保障作家创作自由的建议》和短剧《桂林夜话》、《言论自由》。1946年7月11日和15日，著名的民主斗士李公朴、闻一多相继遭国民党特务暗杀，更激起他一腔热血，发表了激昂慷慨的演讲。这些都触怒了广西国民党反动当局。他们指使特务造谣诬蔑，并在《中央日报》桂林版上连篇累牍地发表攻击性的文章。欧阳予倩愤而辞去广西艺术馆馆长之职，于1946年秋离开了生活、战斗达7年之久的桂林。

1946年10月间经广州抵达上海，无以为生，只得卖稿度日，写下了电影剧本《关不住的春光》和京剧《孔雀东南飞》。1946年12月应台湾省长官公署宣传委员会之邀，与"新中国剧社"共同赴台，协助该社排演了《郑成功》、《日出》、《桃花扇》。1947年2月28日，台湾各族人民爆发了反对国民党反动当局的"二·二八起义"。不久，起义被镇压，经过不少周折，他与剧社才得以返回上海。由于国民党反动派迫害的加剧，他于10月下旬抵达香港。在香港，再次步入影坛，编导了电影《野火春风》和《恋爱之道》。

1949年4月初，在党的协助下，他秘密离港，经海路进入解放区，抵达北平，参加了新政治协商会议和第一次文代会的筹备工作。7月2日，中华全国文学艺术工作者代表大会开幕，他是大会常务主席团成员，后被选为中华全国戏曲改进会筹委会主任。9月21—27日，他出席了中国人民政治协商会议，并参加了10月1日中华人民共和国的开国盛典。

新中国成立后，他受命筹建中央戏剧学院，1950年4月2日该院正式成立时担任第一任院长。在旧中国，他在南通、广州、桂林曾几次办过戏剧学校，但限于条件，多方受制，收效甚微。人民政权为他创造了发挥自己才能的良好条件，英雄有了用武之地。他一心扑在戏剧教育事业上，不顾自己花甲之年和有病之躯，辛勤劳作。他制定了科学的教学计划，并亲自授课。他强调演员要练好基本功，话剧演员要进行形体训练，尤其要念好台词。为此，他专门走访语言学家罗常培，学院也开设了台词课，他还兼任台词教研组组长。他提倡要用科学的方法总结和继承我国戏曲的优良传统，使话剧能从传统戏曲中吸取营养，故除了亲身实践以作示范外，还邀请各剧种优秀演员来校传授经验。他主张戏剧教育要和创作、演出、研究结合起来，故在学院创办了一所对教学和研究起示范和推动作用的实验话剧院。他平易近人，扶掖后进，工作深入，任劳任怨，处处以身作则，为培养我国新型的戏剧人才呕心沥血，作出了巨大贡献，全院师生员工都亲热地尊称他为"我们的老院长"。

欧阳予倩除担任中央戏剧学院院长之外，还是全国人民代表大会代表、中国文学艺术界联合会副主席、中国戏剧家协会副主席、中国舞蹈工作者协会主席、中国电影工作者协会理事、中央实验话剧院院长。他一生追求真理，追求进步，在新中国成立后，思想上更是发生了质的飞跃，终于从一个民主主义的爱国者发展成为共产主义战士。1955年12月5日，他以67岁的高龄，光荣地加入了中国共产党。他在入党誓言中这样说："我前半生算是糊里糊涂过了，45岁以后多少有些进步。只有最近的6年才觉得活得真有意义，尽管我已经60多岁，还患着难治的关节炎症，我有信心愉快地活下去。我深深地感觉到中国共产党是最伟大、最光荣、最正确、最可爱的党。只有依靠党才有真正的生命，依靠党才能够对事业有信心，有勇气，有成就，对祖国有所贡献。从我40余年的经验证明个人奋斗是有很大的局限的。参加党的组织便可使渺小之躯发挥无限的力量。"❶

❶ 欧阳予倩：《我要为实现伟大的共产主义理想贡献一切》，见《一得余抄》第4页，作家出版社1959年版。

事实确是这样。新中国成立以后，特别是入党以后，他方向更明，干劲更足。在繁忙的教学行政工作之余，他争分夺秒、甚至抱病从事创作与著述，其中创作的有：《和平鸽》（舞剧，1950年），《矿工的女儿》（电影剧本，1958年），《黑奴恨》（大型话剧，1959年）等；著述成集出版的有：《中国戏曲研究资料初辑》（主编，1956年），《话剧、新歌剧与中国戏剧艺术传统》（理论，1959年），《我怎样学习演京剧》（自传，1959年），《自我演戏以来》（回忆录，重新整理修订，1959年），《一得余抄》（艺术论文集，1959年），《电影半路出家记》（回忆录，1962年），《唐代舞蹈》（主编，1980年）等，此外，尚有散见于报刊的大量文章。关于他的创作，新中国成立后结集出版的有：《欧阳予倩剧作选》（1956年），《欧阳予倩选集》（1959年），《欧阳予倩文集》（1、2卷，1980年），《欧阳予倩戏曲选》（1982年）；出版的单行本有：《人面桃花》（京剧，1954年），《孔雀东南飞》（京剧，1955年），《桃花扇》（话剧，1957年），《桃花扇》（京剧，1959年），《黑奴恨》（话剧，1962年）等。

1962年9月21日，欧阳予倩因患动脉硬化性心脏病心肌梗塞症，经长期医治无效，于北京逝世，终年74岁。临终前，他口授了如下一段话："我是一个什么人呢？我是一个戏剧运动的积极分子。尽管犯过错误，走过弯路，但我是彻头彻尾的积极分子。我自己肯定我一直为此奋斗了一生。我当过演员，当过导演，写过剧本，搞过研究工作，搞过话剧、歌剧、地方戏，这一切都是为了运动。有错误那是水平所限，但我一生为戏剧运动没有退缩过。"[1]这是他临终前诚挚而谦虚的自我鉴定。为了戏剧事业，欧阳予倩确实奋斗了一生。党和人民给予他崇高的评价，他的名字和业绩将永垂史册，活在人们的心中。

[1] 转引自田汉：《欧阳予倩文集·代序》，第11页。中国戏剧出版社1980年版。

欧阳予倩年表

（1889—1962）

苏关鑫

欧阳予倩，原名立袁，号南杰，艺名莲笙、兰客，别署桃花不疑庵主，我国著名艺术家、戏剧教育家，一生在话剧、京剧表演、剧本创作、电影编导、理论研究、旧剧改革、戏剧教育诸方面呕心沥血、辛勤劳作，留下大量的业绩，作出了巨大贡献。

1889年　　　　1岁

5月1日（农历四月初二）生于湖南省浏阳县一个书香门第的仕宦之家。祖父欧阳中鹄，是清末一位具有民主主义思想的著名学者，曾出任过广西桂林的知府。谭嗣同、唐才常皆是他的学生。父亲欧阳自耘，常年在家闲居、养病。母亲姓刘，有文化，会画画。

1895—1900年　　　　7—12岁

在家塾读书，启蒙老师是唐才常。所学的内容无非是四书五经之类，但也接受了谭嗣同、唐才常等维新改良派的思想影响，从小知道《铁函心史》、《明遗待访录》、《大义觉迷录》一类反对封建帝王专制的书籍。在读书之余，偶尔从演堂会中接触旧戏，激起他无限的兴趣，观后常舞刀弄杖，并用母亲画画的颜料涂在脸上，甚至邀弟妹等一起大演其“戏”，即使受到母亲的责备和家中厨子、保姆的大喝倒彩也不顾。戊戌维新失败，1898年和1900年，谭、唐相继就义，激起他一腔热气，才没有使他成为一个小戏迷。

1901年　　13岁

跟随祖父到北京读书，曾经跟曾宗巩先生学习英文。在京不到一年，因念书紧张，很少看戏，只看过京剧名角谭鑫培和杨小朵的戏。年内返回湖南。

1902年　　14岁

入长沙经正中学，教员中有好几位同盟会会员，劝他到日本留学。在家里的支持下，于是年冬季赴日本东京，进入成城中学。该校属士官预备学校性质。欧阳予倩一心想直升陆军学校，故很注意体育锻炼，经常走天桥跳木马，和人比拳角力，体力大增。

1903年　　15岁

毕业于成城中学。尽管他渴望学陆军，终因眼睛有些近视而未果，就是海军学校也未进成。有人劝他学军医，以便充当准军人，但也没有达到目的。

1905年　　17岁

冬，清政府与日本政府相勾结，对留学生严加控制。日本政府承清政府之意，发布留学生取缔规则，全体大愤。欧阳予倩与部分留日学生愤然回国。

1906年　　18岁

与刘韵秋结婚。此门婚事，还是他12岁时，经亲戚们说合订下的。当时因为他祖父在桂林做官，全家要到任所，恐怕以后路途太远，送亲不便，只好赶办喜事。又因他家有叔祖之丧，故到刘家入赘。虽是典型的旧式婚姻，但双方爱情之深厚，不亚于自由恋爱。他多次提到刘韵秋，盛赞她的为人和对他事业的大力支持。3个月后，重返日本求学，入明治大学学习商科，又转入早稻田大学学习文科。

1907年　　19岁

初春，留日学生李息霜、曾孝谷等组织“春柳社”，在一次游艺会上演出《茶花女》中的一幕，他看后十分惊奇：“戏剧原来有这样一个办法！”激起他投身戏剧的热情。他想：“他们都是大学和专门学校的学生，他们演戏受人家的欢迎，我又何尝不能？”于是，加入了“春柳社”。

旧历六月初一、初二，“春柳社”借东京本乡座剧场举行第二次公演，剧目是《黑奴吁天录》（由曾孝谷根据林琴南的译本改编），他在剧中分别扮演了两个角色：女黑奴丑和解而培的儿子小乔治，节目单上均署艺名兰客。这是他第一次登台演出，是他演剧生涯的颇有意义的开端。

由于中国驻日公使馆反对留学生演戏，加上“春柳社”社员有的毕业，有的归国及筹款、租剧场的困难，大规模的演出很少可能，只在本年冬，借常磐馆演过两个独幕剧：《生相怜》和《画家与其妹》。在后一剧中，他扮演了画家的妹子，站在旁边吹箫。自此以后，“春柳社”在戏剧方面就很少活动了。

1908年　　20岁

冬，与陆镜若、吴我尊、谢抗白等借锦辉馆演出了三个独幕剧，其中一出是《鸣不平》。他扮演的是一个西洋妇人。那时“春柳社”的“元老”李息霜已专心于油画、弹钢琴，对演戏已兴趣淡薄，没有参加，故他们未用春柳的名义。因为当时正是戊申（1908年）己酉（1909年）之交，就临时取了个社名叫申酉会。这次演出十分成功。

1909年　　21岁

《鸣不平》的演出激起了他们大干一场的兴致。经过几个月的筹备，初夏，又演出了一个大戏：《热泪》。这是法国浪漫派作家萨都的作品，原名《杜司克》。他们选中这剧本，是因为：“一、我们看日本新派名优河合武雄、伊井蓉峰演过这个戏我们很喜欢；二、主要角色只有四个，镜若、我尊、抗白和我担任起来刚好合适；三、青年留学生当中革命空气相当浓厚，这个戏适合于客观情势。”[1]这次演出在著名大剧场东京座举行，用的仍是申酉会的名义，他扮演女主人公杜司克。为了演好这个角色，他熟背台词，每天平均作三次化妆练习，还常到郊外练习笑和哭，因而在舞台表演时得心应手，表现了他杰出的艺术才华。《热泪》是中国留学生业余演出的第二个大戏，较之《黑奴吁天录》又有新的进步。演出在留学生中获得很大赞誉，尤其得到同盟会会员的高度评价，认为此剧于革命有益。对此，公使馆大为恼怒，扬言今后谁要参加演戏，就取消留学生的官费。因而，《热泪》演出后，申酉会的活动也宣告停顿。

自从他参加春柳社演戏以后，常跟吴我尊学唱青衣。在演《热泪》之前，他曾与吴我尊合演过一出《桑园会》，他扮演了罗敷。这是他从事京剧表演的第一次实践。演完《热泪》之后，他还应尹昌衡、陈朴等组织的阳春社之邀，在《电术奇谈》一剧中担任过一个角色。

1910 年　　22 岁

其父欧阳自耘赴东京就医，不幸去世。欧阳予倩送父亲灵柩回国。因祖父欧阳中鹄在桂林当知府，不久，即到了广西。在祖父府衙里，他饮酒吟诗，阅读了大量古籍。虽然他很想作诗人，却敌不过爱好戏剧之心：他躲在卧室里偶尔也偷着化过妆，唯一的观众就是他的爱人；他也构思过未来剧本的一些情节。桂林美丽的胜山秀水使他流连忘返，既开阔了他的视野，激发了他的灵感，又陶冶了他的性情，增添了他无穷的乐趣。他也看过几次桂戏，但戏院里的陈规陋习给他的印象很坏，而且当时他无意于研究桂戏，故仅看了几回，便再也不愿涉足了。

1911 年　　23 岁

秋，祖父逝世，即从广西返回湖南。时值辛亥革命前后，资产阶级民主革命席卷湖南。武昌起义后，他的老友、近代民主主义革命家

---

[1] 欧阳予倩：《回忆春柳》，《中国话剧运动五十年史料集》第 1 集，第 24 页。中国戏剧出版社 1985 年版。

焦达峰率领新军攻占长沙，成立湖南军政府，并派兵增援武昌。但不久，立宪派谭延闿发动兵变，焦达峰遇害，长沙处于一片白色恐怖之中。他与家属由长沙赶回故乡浏阳暂避。

1912年　　24岁

在浏阳过了年返回长沙，接陆镜若信，应邀到上海参加镜若发起组织的“新剧同志会”。这是一个由志同道合的青年组成的艺术团体，其成员不少原有相当优渥的生活和较高的职业地位，如陆镜若原是都督府的秘书，马绛士是实业厅的科长，但他们为了艺术，集结在一起，虽生活清苦也在所不顾。同志会在上海大舞台上演了《家庭恩怨记》，欧阳予倩饰小桃红，又演《社会钟》，饰左巧官，真把坏女人演活了。此后剧团分派角色就专派他饰坏女人，而他却自信地认为“什么角色我都能演，而且演一样会象一样”，因而颇为不平。同志会除在上海演出外，还到苏州、无锡、常州一带演出。

在演文明戏的同时，他通过吴我尊的介绍，结识了筱喜禄（陈祥云）、江紫尘（江梦花）和林绍琴，向他们学习京剧的唱工和身段。光是向筱喜禄学一出《金殿装疯》，几乎用了4个月的时间，可见其用心之苦。后来由于林绍琴的怂恿，年底在张家花园居然演了一出《宇宙锋》，获得观者的赞赏。他说：“因为这一次的成功，使我学青衣的瘾大了好几倍。”这次演出的成功，为他走上职业京剧演员的道路架设了桥梁。

欧阳予倩出身书香世家，竟在上海演起戏来，尤其是“下海”演京戏，遭到家里及亲友们的一致反对。但他在给妻子刘韵秋的信中说，即使“挨一百个炸弹也不灰心”。他置当时世俗的成见于不顾，选定戏剧作为自己的职业，开始了他16年的职业演员的生活道路。

年底返回湖南浏阳。

1913年　　25岁

在家乡过了年又到长沙。适逢长沙有个名叫“社会教育团”的约他合作搞戏剧。他即电邀陆镜若及同志会的一帮人来到长沙，演出《家庭恩怨记》，引起了轰动。当时湖南省议会正在选举议员，许多人花钱运动，贿赂拉票。他激于义愤，亲手编了一个五幕剧《运动力》，揭露并讽刺了辛亥革命后湖南政界新贵们的种种丑态。这是他创作的第一个剧本。在剧中他扮演一个青年学生。

不久，同志会与前台发生意见，即与社会教育团分离，独立组成新社，他取名为“文社”。他们不顾绅士们的反对，打开了府学宫的大门，连续7天苦干，造好舞台，正式开始演出，剧目有《热血》（即《热泪》）、《不如归》、《猛回头》、《运动力》和《社会钟》等。除《运动力》外，均是日本新剧作家的译本。为了维持职业剧团的生计、解决剧本荒，他又着手编了个《鸳鸯剑》，并自饰尤三姐。这是他取材于《红楼梦》的第一个“红楼戏”。

“文社”的活动受到长沙一些革命党人和开明绅士的支持，发生了很大的影响，给湖南播下了新剧的种子。但不久袁世凯的走狗汤芗铭进入湖南，“文社”被作为“革命机关”而遭封闭，支持“文社”的人有的被杀、有的被关押，欧阳予倩不得不又一次返回浏阳乡下暂避。

1914年　　26岁

刚过完旧历年，即从浏阳赶回上海。此时陆镜若租定谋得利戏馆，以春柳剧场的名义开演，他正好赶上开幕演出，头炮戏就是《鸳鸯剑》。在春柳剧场，他戏路很宽，什么角色都演：有时演风流活泼的女子，有时演泼妇，有时演最下流最坏的女子，有时演老太婆。为了追求艺术上的完美，他经常躲在张家花园的草地上练哭、练笑，一练就是半天，每每总是弄到气竭声嘶、胸口痛半天不能好。他自已总结经验说：“无论为哭，为泣，为笑，为哂，与乎一切动作表情，决非不用苦功所能作到，我天才有限，在舞台上的部分的成功，完全是由于笨干来的。”（《自我演戏以来》46页）春柳剧场的主要成员是新剧同志会会员，他们忠于艺术，不计较生活待遇，讲究演员人格，不趋炎附势，不在台上卖弄噱头，这在上海文明戏剧团中，颇为难得。无奈，观众不多，经费无着，常有捉襟见肘之慨，成员之中，也难免产生龃龉，剧团随时可能分裂改组。

冬，编成《大闹宁国府》，并由郑正秋、张石川等在天仙茶园演出，连演两晚，颇受欢迎，因此结识了查天影。得家信，回湖南过年。

1915年　　27岁

春，返回上海。春柳剧场内部矛盾加剧，会员中甚至有人举刀向欧阳予倩挑衅寻事，他忍无可忍，奋起反击，后经镜若等相劝，才避免了一场伤亡事故。他力主改组春柳剧场，但镜若不从，故在春柳去外埠演出的当口，未同去，而在“第一台”演出《玉堂春》、《祭塔》等。不久，春柳自外埠归来，他编了个三幕悲剧《神圣之爱》，由陆镜若、吴我尊、马绛士、他四人合演。这是“春柳四友”最后一次同台演出。此后，春柳剧场成员相继星散，面临散伙的边缘。

夏，应西湖舞台之邀，在杭州演出《卧薪尝胆》等京戏，开始了职业京剧演员的生涯。9月16日，春柳台柱陆镜若心劳日瘁，贫病身亡。他得悉陆暴卒的噩耗，火速赶回上海。对于新剧界的这一重大损失，他悲痛地说：“他死了，同志会完了。也可以说：同志会完了，他死了！我生平的朋友只有他！我生平演戏的对手也只有他！”在陆的灵前，他热泪盈眶，亲手烧掉了《神圣之爱》的剧本，表示对死者的深切悼念！

秋，应“民鸣社”之邀，参加该社演出，既演新剧，也演京剧。

冬，把夫人刘韵秋接到上海。

1916年　　28岁

春，在上海搭“第一台”，和周信芳、冯春航、吴彩霞同演京剧，时约半年。此后，又应陈祥云之约，去苏州演了两个月，虽备受欢迎，但军阀专横、政局昏暗使他精神上深受压抑，故每日除敷衍几出戏之外，就饮食征逐、游山玩水地混日子。恰好查天影等邀他回沪，他就在笑舞台演出。

在笑舞台，与查天影合作，专演“红楼戏”。他这时自编自演的“红楼戏”共有9个：《黛玉焚稿》、《宝蟾送酒》、《馒头庵》、《鸳鸯剑》、《大闹宁国府》、《摔玉请罪》、《鸳鸯剪发》、《黛玉葬花》、《晴雯补裘》（后两个与别人合编）。当时上海，除他之外，编演的人很少，故每次演出，必然满座。他的杰出的表演才能，也在“红楼戏”中得到充分施展，达到了很高的造诣。周剑云在评论他演出《宝蟾送酒》时这样说：“《宝蟾送酒》，为欧阳予倩拿手戏之一，其饰宝蟾，直将狡狯女子之心事，抽蕉剥茧，曲曲传出，言语所弗克达者，助之以表情，表情之不克尽者，助之以身段作工，以眉语，以目听，以意淫，以身就，旁敲斜击，远兜近攻，如此体贴入微，真可谓水银泻地，无孔不入……”（《剑气凌云庐剧话》，见《鞠部丛刊》）在北京，梅兰芳也演过红楼戏，演得极为传神，故有的评论家认为“北梅南欧”的佳话由此而来。

1917年　　29岁

继续在笑舞台演出。其间曾应苏州民兴社之邀去演了两个月。

1918年　　30岁

春，从笑舞台转到夏氏兄弟（月恒、月珊、月润、月华）主持的“新舞台”。“新舞台的戏专注重布景的变化，表演道白只求快捷滑稽，细腻熨帖一概不讲。”欧阳予倩是挂头牌的旦角，他追求艺术，认为“天底下的事，再没有比演一出好戏更快乐的”，但在新舞台总没有让他表现自己长处的机会，故烦闷之情时有流露，以致被人误为有神经病。

正当此时，日本记者井手向欧阳予倩询问对今日中国剧界的意见，他写了一篇《予之戏剧改良观》作答。他感慨于剧界的腐败，发出强烈的要求改革的呼吁：“为目下计，为将来计，一面借文字以救其弊，一面须组织一‘俳优养成所’，以四五年卒业，以养成新人材。”（《新青年》，1918年10月15日，第5卷第4号）此文切中剧坛时弊，其主张亦切实正确。欧阳予倩此后数十年的戏剧活动实际上是这个进步主张的实践。

1919年　　31岁

《断手》（小说）发表于北京大学《新潮》第1卷第2期（1919年2月1日出版）。

上半年，继续在“新舞台”演出。生活虽安定，但思想颇苦闷。

5月27日，应南通西公园戏场之邀，在南通演出3天，结识南通著名实业家张謇（季直）。

张敬尧在湖南大肆作恶，为免遭迫害，母亲及其他亲属从浏阳迁到上海。

张謇拟在南通办科班、造戏馆，又派人约欧阳予倩前往主持，即辞去新舞台之聘。夏，为办学作准备，赴日本考察戏剧，拜访了石井柏亭、小山内薰，参观帝国剧场，看了大阪傀儡戏。因病住院一月余，出院后返回上海。

9月，举家迁往南通。“我到南通的目的，是想借机会养成一班比较有知识的演员”，“其次我想用种种方法，把二黄戏彻底改造一下”。（《自我演戏以来》90页）

同月，伶工学社开学，欧阳予倩任主任。该社是当时国内最早以科学的方法培养戏剧人才的场所之一，招学生50—60名，不收学膳费，学习课程有音乐、戏曲、中外国文及科学社会常识，学制5年。他在校内写了几条张贴出来，第一条开宗明义地说：“伶工学社是为社会效力之艺术团体，不是私家歌僮养习所。”第二条说：“伶工学社是要造就改革戏剧的演员，不是科班。”（《自我演戏以来》91页）他在伶工学社亲自授课，课余之暇每晚登台排演杰作。（见1919年9月6日《通海新报》）

同月，更俗剧场动工兴建，舞台的图样由欧阳予倩亲自审定。经过两个月的紧张施工，于11月1日落成。他亲手拟定剧场规则共12条，举凡旧时剧场的陈规陋习，均在革除之列。（“规则”全文载1919年11月1日《通海新报》）他还整顿后台，定下后台规则，使一切有条不紊、井然有序。

在更俗剧场演出时，他编了不少新戏，如《玉润珠圆》、《长夜》、《哀鸿泪》、《和平的血》等等，不过，因为他“对于自己所排的戏，从来没满意过，所以从来没有留稿”，“也有好些的，可是丝毫痕迹没有留存”。（《自我演戏以来》95页、97页）这是十分可惜的。

冬，祖母去世，送灵柩回湖南，办完丧事，应邀在汉口演戏3天。

1920年　　32岁

更俗剧场建成后，国内不少名角纷纷到南通献艺。1月12日，梅兰芳到南通演出10天，盛况空前。张謇为此在更俗剧场前台特辟一小厅，命名为“梅欧阁”，纪念梅欧两人的会合。梅欧阁匾额旁，书有对联一副：“南派北派汇通处，宛陵庐陵今古人。”张謇还依当时捧旦角兴出诗集之老例，选辑了有关他们演出、交往的唱和诗及题咏诗，出版了一本《梅欧阁诗录》。诗录开头的小序中云：“更俗剧场之梅欧阁，所以旌浣华、予倩也。”在集子里收有欧阳予倩所作的旧诗三首，其中一首是书赠梅兰芳的，诗云：“我是江南一顽铁，君如郑雪铸洪炉。不烦成败升沉感，许共瑜珈证果无。”（注：更俗剧场，即今南通市人民剧场；“梅欧阁”，在十年浩劫期间已毁，今不存。）

冬，趁南通更俗剧场观众少的停锣期间，又到汉口演出。“我在中国各埠演剧，最受欢迎的要算是在汉口。”（《自我演戏以来》102页）他对汉口及其好客的观众是有感情的。

1921年　　33岁

5月，与沈雁冰、郑振铎、熊佛西、陈大悲等组织“民众戏剧社”，5月31日出版社刊《戏剧》杂志，他在该刊连续发表译编的《西洋歌剧谈》、《法兰西的歌剧》、《德国的歌剧》、《英吉利之歌剧》、《俄罗斯之歌剧》等多篇。伶工学社开办第三年。学生经过两年半的学习，平均每人学会20多出昆曲、30多出皮黄戏（京剧），业务水平有很大提高。下半年，学社的经费日益短拙，为维持其开支，他决定带学生赴外地演出，恰好汉口来聘，学生们就到了汉口。半年期满，严冬返回南通，但更俗剧场已为一个女戏班所占，伶工学生演戏受到钳制，加上有人恶意攻击，说他是“乱党”，他终于忍无可忍，一怒之下离开南通。

欧阳予倩在南通，前后历时3年。他为了实现自己的理想，夜以继日地苦干、硬干，真可谓呕心沥血，终因与南通士绅意见不合，同事中又有人多方拆台，使他的主张不易实施。辛勤的耕耘结下的是一颗令人失望的酸果！他感慨地说：“我到南通住了三年，本抱有幻想，不料一无成就，……唯有抱着无穷的烦闷，浮沉人海而已！”（《自我演戏以来》89页、109页）

1922年 34岁

离南通回上海，在“亦舞台”与余叔岩搭班演一月，又与马连良搭班演两个月，即辞班，去杭州、南京各演了数天返回上海。

由汪仲贤（优游）介绍，结识应云卫，加入“戏剧协社”。

由梁绍文介绍，结识田汉。从此开始了这两位剧界前辈之间的友谊交往。

春，洪深由美国归来。他在笑舞台看洪深演出的《赵阎王》，与洪结识，并介绍洪深加入“戏剧协社”。

作独幕剧《泼妇》，并由洪深导演搬上舞台。洪深反对以男扮女的做法，但他初进“戏剧协社”，不便多作主张，就把《泼妇》与《终身大事》放在同一天演。前者男女合演，自然贴切，大受欢迎；后者以男扮女，尖起嗓门，别扭可笑。“戏剧协社”的男扮女装，终于被这哄堂大笑笑得“寿终正寝”了，而《泼妇》，可说是我国话剧男女合演的第一次尝试。稍后，洪深导演《少奶奶的扇子》，“上海才有正式男女合演的话剧”。（见洪深：《戏剧协社片断》和《自我演戏以来》111页）

1923年 35岁

秋，再进新舞台演出。

1924年 36岁

继续在新舞台演出到初冬，适齐、卢之战（齐燮元、卢永祥之战）爆发，生意清淡，迁到亦舞台演出一个半月。

独幕剧《回家以后》在10月25日《东方杂志》第21卷第20号上发表。

1925年 37岁

《乐剧革命家瓦格拉》于1月4日、11日分两次连载于《国闻周报》第2卷第1、2期。

春，应刘凤祥之邀，赴大连演出。生活不惯，待遇又差，即有南归之意。不料恰逢张作霖生日，硬把他邀到沈阳唱他平生最反对的堂会。他做噩梦般地唱了一出堂会戏，即有几家戏馆派人和他接洽，留他在当地演出。他坚辞不干，倒是应青年学生之请，作了几次演讲，还帮助他们排了两个戏：《少奶奶的扇子》和《回家以后》，在北国播下了新剧的种子。此外，他还“译了一个易卜生的戏，看了几本书，还写了些论文登在奉天报上”。（《自我演戏以来》128页）

经过改译的易卜生名剧《傀儡之家庭》连载于4月19日、26日和5月3日的《国闻周报》第2卷第14、15、16期上。

初夏，由沈阳经北京返回上海，搭“第一台”，与周信芳合作演出《汉刘邦》。他边写边演，感到钻机关布景唱联弹未免乏味，加上登台不久，突发痛疯症，一连两个月告假养病，不得不举债度日，因而对这种登台卖艺的生涯产生厌倦之情，准备另谋生路。

冬，辞“第一台”，经卜万苍的介绍，加入刚成立的民新影片公司。

1926年　　38岁

春，编写了他的第一个电影剧本《玉洁冰清》（卜万苍导演），并自饰其中市侩钱维德一角。为此，他事先曾数次到银号里深入观察过好几个掌柜，并模仿他们的动作神态。（《电影半路出家记》6页）这是他步入影坛、正式从事电影工作的开始。

应汉口之聘，去演出了两个月。

8月初返回上海。因卜万苍离“民新”，他就被民新聘为导演。《三年以后》是他首次自编自导的影片。

是年，根据自己的京剧本《潘金莲》改写成五幕话剧。（《欧阳予倩选集·前言》）

1927年　　39岁

编导影片《天涯歌女》，并自饰老画家陆沉余一角。他编导这影片，是“想替一些被压迫者说一句公平话”。（《我编〈天涯歌女〉的感想》）影片拍完，即于春末离开民新影片公司。

在家闲居数月，除每天吊嗓、练功、读书外，经常与田汉、洪深等在一起讨论话剧的理论与创作问题。他参加田汉领导的“南国社”，也在此时。

为生活所迫，不得不应“大舞台”之邀搭班演出。连台本戏、机关布景，一切以看客的好恶为标准，他挂的虽是正牌，却连一个三路角色都比不上！实践使他认识到如下两点：“一、要就戏剧加以改造或从新创作，全靠站在职业的剧场以外的专门戏剧家拿牺牲的精神努力贯彻主张；二、要公家有相当补助来建设小剧场以为模范。”（《自我演戏以来》139页）基于这样的认识，当田汉邀他去南京筹办国民剧场时，他于8月便辞去“大舞台”，欣然前往。国民剧场的筹备刚有眉目，但由于蒋介石刚上台，立脚不稳，孙传芳炮轰南京，威胁要过江，政局动荡，故只在8月17、18、19日演了三天即告夭折！从南京返回上海。

田汉返上海后主持上海艺术大学文科，欧阳予倩经常参加该校举行的文艺谈话会，与田汉、洪深、郁达夫、徐志摩、徐悲鸿、朱穰丞等时相过从（参见田汉：《南国社史略》和陈瘦竹：《论田汉的话剧创作》）。该校曾举行过长达一个星期的艺术鱼龙会，其间，欧阳予倩与周信芳、高百岁、周五宝合演了自编京剧本《潘金莲》。这是他自编自演的最后一出京戏。这次演出十分成功，徐悲鸿观后作书与他，评价此剧为：“翻数百年之陈案，揭美人之隐衷；入情入理，壮快淋漓；不愧杰作。”（转引田汉：《南国社史略》

1928年　40岁

1月26日，田汉创办的南国艺术学院筹备就绪，欧阳予倩任戏剧系主任。（参见《南国社史略》，但括号中的1923年有误）该院纯系凭苦干硬干精神办起来的“私学”，师生同心协力，克服各方面的重重困难，支撑了半年，终因财力两疲而于夏天结束。欧阳予倩曾亲自授课，每讲到古典剧时，“总是做着细腻的动作”，为了培养艺术人才，他呕心沥血，不计报酬，非但工资分文不取，连车马费都自己掏。（见唐叔明：《回忆南国社》）

《潘金莲》在6月10日《新月》第1卷第4期上发表，同年10月15日由上海新东方书店出版单行本(内附他改译的日本谷崎润一郎作的两幕剧《空与色》)。

《回家以后》收入本年商务印书馆出版的《剧本汇刊》第2集。

冬，应李济深（任潮）之邀，赴广州，筹建广东戏剧研究所。

1929—1931年　　41—43岁

1929年2月16日，经过两个来月的调查、筹措、计划，广东戏剧研究所宣告成立。该所“以创造适时代为民众的新剧为宗旨”，是一个专门的戏剧研究机关。所内分总务、剧务、编纂三股，统属于所长指挥。欧阳予倩为所长，总务主任周于清，剧务主任唐槐秋，编纂主任胡春冰。所内附设戏剧学校，由洪深任校长，于1929年4月1日开学，后洪深回沪，由欧阳予倩代理校事。1930年秋，又成立音乐学校。所内还附设小剧场一所，供研究和练习之用；大剧场一所，作对外公演场所。研究所还办有《戏剧》杂志和周刊各一个，刊登创作、翻译、理论、消息、动态等文字。所内经费由广东省政府拨给。

为支持研究所创办，田汉曾于1929年春率南国社赴广州作短期演出，演毕，还留下数人协助欧阳予倩开展工作。

研究所刚成立不久，适逢粤桂之战发生，政局动荡，经费不继，1929年5月奉省府之令停办，两三个月后继续开办直至1931年7月，时跨三年，实际存在时间两年多。在这段时间里，经过全力奋战，取得可观的成绩，主要有：

《戏剧》杂志出版了两卷共12期，周刊111期，发表了大量创作、翻译及理论文章；

话剧公演不下10次，演出了创作与翻译的剧本约30个，在南国播下了话剧的种子；

培养了大量的戏剧创作和表演人才，截至1931年6月，演剧系学生毕业了一个班，文学系学生虽未毕业，但经过在校期间的系统学习，水平亦有很大提高，是日后戏剧运动的重要力量。（有关材料摘自《自我演戏以来》一书的附录）

这一阶段，欧阳予倩虽身负所长之职，日常行政、教学事务繁忙，但仍执笔为文，创作的剧本有：《屏风后》、《杨贵妃》、《车夫之家》、《刘三妹》、《小英姑娘》、《买卖》、《国粹》、《白姑娘》等；撰写的文章有：《戏剧改革之理论与实际》、《自我演戏以来》、《粤剧北剧化的研究》、《用粤语演话剧》、《戏剧与宣传》、《动的艺术》、《民众剧的研究》、《〈怒吼吧中国〉上演记》、《演〈怒吼吧中国〉谈到民众剧》等；翻译的作品及文章有：《玩具骚动》、《皮格马林》、《现代法国剧坛之趋势》、《日本戏剧运动的经过》、《包多丽许研究》等。以上这些作品或文章，大部分均在《戏剧》杂志发表。在不到三年的时间里，写下如此之多的文章，可见其精力是何等充沛！

1931年7月，研究所被裁撤停办。10月离广州到上海，组织“现代剧团”，有应云卫、唐槐秋等参加。

1932年　44岁

1月28日，上海发生十九路军抗日的“一·二八”事变，在上海工人、学生和全国人民的支持下，十九路军顽强地抗击了日本侵略军，粉碎了日寇企图在几小时内占领上海的计划。蒋介石加紧破坏上海抗战，把十九路军调往福建，并于5月5日与日寇签订卖国的《上海停战协定》。“一·二八”事变爆发，“现代剧团”随即解散。上海抗战的被扼杀，使他的思想有了“显著的转变”，他奋笔写下了一个19景的活报剧《不要忘了》，揭露帝国主义者与国民党反动派互相勾结扼杀人民抗日爱国运动的罪行。同一时期，他还写了个独幕剧《同住的三家人》，发表在11月《现代》杂志第2卷第1期上。

“初冬，我到了法国，参加过四五次法国共产党所组织的工人晚会。”（《一得余抄》2页）

1933年　45岁

“我曾经于1933年两次到苏联，光荣参加过苏联第一届戏剧节”，“看了几十个戏”。“我到过列宁格勒、莫斯科、乌克兰和黑海沿岸一些地方。在列宁格勒曾经参观过冬宫，在那里看过好几个戏，如舞剧《睡美人》，话剧《夏伯阳》和瓦夫坦戈夫改编的莎士比亚的《哈姆列王子》等”。（见《莫斯科“五一”观礼见闻记》中的回忆）“1933年两次到苏联，在莫斯科见过一些电影名导演如普多夫金等。经过德国，参观过乌发公司摄影场，看过他们拍戏。”（《电影半路出家记》17页）

《从汉调说到花鼓戏》和独幕8景话剧《上海之战》同时发表于3月5日出版的《矛盾》月刊第1卷第5、6期合刊（戏剧专号）。

11月20日，十九路军将领陈铭枢、蒋光鼐、蔡廷锴等不满于蒋介石的反动统治，联合李济深等一部分势力，在福建成立反蒋的人民革命政府。欧阳予倩自国外回来，十分欣喜，积极“参加了十九路军的反蒋活动”。（《电影半路出家记》17页）

1934年　46岁

蒋介石对十九路军实行大规模的围攻。1月5日，与十九路军战于延平、古田一带；15日攻陷福州，福建人民革命政府被扼杀。“事败，到日本去避了半年风。在东京参观过一些大大小小的摄影场。当时也颇想尝试一下拍声片的滋味。”（《电影半路出家记》18页）

8月26日，《日本最近的宣传戏》发表于《戏》周刊第2期。

秋，回到上海，加入新华影业公司，写了剧本《新桃花扇》，该剧描写了一对青年知识分子在反军阀斗争中的悲欢离合。

10月16日，《巴黎剧场》发表于《东方杂志》第31卷第20号。

11月1日，译稿《高尔基与莫斯科艺术剧院》（日本野崎韶夫作）发表于《文艺月刊》第6卷第5、6期合刊。

11月18日，《如何组织新剧剧团》在《戏》周刊第14期上发表。

1935年　47岁

2月26日，《创作、翻译剧及改译剧》发表于《戏》周刊第27期。

翻译剧《油漆未干》（法国伏墅洼作）连载于2月1日、3月1日、4月1日的《文艺月刊》第7卷第2、3、4期。

5月1日，《为什么要写实》发表于《文艺月刊》第7卷第5期。

《新桃花扇》由新华影业公司拍成影片。这是欧阳予倩重新步入影坛后编导的第一部有声片。7月，转入明星影片公司。

1936年　48岁

1月27日，上海电影界人士在全国抗日民主运动高潮的推动下，成立“上海电影界救国会”，欧阳予倩是主要发起人之一。（见程季华：

《中国电影发展史》（一）416页）

2月11日，国民党中央宣传部发表《告国人书》，对文化界救国运动大肆诬蔑，为妄图一举扑灭制造借口。他于次日代表上海电影界救国会向报界发表声明，提出了辨正。（同上书421页）

6月7日，“中国文艺界协会”宣告成立，欧阳予倩在成立宣言上签名，参加者有文艺界知名人士茅盾、郭沫若等111人。

7月1日，在我党电影工作者的协助下，明星影片公司实行改组，重新恢复了编剧委员会，欧阳予倩任主任。在此后几个月的时间里，他接连编导了三部影片：《清明时节》、《小玲子》和《海棠红》。

10月19日，伟大的文学家、思想家、革命家鲁迅逝世，他忍住悲痛写下了别具一格的悼文：《不要以悲哀来纪念鲁迅之死》，发表于11月10日《电影·戏剧》月刊第1卷第2期。

年内还在《申报周刊》第1卷第2期（1月）和第1卷第36期（9月）上发表《现代戏剧的欣赏》和《二黄戏改革的可能性》两文。

1937年　　49岁

1月21日，苏联影片《阿比西尼亚》在上海首映，受到广大观众的热烈欢迎。由于该片揭露了意大利法西斯在阿比西尼亚的侵略暴行，意大利驻沪领事馆先是向国民党当局提“抗议”，继而又指使意大利水兵捣毁了放映此片的上海大戏院。对于意大利法西斯分子这一横蛮干涉我国主权的暴行，2月26日，欧阳予倩与周扬、夏衍等121位进步的文艺、电影、戏剧、音乐工作者联名发表《反对意国水兵暴行宣言》。（见《中国电影发展史》（一）507页）

《渔夫恨》发表于2月号《东方杂志》。

春，由“明星”转入联华影业公司，编导了喜剧片《如此繁华》，揭露旧中国上海“上层人物”的种种丑态。

6月初，日德法西斯合拍的一部鼓吹日本侵略我国东北的影片《新土》在上海上映。该片露骨地宣传法西斯的侵略思想，公然把我国东北说成是“大和民族”的“新土”，激起了中国人民的强烈抗议。6月9日，欧阳予倩、应云卫等370余人联名发表了《对于〈新土〉在华公映的抗议》，号召全国人民一致起来，“向《新土》怒吼！向侵略

斗争！”（见《中国电影发展史》（一）508页）

7月7日，日寇在卢沟桥，向中国驻军进攻；7月30日，“电影工作人协会”在沪成立，欧阳予倩被选为常务委员。8月13日，日寇又进攻上海，中国人民的抗日战争全面开始。

“八·一三”上海抗战爆发，他与郭沫若、田汉、夏衍、周信芳等组成上海戏剧界救亡协会，并参加文化界救亡协会，被选为理事。上海戏剧界救亡协会组织13个救亡演剧队，分路向内地进发宣传抗战。他与周信芳等留在上海，坚持救亡艺术活动。

11月，上海沦陷，仅存英、美、法等帝国主义的租界还未被日寇控制，是谓“孤岛”。欧阳予倩以满腔的爱国热情和抗敌斗志，在租界内组织“中华京剧团”，演出了他编导的《梁红玉》、《渔夫恨》、《桃花扇》等爱国戏，收到强烈的艺术效果。《梁红玉》由著名旦角金素琴主演，演出当晚，郭沫若观后即席成一绝句，诗云：“昔有梁红玉，今看金素琴。千秋同敌忾，一样感人心。”（见欧阳予倩：《后台人语》）

年内创作的剧本有《青纱帐里》（三幕剧），10月由上海大时代出版社出版，列为抗战小文库之一。

年内翻译改编了托尔斯泰的剧本《欲魔》(原名《黑暗之势力》)，载5月1日《文艺月刊》第10卷第4、5期合刊，并在上海“业余剧人协会”公演此剧时担任导演。

年内发表的主要文章有：《再谈旧戏的改革》（一）（二）（三）（四），分别载于《申报周刊》第2卷第7期、第8期（2月）、第12期（3月）、第16期（4月）；《明日的新歌剧》和《导演经验谈》，分别载于《戏剧时代》第1卷第1期（5月16日）和第2期（6月16日）；《起来，旧剧界的朋友们》载10月26日上海《救亡日报》。

年内与马彦祥合编的《戏剧时代》在5月16日创刊。

1938年　　50岁

1月1日和16日，京剧《梁红玉》在《抗战戏剧》半月刊第1卷第4期和第5期分两次登载，并由上海杂志公司于当年出版单行本。

欧阳予倩为抗日救亡艺术活动而积极工作，引起了敌伪汉奸的注意。他们公开找他谈话，威逼利诱，甚至日寇的新闻检查所主任金子中佐亲自约他要直接会见。迫于如此险恶的形势，他不得不挈妇将雏，登上法国邮船，“离开了我的第二故乡上海”，时间是4月12日（见《后台人语》）。

离沪之前，他曾接到过留日同学、广西大学校长马君武邀他去桂林的信，故他在香港停留一星期后，经梧州、南宁到达桂林。马君武那时兼广西戏剧改进会会长，欧阳予倩一到桂林即着手进行桂剧改革，同时还应国防艺术社之邀，帮排话剧，此外写文章、作演讲，足足忙了4个月。他说：“在四个月中，演讲十次以上，排一个桂戏，三个话剧，写短文五、六篇。”（《后台人语》）据查，这里的一个桂戏即《梁红玉》；三个话剧，即《曙光》、《青纱帐里》和阳翰笙的《前夜》；“短文五、六篇”，其中之一为《关于旧剧改革》（载8月13日《克敌》周刊第23期），余不明。由于与马君武在戏曲改革方面有原则分歧，8月底离开桂林。（《电影半路出家记》36页）

9月1日，由桂林抵香港，协助唐槐秋的“中国旅行剧团”导演《前夜》和《流寇队长》。同时还为香港妇女会排了一出英文的《西厢记》。在港期间，还写了两个电影剧本《木兰从军》和《开天辟地》，前者由新华影业公司于次年拍成电影。

1939年　　　　　　　　　　　　　　　　　　　　51岁

“中国旅行剧团”矛盾爆发，部分演员脱离该团，成立“中华艺术剧团”（简称“中艺”）。欧阳予倩应邀帮助排戏。在8个月中，他单为“中艺”义务导演长剧11个、短剧3个：《流寇队长》、《魔窟》（陈白尘作），《雷雨》、《日出》（均曹禺作），《伪君子》（莫里哀作），《花溅泪》（尤竞即于伶作），《中国男儿》（胡春冰作），《狄四娘》（张道藩按俄剧《向日乐》改译）、《钦差大臣》、《欲魔》、《青纱帐里》、《屏风后》、《曙光》（以上均欧阳予倩创作或改译）。此外还帮其他剧团排了不少戏。“我替人排那样多的戏，不仅是没有一文的报酬，还要贴出许多车马费和饭食应酬之费。为了维持个人最低限度的生活，全靠编几个电影剧本，预支一点稿费，不然就是借债。”（《后台人语》）为了戏剧事业，他完全达到了忘我的境地。

9月，广西当局通过白鹏飞（经天）又一次邀请他来桂林改革桂剧。他举家二度离港入桂，抵达桂林正好是中秋佳节（9月28日）。到桂后，主持广西戏剧改进会，把《桃花扇》改编成桂剧。

10月2日，中华全国文艺界抗敌协会（简称“文协”）桂林分会举行成立大会，欧阳予倩被选为理事；4日，举行第一届理事会，被推举为常务理事。

10月19日，主持文协桂林分会举行的“纪念鲁迅逝世三周年大会”。10日20日，《鲁迅不死》发表于《救亡日报》。

年内还创作了独幕剧《越打越肥》（载1940年8月20日《十日文萃》），该剧讽刺了官僚豪绅借日寇入侵之机、大发国难财的无耻行径。

1940年　　52岁

3月3日，广西省立艺术馆在桂林成立，被任命为馆长兼戏剧部主任，戏剧部还附设话剧实验剧团。

6月1日，《新中国戏剧》在桂林创刊，在创刊号上发表《改革旧戏的步骤》。

9月14日，参加广西艺术馆举行《国家至上》（老舍、宋之的编剧）和《包得行》演出座谈会。在发言中提出戏剧改革要敢于采用新、旧戏的形式，善于消化，广泛吸收。

11月1日，《戏剧春秋》在桂林创刊。该刊由田汉主编，欧阳予倩、夏衍、杜宣、许之乔编辑（2卷1期起洪深加入）。在创刊号发表了短剧《战地鸳鸯》（小杂会之一）；第1卷第2期（12月1日出版）上发表了《我们的经典》（小杂会之二）。

11月2日，《戏剧春秋》社编辑部举行“戏剧的民族形式问题座谈会”，欧阳予倩、夏衍、许之乔、黄药眠、宋云彬等参加座谈。他在发言中指出创造民族形式，必须“采纳各种形式的长处”，不管是外来的，旧有的。同时要提高质量，反对粗制滥造，才能“获得大众的拥护”。

11月7日，桂林文化界在广西艺术馆集会，庆祝苏联国庆节。会上，广西艺术馆话剧团演出了由他导演的苏联剧作家雅鲁纳尔的《在旅馆里》。

12月1日，文协桂林分会举行会员大会，改选分会领导机构，被选为新任理事，并决定由他与艾芜为研究部负责人。

1941年　　53岁

2月1日，《追念西苓沈先生》发表于《戏剧春秋》第1卷第3期。

4月10日，文协桂林分会举行第一次理事会，欧阳予倩被推为常务理事和研究组组长。

5月26日，《上演〈日出〉的杂感》发表于桂林《大公报》文艺副刊。

5月31日，新编五幕历史剧《忠王李秀成》该日起至8月18日止在桂林版《大公报》文艺副刊连载，共分32次登完。10月10日由桂林文化供应社出版单行本。该剧以忠王李秀成的事迹为题材，描写太平天国后期领导集团内部的矛盾斗争，歌颂了李秀成顾全大局、身先士卒、为国捐躯的优秀品质，催人泪下。忠奸对比强烈，鉴古思今，对国民党反动当局作了巧妙而大胆的抨击。

6月15日，为文协桂林分会筹募活动基金，该晚市桂剧界在广西剧场举行联合大公演。

7月28日，桂剧实验剧团名义前经取消，现在团长欧阳予倩努力下，决定在8月1日正式恢复名称。

9月8日，在艺术馆主持全省美术展览开幕式，并报告美展筹备情况。

10月10日，在《戏剧春秋》第1卷第5期上发表《吊刘保罗先生》。

10月15日，在《文艺生活》第1卷第2期上发表《忠王李秀成自序（自白）》。

10月30日，自编自导的《忠王李秀成》开始由广西艺术馆话剧实验剧团演出。该剧共需演员80余人，部分由国防艺术社客串，故阵营整齐，规模宏大，为桂林各剧所仅见。连演14天，场场满座，亦属罕见。

12月7日，文协桂林分会举行第二届年会，欧阳予倩任主席。大会通过为死难文艺工作者募捐、要求限制印刷商无限增加印刷费、敦请出版界提高稿费、增设文艺家宿舍等决议，欧阳予倩被选为理事。

12月12日，文协桂林分会召开三届一次理事会，欧阳予倩被推为常务理事。会议决定组织文协受难同志救难委员会，欧阳予倩被推为筹备委员。

12月15日，《寄慰苏联战士》发表于《文艺生活》第1卷第4期。

12月28日，文协桂林分会召开三届三次理事会，公推欧阳予倩为受难同志救济委员会召集人。

1942年　　54岁

1月19日，为筹募文协桂林分会本年度经费，编导《木兰从军》，由桂剧实验剧团演出。

2月7日，导演的《愁城记》（夏衍编剧）开始由广西艺术馆实验话剧团对外公演。

2月15日、18日两天，出席由田汉主持"新形势与新艺术"问题座谈会，并作了发言。

4月5日，为庆祝田汉44岁生辰，桂林文艺界人士欢聚桃园酒家，欧阳予倩等30余人参加庆贺。

4月24日，导演的《天国春秋》（阳翰笙编剧）开始由广西艺术馆实验话剧团演出。

6月20日，广西艺术馆举行成立两周年纪念会，其间还举办戏剧、音乐演奏会及美术展览，欧阳予倩等文艺界数百人出席。

7月14日，与茅盾、柳亚子等一起出席田汉主持的"历史剧问题座谈"，在会上作了数次发言。会议内容由黄旬记录，发表在10月30日出版的《戏剧春秋》第2卷第4期上。

9月15日，熊佛西主编的《文学创作》在桂林创刊，《后台人语》自本期起共分4次在该刊发表，该文长达3万余字，述说上海成为"孤岛"后的两年间他在上海、衡阳、香港、桂林从事戏剧活动的经历。

10月15日，《迫切的呼吁》在《文学创作》第1卷第2期发表。同日出版的《文艺生活》第3卷第1期发表了他的独幕剧《一刻千金》。

12月3日，文协桂林分会召开第四届会员大会，被选为理事。

12月11日，导演的《长夜行》（于伶编剧）开始由广西艺术馆实验话剧团演出。

1943年　　55岁

4月13日，导演的《国家至上》（老舍、宋之的编剧）开始由广西艺术馆话剧团演出。

4月20日，与田汉等百余人参加文协桂林分会举行的全国文协成立五周年纪念会。

7月12日，导演的《家》（曹禺根据巴金原著改编）开始在广西剧场首次上演。

7月23日，桂林文艺界数百人集合，纪念人民音乐家聂耳逝世八周年。会上由聂守先报告聂耳生平事迹，蔡楚生、欧阳予倩相继发表演说。

9月25日、26日，桂林版《大公报》连续两天刊登寒流写的《桂林作家群》，详细报道了王鲁彦、艾芜、穆木天夫妇、端木蕻良、田汉、欧阳予倩、熊佛西、巴金、林焕平、胡仲持、周行、周钢鸣、聂绀弩、孟超、韩北屏等20多位作家在险恶的政治环境中贫困窘迫的生活。关于欧阳予倩，作者转录了他的一段原话："我的《忠王李秀成》三版送审被扣，呈中央，通不过，桂剧改编的《木兰从军》、《桃花扇》，有书店愿意出版，但也给书审处批令不能印行。看情形，有一天我得重唱青衣，组织京班到穷乡僻壤演戏去！"

10月28日，文协桂林分会编辑的《二十九人自选集》由桂林远方书店出版发行，书内收入郭沫若、茅盾、田汉、欧阳予倩、巴金、艾芜、夏衍、张天翼、邵荃麟、王鲁彦、孟超、司马文森等29位名家的诗、小说、论文、杂文、剧本。欧阳予倩被选入的是《越打越肥》。

11月9日，桂林戏剧界举行"西南戏剧展览会"筹备会议。参加会议的有欧阳予倩、田汉、李文钊、熊佛西、瞿白音以及广西艺术馆、新中国剧社的全体人员。会议作出了主办和协助单位、邀请的范围、经费筹措办法等项决定。欧阳予倩被推为筹委会主任，筹委会即日起正式办公。

11月17日，"西南戏剧展览会"筹委会举行会议，商讨筹备工作进展情况，并通过办事细则及各部人选。

11月28日，出席田汉主持在桂作家举行的“战后中国文艺展望”第一次座谈会，他和千家驹、邵荃麟等相继作了发言，一致要求政府改善检查制度，扶植言论自由。

12月20日，为筹募西南剧展新馆址建筑资金，广西艺术馆特邀留桂戏剧、电影界明星，在广西剧场举行联合义演。自该日起至28日止，连续义演9天。

12月22日，西南剧展筹委会在广西艺术馆举行记者招待会，筹委会主任欧阳予倩报告筹备工作情况。

1944年　　　　56岁

1月1日，熊佛西主编的《当代文艺》在桂林创刊。《关于西南第一届戏剧展览会》一文在创刊号发表。

1月8日，西南剧展筹委会举行第三次常务会议，决定2月15日至28日为资料展览期，3月1日起举行戏剧工作者大会。

2月7日，西南剧展筹委会举行常务会议，商讨剧展开幕及大会经费等问题。

2月12日，西南剧展筹委会举行茶会，招待桂林各界人士。会上，筹委会主任欧阳予倩报告筹备经过，并宣布展览会展出时间为期两个月。

2月15日，中国戏剧史上空前盛会的西南戏剧展览会开幕式于下午3时在广西艺术馆新厦隆重举行。参加者有筹委会主任欧阳予倩，委员田汉、熊佛西、李文钊、瞿白音、赵如琳以及陈劭先、千家驹与来自桂、粤、湘、黔、滇、闽、赣、鄂8省团队的戏剧工作者千余人。黄朴心代表会长黄旭初致开会词，欧阳予倩报告筹备经过，国民党中央文化运动委员会主任委员兼全国剧协主任常务理事张道藩致词，田汉发表长篇演说。这次展览会包括三个方面的内容：1. 各团、队的戏剧演出；2. 举行戏剧工作者大会；3. 戏剧资料展览。参加的团、队有27个单位，演出的剧目计有：话剧27个，京剧25个，桂剧2个，木偶戏5个，电影3个，总共62个。

2月16日，西南剧展桂剧演出展览，16日、17日两晚在第二演出展览场（国民戏院）由广西戏剧改进会桂剧实验剧团演出欧阳予倩编导的《木兰从军》。

2月18日，西南剧展话剧演出展览，18日起到24日止在第一演出展览场（艺术馆礼堂）由广西艺术馆话剧实验剧团演出欧阳予倩编导的《旧家》。

2月19日，西南剧展话剧演出展览，该晚在第二演出展览场由广东省立艺专以粤语演出法国作家福墅洼作的三幕名剧《油漆未干》（欧阳予倩翻译，赵如琳导演）。

2月23日，剧展秘书处于上午召开西南戏剧工作者大会预备会议，下午又召开舞台工作及资料展览筹备会议，会上研究如何开好西南剧工大会及资料展览等事宜，欧阳予倩、田汉及各团队代表出席了会议。

2月27日，西南剧工大会预备会议继续举行。会议决定：自3月1日起召开西南戏剧工作者大会，会期一周；大会主席团由黄旭初、黄朴心、欧阳予倩、田汉、瞿白音、熊佛西、赵如琳、向培良、孟君谋组成。此外还决定了大会组织机构及人选的名单。

2月29日，文协桂林分会举行茶会，欢迎参加剧展的各团队代表，参加茶会的有本市文艺界及各团队代表百余人。田汉、欧阳予倩、熊佛西、邵荃麟、周钢鸣等相继发表讲话。

3月1日，西南第一次戏剧工作者大会于上午在广西艺术馆新厦举行开幕式，参加者有黄朴心、欧阳予倩、田汉、熊佛西、赵如琳、瞿白音、孟君谋、吴永刚、吕复、魏曼青以及各团队成员共约千余人。

3月6日，上午，欧阳予倩向剧工大会全体人员作题为《剧运工作之开端》的报告。报告将中国戏剧运动分为四个时期：①春柳社的革命戏剧时期；②文明戏及戏剧为社会教育时期；③北方戏剧与南国社的文艺戏剧运动时期；④以戏剧为武器的反帝国主义时期。

3月13日，上午，欧阳予倩向剧工大会全体人员作《我所知道的几种演出方法》的专题讲演。

3月17日，上午，西南第一次戏剧工作者大会在广西艺术馆新厦隆重闭幕。大会共计通过各种提案35件，并决议由大会主席团负责起草大会宣言。

同日，西南剧展资料展览于下午开幕。参加资料展览的有10多个单位，展品有：团队历史、统计图表、舞台模型、剧作家手札手稿、戏剧脸谱、海报、说明书等类，达数千件之多，其中有春柳社、南国社领导人物欧阳予倩、田汉数十年来从事戏剧运动的照片多幅。

3月19日，下午，文协桂林分会举行第五届会员大会，田汉作了《一年来文协工作的检讨》的报告，会议通过了《设立西南文艺工作者联谊部》等重要提案10余件，大会改选了理事会，田汉、欧阳予倩、柳亚子、巴金、艾芜、李文钊、周钢鸣、胡仲持、韩北屏、孟超、司马文森、邵荃麟、黄药眠、宋云彬、熊佛西、骆宾基、端木蕻良、穆木天、蔡楚生、瞿白音等20人当选为文协桂林分会第六届理事。

3月25日，下午，西南剧展举行戏剧运动路线问题专题座谈会，欧阳予倩、田汉、熊佛西等数十人参加座谈。

4月14日，西南剧展会长黄旭初于下午举行盛大茶会，招待出席剧展大会人员，欧阳予倩、田汉及各团队人员共500人出席。

4月18日，西南剧展大会自该日起，上演前期话剧，剧目有欧阳予倩的《屏风后》、田汉的《湖上的悲剧》等。

4月19日，西南剧展会活报剧大会串下午在广西艺术馆举行，演出的剧目有：《黄昏沙坪》（剧宣七队）、《伤兵医院》（剧宣四队）、《一盒火柴》（新中国剧社）、《幕后风光》（剧展舞台组）、《七年了》（剧宣四队）等，演出结束后，柳亚子、田汉、欧阳予倩等即席发表观后感。

4月20日，文协桂林分会举行会员同乐大会，庆祝全国文协总会成立六周年。田汉、柳亚子、欧阳予倩、熊佛西、邵荃麟等相继发表讲话。

5月10日，新作《旧家》（五幕剧）和《能否把圈子放得更大》在《新文学》（月刊）第1卷第4期上发表。该期扉页还有黄新波所作的欧阳予倩的大幅木刻头像。

5月17日，桂林《大公报》报道，美国著名剧评家爱金生曾来西南各地观光，对西南剧展评价很高，特在《纽约时报》撰文介绍，文中有“如此宏大规模的剧展会，有史以来，自古罗马时代曾经举行外，尚属仅见。中国处在极度艰困条件下，而戏剧工作者以百折不挠之努力，为保卫文化，拥护民主而战，迭予法西斯侵略者以打击，厥功至伟”等赞词。

5月19日，西南第一届戏剧展览会在经过了历时3个多月的演出、交流、会议、资料展览后隆重闭幕。参加者有李济深、黄朴心、欧阳予倩、田汉、柳亚子、瞿白音、吕复等各界人士千余人。欧阳予倩向大会报告了剧展经过，田汉在会上作了抗战殉难剧人生平的报告，李济深等致了词。大会通过戏剧工作者公约十则：①认清任务，②砥砺气节，③面向民众，④面向整体，⑤勤研学术，⑥磨炼技术，⑦效率第一，⑧健康第一，⑨尊重集体，⑩接受批评。

5月31日，文协桂林分会召开理事会，商讨在当今形势下如何开展今后工作等会务问题，欧阳予倩、田汉等出席了会议。

6月下旬，由于日寇铁蹄步步进逼，桂林文化团体及文艺作家开始疏散，但欧阳予倩直到9月上旬才率领广西艺术馆部分工作人员离开桂林，撤往桂东南的昭平县。

11月1日，《广西日报》昭平版于今日正式出版。该报是在日寇侵陷桂林、柳州，桂东成为敌后、物质条件极为困难的情况下诞生的。从本日起到1945年9月30日终刊，共出版29期（号），其中除由昭平疏散至黄姚期间有短期停刊外，坚持天天出版。难能可贵的是副刊办得相当活跃，共出刊199期。欧阳予倩是该报社务委员，他以充沛的精力积极撰稿，创作、专论、时事述评、文艺杂谈，无所不写，计大小文章共有40余篇之多，表现了可贵的政治热情。《民众的声音》于该报创刊号发表。

11月3日、4日、5日，独幕剧《可爱的桂林》分三天连载。

11月18日，《一个可供参考的故事》发表。

12月21日，《祝福、盼望——敬送何香凝先生》发表。这是一首新诗，在欧阳予倩的创作中，确属少见。

1945年　　57岁

1月1日，《第八个年头》发表于元旦增刊。

1月21日，《治标与治本》发表，题头为“星期论文”。

3月5日，日寇进逼昭平，报社迁至昭平以东百里之外的黄姚，

1月26日起无报，至3月1日才有新闻摘录。本日起恢复副刊。《艺术与民众》和《罗斯福是共和党的领袖？》两文发表。

3月11日，《“势力范围”作祟》发表。

3月23日，该日起发表《怀旧录一、母与女》。这是以专栏形式连载的一组小品。《怀旧录》是总题，下面为小标题，共16篇，每篇集中谈一个问题。前有总序，说明起名由来和写作原因。作者说：“录为怀旧，非‘旧’不录。……说今事，述新说，未免顾忌太多，追忆往事，说些老生常谈，大约可以放胆一点吧？……我想以小事为主，家长里短，说说不妨，逸话传闻，谈谈也好。不拘体裁，不须次序，偶然想起，把笔便记，这或者比较更真切也未可知。”

3月24日，发表《怀旧录二、S君的牢骚》。该日起《广西日报》昭平版缩为两版，副刊中断达一月之久，直至4月24日才恢复。

5月11日，发表《得救了的和平之神》（歌剧本原稿）。

6月2日，发表《从事大众艺术教育运动的态度》。

6月10、11、12、15、17、19、20日共7天，刊登《怀旧录十六、苏联第一届戏剧节》。该文记述了1933年他到达苏联的见闻，特别是较详细地谈了参加苏联第一届戏剧节时观看《死魂灵》、《樱桃园》的感受。

6月14日，发表《诗人节，端午节》，赞颂屈原高尚的人格，文中说道：“纪念一个诗人而成为习俗，这是一个多么美丽而感人的故事！”

6月30日，发表《作家谭》和《去恶而从善》。前者论述了作为一个作家的诸条件；后者论述作家的责任，要“分别善恶，要去恶而从善，要使人去恶而从善”。

8月11日，发表《战后的戏剧运动》，文中展望了在日寇投降后戏剧运动的前景，要求戏剧工作者不忘“唤起民众，教育民众，组织民众”的重任。

8月25日，发表《艺术工作者今日的任务》，号召艺术工作者“必须武装自己的头脑并帮助人民大众把头脑武装起来，和残余法西斯的势力作生死斗争”。

9月22日，发表《农村民众教育问题的提出》。

9月29日，发表《光荣的十一个月》。本文是为《广西日报》昭平版休刊而作。文中说："这个报产生于风雨飘摇的时候，结束在胜利到来之今日，除却在疏散的途中，没有停顿过一天。"文中还叙述了在物质条件极其艰难的情况下何以能坚持下来的原因，并不无留恋地说：这是他"生平和朋友们一次最愉快的合作"。结尾充满激情地写道："欢呼吧！为我们这光荣的十一个月欢呼吧！为光荣的展望欢呼吧！这还不足够代替临别时的惆怅吗！"

10月20日，率原广西艺术馆的工作人员返回桂林。昔日文化城，经过日寇的浩劫，已面目全非。他所苦心经营筹建的艺术馆和广西剧场，也已荡然无存，只剩下一片瓦砾了！面对这种惨相，他慨然之余，决心在废墟上重新建设。田汉在一首《长歌》中记下了他此时的心情和决心："……胜利欢呼动桂江，山城风貌已非旧。楼阁如云林荫香，存无一二毁八九。瓦砾成堆歌舞歇，掩涕为之吊良久。壮哉南杰（予倩名）湖南牛，不畏万难掣其肘。为引春风入芜城，再把锄头种新柳。"

（见田汉：《欧阳予倩先生的道路》）

11月11日，《保障作家创作自由的建议》发表于复刊的桂林版《广西日报》"星期论文"栏。

1946年　　58岁

1月1日，《文艺生活》于抗战胜利后恢复出版，《保障作家创作自由的建议》转载于该刊光复版第1期。

1月，独幕剧《桂林夜话》（又名《归来夜话》）登载于《半月文萃》复刊第1期。

1月，默剧《言论自由》载于《半月文萃》复刊第2期，揭露反动派压制人民言论自由的卑劣行径。

2月15日，《一九四四到四六》发表于《广西日报》桂林版（3月15日《半月文萃》复刊第3期予以转载），同日该报还发表了他的《推进农村剧运的商讨》一文。主持广西艺术馆重建的奠基仪式。

2月20日，文协桂林分会举行理事会，与穆木天、陈闲邀老会员商讨如何恢复分会活动问题。

2月25日，文协桂林分会举行复会大会。与陈闲、穆木天、张毕来等被选为新理事，谭丕模、曹伯韩、陈竺同为候补理事。

3月4日，文协桂林分会举行第一次理事会，推定各部负责人，与陈闲负责总务部，穆木天、张毕来负责研究部。

5月24日，广西艺术馆今起在三明戏院作救灾义演，连演三天。亲自导演《小人物狂想曲》（沈浮编剧），观众踊跃，又加演两场，于6月2日起举行公演。

7月2日，松坡中学举行复校典礼，与谭丕模等文化界知名人士出席祝贺。

7月11日和15日，著名民主斗士李公朴和闻一多在昆明先后遭国民党特务暗杀，引起全国人民及文艺界的一致抗议和谴责。欧阳予倩因省母兼医足疾在7月下旬赴沪，在上海文艺界悼念李、闻的会议上，慷慨陈词，抗议国民党当局迫害虐杀进步文化人的罪行，并揭露广西当政者的黑暗统治，使"桂林已成恐怖世界"的种种表现，义正词严，痛快淋漓。

7月28日，为悼念著名教育家陶行知逝世，《欲哭无泪》发表在《群众》周刊第12卷第1期。

8月15日，在沪的40余位友人举行黄浦惜别会，欢送欧阳予倩返桂。与会者分乘两艘小艇，泛舟浦江，又登岸在梅龙镇酒家聚餐，举酒祝他健康、祝他事业成功。归后，田汉赠他"长歌"一首："泛舟直向吴淞口，又聚梅龙举美酒。当时剧坛几少年，相看半成头白叟！……"记此事之盛，并互相砥砺，两位老战友的深厚情谊，洋溢于字里行间。（见田汉：《欧阳予倩先生的道路》）

8月18日，由沪返桂，顿觉形势突变，气氛紧张。原来欧阳予倩在上海李、闻事件会上的发言在《新华日报》摘登后，刺痛了广西反动当局。就在他返桂之前，他们就在桂林版的《中央日报》上连续发表文章，说他戴上"政治鬼脸壳"，"其人大有来头"，是"文化特务"，言辞恶毒恣肆，包藏险恶用心。眼看如此政治形势再也无法工作，当即辞去广西艺术馆馆长职务，并离开他生活、战斗长达7年之久的桂林。为结清历年来他所经手的账目，他变卖私产，以致离桂抵达广州后再也没有旅费去上海，情同落难。广西反动当局此举激起平沪戏剧界的愤怒抗议，上海方面更是筹款接济，使欧阳予倩一家得以抵达上海。

10月间，抵沪，无以为生，只得卖稿度日，电影剧本《关不住的春光》和京剧《孔雀东南飞》等即写于此时。此外，还在上海戏剧学校兼课。

10月25日，上海戏剧界联谊会在梅龙酒家聚会，与田汉、洪深等出席，会上决定加紧筹备组织中国剧作家协会。

12月间，新中国剧社由昆明经长沙、武汉抵达上海。该团成立于桂林，与欧阳予倩有着“深长的友谊”。在桂林时，他曾“答应替他们排一个戏”，但因日寇长驱南进，黔桂大撤退，剧社撤至昆明而未能如愿。此次剧社与欧阳予倩在上海重逢，正好又遇上台湾当局邀剧社去台演出，欧阳予倩即于12月中旬与剧社共同赴台。（见欧阳予倩：《剧运在台湾》。《电影半路出家记》说是在1947年1月间赴台，应以前说为准）

1947年　　59岁

新中国剧社在台北中山堂演出，剧目为：《郑成功》、《牛郎织女》、《日出》、《桃花扇》。这次演出是台湾戏剧史上值得一书的大事，它不仅使台湾观众第一次比较完整地接触到话剧的演出形式，也向他们介绍了文学艺术的内容，灌输了爱国主义思想。为了打破语言隔阂，观众们自觉地“买了剧本，象上课读书那样专心在剧场里用功”。（何泛：《“新中国”·欧阳予倩·〈桃花扇〉》）在4个戏中，欧阳予倩导演了3个。《郑成功》还是根据魏如晦（阿英）的《海国英雄》改编的，《桃花扇》则是把作者自己的京剧本改成话剧。短短两个月时间，欧阳予倩与剧社的年轻人一起亲密合作，使他这个快60岁的老人也觉得“更年轻了些”。他快慰地说道：“我生平和朋友合作，有两回是最愉快的”，其中的一次，“就是这回到台湾来帮新中国剧社的忙”。（《三个戏》）

2月28日，台湾各族人民爆发了反对国民党反动统治的“二·二八起义”。新中国剧社原可在台湾多留一些时间，“事变突发，其事中止”。国民党政府镇压了这次起义。经过不少周折，剧社返回上海。欧阳予倩在上海继续帮剧社排戏，但由于国民党反动派迫害的日益深重，剧社在上海演了几场后，终于解散。他仍在上海戏剧学校教书。其间，还应大同影业公司之邀，写了名为《弱者，你的名字是女人》

的电影剧本，次年由公司拍成电影。

10月27日，蒋介石亲自下令解散“中国民主同盟”。欧阳予倩是“民盟”的理事，随着“民盟”的南撤，他也到了香港。经卜万苍的介绍，进入成立不久的永华影业公司。

1948年　　60岁

在“永华”，“我在那里写过两个故事”，“可是用与不用，很长时间以来渺无消息”。他感到“待下去没有意思，便找一个适当的时候卷起铺盖，告辞了”。（《电影半路出家记》47页）

5月16日，香港文艺界举行“庆祝戏剧界老前辈欧阳予倩先生六十大寿及参加戏剧工作四十周年纪念会”，以表彰他从事戏剧工作40年来所作出的巨大贡献。参加纪念会的有郭沫若、茅盾、夏衍、柳亚子、胡愈之等文化艺术界知名人士及港九戏剧青年600余人。郭沫若在致词中说：“欧阳予倩先生四十年前即已从事戏剧工作，毫无疑问，这是我们的先驱者，值得我们学习、赞叹和崇拜。并祝欧阳先生能多活四十年，多领导我们四十年，多为大众而工作四十年。”茅盾指出：“欧阳先生是最早把新演剧带到中国来的”，“欧阳先生本人，就是一部活的现代中国戏剧运动史”，他希望“在欧阳先生从事戏剧工作百周年纪念时，还能看到这部活历史”。在会上，欧阳予倩作了《六十自寿放歌》：“我诞丑年湖南牛，毕生苦干不抬头，食草挤奶一无惜，唯有穿鼻之绳不可留。穿鼻之绳何所拟？譬如尘封故纸压心头。少年飞跃向真理，垂老愈为牛步忧，五十年来何惨淡，浮沉磨折无自由！愿为川上桥，愿为渡口舟，彼岸风光和且丽，夕景未云短，何妨继之烛！尚堪与君携手共遨游。”并在答词中回顾了自日本参加戏剧工作以来的历程，谦虚地说自己是一个“庸人有庸福”的“幸运儿”，虽然工作了40年，但成就不多，他感谢大家的策励，希望今后能够更快赶上。欧阳予倩答词完毕，座上掌声雷动，长达15分钟而不绝。会上还演出了不少精彩节目，“台上台下，都为着这一部活的现代剧史祝祷着、赞颂着”。（参见胡文基：《记欧阳予倩先生六十大寿庆》）

7月2日，留港艺术工作者发表反美扶日宣言。签名者有名作家、名导演、名演员郭沫若、欧阳予倩等195人。

10月27日，旅港戏剧界人士电贺莫斯科艺术剧院，郭沫若、茅盾、欧阳予倩、夏衍等12人签了名。

脱离“永华”后，参加刚成立的大光明影业公司，导演了《野火春风》。该剧“是一位朋友写的故事梗概”（按：是以群），12月影片摄制完成。影片以抗日战争为背景，描写了一个女艺人的悲惨遭遇和觉醒。

1949年　　　　61岁

春，为南群影业公司导演《恋爱之道》。“这戏原来也不是我写的，分幕和对话是我写的。”（《电影半路出家记》57页）影片通过剧中人物，展示了从北伐战争到抗战胜利这一历史阶段一个知识分子的生活历程，阐述恋爱与革命的关系，提出了知识分子必须同工农群众相结合的主题。影片于1949年5月摄制完成。

4月1日，香港文艺、学术、科技界知名人士，发表宣言，支持世界和平大会，签名者有欧阳予倩、夏衍、邵荃麟等48人。

4月初，为了出席新政治协商会议，在我党华南分局和香港工委的安排下，秘密离港，经海路进入解放区，于6日抵达北平。

4月21日，解放区和从国统区来北平的戏剧电影工作者于当日下午举行联欢会，互相交换各自经验，欧阳予倩、周扬等34人参加。周恩来同志在讲话中提出解放区和国统区两支大军奏合的意义和作用，号召戏剧电影工作者深入工厂、农村和部队，创作出为广大劳动人民所喜欢的作品。

5月10日，出席中华全国文学艺术工作者代表大会筹委会第三次会议。会上作出增聘夏衍等为委员、通过剧团演出暂行办法等决定。

6月15日，新政治协商会议筹备会在北平成立。首届全体会议历时5天，于19日完满结束。欧阳予倩作为文化界民主人士的代表出席了会议。筹备会决定在常委会领导下设立6个小组，欧阳予倩是负责拟定国旗、国徽、国歌方案的第六小组的成员之一。

6月25日，中华全国文学艺术工作者代表大会筹委会召开第七次扩大常委会，会上通过了各代表团的组织及其负责人人选，欧阳予倩被确定为南方第一团团长。

7月2日，中华全国文学艺术工作者代表大会在北平隆重开幕。大会组成99人的主席团，常务主席团成员有郭沫若、茅盾、周扬、欧阳予倩等17人，大会于7月19日胜利结束。

7月27日，中华全国戏曲改进会筹委会成立，欧阳予倩为主任。《人民日报》发表了毛主席为该会的题词："推陈出新"。

9月21—27日，出席中国人民政治协商会议；10月1日又参加中华人民共和国开国盛典。

11月25日，《略谈唱工》发表于该天出版的《文艺报》第1卷第5期。

1950年　　62岁

4月2日，中央戏剧学院在北京正式建立（该院前身为1949年10月建立的国立戏剧学院），欧阳予倩任第一任院长。《克服缺点，发挥创造——中央戏剧学院1950年上半年的工作报告》发表于8月1日《人民戏剧》第1卷第5期。

7月11日，文化部邀请戏剧专家、戏曲界代表组成"戏曲改进委员会"，作为戏曲改革工作的顾问机关，周扬任主任委员，田汉、欧阳予倩、洪深等43人为委员。

10月27日，中国人民的伟大战士和政治家任弼时同志逝世，欧阳予倩为治丧委员会委员。

11月14日，中华全国文学艺术界联合会召开第六次常委扩大会，决定成立文艺界抗美援朝宣传委员会，被选为委员，并与洪深共同负责编选戏剧作品。

11月16日，与茅盾、丁玲等首都文艺界145人联名发表《在京文学工作者宣言》，强烈谴责美帝国主义侵略朝鲜，决心"更好地为抗美援朝保家卫国进行工作"。

年内，在繁忙的行政工作之余，怀着巨大的政治热情创作了舞剧《和平鸽》，并写成有关戏曲改革的文章多篇，在《文艺报》、《人民戏剧》上发表。

1951年　63岁

4月26日，作为以林伯渠为团长的中苏友好代表团的一员，抵达莫斯科，参加苏联"五一"观礼。关于这次活动的经过，他写了《莫斯科"五一"观礼见闻记》发表于8月10日《人民戏剧》第3卷第4期。

10月1日，《观剧琐谈》在《文艺报》第4卷第11、12期合刊上发表。

11月20日，全国文联举行第八次常委扩大会议，决定组成以丁玲为主任，茅盾、周扬、欧阳予倩、阳翰笙等20人为委员的文艺界学习委员会，以便组织北京文艺工作者的整风学习。

11月24日，北京文艺界召开整风学习动员大会。会上，胡乔木、周扬、丁玲等分别作了重要讲话，欧阳予倩、老舍、华君武等发了言。大会以后，全国文艺界开始整风学习。

12月10日，《拥护文艺界整风学习》在《文艺报》第5卷第4期上发表，该文在12月16日的《人民日报》予以转载。

1952年　64岁

1月初，中央戏剧学院开始文艺整风，欧阳予倩作了题为《学习增加了我的勇气和信心》的报告，1月5日的《人民日报》予以全文发表。

5月23日，为纪念《讲话》发表10周年，写了题为《毛主席的文艺思想引导着我们向前》的文章，发表于5月25日《文艺报》第10期。

9月3日，《欢迎罗马尼亚人民共和国部队歌舞团》发表于本日《人民日报》。《珍爱部队文艺的每一成就》发表于9月号的《解放军文艺》。

10月6日，文化部举办的第一届全国戏曲观摩演出大会在京举行。大会的目的是互相观摩，交流经验，奖励优秀节目，借以推动戏曲艺术进一步改革和发展，贯彻"百花齐放，推陈出新"的方针。欧阳予倩为评奖委员会副主任。

11月8日，以吉洪诺夫为首的苏联文化工作者代表团访问我国，是日参加中苏两国文艺工作者的盛大座谈会。

11月15日，《我看到了具有高度感染力的舞蹈艺术》，发表于

《人民日报》。

11月25日，《百花齐放中的桂戏》发表于《文艺报》第22期。

1953年　　65岁

3月5日，斯大林同志逝世，作《遵循斯大林同志的遗训前进》，发表于3月15日《文艺报》第5期。

4月16日，蒙古人民共和国艺术团抵京，作《紧紧的握手，诚恳的学习》，发表于4月30日《人民日报》。

9月23日，中国文学艺术工作者第二次代表大会在京举行，当选为主席团成员。“文代会”结束后，10月9日，又举行中国文学艺术界联合会第二届委员会第一次会议，当选为第二届全国委员会主席团成员；同日，在中国戏剧家协会会议上，被选为全国剧协副主席。

9月26日，著名画家、中央美术学院院长徐悲鸿逝世，欧阳予倩作为第二次文代会主席团成员参加了公祭。

1954年　　66岁

1月20日，中国戏剧家协会机关刊物《戏剧报》创刊。《我怎样学会了演京戏》连载于该刊创刊号及第2期上。

4月20日，《演员必须念好台词》发表于是日出版的《戏剧报》第4期。

7月15日，出席由中苏友协、作协、剧协联合举行的契诃夫逝世50周年纪念大会。

7月15日，《人民的宪法保证着社会主义建设》发表于《文艺报》第13期。

7月20日，《人民的宪法——建立社会主义国家的基石》发表于《戏剧报》第7期。

9月15日，第一届全国人民代表大会在京举行。欧阳予倩作为湖南省选出的人民代表参加了大会。

10月5日，全国文联第二届委员会举行第二次会议，委员们在听了茅盾的开会词和周扬的报告后，分成7个组进行讨论，戏剧组由欧阳予倩和张光年主持。

11月8日，欧阳予倩以剧协戏曲与歌剧部部长的名义发出邀请信，邀请在京的戏剧家和热心戏曲改革的作家参加“戏曲的艺术改革问题座谈会”。座谈会共进行4次，均由欧阳予倩主持，发言内容从《戏剧报》第12期起陆续发表。

11月23日，剧协召开座谈会，讨论张庚在《戏剧报》上发表的《中国话剧运动史初稿》，欧阳予倩在发言中提供了不少生动的历史材料。

12月29日，《看了苏联舞剧〈巴黎圣母院〉以后》发表于是日《人民日报》。

1955年　　67岁

1月3日，中央戏剧学院表演干部训练班在京正式开班，欧阳予倩亲自参加该班授课。

2月23日，著名电影导演史东山逝世，欧阳予倩为治丧委员会委员之一。

4月11日，文化部、中国文联、剧协在京联合举行梅兰芳、周信芳舞台生活50周年纪念会。欧阳予倩、田汉分别作了梅、周艺术成就的报告。《真正的演员，美的创造者——梅兰芳》在《戏剧报》第4期上发表，4月12日的《光明日报》也摘发了该文的部分内容。

8月9日，《为完成五年计划站在斗争的前线》发表于本日出版的《戏剧报》第8期。

8月29日，著名戏剧家、中国剧协副主席洪深在京逝世。9月1日，在公祭大会上，欧阳予倩致悼词，介绍洪深为民主运动和戏剧电影事业而奋斗的一生。《追念洪深同志》发表于9月15日《文艺报》第17期。

10月1日，作为文艺界的知名人士，参加国庆观礼。

10月，日本歌舞伎剧团来华访问演出，撰写文章介绍歌舞伎的历史、特点，谈观后感，分别发表在10月7日的《人民日报》和《新观察》第19期上。

10月9日和11月9日，《京戏一知谈》连载于《戏剧报》第10期和第11期。

10月22日，中央戏剧学院举行晚会，欢迎新来学院讲学的三位苏联专家，欧阳予倩致词，代表全院师生表示欢迎和敬意。

11月20日，《欢欣鼓舞迎接农业合作化的高潮》发表于《北京文艺》第11月号。

12月5日，光荣加入中国共产党，介绍人是李伯钊、沙可夫。入党宣誓大会于该日在中央戏剧学院举行。《我要为实现伟大的共产主义理想贡献一切》在12月12日《人民日报》上发表。

1956年　　68岁

3月1日—4月20日，文化部举办的第一届全国话剧观摩演出会在京举行。会演期间，召开了话剧工作会议。欧阳予倩出席了会议，作《略谈青年话剧演员的修养》，发表于3月28日《中国青年报》。

4月16日，《谈昆剧〈十五贯〉和〈长生殿〉的演出》，在《人民日报》发表。

4月17日，著名剧作家宋之的逝世，在19日举行的追悼大会上，欧阳予倩参加陪祭。

4月18日，剧协在京召开第4次常务理事扩大会议。为了加强协会的领导，会议决定组成由田汉、欧阳予倩、梅兰芳等13人参加的中国戏剧家协会理事会主席团，并决定成立演剧艺术委员会，欧阳予倩被推为主任委员。

5月，《欧阳予倩剧作选》由人民文学出版社出版，收有独幕剧6个：《屏风后》、《车夫之家》、《买卖》、《同住的三家人》、《不要忘了》、《越打越肥》；多幕剧2个：《忠王李秀成》、《桃花扇》。另有《前言》和《附记》。

5月14日，《谈广东粤剧团演出的〈搜书院〉》在《人民日报》发表。

5月16日，应日本《朝日新闻》社邀请，以梅兰芳为团长的中国访日京剧代表团赴日演出，欧阳予倩任第一副团长兼总导演。代表团在日本逗留53天，共演出32场，受到日本各界的热烈欢迎。7月18日载誉归来，剧协于8月24日召开座谈会，欧阳予倩就访问演出的经过，作了详细发言。

7月27日，为响应世界和平理事会的号召，对外文协、文联、作协、剧协联合举行萧伯纳诞生100周年和易卜生逝世50周年纪念会，欧阳予倩被推为大会主席团成员。

9月19日，农历中秋，剧协举行在京会员大会，讨论戏剧艺术诸问题，欧阳予倩参加了会议。

11月10日，著名京剧表演艺术家盖叫天舞台生活60周年纪念会在上海举行，欧阳予倩专程出席祝贺。《戏曲艺术的斗士盖叫天》发表于12月9日《戏剧报》第12期。

12月20日，《朝鲜唱剧〈沈清传〉的艺术成就》在本日《人民日报》上发表。

1957年　　69岁

1月20日，文化部、对外文协、剧协举行茶会，欢迎赴南美访问演出的中国艺术团和赴苏联访问演出的上海京剧院胜利归来。欧阳予倩发表了讲话。

2月20日，《我们要发扬中国舞蹈艺术的优良传统》在《人民日报》发表。

2月28日，出席中国戏曲学院筹委会第一次会议，在发言中提出今后发展戏曲艺术的主要问题。

3月22—26日，参加中央戏剧学院台词课教学座谈会，并作了重要讲话，主要内容以《关于台词教学与训练的一些问题》为题，发表于6月该院院刊《戏剧学习》第1期。

4月11日，与田汉、夏衍、阳翰笙联名在《戏剧报》第7期上发表《举办话剧运动五十年纪念及搜集整理话剧运动史资料出版话剧史料集的建议》。

7月，主编的《中国戏曲研究资料初辑》由中国戏剧出版社出版，内收论文7篇，其中由他自己撰写的是《京戏一知谈》和《试谈粤剧》。

8月，为纪念话剧运动50周年，北京人民艺术剧院在京演出了田汉的《名优之死》和欧阳予倩的《潘金莲》。

8月27日，《回忆春柳》发表于《戏剧论丛》第3辑。

10月9—10日，首都话剧界举行扩大辩论会，作了长篇发言。

11月3日，早期创作《屏风后》被作为“五四以来独幕剧的名著”

重登于《剧本》第11期上，同时发稿的还有新写的《旧话重提》一文。

11月7日，《歌唱红十月》发表于《文汇报》。

11月27日，《谈幕表戏》和《怎样才是戏剧》两文发表于《戏剧论丛》第4辑。

11月29日，《葵向吟》发表于《人民日报》。

1958年　　70岁

2月，《台词课教学大纲的说明》发表于《戏剧学习》第3期。

2月，《谈文明戏》收入《中国话剧运动五十年史料集》第1辑，该辑由中国戏剧出版社出版。

2月14日，出席剧协召开的理事会主席团第五次扩大会议。会议就繁荣戏剧创作、组织戏剧批评队伍、加强戏剧批评等问题进行了讨论，还通过了剧协1958年工作计划要点等事项。

2月26日，《鼓起干劲，多写剧本》发表于《文艺报》第4期。

3月3—5日，出席首都戏剧、音乐界举行的创作座谈会，并作了发言。与会者有北京戏剧、音乐界的作家、艺术家，各剧院、剧团领导人以及各地来京的代表330人。

3月，日本松山芭蕾舞团访问我国，作《欢迎松山树子芭蕾团来我国访问演出》和《谈芭蕾舞剧〈白毛女〉》，分别发表于3月5日《舞蹈》第2期和3月22日《人民日报》。

3月9日，著名京剧艺术家、中国戏曲研究院副院长程砚秋在京逝世，欧阳予倩为治丧委员会委员。

3月15—19日，出席全国艺术科学研究大跃进座谈会，并在会上就当前艺术科学研究中的一些倾向作了发言。

6月28日，对外文协、文联、剧协等联合举办世界文化名人、我国伟大戏剧家关汉卿戏剧创作700周年纪念大会，欧阳予倩被推为主席团成员。

7月15日，《一个成功的好戏〈关汉卿〉》发表于《戏剧报》第13期。

7月16日，《为〈十三陵水库畅想曲〉大声喝彩》发表于《人民日报》。

8月3日，《全力支持阿拉伯兄弟的正义斗争》发表于《文汇报》。

9月9日，《我们懂得如何对付豺狼》发表于《人民日报》。

9月15日，《〈红霞〉开了昆曲的新生面》发表于《人民日报》。

10月，《〈桃花扇〉排演札记》发表于《戏剧学习》第5期。

10月3日，《为共产主义的戏剧艺术而奋斗》发表于《剧本》第10期。

10月6日，《在传统的基础上创造最新最美的戏剧艺术》发表于《人民日报》。

11月19日《秦腔〈三滴血〉和碗碗腔〈金琬钗〉》发表于《人民日报》。

11月21日，《今天的艺术科学研究工作》发表于《新文化报》。

11月22日，《歌颂中朝友谊的〈友谊〉》发表于《人民日报》。

1959年　　71岁

2月，《写剧本的一把钥匙》发表于《中国电影》第2期。

2月28日和3月18日，两次参加由田汉召集的主旨为“讨论话剧发展”的座谈会。在后一次座谈中，作了题为《提高话剧艺术的几点感想》的发言。发言全文载3月30日出版的《戏剧报》第6期。

3月9日，出席观摩剧协和中国戏曲研究院为纪念程砚秋同志逝世一周年而举行的演出活动，为期4天。

3月，回忆录《电影半路出家记》开始在《中国电影》第3期连载。该文记述了他从事电影编导的经历。

3月9日和5月9日，《试谈唐代舞蹈》分两次发表于《舞蹈》第3期和第5期。

4月5日，《高歌健舞情何限——看川剧〈打神告庙〉》发表于《人民日报》。

4月30日，《再看川剧〈秋江〉》发表于《戏剧报》第8期。

5月，记述1907—1928年间经历的自传式的《自我演戏以来》，经过修订加注，由中国戏剧出版社出版单行本。

5月19日，《话剧演员的基本训练与文艺修养》发表于《人民日报》。

6月，《欧阳予倩选集》由人民文学出版社出版。该书比1956年出版的《欧阳予倩剧作选》多收了一个多幕剧《潘金莲》。

6月3日，《提高戏剧创作的水平》发表于《剧本》第6期。

6月4日，日本著名戏剧导演土方与志逝世，特驰电致哀。

6月18日，出席剧协为解放军第二届文艺会演中戏剧演出节目而举行的座谈会，并作了发言。

6月和10月，《话剧向传统学习的问题》分两次发表于《戏剧学习》第6期和第7期。

7月9日，参加舞剧《蝶恋花》座谈会，作了长篇发言，内容载本月出版的《舞蹈》第7期。

7月9日，出席俄国作家亚·尼·奥斯特罗夫斯基的《大雷雨》上演100周年纪念会，并作了讲话。会后观看了中央戏剧学院演出的《大雷雨》。

7月26日，《令人喜悦的槐树庄》发表于《光明日报》。

8月8日，《看了〈金玉奴〉的一点感想》发表于《文汇报》。

8月11日和26日，《话剧、新歌剧与中国戏剧艺术传统》分两次连载于《文艺报》第15期和第16期。

9月23日，《情永意高——评〈蝶恋花〉》发表于《解放军报》。

9月30日，为庆祝国庆10周年，作《话剧的今天》，发表于《戏剧报》第18期。

10月10日，出席文化部和全国文联为欢迎苏联国家大剧院芭蕾舞团而举行的盛大茶会。后在看了该团演出的《宝石花》和《雷电的道路》后，作《苏联芭蕾世界第一》，发表于10月13日《人民日报》。

11月3日，大型话剧《黑奴恨》发表于《剧本》第11期。这是作者根据19世纪美国女作家斯托夫人的小说《汤姆叔叔的小屋》改编的话剧剧本，但比小说原著和50年前春柳社改编的话剧《黑奴吁天录》都有很大的提高。剧末附《后记》，同时发表。

11月8日，出席剧协组织的与“全国群英会”中文化界特邀代表见面的茶话会。

11月13日和23日，出席文化部和剧协分别召开的话剧座谈会和戏曲座谈会。

11月20日，出席“北京市直属文化单位开展先进工作者运动竞赛大会”，并代表中央戏剧学院作了发言。

12月，收录1951—1959年间的艺术论文选《一得余抄》由作家出版社结集出版。

1960年　72岁

2月9日，出席首都各界纪念世界文化名人、俄国伟大作家契诃夫诞辰100周年大会。

2月10日，以河原崎长十郎为团长的日本“前进座”剧团抵达北京，与廖承志、田汉、阳翰笙等前往车站热烈欢迎。《高举红旗，坚持不懈——欢迎日本“前进座”》发表于2月16日《北京日报》。

2月20日，《欢迎日本前进座诸友》发表于《光明日报》。

2月22日，《精彩的演出，深厚的友谊——日本前进座剧团演出观后》发表于《人民日报》。

2月24日，《你们是幸福的一代》发表于《北京日报》。

3月9日，《剑器舞》发表于《舞蹈》第3期。

3月15日，与夏衍、齐燕铭、田汉等参加中国戏曲学院举办的戏曲表演艺术研究班开学典礼。

4月，《中央戏剧学院十年》发表于《戏剧学习》第9期。

6月9日，《唐代舞蹈续谈》发表于《舞蹈》第6期。

6月18日，《〈赤胆红心〉观后》发表于《光明日报》。

6月18日，出席首都文艺界召开的“反对美帝侵略，坚决解放台湾，保卫世界和平”座谈会，并作了发言。参加座谈的有周扬、茅盾、田汉、老舍等70余人。

6月25日，《中日文艺战士心连心》发表于《文艺报》第12期。

6月30日，《可喜的黔剧〈秦娘美〉》发表于《戏剧报》第12期。

7月22日—8月13日，中国文学艺术工作者第三次代表大会在京召开，欧阳予倩被推为大会主席团成员。在此期间，7月30日—8月4日举行中国戏剧家协会第二次会员代表大会，欧阳予倩致开幕词，并作了题为《毛泽东思想指导下的戏剧表演、导演艺术》的报告，主要内容刊登在8月30日出版的《戏剧报》第16期。欧阳予倩当选为剧协第二届理事会理事、常务理事、副主席。

8月11日，《有关戏剧表演、导演艺术的两个问题》发表于《文汇报》。

8月13日，《继承传统并发扬传统》发表于《光明日报》。

9月8日，《又新又美的歌舞剧〈刘三姐〉》发表于《人民日报》。

9月16日，以村山知义为团长的日本话剧团抵达北京，与夏衍、田汉、丁西林等前往车站迎接。《欢迎日本话剧团》发表于次日《光明日报》。

11月18日，出席剧协就当前歌剧发展中的若干问题而举行的座谈，作了长篇发言，主要内容见11月30日出版的《戏剧报》第22期的综合报道。

1961年　　73岁

1月26日，主持召开剧协艺术委员会关于周信芳表演艺术座谈会，并作了长篇发言。

1月30日，《1961新年展望》发表于《戏剧报》第1、2期合刊。

2月15日和4月15日，《电影半路出家记》续篇在《电影艺术》第1期和第2期登完。

2月28日，《坚决支持刚果人民的英勇斗争》发表于《戏剧报》第4期。

5月15日，欧阳予倩与茅盾、老舍、田汉等参加首都纪念印度诗人泰戈尔诞辰100周年大会。

6月9日，《幕前的话》发表于《北京晚报》。

6月底，著名京剧表演艺术家盖叫天应邀至京传艺，欧阳予倩与田汉、梅兰芳等一起接待，并同他共同探讨戏剧艺术创作的有关问题。

7月初，患心脏动脉痉挛症，住院治疗。

8月8日，当代卓越的京剧表演艺术家、中国戏剧家协会副主席梅兰芳病逝，欧阳予倩为治丧委员会委员。

8月22日，苏联导演大师阿·德·波波夫逝世，特致电哀悼。

9月1日，著名戏剧教育家沙可夫病逝，欧阳予倩为治丧委员会委员。

12月11日，为了庆祝杰出的京剧表演艺术家周信芳演剧生活60周年，文化部、剧协在京举行纪念会，剧协主席田汉致词，并宣读了正在病中的欧阳予倩给周信芳的祝贺信。此信后发表于12月30日《戏剧报》第23、24期合刊上。

1962年 74岁

1月，《电影半路出家记》由中国电影出版社出版单行本。

3月3日，《春节病中偶吟》（二首）发表于《北京日报》。

3月25日，《漫谈工人戏剧创作》发表于《工人日报》。

8月7日，为纪念梅兰芳逝世一周年，在《人民日报》发表《追念梅兰芳同志》。

8月13日，西安"易俗社"成立50周年，与田汉、周信芳、曹禺等联名致电祝贺。

9月21日，因患动脉硬化性心脏病心肌梗塞症，经长期医治无效，于是日下午2时12分逝世。住院期间，周恩来总理、陈毅副总理等曾先后前往探视。逝世后，当即组成由陆定一副总理任主任委员的治丧委员会。

9月24日，上午，首都文艺界举行公祭，陆定一副总理主祭，文化部副部长夏衍致悼词，文联副主席老舍介绍欧阳予倩同志的生平事迹。

9月27日，湖南省和长沙市文艺界在长沙举行欧阳予倩同志追悼会。

9月29日，上海市文化局、文联、剧协分会、影协分会等联合举行欧阳予倩同志追悼会。

生平与文学戏剧活动

我自排自演的京戏

欧阳予倩

我自排自演的京戏一共24个。其中我自己编的18个：《晚霞》、《宝蟾送酒》、《馒头庵》、《鸳鸯剑》、《黛玉焚稿》。《王熙凤大闹宁国府》、《摔玉请罪》、《鸳鸯剪发》、《卧薪尝胆》、《青梅》、《仇大娘》、《嫦娥》、《申屠氏》、《人面桃花》、《哀鸿泪》、《杨贵妃》、《潘金莲》、《最后知侬心》。跟张冥飞合编的两个：《晴雯补裘》、《百花献寿》。跟张冥飞、杨尘因合编的一个：《黛玉葬花》。此外根据陕西易俗社的剧本改编的两个：《软玉屏》、《是恩是爱》（又名《韩宝英》）。

此外我还写了京戏本《荆轲》、《梁红玉》、《桃花扇》、《木兰从军》、《胜利年》、《孔雀东南飞》，连改编的《玉堂春》、《渔夫恨》共是8个。这8个戏我自己没有演。现在只就我自己曾经演过的某几个戏回忆一下。一个人到了晚年多爱叙述往事，可能毫无价值，也可能多多少少有某些可供参考的一点资料，作为自白的一部分或者也未尝不可。

我正式搭班演京戏，最初就凭十几出青衣、花旦戏对付着。这十几出戏我是怎么学来的，就怎么循规蹈矩的演着，并不断学新的。有时派戏的忽然派一出我不会的戏，我就得临时找人去学，有时也事先通知，让我学一些当时流行的如《妻党同恶报》之类的新戏，我不能拒绝，可是一演再演，觉得乏味。也就演不好，我也就想排一点适合于自己演的新戏。偶然同杨尘因、张冥飞两位朋友讲起，他们用两天的工夫，就为我编了《黛玉葬花》，取材是《红楼梦》里“埋香冢黛玉泣残红”的一回。戏分两场，第一场是黛玉自叹：引子、定场诗、话白、叙述身世，接着唱八句慢板西皮。第七句唱完加小过门，黛玉春倦无聊，走出门去，见花落花飞，更加伤感，便命紫鹃取花囊、花锄要去葬花。紫鹃劝她不听，只好任其前去。第二场，宝玉唱摇板上，把地上的落花扫起，用衣襟兜着，倒在黛玉葬花的香冢旁边，以表心意。此时远远望见黛玉走来，他便闪躲在石山后面。黛玉上场，发现香冢旁的花瓣，猜着是宝玉扫的，格外引起她无穷的心事。她开始葬花，唱长段反二黄，唱完念：“侬今葬花人笑痴，他年葬侬知是谁”两句，呜咽不成声。忽听得身后有饮泣之声，回头见是宝玉，她匆忙拿起花锄就走，被宝玉挡住，彼此反复问答，最后经宝玉一再表明心迹，解释了误会。戏的结构大体就是这样，场子很简单，也还是根据旧套子安排的。第二场的对白，差不多完全用的是小说的原文。第一次试演是在春柳剧场，演宝玉的是陈祥云，演紫鹃的是谁忘了，演完之后，觉得大体不错，但也没有引起什么注意。我把剧本仔细研究了一番，发现了一些问题，第一宝黛二人当时引起误会的事实，没有明场交代，因此末了解释误会就没有根据，因此我在前面加了一场。晴雯和碧痕吵了架，宝玉回怡红院，没人开门，好容易才叫开门进去。宝钗来访宝玉，宝玉亲自为她开门。宝钗进门不久，恰好黛玉也来看望宝玉，刚一叩门，就听见丫头在里面说：“宝二爷吩咐，谁来都不开门”，她感觉诧异，正想再去叫门，忽听门内有宝钗的笑声，登时天旋地转，不觉哭倒在湖山石畔。在这里我用了几句独白，接着唱西皮摇板，我把小说反复读了好几遍，从各种角度体会黛玉那么一个人，那么一个父母双亡的孤女，寄居在荣国府那么一个阔亲戚家里，她的心情是怎样的，我当时觉得那几句摇板颇能唱出黛玉当时那种激越的情怀，也能传达她内心深处的幽怨。当唱完哭倒的时候，幻想着小说所形容的“呜咽一声犹未了，落花满地鸟惊飞”的情景。加了这一场，后两场的戏也就比较好做了；但因此自叹一场的引子、话白似乎可省，可是当时我并没有把它省掉。那个时候对青衣的唱工非常注重，观众也很欢喜听慢板，所以大段的唱，并不会显得很温。尽管如此，我总觉得老坐那儿唱显得僵，必须加些动作，因此我就把唱词略加修改，设想当时黛玉百无聊赖，想弹琴吧，琴也弹不成声；她便去调鹦鹉，想对鹦鹉倾诉一番，而鸟也不能给她慰藉；她信步出房，见春残花落，叫紫鹃给她花锄要去葬花……这样就增加了动作，比试演那回活泼一些。但是调鹦鹉那一段第一次却闹了笑话：我特为去买了一只鹦鹉，养熟了拿上台去，起先还好，不想我刚一走近它，它张开翅膀就飞，飞不动，倒吊在架子上，哇哇大叫，几乎把戏搅了。幸喜我还能临机应变——我本来有几句白，不说了，望一望鹦鹉，摇摇头，叹一口气，叫起来就唱，一面唱一面走向门外的方向，这样就把观众的注意转移到表演方面，过了难关。从此我换了个假鹦鹉，后来索性把调鹦鹉一段删了。

"葬花"一场的身段表情倒没什么困难，自己认为琢磨得相当细致；只是花锄如何运用却费了不少推敲。这在以前没有——至少我没见过，要把林黛玉那样一个弱不禁风的少女举锄挖土的动作舞蹈化而适合于京戏的表演风格，当时的确难住了我，演了几次之后我认为解决了，但回忆起来也并不令人十分满意。

"葬花"演的场数很多，也比较最受欢迎。在第一台演宝玉的是周信芳。周先生当然演得好，但在当时，有些观众以为小生唱大嗓子不合乎京戏的习惯，颇不以为然。那时我们却已打破常规，《宝蟾送酒》周先生演薛蝌，《鸳鸯剑》他演贾琏。那时我们都年轻；高百岁初次搭第一台才十几岁，派戏的老让我陪他唱"武家坡"，颇有小女婿之感。信芳和我年岁相若（他小我五岁），身材长短、调门的高低都差不多一样，这就无论合演什么戏都比较好办。可是百岁长得很快，一转眼就变得很魁梧，平常已经比我高大，穿上厚底靴，戴上盔头，我便更显得矮小了。生角和旦角身材大致相等才好，最好生角比旦角高大一点，如果林黛玉比宝玉高大得多，那就难办了。可是旧日搭班演戏，派戏的却不大管这些。你如果不暗中（其实是明的）塞点钱给他，他就会千方百计叫你好看。我在第一台大家相处得很好，还没有什么别扭，只可惜我那时对京戏的知识和台上的功夫都很不够。

第二个戏我编排的是《聊斋》上的《晚霞》，失败了。最初我只想到这个戏有些热闹场面，也有悱恻缠绵的爱情场面，可以编成比较动人的歌舞剧，至于如何具体在京戏台上表现出来却想得很少，例如龙宫里的许多舞队应当如何组织安排，我心中无数。我只有一种想象——夜叉部用16位武行扮夜叉，柳条部用8位或10位戴紫金冠穿射衣的扮美少年；燕子部用8位旦角扮少女……如果有人问我：这些舞队应当怎样上场？用什么音乐？上场怎样舞法？等等，我都无从回答。幸亏信芳帮忙，这些场面都是他出主意排的。他很熟悉武戏的套子。夜叉部就根据武戏的“当子”走走队形，翻几个筋斗；柳条部（少年舞队）也差不多，一时不可能有什么新的表演。轮到燕子部那就要看我的了！当时勉强凑了4个旦角，连我5个人，我们要在仓促之间编出一段舞来，那时候是不可能的。结果只好看我单独表演。我去找了一个比较熟悉的昆曲曲牌，请张冥飞为我填了新词；再根据词意设计了一些身段。好容易把吹笛子的请到家里练了几遍，就在还没有十分把握的时候拿去和观众见面了。曲子填了新词，腔调就不能不有所改动；要配合身段，曲子的节奏也不免会有变更；当时排戏不可能过细，马马虎虎台上见，有时真把人急死。你想，只有一支笛子合过，场面都是生的，一到台上，吹的、打的、唱的还不弄成三下里？鼓催得快，笛子不能不跟鼓走，唱的使劲往后扳。幸喜我还没有着慌，半路上笛子跟上了我，可是身段乱了，只能敷敷衍衍把戏演完，以致阿端和晚霞相见的抒情场面也受了影响。观众虽然没喝倒彩，甚至在唱腔和表演方面还有彩声，我回到家里却通宵不能合眼。如果在现在，不会有这样的事，就是有了毛病也可以修改好了再演，但在过去是不能设想的。

这一次演阿端的是信芳，他并帮我排戏，那是真够朋友。象他那样一个头牌生角，热情地陪一个新进的旦角演那么多小生戏，从没有半点犹豫，在旧社会的舞台上实在难得。以后我编了《潘金莲》，信芳、百岁、五宝一同在南国社的晚会上演出，证明我们几位的友谊一直建立在艺术创作的基础上。周五宝早死了！我和信芳、百岁能同在党的领导之下进行艺术活动，回忆过去，更增加今天的喜悦。

由于排《晚霞》的教训，我便不再排用人多、费力大而不易讨好的戏。不久我排演了《宝蟾送酒》和《馒头庵》。这两个戏都出自《红楼梦》。《宝蟾送酒》说的是薛蟠犯人命案入狱，他的老婆夏金桂看上了小叔子薛蝌。她叫丫头宝蟾送些酒菜给薛蝌吃，说他为他哥哥的事在衙门里上下打点费了力，略表谢意，其实是让宝蟾去为她穿针引线。不料薛蝌十分拘谨，无论宝蟾怎样敦劝，酒菜他丝毫没动，只好原样端了回去。就这么一点儿事，送酒一场要演三刻钟，唱、做、念白的都相当重，还穿插了一小段歌舞。我是作为轻喜剧处理的。无拘束地描写了一个调皮的丫头，但并没有什么露骨的色情表演。因为轻喜剧式的变化多，台下不断发出笑声。例如她说怕外边黑，让薛蝌拿蜡烛送她，刚一出门她把烛给吹灭了。说声"明日见"，一回身她又进了屋子。等他点烛一看，她端端正正坐在当中。也就是这样开开玩笑。最后她去收拾杯盘，一边收拾一边瞪着他，嘴里叨嚷着："你当是圣贤？就是个傻子。这都是孔夫子害了你。害了你们，活该。害死了我们可谁偿命！"这样的词儿也引起哄堂大笑。这个戏我也不知怎么会一时传播得很广，听说有的演得很不象样，我既没有发表剧本，也没有教过人，人家爱怎么演都管不着，甚至有人说我演得不对，也只能一笑置之。

逼着一个小女孩子去当尼姑，我总觉得是残酷的。小尼姑小的时候当丫头使唤；长大了，丑的做粗活，漂亮点的就当作摇钱树。《红楼梦》里所说馒头庵的老尼静虚，就是一个说媒拉纤、以势欺人的妖尼。她手下的小尼姑，都是拿来装幌子的牺牲品。秦钟看上了小尼姑智能，智能也就想依靠秦钟跳出牢坑。当然象秦钟那样的公子哥儿是靠不住的，可是智能的爱还是纯洁的，不过在那样的社会环境里，他们的结局必然是悲剧。《馒头庵》这个戏演到智能被逐，秦钟死为止。最后一场，秦钟在临死以前梦见智能，我是作为智能也死了的。台上用纱幕、云景。做了一个象秋千样的东西：用约一尺三寸长、五寸宽的木板，两头系上钢丝，吊在布景的天桥上面，有人从上面操纵，可以上下升降，可以回转，也能左右摇摆。演员站在木板上，腰里用两根包着铁丝弹簧的带子扎紧，外面套上长裙，再系腰裙，这样就铁丝木板都看不见，只见人在空中飘来飘去。只要腿有劲，一条腿悬空，一条腿蹲下去可以做卧鱼的姿式；站直了也能下腰。卧鱼的时候台下看着好象躺着在空中飞；一下腰好象人倒悬着在空中飞。那时候我年轻力壮，吊在空中唱大段反二黄。有一次我在新舞台演这个戏，因为舞台宽，天桥特别高，钢丝就不能不接长，夏月润在上边操纵，可能他用的气力过大一点，刚唱到一半，钢丝断了一根，脚下的木板一下就蹦到我的腋下，幸喜另外一根钢丝没断，我使劲用膀子夹住木板，还把一段戏唱完了。那时候我就会干这样的笨事。

我一共演了9个《红楼梦》的戏，其中以《黛玉葬花》、《宝蟾送酒》、《馒头庵》3个最受欢迎，其次是《晴雯补裘》、《黛玉焚稿》和《王熙凤大闹宁国府》（我饰王熙凤，颇下过一番工夫）。《晴雯补裘》是张冥飞编的。原只有"补裘"一场，我在后面加了3场，一直演到晴雯死，我觉得这个戏还不错。从晴雯之死，可以看出荣国府生活的阴暗，晴雯这样的一个牺牲者是值得同情的。还有我最爱演的一出就是《鸳鸯剑》，我很欢喜尤三姐那样的性格。贾琏那家伙想把她姊妹当粉头取乐，她敞开来一闹，闹得他弟兄只好夹着尾巴逃走。可见她是有主意的，斩钉截铁的，人穷志不穷，可是在贾家那样的环境里，她也只有枉死。每次我演和贾琏使酒一场总是淋漓尽致，挥洒自如；演到自刎的一场，总不由得十分激动。这个戏原来是我在长沙办文社的时候，用话剧的形式编的，改成京戏，话多而唱少是个缺点，因此不如《葬花》等戏卖座。

我第一次到杭州搭班子，恰好跟常春恒同班。他是个相当精干的武生，年轻，精神饱满，嗓子好，工夫好，扮相也好。我就为他编了《卧薪尝胆》。据说我们姓欧阳的是越王勾践的后裔，因为越的祖先封于欧余山之阳，这就是欧阳姓的由来。我的祖父和我的先生都曾对我讲说过越王勾践的故事，及至我读了《通鉴》、《史记》和《吴越春秋》之后，我对越王勾践这个人并不是十分喜爱的。当时我排这个戏为着跟常春恒合作，主要的原因还是为着外患侵凌，想借这个故事鼓吹爱国，希望大家以卧薪尝胆的精神一致抵抗外侮。这个戏演出之后，效果是不坏的。不到一个星期我就把剧本写好了，交给常春恒的单片就有8页。我还记得他接到手里就叫起来："这样多啊！要黄要黄。"以后他见我的面老爱说："八张黄，八张黄。"在这个戏里，春恒演勾践。大家都让我演西施，可是我自己愿意演越王夫人，西施让另外一个花旦演了。有一场写勾践战败降吴后，暂时被放回国。越王和范蠡文种讨论报仇之策，商订如何整顿军事；如何与百姓休养生息。勾践处理国事通宵不睡，这里有许多对白和大段的唱，还有拔剑起舞。他的夫人在旁伺候着，半夜端饭给他吃，他就把旁边放着的胆汁滴在饭里。夫人说："那么苦怎么吃得下？"他桌子上一拍说："难道还有比亡国更苦的吗？"接着站起来，唱着曲子舞剑。起四更，夫人苦劝他睡觉，他睡在稻草上面，夫人在一旁看守着，轻轻地给他盖上衣裳，这里夫人唱一段二黄。起五更，范蠡来请越王阅兵，越王惊起叫道："吴兵又杀来了吗？"这一场下来有阅兵、劝农的场面。夫人就有采桑、帮人家看婴儿的场面……末尾有大开打，勾践报了仇，雪了会稽之耻。他走进吴宫遇见了西施——这里我是这样处理的——他问西施："吴王死了，你打算怎么样？"西施略一迟疑说："我一女子不敢希求什么，愿借大王之剑死于大王之前。"她就拔出越王的剑自刎了。当时有些人认为这样不好，说是应当和范蠡去游五湖。我本想改着试一试，但因没有想出场面怎么安排，就因循过去了。常春恒演勾践还是恰到好处，以后有的武生就演得十分过火。可是这个戏一直是比较能叫座的。

我跟常春恒合作就只有这一次，此后我搭了别的班子，他回到上海搭了天蟾舞台，因为跟老板顾竹轩闹别扭，辞班出来改搭第一台，与天蟾唱对台，不久就被顾竹轩暗杀了。

有两个戏我费了很大的事编排出来，结果不如随便弄出来的小戏卖座。一个就是《杨贵妃》，另一个就是《申屠氏》。

杨贵妃和唐明皇相爱的故事，流传很广也很久，大家都认为他们是"在天愿作比翼鸟，在地愿为连理枝"，可是我的戏却认为李隆基并不真爱杨玉环，不过是把她当作玩物。当"六军不发无奈何"的时候，就把误国的责任推在女人身上，赐她一死；反不如安禄山对杨玉环的爱是真挚的。这样就违反了一般的习惯看法。"马嵬坡埋玉"一场，照《长生殿》传奇是异常悱恻缠绵的。照一般的习惯，皇帝和妃子应当演得难舍难分，而杨玉环之死，也可以表现为忠君爱国、为国捐躯，我却把她演成激昂慷慨反抗封建帝王那种自私的、虚伪的爱。她临死拿起皇帝赐给她的白绫子，激动地唱着舞着，最后几句唱词是："……笼中鸟难把翅展，盆中花舒不开枝干，梦醒时不过刹那间，望远天边人不见！白练啊！我爱你没染过的洁白，就与你终始缠绵！"唱完舞完，她就拿白绫子绕在脖子上由高力士把她缢死。我为这个戏编了宫女的队舞、番女的胡旋舞、盘舞和最后的白练舞；又为这些舞编制了好几段舞曲；还为七夕宫女的合唱编了新的曲子；我为编白练舞花了整整半年的时间练习舞长绸，还琢磨了一些新的唱腔。因为编戏、排戏、编曲、编舞都由一个人包办，所以花的时间、劳力特别多，以为必定大受欢迎，结果是不过平平而已。观众的反映不够热烈就是失败。我修改了好几次，但根本的东西没法子改。这个戏用人比较多，费的气力大，演的场数不少，而演出的效果不够好，是《晚霞》以后又一次的经验。《申屠氏》的故事载在《情史》，据说是福建的一桩公案。申屠希光，一个渔家的女孩子，她和她的哥哥兄弟都通文墨，能够吟诗。她有首律诗，后面四句是："雾里鸣螺分港钓，浪中抛缆枕霜眠，莫辞一棹风波险，平地风波更可怜。"她本来许了人家，不想被恶霸方六一看上了，硬要娶她，就买通县官，把她的未婚夫攀扯在海盗案中，死在牢里；把希光强行抢回家去，希光伺机刺死六一后自杀。这个戏观众认为太惨，后来我便把希光的自杀改成杀六一后逃出方家，许多家丁拿着兵器追赶，她逃到海边跳上船，她的哥哥迎着她，扯起篷，摇着橹，向大海茫茫惊涛骇浪中驶去。这样似乎好一些，但是在台上很不容易形象化，似乎也并不是很好的方法——我在生活中有海上的经验，但在台上只有《打渔杀家》、《水斗》的经验，创造不出海上行舟的形象。可见创作才能的贫乏。这样的戏很容易演得单调，我本想把它从新写过，当时因为没有把握叫座就搁下了。

《聊斋》的戏我排演过四五个，《青梅》和《嫦娥》比较叫座。《嫦娥》也搞些歌舞。我和芙蓉草对舞彩球，另外还布月宫景，搭起高台，我们又在高台上不记得舞了些什么，穷凑而已，观众却大鼓其掌。有一次我几乎失足从月宫的高台上摔下来。老实说这个戏是没什么意思的。《青梅》比较好。我欢喜演那样一个聪明活泼的丫头。《嫦娥》是照神话演的，《青梅》便把狐仙和相面等等都删改了。可是这两个戏结局都是一个男人娶两个老婆，原来的故事就是那样，没法儿改，我也只好让他去娶两个老婆。严格点说，不应该排这样的戏却是真的。

张冥飞还替我编过一个戏《百花献寿》，取材于《今古奇观》的灌园叟逢仙女。说一个园丁爱惜花木，当他的寿辰，百花仙子来为他祝寿。我扮百花仙子，少不得又是歌舞。在这个戏里我又表演了长绸舞，很受欢迎。舞的是两条长绸，一条绯色、一条湖色，先舞一条，最后加一条。人家说我舞的绸子有几丈长，实际长一丈九尺——我试过，再长半寸都不行——短了不得劲，长一点就舞不动。我的长绸舞是不用木棒的。先将长绸折迭起来，拿在手里，放出去，再收回来；扔一个头接另一头，倒换着一边扔、一边接，加上翻身和一些姿态，再双手接两个头，跟着几个鹞子翻身，将绸向空中一抛使成一个圆圈，人从圈里跳过去，反手将绸接住；然后拿起另一条绸子，两只手换来换去，让两条绸飘在空中，用几个快转身作为结束。舞绸颇容易出毛病，或者挂住头上珠花，或者缠在身上，要不然就扔出去接不中，可是我从来没出过错。算不了什么艺术，却也下过一些工夫。还有，我曾舞一对铜盘，里面盛满鲜花，盘底有一个很浅的小圆涡，用手指顶住，盘子就在指头上转。还做出些看来盘子很容易掉在地下的各种转法，我端着满盘花，取其中十余朵，一朵一朵撒在台上。然后用卧鱼的姿式卧下去，用嘴把花一朵一朵咬起来。精神气力好的日子可以连咬八九朵。起先慢慢儿卧下去，慢慢儿站起来；最后用快的动作，转个身突然卧下去咬起花来。这样显得有变化，容易使观众喝彩，但也是比较难做的：怕卧下起不来；又怕卧得不是地方，花离嘴远叼不起来；还怕手里的盘子滑掉。我每次都感觉紧张，都还没有出过岔子。我在汉口演这出戏是排在临别纪念那天的。我定制了两盘可以佩在衣襟上的鲜花，每朵都系上一片硬纸条，上面写一句如“康强逢吉”、“健康进步”、“民富国强”之类的话，一朵一朵抛向台下赠给观众。那时还有临别送相片的广告方法，戏馆老板就把我的相片并一朵花送给前排的观众。这样取悦观众，确是庸俗无聊，我却曾经这样做过。

紧跟着《百花献寿》，我编排了《哀鸿泪》。这个戏主要讽刺发慈善财的，也顺带骂了军阀和土豪劣绅。老爷们看了当然大不高兴。有的人冷笑，有的人听了，提到这个戏就沉下脸来一语不发。水旱灾害不断有，募款赈济也成了经常的善举。我离开南通那年，演了全本《岳飞》，戏里有水灾一场，我有所感触；又想起曾听到有人说：“某某先生者以慈善起家者也。”我就想编一个戏叫《慈善起家》，后来觉得过于露骨，便改为《哀鸿泪》。我在里面扮的是一个逃荒的女子。

她经过许多苦难，转徙流离，最后到了城市，得到一个同乡的帮助，以小贩为生。谁知这个同乡是个流氓，要把她出卖。她想逃回乡下去，又病又饿，走过一家军阀的门口，猝然倒下，被逮送警局，她死了。我演她当小贩的一场，挑几个西瓜去卖，唱了两支小曲：一支是《苏州春调》，另一支是《满江红》，用来诉苦，又讽刺时事。我随编随唱，越唱越多。即兴之作，只图唱个痛快，有些话过分刺激一点在所难免。这样的戏是不会成为保留节目的。不想“卖西瓜”却有了名气，我曾单独表演过好几次“卖西瓜”。

《人面桃花》也是匆匆忙忙凑成功的戏。因为受了汉口的聘，怕没有新戏不能叫座，就想起了崔护乞浆的故事。我弄了个轮廓就去找冥飞商量，他很高兴，马上为我写了两段唱词：“春来春去，无计留春住！争奈江关春暮——绿遍平芜，红添芳树！问东皇归期近也无？”这首词我很喜欢；还有一段二六。崔护离开长安一年，到哪里去了？冥飞出主意，说他到终南山读一年书去考“不求闻达科”，后来我觉得僻典不大好，改来改去改成现在发表的剧本那样。这个戏临上台还没有完整的剧本，是边演边改弄成的。“离魂”一场原来只用一个旦角扮桃花仙子，手里拿面大旗。第一次那个演员念的完全是“水词儿”（随便套用的台词，行话叫作放水，又叫水词儿）：“吾乃桃花仙子是也，只因他二人有姻缘之分，速速送她还阳，远远望见杜宜春来也！”当时也就没去管它。观众欢迎这个戏。有人就说“离魂”一场是迷信；还有人提出：人死了还会再活，崔护一叫那女子就活了，不合理，非改不可。这些意见可能还不是个别的。以后听说有女角在别处演我的戏就删去了“离魂”一场，并把杜宜春之死改为病重。我坚持要“离魂”那场，但觉最初演得太草率，就从新写过了。借桃花仙子的唱白，表达杜宜春的心情。照现在发表的剧本，当我演戏的那个年月是无法实现的。旧日搭班子如果想演新排的戏，只有极力把自己几场要紧的戏弄好，别的场子就只好将就一些。有人问我：为什么忽然不唱戏了？本来我从1928年还能多唱八九年或者十一二年戏，但是自己无力找一班人组织剧团，搭班子又有种种困难，就只能改行。象我那时的情形，勉强演下去也不过听老板的指挥，拿几个钱维持生活而已。

当我决定不再搭班子的时候，还能和信芳、百岁合演《潘金莲》

是最愉快的。《潘金莲》是我自编自演的最后一个戏，也是和信芳、百岁同台合演的最后一个戏，很可纪念。这个戏我把潘金莲作为一个叛逆的女性描写，当时颇受欢迎。我们在南国社的鱼龙会演出后，又为伶界联合会筹款在大舞台演了一次。此后我短期间去跑了跑码头，演了我的几个熟戏，也演了《潘金莲》，因为角色不同，那就差多了，回到上海我便没正式登台演过戏。

我演了十几年京戏，对戏曲改革有过些想法，也作过些尝试，虽没有什么贡献，但感情极深，我脱离了京戏舞台生活，但并没脱离后台。我还编过前面提到的《梁红玉》等七八个剧本，都在舞台上排演过多次。这七八个戏当时都是有为而作，《梁红玉》、《桃花扇》、《胜利年》、《木兰从军》等都是为抗战作宣传，《渔夫恨》根据《打渔杀家》改编，加强了阶级仇恨的描写。至于这几个戏是怎样演出的，效果如何，不拟在这里多谈。我从编《潘金莲》起创作思想有所转变，写出了一些暴露国民党反动统治的短剧。由于"一·二八"事变的刺激，我的思想向前跨了一步，认识到只有工农、只有中国共产党能救中国。但并不懂得什么是革命的人生观，也不懂得应当转变立场，更不懂得立场可以转变。我明确了艺术是革命的武器，但由于没有政治的指导，不懂得如何充分运用这个武器。所以尽管写了一些剧本，谈不到有任何成就。尤其回想过去。我当了近二十年的职业演员，一直没有追上真理的光明。我所受的困苦艰难并不少，而我的青年时代就在暗中摸索着过去了！今天看见中国的戏剧事业在党的领导之下突飞猛进，许多演员、导演在自由的空气中飞跃，真幸福啊！过去我们的舞台掌握在买办流氓和反动派手里，今天归了人民自己的手里，戏剧事业走上了百花齐放、推陈出新的正确道路，随着文化高潮，正在日新月异，蓬勃发展。面对万紫千红的今日，不禁想起霜风凄紧的当年，真觉等闲白了少年头也。惟有加倍努力，追上时代的步伐，以迎接祖国共产主义文化辉煌灿烂的明天。

1958年冬

（选自1959年12月作家出版社出版的《一得余抄》）

名戏剧家欧阳予倩访问记

哈庸凡

在爱好戏剧者及戏剧工作者的心目中，欧阳予倩先生，应该是一个不生疏的名字。同时，欧阳予倩先生多年来对于中国剧运的贡献，以及在剧坛上的地位，也是一般努力戏剧的人所忘不了的。特别是自抗战发生以后，欧阳予倩先生在被敌人威胁的孤岛，运用他那深刻的，独到的戏剧修养，从事于戏剧理论上的阐扬和改编旧剧的实际工作，给抗战戏剧辟开了一条光明的前路。假如我们说抗战戏剧是抗战中的一件武器的话，则对于这个武器的铸炼人——欧阳予倩先生——当然是表示无限的钦仰。所以这次欧阳予倩先生到广西来，其意义不仅限于促进广西剧运的发展，就是在抗战戏剧的整个部门里，也应该是一种有力的帮助。在这种伟大的意义下，我开始了访问欧阳予倩的工作。

是一个很热的下午，太阳象火一般地蒸着世界的时候，在中华大旅馆107号的房间里，我开始和欧阳先生握手。那时，欧阳先生刚在外面访友回来，脱了外衣，穿着一件线衣和一件柳条竹纱裤，正在房里坐着憩息。进门之后，我仔细打量着这位名闻全国的戏剧大家，他是一副很合度的身材，胖胖的，头发很光滑地分梳着，眼睛里闪耀着艺术家特有的光辉，是一张圆润亲热的脸，说话时神情非常洒脱，而且饱含着笑意，除了额角眼梢略有几条皱纹之外，简直叫你不相信这是一位年近50的人。一番照例寒暄之后，我们便不客气地闲谈着。

讲到戏剧，欧阳先生劈头便认为戏剧在战时，是一件直接的有力的武器。他说：“以话剧而论，话剧的形式及表现方法是很多的，这许多的形式和方法都各有不同，目前话剧虽有相当的基础，但还未得到普遍的认识，在上海、北平这些大都市里，因为人才集中，物质条件充分，就是努力于戏剧运动的时间也比较长久，所以话剧有相当的观众。但是话剧在内地就比较困难，无论在主观上的力量和客观上的条件都不够，所以我们从事戏剧应该有两重工作：（一）建设话剧，（二）用话剧宣传抗战。现在是迫不及待的时候，所以我们的话剧只须顾到内容健全，意识正确，但是，我们也并不容许导演有过于粗制滥造的事。现在的话剧，是形式、技巧跟不上内容的时候，所以我主张赶紧训练技术，尤其是表演技术，在非职业团体或想走上职业团体的剧团中，往往苦于没有相当的先生或模范来做指导，而我们又不能把成功的导演集中在一处指示我们。所以我们只能根据过去的基础，从演员的表演与观众当中，实际去训练我们的技术。本来观众就是我们的先生，但我们并不是迎合观众，而是要给观众以一点东西。”

欧阳先生很亲切，很兴奋地在说着，不时睁起一对灵活的眼睛来望我，似乎是在征求我的同意。我满足地点了点头。欧阳先生微笑着，又继续谈下去：“凡是一个剧的演出，一定有三个问题，第一、想给点什么东西给观众？这就是中心思想。第二、想从观众收到什么效果？这就是演出的目的。第三、怎样使观众接受？这就是技术问题。这三个问题是一贯的，而且是剧中的主要部分。前两个问题是内容问题，第三个问题则属于技巧，所以内容跟技巧，在戏剧中是同样的重要的。如果我们能够象苏联、法国一样，有很多的剧场设立，有很多的导演来指导我们，那么，一定会有很快的进步。但是现时的环境里，我们只有一天一天藉自己的聪明才力去测验观众的反应，从实际行动中，去获取宝贵的经验。虽然这样的成功慢一点，但我们对于戏剧的努力，依然是毫不松懈的。”欧阳先生始终认为戏剧是一个斗争，是跟传统思想斗争，跟社会上的恶势力斗争，跟帝国主义斗争，从这些艰苦的斗争，去锻炼我们的技术。

虽然欧阳予倩先生很奖掖戏剧工作者应从实际行动中去接受教训，但他认为同时也不可看轻专家，虽则专家并不是万能的，可是也各有所长，各有所短。一个真正献身于戏剧工作的人，应该是很虚心地从每一个专家中间摄取好的成分，而集其大成。同时，欧阳先生以为抗战戏剧并不只是抗战一个时期中的需要，就是抗战结束，而民族复兴运动仍得继续进行，所以我们目前应动员广大的民族文化力量，来克服当前的许多困难，以展开我们更伟大的前进。

谈到这里，欧阳先生更具体地指示了抗战戏剧的内容，他以为抗战戏剧的内容，应该离开公式，因为抗战戏剧并不是把战场缩小来再现于舞台，主要的是解释抗战意义，提高人民抗战情绪，并廓清一切足以妨碍抗战的传统思想，譬如：俗话所说的“各为其主”，“得人钱财，与人消灾”，“忍辱含垢，以免生灵涂炭”这些话，在本质上都有汉奸理论的毒素，是我们的戏剧应该粉碎的。又如历史上的人物，有许多是不妥协的，这种不妥协，不屈服，强硬到底的精神，是我们足以效法的。所以抗战戏剧的题材，也可以采取一些激励气节的故事，使观众从这些故事里，联想到现在的环境。在这里，欧阳先生并且更进一步地告诉我们：“无论写什么戏剧，第一，要故事完整。第二，要人情味丰富，不要神化。第三，要趣味丰富，即是从整部看来，是很戏剧的（Dramatic）。”

歇了一会，阳光有些斜了，这间小屋子里给反射得更闷热，我的汗珠已经湿透了一件内衣，可是我还不想轻易丢开这个宝贵的谈话，我把欧阳先生预备好的冷开水，咕嘟地喝了两盅，又继续提出街头话剧这个问题来向欧阳先生请教。欧阳先生对于这个问题的意见是这样的：最初苏联以为戏剧要从室内解放到露天去，使多数人看，不但要使多数人看，而且要使多数人演，使大众有自己的戏剧，于是就主张户外剧，并利用宗教式的仪式来宣传思想，象这样，相当的效果自然是有的，但也有限度。现在关于这种户外剧多半归到电影方面去了。街头剧也自有其效果，但是本人对于街头剧没有经验，不敢作十分肯定的批评。由这里，欧阳先生并联谈到化装演讲。他说：“有些人以为化装演讲过于浅薄，但是我并不反对，我以为这种口号式的东西，也有在一个时期的作用，一个时期的宣传方式，总是不免浅薄的，就是苏联也承认他们初期的宣传是比较浅薄，不过，我们虽然不反对化装演讲，但是我们也得应时代的需要，在这个大转变的机会中，建设中华民族的戏剧基础。”

最后，我因为欧阳先生对于旧剧改良有独到的见解，他自己所改编的《长恨歌》、《梁红玉》、《桃花扇》、《渔夫恨》等剧，又是那么地哄动一时，所以我虽然看到时间已经过了四点半，而且也明知欧阳先生马上要应友人之约去吃晚饭，但是我仍然还把改良桂剧这问题提出，询问欧阳先生的意见。欧阳先生微笑着说："我认为改良桂剧和改良京剧一样，第一要彻底澄清桂剧的内容，对于那些不好的戏，要毫不姑息地把它抛弃；而对于那些有特殊表现的地方，也可以把它保留。第二脚本完全新写，不一定就原有的习惯，同时要把剧中的唱工、做工完全拆开，另外重新接过。这样做法，并不是破坏桂剧，而是延续桂剧生命的一个方法。至于演出时，我也主张用布景，但我不求写实，只求象画，象图案画。因此在台上站的位置，也完全变更，是要利用整个舞台成为有变化的舞台面，每一个舞台面，成为一个画面，每一个人在画面上的动作，就好象浮雕，活动的浮雕，这样就是把画的成分和雕刻的成分加入到桂剧中去。同时，在剧本的编撰上，是一套完整的，不是片段的。在唱工方面，桂剧中有许多是不够表情的，所以新的腔调也必须编制，特别要把合唱加进去。就是人物的上下场，也要重新支配，戏是要在舞台上视分晓的，或许经过几度导演之后，桂剧可以换上一个新的面目。艺术是没有国界的，当然也没有省界。我们并不否认桂剧有其地方色彩，地方色彩有时也可以加深它宣传的力量，增加观众的兴趣。"

问题到这里，当然是告一个结束。在欧阳先生站起来更衣预备外出的时候，我便一面挥汗，一边告别出来。

1938.5.17.

（原载1938年5月28日《克敌》周刊第12期）

欧阳予倩先生的道路

田　汉

一　黄浦赠别图

予倩将回桂林艺术馆任，并参加劫后所建新剧场落成典礼。虽然他说今后有定期空运，两星期便可往来沪桂一次，他不久便将回来，或设法请我们到桂林去看看戏，但我们久别重逢，总是依依难舍，因于8月15日组织了一个黄浦惜别会。四十几位朋友分乘两条汽油船，合众第一号与第七号，原定是到吴淞野餐的，因时间关系改到高桥，在那镇上唯一的大茶室来了一次“白龙庙英雄小聚会”。喝茶、吃东西、说故事……这一批“西装生意”几乎把那茶室的薄薄的楼板给挤坍了。

予倩先生因为要大家留个纪念，请大家签名，又因我比较熟习他在广西奋斗的经过，要我在那张大宣纸上写几句话。及至倦游上岸，大伙又拥到梅龙镇聚餐，举酒祝予倩健康。予倩也兴致甚豪，连尽数觥。回来我题了这么一首“长歌”：

泛舟直向吴淞口，又聚梅龙举美酒。当时剧坛几少年，相看半成头白叟！抗战经年多慷慨，间关入桂竟怒吼。戏剧展览到苗瑶，此盛前古良未有。敌人长驱过黄沙，桂林岌岌不可守。尽携文物入昭平，群把心防筑敌后。女日百里妻五十，其为人民效奔走。胜利欢呼动桂江，山城风貌已非旧。楼阁如云林荫香，存无一二毁八九。瓦砾成堆歌舞歇，掩涕为之吊良久。壮哉南杰（予倩名）湖南牛，不畏万难掣其肘。为引春风入芜城，再把锄头种新柳（予倩替桂林建过三个剧场，他五十四诞辰予赠诗有“但栽新柳不乘凉”句）。新柳成行春风来，桂林文化又登台。但教春草绿天下，何惜秋风老霸才？

第二天晚上我们一道去看袁雪芬演鱼玄机故事，我把这诗交给他，他非常高兴。第二天一早他就走了。

从焦土复活一个新的都市是非常有趣的事，也最能满足一个人的创造欲。这我在火后的长沙是有过这经验和欢喜的。予倩不肯离开那瓦砾成堆的桂林想必也是尝上了这种欢喜。你把颓垣断瓦、枯枝零木，重新收拾起来排列起来，使它重新成为高楼华屋，你把笛子琵琶吹弹起来，锣鼓敲起来，灯光、布景、天幕施展开来，让那些枯焦沉郁的面孔上重复看见笑，让那穷山苦水的陈死的环境重复感到春风飘拂的生气，这是多么伟大的创造，而这正是我们的拿手戏。当我们看到我们戏的热烈反应，看到我们创造的欣欣向荣的成果，你会因这种爱悦而忘记自己所饱尝的辛酸痛苦。这应该是予倩为什么宁愿拖着他那一跛一跛的脚离开上海的朋友们而回到寂寞的山城的缘故。

但当我们正祝福他事业成功的时候，据说他又拖着一跛一跛的脚要回上海来了。

二　难忘的“文化城”

江南事变之后许多进步的文化工作者多远适海外。我经六战区到长沙正在第三次长沙会战之前。陪老母在南岳住了7个月，苏德战争便爆发，敌人也重复向湘北进攻，其前锋一部甚至已经窜到株洲，直趋衡阳，南岳有被截断在敌后的危险。因此就请老母坐上人力车由南岳赶到衡阳，搭上了拥挤不堪的湘桂车到了几年前到过的桂林。在七星岩附近的乡村中一直住了4年。那时予倩正主持广西艺术馆，我帮忙新中国剧社和替一些杂志报纸写文章。几年间我和予倩过从极密，对于桂林之成为秋风萧瑟中较有生气的文化城，对于太平洋事变中香港文化人的入桂准备，对于范围扩及8省、时间延及3月的西南剧展的推动，最后对于桂林大疏散前国旗献金及桂林文化界抗敌协会和工作队的组织训练，我们算尽过些力量。那时候桂林的政治环境虽则也非常复杂，但究竟有李任潮将军和黄旭初李任仁先生们较贤明的骨干撑持着这西南重镇，使进步文化事业得以蓬勃开展。

予倩的事业是抓得非常宽的。起先重要的是继马君武先生之后改良桂戏。广西军政当局觉得广西在文化上没有什么可以请人看看的独特的东西，便想到了桂戏。虽则桂戏也不过是“广西化”了的湖南祁阳戏，所有主要演员都是湖南人，但毕竟说的是桂林话。起先也不过大人先生们公余之暇开开心。桂戏的几个重要女演员经常出入这些大人先生之门，几乎成了他们的“家伶”。他们对于予倩先生的要求主要的是改良改良一下，把桂剧改得漂亮一点，就原有的剧本去芜存菁，去俗存雅，原无意真正改革戏剧。马君武先生曾主持南华戏院，这是广西戏剧改进会的附属戏院，所有的女演员如小金凤、小飞燕、如意珠、庆丰年们都是马先生的弟子或干女儿，跟马先生开玩笑的对联的上半所谓“春满梨园，种树如培佳子弟”，便是指此。予倩原曾一度入桂导演《梁红玉》，其匆匆离桂据说是与马先生有过一点矛盾的。其第二次入桂却由白鹏飞（经天）先生预先同马先生谈好，让他把戏剧改进会的事完全交给予倩。那时马先生任广西大学校长离桂林有40余公里，原也难于兼管，也同意了。因此这趟予倩的工作较为顺利。在他的设计下建筑了乐群社前面的广西剧场。为着培植新桂剧的第二代又在西门外丽君路边创办了一所“桂剧学校”，学生除了在广西剧场跑龙套宫女之外有时也独立演第一出。

后来予倩被任为艺术馆长，这艺术馆分音乐、戏剧、美术三部。戏剧部又附设一个话剧团。许秉铎、黄若海、叶子、林静们都曾参加过这剧团。由这剧团演出夏衍、于伶和欧阳自己的好几个戏。因为这样予倩自己的精力就不免分散了，桂戏改革运动维持现状而已，没有太大的开展，始终是《梁红玉》、《木兰从军》、《桃花扇》。予倩改革桂剧的方案是编导新剧，重于修改旧剧。倘使他精力集中，又能开放门户，使新剧的上演源源不断，影响必更大。同时旧剧的修理实在也是必要的，以前马君武先生时代的确也用过许多工夫，我就看过经过各名演员呈缴也经过修改的一百多种手抄本。当时倘能把这工作更群众化，使它成为戏剧文化界共同的工作，只要他肯登高一呼，响应者必多。那时桂林人才荟萃也确有许多朋友胜任愉快。再若通过广西教育当局力量，可以使全广西的桂剧团体都上演改订的和新编的剧本，影响必更大，所惜者予倩偏于自用，方面一宽，势必顾此失彼。以致桂剧改革影响不出桂林，甚至不出广西剧场。

又有人说予倩改革桂剧主要的采取了“平剧化”的路线，没有十分注意发挥桂剧特有的长处。也有人说予倩对桂剧的影响限于旦角戏，别种戏影响较小，但不管怎样，广西戏剧改进会自从予倩先生参加，然后才有真正的“戏剧改进”。马君武先生时代最多不过教干女儿们识识字而已。

当然予倩先生在广西的处境也不是完全顺利的。广西原是相当闭塞的地方，“土包子”们最初听说省府请的顾问是个“唱戏的”，其尴尬面孔可以想见。再加既有戏院营业可以赚钱自必发生利害冲突，闲话更多。实在我若是予倩，我是早受不了那种空气的，而予倩为着事业终于忍耐下来。五六年来辛勤的开拓终于使桂林的文化环境渐次适合我们的生存发展，这是值得我们引以自慰的。

予倩费了很大的气力也听了无数的闲话，在桂林中学对面建筑了一座艺术馆，有办公厅，有宿舍，更有画廊和一个很摩登伟丽的剧场。这剧场的落成刚赶上西南剧展的开幕礼。其后一千多西南戏剧工作者在这里开会，检讨过去，学习经验，和计划将来的发展。许多重要的戏分配在全市4个剧场演出。在艺术馆剧场3个月中演出话剧、平剧及马戏等凡20余节目。最后在这剧场举行了通夜的狂欢。之后，湘桂战争爆发，一度由当时城防部队政治部剧团演出《结婚进行曲》后，战火已延及黄沙河。予倩率领愿意在敌后工作的一部馆员下河，转入昭平八步。不久桂林被围，经过自己放的和敌人放的大火，艺术馆和广西剧场同样是“片瓦无存”了。

桂林文化城的毁灭，对予倩是有特别的悲哀的。他没有被这悲哀击倒，胜利后居然第三次又建剧场，居然又要落成了。我听了真有一点意外。更意外的是这样一位对广西文化鞠躬尽瘁的战士居然不容于广西、居然得卖家具作旅费，全家返沪！

三　走上了他应走的道路

予倩由昭平回桂林的消息我是在昆明得到的，他有一封长信给瞿白音和田念萱女士。但我直到重庆才给他去信，而他却先有信给我。我当时直觉予倩先生变了。几年间敌后生活的磨炼他更结实更勇敢了。他已经走上了他应走的道路。及至此次他由桂林来沪，我们谈得更多。我想我们已经有了一位更年轻的欧阳先生了。我试举出他断然使我们惊异的地方：

首先，他更民间的了。以前我们和予倩先生虽一直是好朋友，但我们在剧运上存在着一条鸿沟。那是我们走民间的野生的路而予倩常常和官场至少地方势力保持着紧密关系。南通更俗剧场时代如此，广东戏剧研究所时代如此，广西省立艺术馆时代也是如此。只有在武汉时代，由于抗日民族统一战线我们也参加过军委会政治部，予倩也组织过民间剧团，如在上海的中华剧团等。这原因主要因为予倩是比较公子哥儿的出身，不大能想象没有官府的支持单靠穷干也可以做剧运。因此曾经有人笑他有点“皇皇然不可三月无君”。这次经过在敌后一年多的苦斗，他才发见穷干苦干一样可以干出点名堂的，而人民更受实惠。我们不是“穷干至上”主义者。我们为一切顺利条件而奋斗。但在今日中国你要真为人民利益而戏剧就休想获得顺利条件，我们还得要准备在一切苦难磨折中，在风雨侵凌中熬出一个前途来。这样才可招回剧运的魂。而予倩先生已经有了这样的精神准备了。予倩从广西退出，在剧运说，不是可悲的失败而是可贺的成功。这意味着予倩将趁此清算其官场倾向而走向更人民的世界了。

因此予倩先生也变得更群众的了。以前我们虽然边喊打倒明星制，但也常常为这个制度的情势所苦闷。许多观众不看戏而看演员，这倾向以旧剧为最甚，明星制的清算实在是很难的。但予倩先生却已经没有踌躇，他主张以戏剧各部门综合的匀称的发展来代替明星制，虽然主张纠正“看人不看戏”的倾向，使观众更注意整个戏的发展而少注意演员个人。他对此间艺友座谈会同人的忠告也是这样：“宁可更多的注意剧本选择，表演的认真，脚色分配的适当，新人材的发掘，灯光布景等整个舞台的调子的统一，以争取、训练观众的正当趣味与认识，而不要把重心摆在个别大演员身上，那样剧运将始终脱离群众性、合理性，得不到健康发展”，他的忠告是十分正确而宝贵的。非这样做剧运就会遭受失败和变质。

还有予倩先生也变得更实际了。以前予倩先生是相当学院派的。他与其注意内容的积极性宁可注意技术的完整。记得“一·二八”战役后他刚由欧洲回来，觉得国内的演剧几乎无一是处。“演话剧的人根本不会说话！”他又说：“苏联的戏剧学生要修满九年之后才许演剧。”而没有顾到中国革命不是苏联的阶段，倘使必等学习九年之后才许演剧，既取消了苏联革命前期的工农兵剧运，也取消了中国当时的民族革命剧运。

就是在桂林时代予倩先生依旧也还坚持这种看法，他批评当时新中国剧社的若干作风，觉得勇气和企图虽可嘉而技术尚不合标准。当时曾引起所谓“突击”与“磨光”之争，予倩是站在磨光一面的。他依然把技术摆在思想内容前面。这直到他精力分散，他自己导演的戏不必都磨的太光，更决定的是他的剧团转入敌后农村，一切舞台条件不能不因陋就简，主要地要靠剧本的灵魂（思想内容）组织观众，突击磨光问题才算开始得到应有的统一。因为今天谁也不是唯突击论者，我们一样的强调技术，要争取技术，我甚至知道技术问题时常就是政治问题。技术不好不能达到内容的目的。但技术毕竟服从内容，也属于内容的。

予倩先生这次到上海来表示了他对这问题极正确的见解。他如象不再孤立地强调个人一样也不孤立地强调技术。在讨论旧剧改革的时候他也承认音乐改革是旧剧彻底改革的一个前提条件，但他不过度强调这条件：“我们不能等音乐问题全部解决了再来谈旧剧改革。那样会取消当前的现实斗争。我们必须从皮黄剧的改革做起。”这是何等一个实际的文化战士的观点！

予倩虽然五十八了，但他实在更年轻了！

（原载1946年9月12日《文萃》第47期）

欧阳予倩先生离桂内幕及今后动向

俞　晨

欧阳予倩先生由香港来沪已经好几天，他因为忙于组织在上海的家庭，找到一个能够安定下来的地方，所以他一直没有去拜望亲友，而亲友知道他来到上海的也没有几个人。

欧阳先生在戏剧界可以说是老前辈了，然而他仍是异常年轻，我不应把一个“老”字加在他的名字上。因为他的热诚，他的工作严肃和认真，对于晚辈的亲切抚爱，算是一个不可多得的好导师。他有的是力量和干劲。他的来到上海将使全上海戏剧运动起一个大的波动，因为他懂得那么多，那么深。他可以着手改良平剧，他可以导演或编写话剧同电影。他有在桂林7年多的苦干精神，现在被他带到上海来了。一两个月里来，我们一直对欧阳先生自沪很高兴的返桂以后，又突然离开，有捉摸不定的猜疑；他说：所有的猜疑都有它部分的理由，不过都把它想得太单纯了一点，其实此事的酝酿早在他没有离开上海以前。虽然，广西的地方恶势力一向非常浓厚，但是因为主席还不能说是一个不能容人的人，所以欧阳先生在那里工作得非常顺利。后来敌人进犯西南，桂林陷落，一直到抗战胜利以后，广西成了一个没有武装没有经济，但是有它的传统的自由空气的地区。于是欧阳先生还是回去做“艺术馆长”。而那个辛辛苦苦由欧阳先生一手创造出来的“艺术馆”却给敌人毁坏得什么都没有了；要重建又得要经费，而省政府很穷，拨不出钱来。后来欧阳先生和省政府商得两全的方法，就让全馆报90个工作人员的名额而实际用35个人，空下55人的薪水虽然有限，但连同生活补助费一起留下来，数目也相当可观，重新盖造“艺术馆”的经费就可由此得来了。

同时，胜利以后，广西一省也换了一个局面，中央势力到达，广西的地方势力虽然减少，也还有不少潜在力量。欧阳先生在那里以外省人资格得到一个完善的艺术馆，就为当地一些艺术工作者深忌，妒忌得最厉害的要推广西艺专。一般光画画美人和花草的艺术家们看不过欧阳先生的工作精神，同时因为欧阳先生德高望重，一般前进青年都去求教于他，而且他朋友遍天下，学识湛深，言谈爽直，当地的执政者们自然也不大满意他。可是这些都不足以动摇他垦殖一块已经有成就的艺术园地的意志，他想到这个地方的存在可以使许多朋友要演戏有剧场，要开画展有画廊，要谈天有小屋子，要集会有会议厅，是一个多么值得保存的地方呀！那么工作再辛苦一点，为着发扬文化，为着便利大众，他也是愿意干的。

两个多月以前，欧阳先生南归一次，上海的文化界热烈地欢迎过他。接着不久李、闻被杀的消息传来，上海“文协”为着闻一多是“文协”会员，曾召开过一次集会。那时欧阳先生以新从内地来的客人姿态报告了一些内地的黑暗面。事也凑巧，这段报告，上海的报纸没有记载，反在内地某报登了出来。这样使得一般反对他的人得到了一个再合适没有的借口，他们利用这个机会说他有党派色彩；为着重建艺术馆的经费的调度问题，他们说他吃空额，而且告到法院，而所谓联合告他的报告，20个人中有一半以上都是那个艺专里的人物，此中真相可以不说就明白了。但是，欧阳先生的道德言行与历来的信用有铁一般的事实做基础的，只要他说不离开那块园地，谁也没有法子把他移动。可是一次又一次的打击使他失望了，他开始想到家庭，孩子，和他自己。他为了一桩事业，离开了家乡和亲人朋友，一个人苦苦坚持，而所得的仅是如此的报答！他想着要是这样长处下去，困难还会不断的发生，为着自己的生活，为着孩子们的教育问题，离开这块已经有多年心血的依然还是残破的园地是无可奈何的事情。于是，在他再三的思考之下，他终于离开了广西。

来到上海，他好似回到了久别重逢的故乡。这里有他熟悉的事物，有他熟悉的朋友，他们也和他怀着同样的热忱在欢迎他。在上海，他今后会长久的居住下去，现在他正为找房子忙，等到住安定，我们这位可敬的欧阳老先生就又要开始他的工作了。现在“联华”已经约他指导及担任重要的行政工作，平剧界也急切的希望他能对他们的改良运动给予指导或其他有效的援助。田汉先生新近完成的《琵琶行》，周信芳的班子想演出，已经在聘请欧阳先生当导演了，而话剧界也盼望欧阳先生有新作给垂死的话剧界打一针强心剂。从他深度的近视镜里，见着他的慈爱的目光和看到在他的面上真诚的笑容，以及他的决不灰心的精神，可以给我们保证：即使以后的路途是如何的艰难，他也会带领着后进者去摸索前进。欧阳先生是中国戏剧运动的保姆，他永远年轻，中国的戏剧运动将靠他来支持这垂危的半壁江山。

（原载1946年11月11日《西南日报》）

记欧阳予倩先生六十大寿庆

胡基文

戏剧家欧阳予倩先生在他的人生旅程上，已经走到了犹自绚彩夺目的黄昏的边沿了，他在多忧多难满布着封建意识的中国，度过了漫长的60个寒暑，在这忧患重重的国土中，他艰辛地开拓这荒暮的戏剧园地，虽然有狂风暴雨的逆袭，他仍然秉藉着戏剧形式——这一支犀利的武器，在每一个偏隅的角落，散播出反封建、争自由的种子，更凭着这嫩弱的种子，而奠定了以后剧运的固基，虽然在现阶段，剧运为政治逆流所袭击，而暂时的形成了冻结。

40年来，戏剧、舞台是欧阳予倩的活动世界，最初他是献身在前台，其后成为后台的领导人，从来他没有离开过戏剧工作的岗位。40年来的中国戏剧运动史，无疑的，我们可以从他艰辛的经历中，找到宝贵而翔实的记录。

欧阳予倩虽然今年已是60岁了，然而，他的精神实际上还是那么年青健壮，他是永远和青年人站在一起的。

这一部活的戏剧史，固然不能让它轻轻的湮没，而更应将它彰之于世，以资揣摩和借镜的。所以香港的文化界筹备了半月之久的“庆祝戏剧界老前辈欧阳予倩先生60大寿及参加戏剧工作40周年纪念会”，终于在5月16日下午7时30分，于香港的六国饭店热烈的举行了。那天到有文化界的郭沫若、茅盾、柳亚子、胡愈之、邓初民、曾招抡、翦伯赞、刘王立明、马鉴、陈君葆。戏剧界的顾仲彝、夏衍、瞿白音、章泯、程乐高、周贻白、马国亮、苏怡、杨工良。演员舒绣文、容小意、吕玉堃、顾而已、顾也鲁、钱千里、殷秀岑、洪波。美术界的张光宇、丁聪、新波、米谷、冰兄。作曲家陈歌辛，中原、建国等及香港九龙的戏剧青年共600余人，把整个六国饭店的大礼堂挤得满满的，人数之多，范围之广，情绪之热烈，为港九历来所罕见，真可说得上是“盛况空前”。

纪念会由顾而已司仪，节目有郭沫若、邓初民等诸先生的颂词，和舒绣文朗诵欧阳予倩先生的《六十自寿放歌》，于立群朗诵郭沫若先生的《寿欧阳予倩先生》，和中原、建国两歌剧社的祝寿歌。

首先由郭沫若致祝词说：“在座干戏剧工作的人很多，对这岗位也一定很感到光荣，但欧阳予倩先生40年前即已从事戏剧工作，毫无疑问，这是我们的先驱者，值得我们学习、赞叹和崇拜，并祝欧阳先生能多活40年，多领导我们40年，多为大众而工作40年。”茅盾继指出，40年前的中国与现在不同，戏剧亦不同，欧阳先生从40年前的“春柳社”起，直至现在，走的是一条很长远的路。欧阳先生是最早把新演剧带到中国来的，此外又做过和改良过旧戏——地方戏，在这方面的成就很多，至于在话剧和电影方面的成就，更不用说了。因此茅盾指出，欧阳先生本人，就是一部活的现代中国戏剧运动史。茅盾并觉得郭沫若祝欧阳先生再活40年是太少了，他要祝欧阳先生再活80年，并希望在欧阳先生从事戏剧工作百周年纪念时，还能看到这部“活历史”。邓初民则指出，生活就是斗争，而斗争的武器有各种各样，但戏剧这一武器，是比什么武器都更有效的，所以欧阳先生从事戏剧工作40年，那是从事生活斗争了40年。他又觉得欧阳先生不象寿翁，而是象“新郎”，并希望欧阳先生永远象“新郎”，在戏剧工作上也象“新郎”。陈其瑷则表示象欧阳先生40年如一日这样的“专业化”、“职业化”，实在是难能可贵。陈君葆则因中原剧社用广东戏形式朗诵了一支祝寿歌，而提出了请欧阳先生对改良粤剧的工作，多多指导。顾仲彝微笑地登台说：“欧阳先生虽然六十岁，但心情和思想，还是一样年青，欧阳先生不独在戏剧工作上是领导者，即在思想及正义感方面，都走在我们的前面，因此觉得，现在欧阳先生过的不是‘六十大庆’而是‘十六大庆’。”接着还有翦伯赞、卢敦和港九剧协代表李世雄等的演讲。

最后，由欧阳予倩致答词。他很谦虚的说自己是一个“庸人有庸福”的“幸运儿”，并说40岁的工作并非了不起，许多人干了一生演员，耕了一生田，打了一生铁，一辈子也不能抬头，他之有今日，完全是得朋友的帮助。欧阳予倩继而说出他在日本怎样参加戏剧工作，回国后怎样组织“春柳社”，“五四”后又怎样从事旧剧和改良旧剧，在遭受打击后，又怎样变成“艺术至上主义者”，以后又怎样的在朋友的影响下，慢慢的懂得艺术是什么东西，因此虽然工作了40年，但成就不多，如果有一点点，那也是朋友给予的。最后欧阳予倩表示，他不甘于只是“庸人有庸福”，并感谢朋友们的策励，希望能够赶得上。

欧阳予倩致答词完毕以后，座上如海潮般的涌起了欢呼的巨浪，继之以热烈的鼓掌，历15分钟而不绝，忙了司仪顾而已，连说下面还有精彩的节目，请大家静点观听。于是幕幔揭开，“广东戏”首先登场，接着话剧、平剧、魔术、相声、歌唱等都一一表演了。台词妙语如珠，表演深刻动人，台上台下，都为着这一部活的现代剧史，祝祷着、赞颂着，交织成了一支伟大和谐的“生之舞蹈”的乐曲。当全体合唱祝寿歌的余韵，尚振荡在空间，每一个参加者都领受了轻松愉快的心情步出六国饭店时，已经是夜色阑珊了。

兹将欧阳予倩的《六十自寿放歌》和郭沫若的《寿欧阳予倩先生》诗录后——

▲欧阳予倩《六十自寿放歌》

我诞丑年湖南牛，毕生苦干不抬头，食草挤奶一无惜，唯有穿鼻之绳不可留，穿鼻之绳何所拟？譬如尘封故纸压心头，少年飞跃向真理，垂老愈为牛步忧，五十年来何惨胆（编者按：疑为澹之误），浮沉磨折无自由！愿为川上桥，愿为渡口舟，彼岸风光和且丽，夕景来云短，何妨继之烛！尚堪与君携手共遨游。

▲《寿欧阳予倩先生》　郭沫若

蓬壶春柳尚青青，南极大星今更明。世载孟旃垂耳顺，牖民依旧要先生。

吃人礼教二千年，弱者之名剧可怜。妙笔生花翻旧案，娜拉先辈缤金莲。

太平遗事费平章，革命潮流久断航。纵有狂徒颂曾左，四方今唱李忠王。

不媚天家不颂神，缪司耑合鸣人民。荷锄犛来随言后，努力同挖封建根。

注：予倩大兄努力剧运凡四十年，今耳垂顺矣，旅港同人献寿于太平山下，奉此小诗，以侑菊觞。

1948年5月

（载1948年7月7日《影剧》第1卷第1期）

我国著名艺术家、戏剧教育家欧阳予倩同志逝世

全国人民代表大会代表、中国文学艺术界联合会副主席、中国戏剧家协会副主席、中国舞蹈工作者协会主席、中央戏剧学院院长、中央实验话剧院院长欧阳予倩同志，因患动脉硬化性心脏病心肌梗塞症，经长期治疗无效，不幸于9月21日下午2时12分逝世，享年74岁。

欧阳予倩同志是我国著名艺术家、戏剧教育家、中国共产党党员。他毕生从事戏剧艺术和戏剧教育工作，是我国话剧运动的倡导人之一，在戏曲改革、电影创作和舞蹈艺术研究方面，都有显著成就，对我国文艺事业有卓越贡献。欧阳予倩同志的逝世，是我国文艺界的重大损失。

在欧阳予倩同志住医院治疗期间，周恩来总理、陈毅副总理等曾先后前往探视。

欧阳予倩同志逝世后，当即组成了治丧委员会，由陆定一同志任主任委员。治丧委员会委员有：丁西林、王昆仑、王子成、田汉、老舍、齐燕铭、阳翰笙、刘芝明、任虹、孙维世、陈毅、陈克寒、陈其通、沈雁冰、吕骥、萧长华、吴子牧、吴作人、吴雪、吴晓邦、李维汉、李伯钊、李超、阿英、周恩来、周扬、周信芳、周巍峙、周贻白、陆定一、林默涵、罗光达、尚小云、金山、赵鼎新、荀慧生、张东川、张奚若、张庚、张光年、袁文殊、马彦祥、马连良、马思聪、夏衍、徐冰、徐平羽、徐光霄、郭沫若、高百岁、曹禺、盖叫天、章泯、黄佐临、焦菊隐、舒强、韩世昌、雷圭元、廖承志、熊佛西、谭富英、

蔡楚生、蔡若虹、戴爱莲、瞿白音。

9月24日上午，首都文艺界在首都剧场举行追悼会，公祭欧阳予倩同志。

欧阳予倩同志的灵堂设在剧场大厅。灵前两侧和周围，陈列着周恩来、董必武、彭真、陈毅、陆定一、康生、郭沫若、杨尚昆、李维汉、邓颖超等负责同志和首都各机关、团体、艺术院校以及欧阳予倩同志生前友好赠送的花圈和挽联。

欧阳予倩同志的灵柩移至公祭灵堂之前，周恩来总理、周扬、齐燕铭等曾去医院亲视入殓。

上午9时，首都各界人士3000余人先后来到灵堂，最后一次瞻仰欧阳予倩同志的遗容。

公祭仪式于10时开始。由国务院副总理陆定一主祭。陪祭人有：郭沫若、沈钧儒、包尔汉、沈雁冰、杨秀峰、周扬、张奚若、夏衍、丁西林、田汉、王昆仑、老舍、许广平、李伯钊等。主祭人献花圈后，中国文学艺术界联合会副主席老舍介绍欧阳予倩同志生平事迹。老舍说，欧阳予倩同志是我国话剧运动的主要倡导人。他在1907年留学日本时期，就加入我国最早的话剧团体“春柳社”，先后参加演出了反抗民族歧视的《黑奴吁天录》和反对封建黑暗统治的《热血》，成为“春柳社”的重要演员。回国后，又组织“新剧同志会”等剧社，以话剧为武器宣传民主革命，揭露当时的黑暗统治，为我国初期的话剧运动开辟了道路。

老舍说，欧阳予倩同志还致力于我国传统戏曲的继承和改革工作，早年参加京剧演出先后达15年，编演了20多个新的京剧剧本，创造了独特的艺术风格，在当时与梅兰芳同志齐名，有“南欧北梅”之称。

老舍说，欧阳予倩同志在第一次国内革命战争前后，曾先后主持了南通伶工学社、广东戏剧研究所，试用了先进的方法，培养新型的戏剧人才。

老舍说，欧阳予倩同志在“九一八”事变以后，加入了中国左翼戏剧家联盟，[1]参加了反蒋抗日的政治运动。抗日战争爆发后，他编

[1] 据赵铭彝函告，无论在广州或是上海，欧阳予倩均未参加剧联。——编者

写了《梁红玉》、《桃花扇》、《木兰从军》、《青纱帐里》等戏曲和话剧剧本，大力进行了抗日宣传活动。1938年起在桂林任广西艺术馆馆长兼桂剧团团长，并在党的领导下，主持了西南戏剧展览演出。新中国成立后，欧阳予倩同志主持中央戏剧学院，为培养新中国的戏剧人才，不遗余力。更积极地参加革命的政治活动和社会活动，努力学习马克思列宁主义和党的政策，在1955年加入了中国共产党。

老舍指出，欧阳予倩同志的一生，热爱祖国，热爱人民，对我国革命的艺术事业，作出了卓越的贡献。

文化部副部长夏衍在公祭仪式上致悼词。他说：欧阳予倩同志一生从事革命的戏剧事业，他不仅最早把话剧艺术介绍到中国，为我国话剧运动写下了光辉的第一页，而且在戏曲、电影和音乐舞蹈等各方面，都作出了重大的贡献。他以丰富的创作和精湛的表演，为人民的革命斗争服务，在反对帝国主义、封建主义和国民党反动派的斗争中，起了积极的作用。夏衍说，欧阳予倩同志数十年如一日，勤勤恳恳，热情谦逊，对人虚怀若谷，对己严格要求，表现了一个革命艺术家的高尚品质。他一生追求进步，追求真理，从一个民主主义者最后成为共产主义的战士。欧阳予倩同志的这种高尚品质和奋斗精神，是我们学习的榜样。

参加公祭仪式和吊唁欧阳予倩同志的各界著名人士有：陈叔通、廖承志、傅钟、张治中、胡愈之、邵力子、刘皑风、萨空了等，文艺界知名人士有：林默涵、陈克寒、徐光霄、曹禺、阿英、陈亚丁、焦菊隐、张庚、张光年、张东川、张梦庚、阿甲、舒强、孙维世、刁光覃、蓝马、姜妙香、马连良、韩世昌、荀慧生、红线女、言慧珠、尹羲、李再雯、马彦祥、萧三、赵树理、曹靖华、马思聪、周巍峙、蔡若虹、蔡楚生、陈荒煤、崔嵬、戴爱莲、果素瑛、梅葆玖等。

参加公祭仪式和吊唁欧阳予倩同志的还有：越南驻华大使陈子平及使馆官员、波兰驻华使馆临时代办傅拉托、苏联驻华大使馆文化参赞罗满宁，以及在京日本和平人士西园寺公一和夫人等。

公祭时，欧阳予倩同志夫人刘韵秋及子女欧阳山尊、欧阳敬如在旁守灵。

公祭结束后，欧阳予倩同志灵柩移八宝山革命烈士公墓安葬。

欧阳予倩同志治丧委员会收到来自国内外的唁电和唁函共有250多件。

来自国内的有各地文艺团体、机关、学校，以及杨之华、巴金、叶圣陶、金仲华、孟波、吕复、沈浮、郑君里、袁雪芬、常香玉、白驹荣、姚璇秋、陈书舫、赵丹、白杨等欧阳予倩同志生前友好、各界人士的唁电和唁函。

香港的长城、凤凰等影片公司以及费彝民、朱石麟、吴楚帆、韩雄飞、李化、姜明、卢敦、马万祺等港澳知名人士，也分别发来唁电。

驻京外国使节致唁函的有：苏联驻华大使契尔沃年科、越南驻华大使陈子平、捷克斯洛伐克驻华大使约·赛迪维、波兰驻华大使馆临时代办傅拉托等。国外发来的唁电，有朝鲜文学艺术总同盟理事会、越南文学艺术联合会和越南舞台艺术工作者协会。来自日本的30多件唁电中，有14件是日本文化艺术团体和报社发来的；个人发来唁电的有日中文化交流协会理事长中岛健藏、片山哲、尾崎宏次、杉村春子、久保田万太郎、千里是也、岸辉子、木下顺二、山本安英、市川猿之助、花柳德兵卫、村山知义、泷泽修、白石凡、关鉴子等日本知名人士。日本东京华侨总会也发来唁电。

9月27日，湖南省和长沙市文艺界在长沙举行欧阳予倩同志追悼会。参加追悼会的有胡青坡、刘斐章、曹克勋和话剧、戏曲、舞蹈演员等。湖南省文学艺术界联合会副主席铁可、湘剧演员徐绍清作了讲话。

9月29日上午，上海市文化局、上海市文学艺术界联合会、中国戏剧家协会上海分会、中国电影工作者协会上海分会联合在文艺会堂举行欧阳予倩同志追悼会。参加追悼会的有金仲华、巴金、陈其五、周信芳、孟波、熊佛西、吕复和正在上海的中国文学艺术界联合会副主席阳翰笙等400多人。在追悼会上，上海市文联副主席、中国剧协上海分会副主席熊佛西介绍欧阳予倩同志生平事迹，上海市文化局副局长吕复致悼词，中国剧协副主席、上海文联副主席、中国剧协上海分会主席周信芳也作了讲话。

（原载1962年10月18日《戏剧报》第10期）

欧阳予倩同志战斗的一生

李伯钊

1963年9月21日，是欧阳予倩同志逝世周年纪念日。他是我国革命的艺术家，戏剧教育家，他把毕生精力献给了他心爱的戏剧艺术。

予倩同志数十年如一日地从事戏剧艺术，在漫长的艺术生活道路上，经历了旧民主主义、新民主主义、社会主义革命和建设三个时期，我们必须从中国社会政治背景及各历史时期的革命运动中来研究、探讨他艺术生活的发展，并且研究这位艺术大师怎样由一个民主主义者发展成为一个共产主义者。这对于我们革命艺术的后辈，有极其重要的意义。

官宦世家的叛逆者

予倩同志出生在湖南浏阳县一个仕宦的家庭中，少年时期正值清廷封建王朝崩溃，旧民主主义革命运动蓬勃兴起之时。他的祖父欧阳中鹄是一位具有民主启蒙思想的著名学者，戊戌政变被难的谭嗣同、庚子义和团之役在武昌乘机起义不成的唐才常，都是他的门生。唐才常又是予倩同志的蒙师。谭、唐相继就义，给了予倩同志极大的震动，也使他幼小的心灵受到革命思想的影响。以后，进入长沙经正中学读书，又受到同盟会革命党人的启发和鼓励，便决心东渡日本求学。在东京的时候，以孙中山、黄兴为首的革命派，正与梁启超的君主立宪派针锋相对，革命派对君主立宪派的反动言论，进行了猛烈的抨击。

东京的留学生纷起响应，出版革命报刊，组织爱国团体，“春柳社”也在这个时候成立了。它是最早出现的一个从事革命文艺运动的青年团体。1907年初予倩同志参加“春柳社”，和李息霜、曾孝谷等一起演出了中国第一个话剧《黑奴吁天录》(根据美国斯托夫人原著改编)，接着又和陆镜若等一起演出了《热血》(法国萨都著，原名《杜司克》)。春柳社上演《黑奴吁天录》，和反美运动有极密切的关系。❶当时华工在美国所受的虐待比黑人的遭遇还要凄惨，上演此戏的目的是要惊醒国人，奋发图强。自此以后，予倩同志便成了春柳社的重要演员，成了中国话剧主要奠基人之一。

予倩同志在日本最初习商科，后来又学文科，参加春柳社演出之后，意识到戏剧艺术是社会教育的有力工具，就有了终身从事戏剧事业的志愿。回国时正值辛亥革命爆发，他毅然投身到戏剧艺术事业中来，作了新剧的职业演员。在半封建、半殖民地的社会里，戏剧是低贱的职业，出身于官宦世家，又有相当高的文化水平的留学生，却选择了这样的职业，这样的生活道路，简直是大逆不道，不能不受到家庭和社会的责难，予倩同志却表示：即使“挨一百个炸弹也不灰心”。他就这样坚定地踏上了一生从事革命戏剧事业的道路。

从日本归国后的第一次戏剧活动，是与陆镜若在上海组织新剧同志会。该会曾到上海、苏州、杭州一带演出。旋即返回湖南。1913年在长沙组织了文社。❷其时，袁世凯篡夺了辛亥革命的果实，参加辛亥革命的一部分革命党人，摇身一变成了新贵，他们趾高气扬，狂嫖滥赌，予倩同志对此甚为愤慨，创作了《运动力》一剧，无情地暴露国民党新贵们的腐化堕落，讽刺官僚士绅迫使佃户加租，勒索贫苦农民阴谋贿选的丑态。因为这出戏触犯了统治者的利益，只演了一两场，便受到湖南绅士们的激烈反对。窃国大盗袁世凯就任大总统后，更刻不容缓地指定他的爪牙汤芗铭封闭了文社，大肆捕杀文社社员。三个文社社员被杀害了。予倩同志脱险后，逃到上海，仍不灰心，同陆镜若

❶ 参看吴玉章同志的《甲午战争前后到辛亥革命的回忆》一文。

❷ 见欧阳予倩《自我演戏以来》。文社是春柳社社员们在湖南长沙演出时另取的社名，演出的剧目有《热血》、《运动力》、《不如归》、《鸳鸯剑》等，后被袁世凯的爪牙汤芗铭当作革命机关查封，社员有的被押，有的被枪毙。

等又重整旗鼓组织春柳剧场，演了一年的新剧。春柳剧场所演出的戏目，总的倾向是好的，反映了资产阶级民主革命的思想。春柳同人，不仅介绍话剧的形式到中国来，并且在话剧民族化方面也作了初步探索。

1916年予倩同志的艺术生活发生了一个转折。他由新剧改演京戏。新剧是辛亥革命前夕发展起来的，随着革命的进展而趋于兴盛。辛亥革命遭到失败之后，袁世凯布置各地爪牙，排除异己，摧残革命力量，嫉视新剧，剧场都抓在流氓买办和唯利是图的商人手里，新剧演出日趋粗制滥造，有的甚至腐化堕落。新剧同志会的同人无力挽回新剧的颓运，予倩同志便转而从事京剧。他求师苦学，下了一番功夫，加以他对文学艺术的素养，迅速掌握了京剧表演和剧本创作的技巧，登台不久，就成为全国著名的京剧演员。其时，统治阶级胁迫戏曲艺人宣传演出封建道德愚忠愚孝、迷信色情的戏。予倩同志根据伟大的现实主义作家曹雪芹原著改编的红楼戏，具有强烈的反封建的色彩，给观众以清新之感。他先后表演京戏15年，在舞台上创造了具有反抗精神的古代和当代妇女的形象；创造了《黛玉葬花》、《黛玉焚稿》、《晴雯补裘》、《鸳鸯剑》、《王熙凤大闹宁国府》、《卧薪尝胆》、《哀鸿泪》等二十多个新的京剧剧本，在剧本文学、剧本结构等方面，都有所革新。他还尝试用京戏形式表现现实生活，创作并演出了一些时装新戏，如《哀鸿泪》，坚持用戏曲作武器向封建势力展开斗争。他精心继承戏曲传统，并在传统的基础上进行了革新，自成一派。他的独创精神，对戏曲界发生了很大的影响。

予倩同志从事京剧演出之后，深感京剧在剧本内容、表演艺术以至剧场管理制度等方面，有彻底改造的必要，他希望培养一批比较有文化、有知识的演员，组织演出团体，演出有意义的戏，为社会效力。1919到1922年间，他去南通办了伶工学社和更俗剧场。这些倡导，对当时戏曲界的影响是好的，但因封建势力的种种阻挠，理想未能实现。

清末到民初，予倩同志在思想上深受辛亥革命先辈们和“五四”新文化运动的影响，担当了中国新兴话剧的启蒙者、奠基人、先行者之一的责任。新兴话剧从它兴起的那一天起，就受到革命者的喜爱，反动派的厌恶，但反动统治者的迫害和歧视，丝毫也不能动摇予倩同志的信念，他一心一意把戏剧艺术作为社会教育的工具，为他的改革和发展作献身的努力。以他丰富的话剧艺术的修养来培植和改革戏曲艺术，精心继承传统，大胆革新创造。他这一时期的戏剧艺术活动是进步的，倾向于反帝反封建的，他是“五四”前较急进的民主主义者，倾向革命的艺术家。

新民主主义时期的戏剧活动

（一）大革命前后

“五四”前夕，新剧在封建势力的包围下，几乎全部堕落成为游艺场所的附属品，走上了没落的道路。现代戏剧究竟应该如何发展？这是当时具有民主主义革命思想的戏剧艺术家不能不思考的问题。戏剧界出现了中国戏剧发展方向问题的争论，予倩同志和其他戏剧家从多方面探索了戏剧发展的道路。十月革命一声炮响，送来了马克思列宁主义，中国的思想界震动了，兴起了彻底反帝反封建的“五四”运动。1921年中国共产党成立，无产阶级宇宙观和社会主义革命理论的传播，促进了中国现代文学艺术的社会主义倾向的增长，予倩同志受了进步思潮的影响，和当时从事新文化运动的郭沫若、茅盾等同志一起，在茅盾向志主持下，成立了“民众戏剧社”，提倡创造现实主义的戏剧。之后，在上海成立“上海戏剧协社”，田汉、洪深同志先后回国，与予倩同志非常投合，在艺术上密切合作，成了亲密的战友。他们和许多戏剧工作者接受了欧洲现实主义的创作方法，介绍演出了易卜生、肖伯纳、罗曼·罗兰等作家的作品，以革新的姿态鼓吹科学的现实主义，肯定了戏剧艺术对社会改革的地位，从思想和艺术两方面对中国的戏剧艺术进行了提高。其时，郭沫若的《三个叛逆的女性》、田汉的《咖啡店的一夜》、予倩同志的《泼妇》等剧作，都更自觉地贯穿着反帝反封建的时代精神，为新的戏剧的进一步发展开辟了道路。

1929年到1931年间，予倩同志去广东办戏剧研究所。创刊《戏剧》，宣传介绍了进步的戏剧理论，研究所附设有戏剧学校，培养了一批人才，使新剧在华南一带播种、生根、开花、结实。他用现实主义的创作方法，创作了暴露国民党反动统治罪恶的剧本《车夫之家》、《屏风后》、《买卖》。及至左翼戏剧家联盟在上海成立，进步的话剧运动直接受中国共产党的领导，更加紧密地配合革命运动，走上了新的道路。予倩同志在广州参加左翼剧联，积极参加了左联的工作。

（二）在抗日烽火中战斗着!

1932年予倩同志从广东回到上海，正遇“一·二八”事变。他有机会读到了中国共产党发表的文件，对共产党坚决抗日的主张和方针政策非常拥护，这种认识，在他的戏剧创作思想上得到了强烈的反映。他写的19景活报剧《不要忘了》，正是描写“九·一八”以后李顿调查团来中国，他们牺牲中国人民维护帝国主义利益的阴谋活动激起中国工人阶级的示威和反抗。在《同住的三家人》一剧中，予倩同志借剧中人工人阿明的口，喊出了：“我们要斗争，去打出一个新世界，不要等待新的世界来就我们。”

1932年冬，予倩同志到欧洲考察戏剧，到了法国，参加过工人晚会。1933年春到过英国，同年夏天至秋天到过苏联两次，参加了苏联戏剧节。这年冬天回国参加了反蒋抗日的福建人民政府。他曾有些积极的主张和建议，可惜没有被福建人民政府的领导人采纳。19路军在蒋匪的进攻下崩溃解体后，他再次遭到反动派的通缉而逃亡日本。在日本住了半年，才于1934年冬回到上海，恢复了电影编导和剧本创作。远在1926年电影事业的初创阶段，他就从事过电影编导，编导过《三年以后》、《天涯歌女》等暴露唯利是图的剥削者的作品，这时在新华、联华、明星三个公司重新担任编导，时代不同了，他的创作思想亦有所发展，明确了革命斗争的对象，先后写出《新桃花扇》、《清明时节》、《小玲子》、《如此繁华》等电影剧本。予倩同志自己说：“从军阀混战，尤其是‘九·一八’、‘一·二八’事变以来，由于国民党的倒行逆施，真叫人气破肚子。我一拿起笔来，就想尽量发泄一番。”这一时期他创作思想的锋芒，集中地指向国民党反动派，明确了知识分子革命的道路。

“八·一三”抗战，予倩同志便和郭沫若、田汉、夏衍、周信芳等同志在上海召集戏剧界同志组成了上海戏剧界救亡协会，十几个上海戏剧界救亡宣传队，分路向内地进发宣传抗战。而予倩同志和周信芳同志则留孤岛，在党的领导下坚持救亡艺术活动。这是予倩同志思想的重大转折点。他以满腔的爱国热情和抗敌斗志，千方百计在租界内组织了“中华京剧团”，先后上演了《梁红玉》、《渔夫恨》、《桃花扇》等具有强烈抗敌思想和高尚民族气节的戏，不仅在艺术上收到了效果，在政治上起的作用也是很大的，引起了敌伪汉奸的注意，公开找予倩同志谈话，威逼利诱，无所不用其极。予倩同志坚定、顽强，表现了高度的民族气节，后来在地下党的帮助下秘密逃到香港。

1939年予倩同志由香港到桂林创办广西省立艺术馆，并专心致力于桂剧艺术改革工作，编导了不少宣传抗战的桂剧，对培养桂剧人才和桂剧改革作出了贡献。同时还创作了多幕话剧《忠王李秀成》及《越打越肥》、《归来夜话》、《言论自由》等短小精悍、富有战斗性的独幕话剧。1944年，他在党的领导下，利用国民党反动派和桂系的矛盾，排除万难，和许多同志共同主持了盛大的“西南戏剧展览会”，不少抗日演剧队都参加了演出。这是一次进步戏剧力量的大检阅和大会师，为中国戏剧史写下了光彩的一页。

桂林紧急，全城疏散的时候，予倩同志撤退到昭平，和张锡昌、千家驹、陈劭先等同志创办了广西日报昭平版，主要刊登新华社消息❶，宣传和报导全国抗战形势和国际反法西斯的战争形势，对推动桂东南群众支持抗战，起了很大的作用。

1946年纪念“五四”，予倩同志在纪念会上讲话，指责了美国救济粮食是“香饵”，为反动派所忌恨，在重重威逼之下，他便辞去了广西艺术馆馆长的职务去上海（编者按：欧阳予倩离桂的原因参看《年表》）。

此后，予倩同志由上海去香港，一方面积极参加反蒋反美斗争，同时仍从事话剧、电影编导，还培养了不少青年话剧演员。1948年他在党的直接领导下面，团结在港的戏剧界人士，拍了他最后的一部影片《恋爱之道》，他在特刊上写道：“当这片子在观众面前放映的时候，一个新中国已经不是希望和理想，而是现实、铁的现实了！……我就以这部片子送走可诅咒的旧中国，迎接人民的新中国。”

予倩同志在抗日烽火中的一切戏剧活动，都是在党直接领导下面进行的。戏剧、电影艺术，已经成为他手中对敌斗争最犀利的武器，

❶ 查阅原报，事实不是这样，当时也不可能做到。——编者

这一时期，予倩同志的思想行动有了鲜明的变化，接受了党的领导，从抗日斗争中辨明了中国革命的方向。

共产主义的斗士、革命的艺术家

1949年全国解放了。予倩同志到了北京，参加了全国第一次文代会，被选为全国文联理事，并被邀参加第一届政协全国委员会任委员，后来又被选为全国人民代表大会代表。新中国开始建设，他受中央人民政府委托，担任了中央戏剧学院院长。在党的领导下，他实现了多年的宏愿，完成了学院奠基的工作。

1953年中央戏剧学院改组成为专业话剧学院。他更不遗余力地整理他多年创办戏剧艺术教育的经验，用于课堂教学，提高教学质量。

予倩同志积极参加第一次文学艺术界的整风和反对资产阶级文艺思想的斗争，他对毛泽东文艺为工农兵服务的方向，最初不甚了解，以为：大城市里小市民占很大数目，教育小市民，文艺就应该为小资产阶级服务。经过学习后，他说："现在我知道只有用无产阶级的思想教育小市民……文艺必须由党领导，必须清除作品中小资产阶级的思想感情……我们必须摧毁心灵深处那个小资产阶级王国，越快越好。"（见《一得余抄》）他同小资产阶级思想决裂，努力清除不健康的文艺思想，逐步地树立了马克思列宁主义文艺观。

1958年党中央、国务院提出了教育为无产阶级政治服务、教育与生产劳动相结合的方针，予倩同志努力贯彻了党的教育方针，总结了艺术院校以教学为主、努力提高教学质量、稳定教学秩序、循序渐进的高等教育正规化的实践经验。

予倩同志热情地参加党所号召的历次政治运动，深入群众，了解情况，宣传党的政策，认真地学习党的历史。他亲眼看到了以毛泽东同志为首的党中央怎样领导人民取得一系列伟大的胜利，把一个被帝国主义、大地主、大资产阶级弄得千疮百孔、支离破碎的国家，改变成为强盛的伟大的人民民主国家。他认识到中国共产党的伟大理想和达到这一伟大理想的途径和步骤，决心端正立场，彻底叛变自己的阶级，真正做到学到老，改造到老，做一个忠于党，为党的伟大事业奋斗到底的共产党员。1954年他向党提出了入党的申请，中央戏剧学院党的基层组织研究了他的战斗的一生，接受了他的申请。老艺术家终于以65岁的高龄，参加了中国共产党，成为一位名副其实的共产主义战士。入党以后，他越来越年青，工作得更加勤奋，学习得更加努力，他的创作和学术论著，出现了崭新的面貌。他重新根据美国斯托夫人原著《黑奴吁天录》改编为《黑奴恨》一剧，就是用马克思列宁主义的阶级观点，反对美帝国主义对黑人的种族歧视，歌颂了黑人伟大的斗争精神，赋予了原作以崭新的思想内容。戏的演出恰好在亚、非、拉美被压迫民族、黑人反对种族歧视的斗争蓬勃发展的时候，许多在北京的黑人朋友观剧后，深受鼓舞，激动得流泪。他的《一得余抄》等专著，是一生在戏剧艺术上辛勤劳动所获得的硕果，是他努力以马克思列宁主义观点，对他数十年来的艺术经验的总结。无论在艺术评论和艺术规律的探索研究方面，都做到深入浅出，有独到和精辟的见解，为艺术研究工作作出了贡献，对青年一代有很大的指导意义。

1962年予倩同志卧病阜外医院，曾经对他一生作了实事求是的概括，他说："我自始至终是一个戏剧运动的积极分子，尽管犯过错误，走过弯路，但是我是名符其实、从头到尾的积极分子，我一直为此奋斗了一生。在一生奋斗中，当过演员，也当过导演；写了剧本，也搞了艺术研究工作；搞了电影、话剧、歌剧，也搞了地方戏，一切都是为了繁荣祖国的戏剧运动。有什么错误，也是理论水平所限，但我这一生为祖国戏剧运动没有退缩过。在旧社会复杂环境中就是知道闯，乱闯，在总的方向上我没有妥协过。在广东一段时间，从我的作品中也可以看出，我虽不是马克思主义者，但是向往民主。在广西期间，我所排的戏全是为了抗战的目的，写的戏也是为了宣传抗日救国。解放以来，在戏剧理论工作方面有很大的进步，但原来底子差，学习不够。对中国共产党的路线、政策，作为一个共产党员，我是诚心诚意的学习过了。我惭愧以前学习得少，认识不清，可是我努了力。"予倩同志一向谦虚克己，他对戏剧艺术的贡献是巨大的。他是中国新兴话剧的启蒙者、奠基者和先行者之一。他是著名的京剧表演艺术家，勤学苦练，广征博采，精心继承，创造性地革新和发展了中国传统戏曲艺术，树立了自己独特的艺术风格。在导演艺术方面，他有卓越的成就，曾用各种手法导演过各种不同类型的话剧和戏曲；他对于斯坦尼斯拉夫斯基演剧体系是国内研究有素的一位学者，又精通中国传统戏曲表演方法，对话剧、戏曲表演艺术有精湛的研究，数十年的戏剧活动，正好在传统的戏曲艺术和话剧艺术中间架起了一座桥梁。中国的戏剧艺术教育是非常年青的，而予倩同志在党的教育为无产阶级政治服务，教育与生产劳动相结合的方针指导下，教学思想更臻于完善，为当代的无产阶级戏剧艺术教育事业提供了比较系统的经验；对中国年青的电影艺术，他也付出了艰辛的劳动。他遗留下来的戏曲、话剧创作集，艺术论文集，唐代舞蹈史纲等遗著，是他总结了毕生从事艺术的实践经验，有精辟独到的见解。他真不愧为一代的戏剧艺术大师，对当代的戏剧艺术起了巨大而深远的作用。但他总是那么虚怀若谷，正如中国古语所说："先生之风，山高水长！"他是多么可亲可敬的一位忠厚的长者，我们怎么能够忘记他，他会永远活在我们的心中。

予倩同志出身于官宦世家，经历中国旧民主主义、新民主主义革命，社会主义革命和建设三个阶段，终于从封建家庭的叛逆，民主主义革命的激进分子，中国共产党的同情者、积极拥护者，最后彻底成了一个毫无愧色的共产主义者。对革命对真理的追求，终身努力不懈，终于成了一个彻底的、无产阶级的革命艺术家。我们从他一生的战斗艺术活动中学习到什么呢？

予倩同志战斗的一生中最可宝贵之处，是他那坚持追求真理的精神。小资产阶级知识分子，革命的出路只有一条：坚定地跟着工人阶级，跟着党走，痛下决心，改变阶级立场，投身到无产阶级的队伍中来。而予倩同志在漫长的奋斗过程中，走过了复杂曲折的道路，终于参加了共产党，投身到无产阶级革命事业中来，做彻底革命的艺术家。予倩同志成为马克思主义者、共产党员以后，思想觉悟提高了，痛斥个人奋斗、小资产阶级知识分子在阶级斗争中的软弱性和缺乏同敌人作冲锋陷阵、殊死斗争的精神，痛切感到改变阶级立场的重要，这一思想发展过程值得我们引以为教训。

予倩同志奋斗的一生中，从不懈怠，入党以后，更顽强地学习马克思列宁主义和毛泽东著作，从思想上来武装自己，改造自己的人生观、世界观、艺术观。可见要作一个彻底的无产阶级革命战士，必须努力完成自己彻底改造的责任，同时也有磨炼自己犀利的艺术武器、充实自己的责任，还必须同国内外一切反动势力，划清敌我界限，奋斗到底，完成自己的国际主义的义务。

从予倩同志战斗的一生中，可以看出中国的革命戏剧运动，必将随着中国社会主义革命和建设的发展而日趋于繁荣、兴盛，革命的戏剧艺术一定象我们祖国的未来那样光辉灿烂。我们必须负起世界革命戏剧运动应有的国际义务。为了纪念这位革命的戏剧艺术大师，应该认清我们责任重大，唯有学习、学习、再学习，努力、努力、再努力，才能作一个永不褪色的革命文艺战士。

1963年8月24日于北戴河

（原载1963年10月20日《戏剧报》第10期。本文是作者在首都戏剧界纪念欧阳予倩逝世一周年会上的报告，《戏剧报》发表时曾作了删节）

悼念欧阳予倩同志

瞿白音

我国革命艺术家、戏剧教育家欧阳予倩同志因患严重的心脏病，于今年9月21日逝世了。这是我国文艺界的一个重大损失。予倩同志不仅是我国戏剧运动的拓荒人，同时也是我国电影工作的先驱者之一。对于他的逝世，电影工作者怀着沉痛的心情同声悼惜。

予倩同志一生中，有三个时期从事电影工作，那是1926、1934—1938和1948年。在这断断续续的三段时期中，他曾经担任过演员、编剧和导演。他编写和导编的剧本与影片，共有13部，其中《天涯歌女》、《新桃花扇》、《小玲子》、《木兰从军》和《关不住的春光》等影片，都受到观众的欢迎和喜爱。

予倩同志是我国民主革命时期的新文化启蒙运动者之一。他从来就是把戏剧、电影作为改革社会、教育人民的工具的。虽然，由于思想认识的局限，他早期的电影创作，如他自己所说的“艺术思想是很混乱的”，但作品的内容却具有较明显的社会意义，表现了某一历史时期的某些民主革命思想和愿望。象《玉洁冰清》的反对唯利是图的市侩，《三年以后》的反对封建家庭生活，《天涯歌女》的反对军阀践踏人民等等。和当时某些脱离现实、思想庸俗、趣味低劣的影片相比，予倩同志的早期作品就具有较为清新的面貌，在一定程度上起了社会教育作用。

1932年“一·二八”淞沪抗战直至“八·一三”抗日战争全面展开，予倩同志以强烈的民族感情，积极从事电影创作。他的《新桃花扇》和《木兰从军》等影片，表现了反对异族侵略、奋起救国的主题。解放战争期间，予倩同志编写的《关不住的春光》和导演的《恋爱之道》两部影片，对国民党反动政府和买办资产阶级分子的腐朽堕落、残害人民、迫害进步事业的可耻行为，表现了强烈的憎恨。

综观予倩同志的电影创作发展的道路是有迹可寻的。他的艺术思想有从混乱到明确的过程，但他的把电影作为教育工具的主张，却是一贯的。而且，予倩同志所编写或导演的13部影片，除了《木兰从军》是运用传统故事编写的以外，其余都是取材于现实生活的。这是予倩同志电影创作上的一个特点。这对于我们当前的创作要求是有借鉴作用的。

还值得一提的，是在予倩同志的电影创作中，有他一生中最后写成而没有得到拍摄的《芳草啼鹃》和他在70高龄时写出初稿尚未修改定稿的《矿工的女儿》。《芳草啼鹃》是1948年他在香港永华影业公司任编剧时写的，内容写几个女青年从城市转到农村，进行组织群众、宣传抗敌救亡的工作，遭遇到许多艰难困苦的故事。剧本的现实性很强，可惜竟被公司的有关部门所否定，而没有能拍成影片。这件事发生在资本主义电影企业中，自然不是罕见的，但在予倩同志的心中，却一直引为恨事。《矿工的女儿》是在1958年大跃进中写的，内容写戏曲界的反右派斗争。他们保卫社会主义、保卫党的领导的饱满政治热情，揭露了戏曲界右派分子的可耻面貌，表现了正直艺人的政治觉悟、反右斗争的伟大胜利。可惜在他逝世以前没有能修改定稿。

我清楚地记得，1948年予倩同志在香港拍摄《恋爱之道》等影片时，经常谈起对我国未来电影工作的展望。他曾兴奋地设想到电影事业掌握在人民手里的时候，将会如何更好地发挥教育人民的强大作用，也预见到在党的正确领导下，我国电影事业将在世界影坛上放出异彩，将会有更多优秀的影片产生，电影观众将会千百倍于往昔。这一切设想和预见，充分表露了他对人民电影事业的向往和热爱。解放以后，予倩同志忙于戏剧教育，忙于著述，忙于国际文化交流和其他工作，没有能继续为人民电影进行创作。但他对电影事业仍然是非常关心的，经常谈起电影工作的重要性，勉励电影工作者努力钻研，好好地工作。他看过了某一优秀的影片之后，马上给作者写一封热情洋溢、慰勉有加的信。如果欧阳予倩同志百年长寿，以他对人民电影事业的热爱和关怀，必然会以他的余力对人民电影事业作出贡献的。然而，他和我们永别了！

予倩同志！安息吧。你对人民电影事业的设想和预见，今天已经完全成为事实了。为了更好地发挥电影的作用，我们一定努力提高作品的思想和艺术质量，在党的文艺方向和百花齐放、百家争鸣方针的指导下，创作出更多的、为人民所喜爱的、无愧于这个时代的作品。

（原载1962年10月26日《大众电影》第10期）

他为中国戏剧运动奋斗了一生

田　汉

一

请允许我谈一些和欧阳予倩同志个人的接触，我是从这些接触逐渐加深对他的人和艺术的认识的。

予倩同志1904年到日本东京读书，从中学读到大学，1907年参加了李哀、曾孝谷们发起的“春柳社”，演出了《黑奴吁天录》、《热血》，1910年扶他父亲的丧回国，一直住在广西桂林他祖父中鹄先生的任所，1911年秋正当辛亥革命前夜，他祖父去世，他才从广西回到湖南。这时期湖南革命后局面扰攘不宁，封建官僚勾结军阀在长沙举行政变，杀了都督焦达峰、陈作新。焦达峰是予倩的老友，予倩只得避地浏阳。随即回到上海，参加了陆镜若组织的新剧同志会，演出《家庭恩怨记》等。直到1912年冬天，予倩一面演新剧，一面学习旧戏。到1913年予倩又回到长沙，起先参加了一个戏剧组织叫社会教育团，演出《家庭恩怨记》很是成功。后来独立组织文社剧团，演出《热血》、《不如归》、《猛回头》、《运动力》、《社会钟》和红楼戏《鸳鸯剑》等，在长沙起了很大的影响，给湖南播下了新剧的种子。

我是10岁进城到选升高小读书的，辛亥革命长沙反正的时候我刚由修业中学转入长沙师范，在庆祝革命成功的大示威的晚上在都督府看见过那位革命家焦达峰。北洋军阀大举南下，汉阳危急的时候，在他的号召下，我还当过几个月的学生军。后来还在城东亲眼见到焦都督被害后的血淋淋的头，使人无限悲愤。予倩他们在长沙搞新剧活动的时候，我还是一个十四五岁的穷师范学生，我只经过左文襄祠门口，看到文社演剧的广告，也看到那位日本布景师在制作景片，心里十分羡慕，但没钱，看不起戏。所以予倩在《自我演戏以来》的文社条说："田汉那时来看过戏"，这只有一半对。我看过他们戏的布景制作，却不曾看过戏。我那真是"过屠门而大嚼"，虽则没有看到他们的戏，却引起对新戏剧事业的无限向往。我当时不认识予倩，但对予倩不慕荣利，不去考"洋进士"却毅然投身戏剧事业是非常钦佩的。他是世家子弟，留日学生，竟把戏剧当作光荣职业，在当时那样的半封建社会是要经过很多斗争、忍受很多委屈的。事实也正是这样。

文社运动最初很得到长沙一些革命党人和开明绅士的支持，后来袁世凯的爪牙汤芗铭来了，一些支持文社的人有的被杀，有的被押，剧团也作为"革命机关"被封闭了。予倩和他的同志们只好又回到上海。

对于文社剧团在长沙的厄运，予倩只是慨叹于谭组安的被迫下台，却没有从焦达峰的被害，谭的上台和汤贼芗铭的入湘找出因果关系。谭延闿初则假借民意杀害革命党人，攘夺政权，后来又不敢出兵抵抗北洋军阀，把湖南卖给了汤屠夫。这其间隐藏着很大的政治阴谋，我们这些使酒纵马、豪气凌云、疾恶如仇、高喊"炸弹炸弹"的艺术青年们对此没有能作细致的观察，因而较难得到深刻的经验教训是很自然的。

当然，予倩对革命初期湖南的一些腐化堕落的情况是十分深恶痛绝的。他说：

> 使我最难过的，就是辛亥反正以后，许多穷朋友都忽然讨了姨太太，住了大房子；我有些同学当了官，让护兵叫他们大人，纵情嫖赌，不干正事。
>
> 恰巧湖南省议会正在选举议员，许多人花钱运动，真是花团锦簇，热闹异常。城门口挂起八九丈长的白布，上写着某党招待处；街上车马络绎，家家栈房都是住得满满的。招待员四处拉客，请洗澡，请吃饭，请花酒，请打牌……好忙的银钱号！好多的轿子！
>
> （见《自我演戏以来》第37页）

予倩曾用这些叫人心痛的材料做背景，编成了一个五幕剧叫《运动力》，对于当时那些活动人物尽情讽刺，戏的结尾是由于这位绅士贿选议员，迫使佃户加租，于是农民激愤起来把这绅士的房子烧了，重新举出纯洁的代表厉行村自治。

这个戏现在已经没有存稿了，但予倩对我兴奋地谈过几次。由于他所根据的材料是当时真实的情形，他又有一股革命热情，对这一痛心的现象不肯轻轻放过，所以有一些现实的描写，社会效果也不错。据说人们看过戏都说“该骂的！”“骂得好！”只是湖南绅士们对戏的结尾有意见，说那“有社会主义的嫌疑”。予倩说他那时“还不知道社会主义是什么东西”。当时湖南农民烧地主的房子的事是有的，他把这和贿选加租联系起来，增加了剧的戏剧性。至于重新举出纯洁代表来厉行村自治，却只是小资产阶级改良主义的幻想，所谓“村自治”显然还受了日本某些新村运动者的影响，那不是什么社会主义的东西。但这个戏又的确反映了辛亥革命后的社会风气，接触了当时的政治问题。予倩在《回忆春柳》里说：“春柳的戏反映时事不多。可以说都是传奇味道的，故事完整，情节曲折。”就算《运动力》反映了时事，替春柳剧运开拓了一个新的方面。但因文社在湖南受了挫折，他们回到上海就一直没有演过直接反映政治问题的戏。有也不过是一些消极的抒发忧愤的东西，未能通过生动有力的形式对当时从人民中涌现出来的民族思想、爱国主义，进行有力的宣传。予倩后来很深刻恰当地对春柳运动作了自我批评：

> 我们当时艺术热情有余，政治热情还是不够，作为一个走在前面的、想开辟道路的艺术团体这是个大缺点。（见《自我演戏以来》第186页）

> 我们只是想演正式的悲剧，正式的喜剧。依镜若的想法，把团体巩固起来，介绍一些世界名作，这不但在那个时候行不通，后来也一直没有行通。中国的话剧是按照另一条道路发展的。那就是利用新的戏剧艺术形式，结合中国社会发展的丰富内容，继承中国戏剧的优秀传统，因时因地，用各种不同的、生动活泼的斗

争方式推进运动，建立为中国广大群众所喜闻乐见的、为人民服务的话剧艺术。五十年来的经验证明了这一点，我们那时候不懂，也不可能懂。（见《自我演戏以来》第184页）

二

我真正认识予倩是在上海，是他还当着京剧职业演员，但已经有些厌倦，要回到新剧活动的时候。

予倩从长沙回到上海之后，参加新剧同志会、上海春柳社、民鸣社、笑舞台等当新剧演员，也参加过第一台演京剧。1919年应张季直之聘到当时所谓"模范县"的南通，主持南通伶工学校，同时在更俗剧场演出。他原想竭尽忠智培养一批具有旧戏技巧和新文艺知识的戏曲接班人，但因遭受多方掣肘，他从汉口回南通局面已经大变。他只好放弃坚持了三年的戏剧改革和演员培养事业回到上海。为了维持生活他依旧搭班演出。

还在1918年到南通以前，予倩曾在《讼报》上发表《予之戏剧改良观》。这《讼报》可能是在上海的日本人办的华文报纸。予倩在文章开始，说他"歌场汩没，于今数年，随俗浮沉，无所表示"，他的感情是非常低沉的。由于他对戏剧有自己的理想，而当时"上海的所有戏馆都控制在流氓手里，要搭班子就不免要演些无聊的戏，还要怄些莫明其妙的气。新剧落到不可救药，京戏也走了魔道，我仅仅是靠搭班维持生活，越来越感到空虚"。再加受了五四运动中全盘西化，极度贬低传统戏曲的影响，他也"以否定的看法批评了京剧"，如说："试问今日中国之戏剧在世界艺术界当占何等位置乎？吾敢言中国无戏剧，故不得其位置也。何以言之？旧戏者一种之技艺，昆戏者曲也；新剧萌芽初出，即遭蹂躏，目下已如枯草败叶，不堪过问。舍是更何戏剧之可言！？"

形成予倩对中国戏剧这种虚无主义的看法，一方面由于长期职业演员生活的空虚感，一方面也由于前面说的对中国戏剧发展道路还缺乏明确的认识。他当时提出的改革中国戏剧的主张分为两方面。一方面是文字方面的，他以为，（一）应当用浅显易懂的白话写出具有优美思想的剧本；（二）剧评应当根据剧本的内容和表演技术诱导演员断弃其顽梗主张，趋重于人情事理；必须有精确的剧论，分析名剧本，研究舞台艺术，淘汰不近人情和无价值的戏，扶翼真戏剧的诞生。另一方面，是养成演剧人才。他主张用四五年功夫办一个"俳优养成所"，募集十三四岁的学童，除授以戏剧知识和基本技艺之外，还让他具备应有的文艺常识以及了解世界之变迁。因为他深信四五年后的中国剧场"决非腐败之俳优所得而左右"。

予倩否定中国有戏剧和有戏剧文学，当然是近于偏激，而他的戏剧改革主张就在今天也还是正确的。他在南通3年办伶工学校，办更俗剧场，应该是这种改革主张的初步实践。在当时那样的社会，他的主张会碰到困难是必然的，但他认清了中国戏剧已经到了必须改革的阶段，所以当他回到上海遇到许多能够和他一道战斗的朋友，那种高兴是可以想象的。

予倩从南通回沪后，一度到杭州和南京搭过临时班。从南京回来就由汪仲贤（优游）的介绍，认识了应云卫等戏剧协社的一班朋友，后来他就参加了这个团体。1921年我由东京回来，在中华书局工作，住在民厚北里，由梁绍文兄的介绍，予倩和我也认识了。恰好此时洪深兄由美归国，在笑舞台演出他形式上受奥尼尔的影响但主题是攻击中国军阀混战的《赵阎王》，予倩去看了戏，在后台认识了洪深，不久便介绍了他加入戏剧协社，洪深替他们导演了王尔德的《少奶奶的扇子》，很轰动，这之后"上海才有正式男女合演的话剧"。

我和予倩一相识就成了好朋友，1923年秋到1924年秋整整一年间，予倩重进了新舞台。汪优游也在这里，他在新舞台演出肖伯纳的《华伦夫人的职业》遭到很大失败，但也表现了他的很高勇气。我还看过这位早期戏剧战士的一些小型的表演。在新舞台我也看过予倩的戏，他们好象是在演《徽钦二帝》，予倩和赵君玉各扮一个妃子，予倩曾穿着戏装领我到后台的各部，甚至地下室（新舞台是有转台的）参观。新舞台在南市九亩地，1924年冬受齐（燮元）卢（永祥）战争的影响，剧团亏损到无法维持，予倩只好冒着黄浦江的夜寒登上一只小轮船到大连去。这晚我曾去送行，在舱口对着江上闪闪烁烁的水光谈起许多事，他虽则游兴正浓，豪情犹昔，但这时已在岁暮，他母亲和韵嫂都有病，而他不能不远去东北搭班，想到艺人的行路难，我免不了一抹悠凉之感。

随着交往的频繁，我们跟予倩谈得较深。读予倩的自传有这样一段话：

> 北伐时期，有些朋友在争论共产主义和无政府主义的得失。我渐渐知道所谓“阶级意识”。第一次为我阐明阶级斗争的是田汉。在此以前我曾根据唯心的心理学说分析人物。自从接触了阶级斗争的学说，我的眼睛似乎亮了很多，我也学着用阶级的观点分析社会。

我不记得我是在什么时候和予倩谈及阶级斗争的问题的。但决不是在北伐时期，可能是在三十年代初期我受了党的教育以后。在北伐时期我虽也有些朦胧的社会思想，但基本上还是很糊涂的，甚至对当时的大是大非，如宁汉分裂问题也没有闹清楚。因为南国社拍《到民间去》电影遇到困难，一旦得到陈铭枢的邀约，就和一些朋友到南京去了，看不清蒋介石政权的反动本质，做上了他的政治部的艺术顾问，终于把予倩也拉到南京搞国民剧场！

予倩在《自我演戏以来》中对南京国民剧场时代的一段注解很足以代表我们大部分人那时的想法：

> 当北伐军节节胜利直达武汉，赶走吴佩孚收回英租界，我和大家一样，异常兴奋，感觉国事向好的方面有了新的转变。当时我对宁汉分裂究竟是怎么回事并不清楚。由于阶级意识模糊，不能从政治方面考虑问题，以为只是派系之争。当时南京是怎样一个局面，我没有详细了解……。
>
> ……例如我想成立一个演剧宣传队，说是宣传革命，究竟宣传什么革命，为谁作宣传，并没有明确的纲领。……

所幸南京那个局面由于孙传芳威胁着要过江，蒋介石下野，很快就结束了。予倩辛苦经营了一个月的国民剧场只演了三天戏，挨了一个炸弹，死了三个人就给解散了，在南京演出的戏也还没有一个为反动政权宣传的戏。同时我们都受了一次深刻的反面教育，正如予倩说的："有一个好处，就是我看出了蒋介石一伙和其他的军阀没有两样！"

我们在创作上也还有些微小的收获。我回上海就写了一个独幕剧叫《江村小景》，写龙潭附近江边一民家，参加孙传芳队伍的大儿子回来，因把自己的妹妹当花姑娘调戏而与他兄弟相杀的故事。予倩为国民剧场突击了一个京剧《荆轲》。写荆轲刺秦王，为天下除暴，虽说这秦王应该是隐射当时的北洋军阀，但也可以指蒋介石这个暴君，这也可能是开演第三天何以就挨炸弹的缘故。

三

同予倩在艺术上合作较多的是1927年冬他参加南国社以后。当我们办的艺术大学需要一些经济支持扩大影响的时候，我们举办了一个"鱼龙会"，就在学校大厅里搭起舞台，举行为期一周的话剧和戏曲的演出。为了支持我们的事业，予倩和周信芳、高百岁、周五宝和唐槐秋、唐叔明诸位合演了一出《潘金莲》。这据予倩说是他自编自演的最后一个戏。也是和信芳、百岁同台合演的最后一个戏。其中演何九叔的是唐槐秋，演郓哥的是唐叔明，可以说是京剧演员和话剧演员合作得很好的一个戏。由于把潘金莲作为封建势力下被牺牲者加以同情，又有很好的做唱，影响很大，学的人很多，但这个戏在今天看，是有思想错误的，潘金莲原是值得同情的，但她与恶霸西门庆勾搭，毒死武大就很不好了。予倩曾说他和陆镜若都沾染过当时在日本流行的唯美主义思想。这个戏在潘金莲的唱念中就有一些无原则地崇拜力与美的词句，象最后愿死在自己心爱的人刀下的那些地方更表现了被虐待狂的倾向。在南京写的《荆轲》原作中，那位燕太子丹派去伺候荆轲的玉姬也是愿意趁年轻貌美时死在英雄之手的，而荆轲就当真杀了她，那就不止写被虐待狂也写虐待狂了。予倩在自传中曾诉说他一个时候"艺术思想极为混乱，一方面要求进步，喊着艺术是武器，另一方面艺术至上的思想还在纠缠不清"。可知年轻时所受的思想影响，不下很大努力，是很难摆脱的。

如同予倩支持我们刚开办的艺术大学一样，1929年春南国剧社也应予倩的邀约到广州演出，替广东戏剧研究所"打开场锣鼓"。那次予倩自己也演出了《人面桃花》和昆剧《贞娥刺虎》。好象还是洪深先生扮的一只虎。认真说《刺虎》攻击李自成的农民革命，是不宜演的，因其艺术上有可取之处，予倩还是演了。话剧除《车夫之家》外也演了谷崎润一郎的《空与色》，那时我们显然还有唯美主义的残余。尽管如此，予倩他主要是一位爱国者，是一位民主革命家，是一位进步戏剧运动的积极分子。我感动地读了董锡玖同志记录的予倩在逝世前不久谈的一段话，那是对于他自己的正确评价：

> 我是一个什么人呢？我是一个戏剧运动的积极分子。尽管犯过错误，走过弯路，但我是彻头彻尾的积极分子。我自己肯定我一直为此奋斗了一生。我当过演员，当过导演，写过剧本，搞过研究工作，搞过话剧、歌剧、地方戏，这一切都是为了运动。有错误那是水平所限，但我一生为戏剧运动没有退缩过。过去曾和田汉、洪深同志合作，但有时也不合作。这是在运动中常有的事。在那个环境中就是闯，乱闯，在总的方向上我没有妥协过。在广东一段，从我的作品可以看出来，那时我不是马克思主义者，但是向往民主。在广西我所排的戏完全为了抗战，我自己写的戏，也是为了抗战。

实际上也不止在广西、广东如此，他解放前的大部分作品都是直接间接地与民主、抗战有关的主题。予倩也说过，他从编《潘金莲》起，创作思想有所转变，写出了一些暴露国民党反动统治的短剧(见予倩《我自排自演的京戏》)。如1929年写的《屏风后》、《买卖》、《车夫之家》，1931年的《小英姑娘》、《李团长之死》，1932年的《同住三家人》、《不要忘了》以及1937年的《青纱帐里》，1939年的《我无损失》、《越打越肥》等。从《屏风后》到《同住三家人》都是予倩在广东戏剧研究所时代写的。据说《屏风后》里写的那位满嘴仁义道德的老绅士确有其人，当时广州也确有所谓"道德维持会"一类的组织。《买卖》里则刻画那些向外国买军火、扣佣金、做尽一切丑事的党国要人们。1929年予倩到广州看到许多阔人盖洋楼、逼着穷人搬家，使他写了《车夫之家》。陈铭枢、李济琛下台后，1932年换上陈济棠当省主席，汪精卫也到了广州，他们号召反蒋抗日，却让警察开枪屠杀检查日货的群众，又同奸商勾结，巧立“中央纸”、“原新”、“拣新”、“旧毫”等名目，随时贬低兑价剥削人民，使薪水阶层和升斗小民无法生活，这使他写了《同住三家人》。予倩这一现实主义的创作态度也保证了他政治上的进步。那时汪精卫写了很客气的信约他谈话，汪以反蒋抗日为名拉他反共卖国。予倩用鄙弃的沉默回答了他。1931年10月他断然离开广州，经香港回沪。这时艺术剧社、南国社已先后被国民党反动派解散了，我们虽转入地下，但很高兴地欢迎他回到我们中间来。不久我们同在炮火中迎接“一·二八”淞沪抗战！

在广州写《李团长之死》的时候，予倩承认他当时对马占山之流还存在一定的幻想，但在“一·二八”事变中，他看透了蒋介石热心反共无心抗日的真面目，以及豪绅地主的堕落，一部分知识分子的软弱，使他深刻认识到只有在党的领导下的工人农民才能救中国。为此，他写19景的《不要忘了》，发挥了他的这种思想，正因为有了这种思想，当1933年10月他从欧洲回来参加福建“人民政府”的时候，他才不同意李任潮、陈铭枢的做法，建议既要积极反蒋抗日，就该把19路军全部加入中共，走中间路线必无是处。他的这一建议当然没有被采纳，而福建“人民政府”和19路军的结果是大家都知道的。

四

“八·一三”抗战爆发，我和翰笙先后突破南京的软禁，回到了上海，参加了上海文化界救亡协会的活动，恰好郭老回国了。夏衍同志也在上海，我们常常同去战地慰问抗战部队。这时予倩和信芳同志等也在上海，我们在卡尔登戏院召集戏剧界同志，组成了上海戏剧界救亡协会，并分京剧和话剧两部分。后来上海局面紧张起来了，我们组织了十几个上海戏剧界救亡宣传队，分路出发内地进行抗战宣传。信芳和予倩也分别组织了剧团在孤岛坚持救亡活动。

予倩组织的叫中华京剧团。第一个戏演的是《梁红玉》。当上海南市沦陷，我辞了予倩和同志们、朋友们由金家码头上船到内地去的时候，正是《梁红玉》演出的首夜。我多么想看看这个戏啊！但是我不能。只是后来我们的平剧抗敌宣传队在湘桂一带却演出这个戏很多次。这是一个在抗战期间很有教育意义的戏。

其后中华京剧团又演出了从《打渔杀家》改编的《渔夫恨》，以及歌颂秦淮河歌女、乐工们的民族气节、讽刺知识分子的软弱动摇甚至两面三刀卖国求荣、攻击勇于内战暗中勾结敌人的反动派的《桃花扇》。这些刺入敌人心脏的文艺尖刀不能不招致敌寇的注意和汉奸的迫害，结果，予倩只好离开战斗着的孤岛，辗转来到他旧游的桂林。

予倩到桂林是应他的留日同学马君武博士之招，目的是要他帮助改进桂戏。但他到了桂林之后，马的意见却跟予倩的不一致，也不喜欢他的《桃花扇》，因此予倩替桂剧团排了一出《梁红玉》就走了。但《梁红玉》演出后很卖座，剧团获利甚丰，他们又想起了予倩。第二次由马君武和白经天出面，又把予倩从香港接回桂林，不止把桂剧团全部交给他，还让他管广西省立艺术馆。他这次在桂林住得最久，从1939年初冬一直到1944年桂林沦陷。我跟予倩的关系也是以桂林时代最深。我自己也是两入桂林。第一次是军委会政治部三厅由武汉经长沙撤退到桂林的那次。这次没有遇到予倩，却遇到马君武先生，是他邀我看了小金凤（尹羲）的《桃花扇》。我当时写了一首小诗：“无限缠绵断客肠，桂林春雨似潇湘。善歌长羡刘三妹，端合新声唱李香。”

看起来马先生对予倩的《桃花扇》还是有一定的喜爱的。

由于政治部三厅原有人员改成了以郭老为主任委员的文化工作委员会，我奉恩来同志命去到重庆，参加了文委会工作。皖南事变爆发，国共关系十分紧张。为了保存党的文化力量，恩来同志对许多同志做了安排，命我由六战区经湘粤相机避地南洋。我到了湖南正逢日寇入侵长沙，南岳有陷入敌后的可能，我们由衡山扶老母的车子走到衡阳，挤上湘桂客车又到了桂林，这次才遇到了予倩夫妇。我们也在桂林住了4年，一直到这西南文化城沦陷的前夜才离开。正如予倩在他逝世前说的，他和我与洪深合作，但有时也不合作。回溯一下予倩和我的关系，完全不合作的时候是没有的，但我们之间有争论，这种争论有时甚至是很激烈的。他到过英法，两入苏联，而且参加了第一届苏联戏剧节。很容易用欧洲和平时期的技术水平来要求我们的抗战戏剧，革命戏剧。他常常批评话剧演员不会说话，这话击中了要害。为着提高我们话剧的艺术水平，完全应该加强演员们在语言方面的基本训练。但把技术问题绝对化了。对儿童力量的过早运用也是如此。儿童完全应该让他们多学习，但在民族危机深重的时候组织起来让他们也参加抗战宣传工作，并让他们在工作中学习，这也是不得已的。有时候也证明组织起来在革命工作中受锻炼的小朋友比让他们流离转徙、单纯个人挣扎要好得多。在这个问题上予倩也有过不同意见。有不同意见是完全应该的，在今天大家一定都同意他的主张，但在当时也不妨更多尊重孩子们的积极性。

特别是在艺术思想上，许多戏剧工作者是因要革命、要抗战而搞上戏剧的，换句话说，多半是“半路出家”的，很少是戏剧学校出身的，过度强调正规训练不能不引起一些矛盾。桂林那时有三种话剧力量，一是以予倩为中心的艺术馆话剧团；一是广西学生军后身的国防剧社，焦菊隐先生和熊佛老先后参加过这个剧社；另一是军委政治部抗敌演剧队系统的新中国剧社，主要负责人是瞿白音、严恭、杜宣、汪巩、石联星等，刁光覃、朱琳夫妇是这个剧社的主要演员。这个剧社跟我关系较深。我们从来不是轻视技巧的，但我们更多地看重政治任务所在，我们不惜日以继夜地把戏剧突击出来，因此我们被称为“突击派”，而予倩的艺术馆代表着所谓“磨光派”。谁不愿把自己的艺术磨得更光呢？但我们不主张为磨光而磨光。我们是主张在突击中磨光的。那时艺术馆与国防剧社有经费，有宿舍，有剧场，一切是比较稳定的，只有新中国剧社真是个“穷棒子社”，好容易找到一个宿舍，但经常得为剧场和演出费发愁，有时还得等借得钱来买油盐柴米。这样困难的剧团要在桂林站住脚，就得靠群众的支持，我们若是单只有标语口号而没有技术，是不会得到群众支持的。我们和予倩虽则在当时桂林一家三教咖啡厅楼上为艺术问题常常争得面红耳赤，但我们的观点显然慢慢地接近了，我们的矛盾很自然地解决了。

这有几个原因：第一，日寇入侵湘北之后，步步深入西南，有良心的文化人都在党的团结救国的号召下一致为保卫大西南而战；第二，太平洋战争之后在香港的左翼文化人大批进入桂林，使桂林文化界进步空气十分浓厚；第三，予倩对国民党官僚军阀的不顾民族危亡，民生疾苦，倒行逆施，只顾发国难财，十分痛恨。1939年写了《越打越肥》，其后他写了四五个这样的短剧，连历史剧《忠王李秀成》也包含对当时发国难财的军阀们深刻的讽刺。这一种革命的倾向使予倩更靠近党，更追求党，在艺术思想上也因旺盛的革命感情使他抛弃过去较为繁琐的艺术要求，而追求给当时不良现象以及时的揭露，他们也写得快，演得快。这样"磨光"和"突击"就更加接近了。

越到后来我们就合作得越好。

我们为了由香港入桂的左翼文化人同去找过李任潮，那时李还是桂林行营主任。我们请李运用他的力量保证桂林文化人的安全，李叫我们放心，说他"决不用这些文化人的血来染红自己的顶子"。而他也这样做了。

我们以广西艺术馆为中心，举行过一次西南大剧展，吸引了7个省的几十个剧团，参加的人员近1000人。为期1个月，演出了几十个进步的戏。而《蓝蝴蝶》、《野玫瑰》一类坏戏一个也没有让它露面，表示了党领导下的进步戏剧的方向。通过资料展览交流了各进步剧团的经验，纪念了在战斗中的牺牲者，鼓舞了戏剧工作者的战斗意志和积极性、创造性。

我们举行了保卫大西南的募捐大游行。这样我们组织了桂林文化界抗敌协会和抗敌工作队，在日寇攻下衡阳后，我们由兴安、全州直到洪桥劳军，对鼓动广大军民保卫家乡起了一定作用。同时予倩与艺术馆一部分人退到昭平，和陈劭先、胡仲持同志等办《广西日报·昭平版》，也一部分用的是募捐得来的经费。

予倩夫妇在昭平、黄姚一带山区和反动派的迫害苦斗了整整一年。日寇投降后他回到桂林，从瓦砾堆中又把艺术馆重建起来，但因他们开的画展有几幅讽刺了法西斯，又因他反美，在讲话时批评了胡佛，他受了黄旭初的责难，甚至要鼓动士兵流氓来打他，这样他只好又离开那多难的桂林了。予倩73岁生辰我的赠诗中有一首是写他和广西的关系的："桂林一炬又千笳，兄向昭平我向巴。难得烽烟携老伴，惯挥箭鼓走天涯。楼台劫后重安柱，树木春来又发芽。再度功成挥手去，不除美蒋不为家。”

五

1949年春天，予倩以及许多老朋友和我们重聚于人民首都北京，这真是叫人无限欢欣鼓舞的事。我们一起参加了人民政协；一起看到天安门上升起光华灿烂的五星红旗；一起参与了建国之初一些规划工作，感到我们真是对人民祖国的创建起了螺丝钉的作用。我们半生以来痦寐以求发展祖国戏剧事业现在以国家规模逐步在实现了。在南通、在广州、在桂林，予倩惨淡经营而成果有限的戏剧教育事业，于今作为党和国家的文化教育的一个组成部分在大力进行了，而党把这一部分的责任交给了予倩。

起先，予倩靠近党、追求党、知道党的光荣伟大，但对党的认识究竟不太真切。他感到自己是一个典型的小资产阶级知识分子，虽则同情无产阶级和广大被压迫群众，为反帝反封建而斗争，但每每表现得较为软弱，没有冲锋陷阵作殊死战的决心。他对自己小资产阶级立场失望，却不知道经过学习和思想改造，自己的立场成分是可以转变的。予倩说他在香港的时候读到一些知识分子改造的文件对此才有了初步认识，到北京以后经过几年的学习，参加过几次运动，对党了解得更多，对自己也要求得更严。他60多了，毅然要求加入党的战斗行列。1955年12月他对党的这封信写得多么挚切而勇敢啊！

> 我前半生算是糊里糊涂过了。45岁以后多少有些进步。只有最近的6年才觉得活得真有意义。尽管我已经60多岁，还患着难治的关节炎症，但我有信心愉快地活下去。我深深地感觉到中国共产党是最伟大、最光荣、最正确、最可爱的党。只有依靠党才有真正的生命，依靠党才能对事业有信心，有勇气，有成就，对祖国有所贡献。从我40余年的经验，证明个人奋斗是有很大局限的，参加党的组织便可使渺小之躯，发挥无限的力量！

上面的分析，我试图从我个人和他接触的几个重要阶段，展示予倩思想发展的径路。

予倩从一个旧民主主义者成为新民主主义革命家，终而成为一个马克思主义者，成为党的战士。这是他思想发展的必然。而当他从个人奋斗参加到党的战斗集体之后，他的文艺论著和创作的确换了一个面目，焕发出新的光辉！读过他解放后的戏剧论文集《一得余抄》的，谁没有这个感觉呢？由于行政工作忙，予倩很少搞创作的时间，但他一部《黑奴恨》就显示了很高的艺术成就。这部剧作在当前黑人争取人权、反对种族歧视的斗争中起过和将继续起巨大的鼓动作用。这原是为了纪念半世纪前中国话剧最初一次演出而企图做的恢复工作。但因时代不同、要求不同、作者认识不同，结果成了一个新的创作。剧本的主题思想和表现方法不止远远超过了原作者斯托夫人那种基督教人道主义，也比曾孝谷强调民族自觉，以斗争胜利结束的《黑奴吁天录》思想更进步，主题更鲜明，人物性格更生动准确。予倩是以"对被压迫者深切的同情，对殖民主义者极端的愤慨"来写这个戏的。他把汤姆刻画成忠实诚恳，宁愿牺牲自己成全别人的好人，可是他的强烈的正义感和大无畏精神使他在任何威胁下不肯变节，他认识到血债必须血还，总有一天在地上要跟美国大老板们算清这笔血债！他也把哲而治刻画成一个在痛苦锻炼中养成了革命思想、组织能力和敢于行动的人。他也无情地撕碎了地主解而培和他妻子爱密丽亚以及工厂主威尔逊等的虚伪面目，让那些不可救药的人们去相信美国绅士和贵妇人的好心和眼泪吧！

予倩在入党之初曾有一个诚恳的愿望，说尽管他有病，但希望党给他更多的培养，使他在组织生活中得到更多鼓励督促，说："好比一架旧机器在先进工人运用之下可以多起些点滴作用。古话说：'一息尚存，此志不容懈'，我自信还有些勇气和不懈之志……"入党以后予倩对工作的负责，对学习的认真都是使人感动的，他的确有无限的勇气和不懈之志。但他对自己的病却估计不足，他以为自己患的只是难治的关节炎而不知是更严重的冠状动脉硬化和心肌梗塞。这样正当党期待予倩用他丰富的生活和学识，用他圆到成熟的笔写出更多好作品、好文章，倾吐他蓄积多年的剧论的时候，竟被夺去梅兰芳同志的同一病魔夺去了他的宝贵生命，这真不止是中国人民、中国戏剧界的重大损失！

予倩和梅兰芳同志一样都对中国戏剧艺术作出了辉煌贡献。但他们都认为自己是“笨人”，而不是欢喜偷巧的所谓“聪明人”。他们的知识技能都是通过一点一滴的“笨工”才掌握到的。他们的政治认识也是如此，当他还没有十分认清一个真理的时候他们是不肯马上折服的，及至认清了，看明白了，他们就如同狮子奋迅地去拥抱这个真理，不肯须臾离开它。

前清末期那位有名的状元张季直在南通建立“梅欧阁”并写了联语和诗来纪念兰芳同志和予倩同志，予倩原是反对这一举的，但也还是当作这位“开明”绅士的好意未加深拒。及至五卅南京路事件爆发，张季直竟在上海报上写文章攻击工人运动和学生运动，——予倩才深深认识到资本家的阶级意识果然压倒了他们应有的民族意识，他才把那位“开明”绅士的真实面目完全看清了。到“一·二八”以后他就看出了只有共产党、只有工农才能救中国。予倩的伟大正是由这样一砖一瓦的积累形成起来的。予倩在《自我演戏以来》的尾章说：

> 我自知不聪明，便万万聪明不得，于是主张说笨话、干笨事、做笨工夫……

予倩的最聪明之处，最值得学习之处，也正在他肯说笨话、干笨事、做笨工夫。予倩也说自从靠近党以至参加党才使他变得更聪明一些。只有这样的聪明才不是虚浮的聪明，才保证了他的“渺小之躯发挥出无限的力量”。

当予倩卧病阜外医院的时候我也卧病在北京医院。予倩起先听说我也有心脏病嫌疑，说：“还不如咱们住在一块儿哩。”后来大夫证明我不是心脏方面的病，为了安慰予倩，我写了几首诗送给他，但当诗写成正要寄去的时候予倩已经辞世了。我无限沉痛地把那几首诗改名《挂剑吟》，如今就把它移在这里作为我对老友文集的代序吧：

（一）

予倩文章老更成，忆梅无限故人情。雄谈都爱识途马，低唱犹羞出谷莺；着意细探前代宝，虚心博采百花精；大夫倘能更宽大，秋夜联床话到明。

（二）

斯氏精神极谨严，晚年卓见有加添。切磋喜得他山石，消化应如入水盐；正为斗争求改革，不单形式竞新尖。中华自古梨园国，金碗沿门莫太谦。

（三）

新来读破《灰阑记》，布氏聪明信绝伦；养母多情生母狠，醒官昏聩醉官真。才华殆过李从道，胜利都归穷苦人；腐朽神奇随笔转，何当重写《玉堂春》。

（四）

未必梨园即杏坛，形神俱胜本来难，潜移豪竹哀丝里，默化银灯绣幕间；只有郢工能运斧，从来杯水不兴澜；艺高情热思深远，塑出英雄自可观。

（五）

院团改制尚匆匆，岂改延安革命风？耻学贾人追绿背，莫将瓦釜代黄钟！砚秋剧论决心大，梅氏宣言斗志雄；请把盈亏细盘算，人民今更辨青红。

（六）

不薄今人爱古人，古今都有不磨身；古来贤哲宜歌颂，今日英雄更绝伦：继光又比黄忠勇，秋白何如式耜仁！堪笑明明两条腿，走来常是不均匀。

（七）

玉盘无语转银河，如水清辉浸翠柯。西塞秋来山载雪，南疆夜静海扬波；国防此日神威奋，庄稼今年产量多；借问城东贤伉俪，床前明月意如何？

（载1980年《戏剧艺术论丛》第3辑，也即《欧阳予倩文集》卷首的《代序》）

创作自述与戏剧主张

《潘金莲》自序

欧阳予倩

民国十四年，春末夏初，我别了奉天小河沿上挣扎着不肯化的雪，往看北平等着要开的丁香。看花的路上，有朋友买得一部旧版子水浒，无意中提起潘金莲；回来在津浦车中遇见傅彦长先生，彼此谈一些关于历史和小说的话。正谈着马可罗，一扯就又说到潘金莲身上。我当时就想拿潘金莲来作题材，编出独幕剧，及至回家来一想，无论如何，一幕不够；便改变计划，编成三幕。不久我拿杀嫂一幕大致编好，因为种种的打扰，前头几幕，没有动手，可是有两个日本朋友，早已经在报上给我介绍过了。惭愧惭愧，一直到十六年冬天，南国开游艺会，我才匆匆把它编好，试演过一次。有人说这完全是时代促成的作品，似乎不然。田汉先生说，我这本戏是40以后的佳作，又说我好比姜一样，越老越辣；其实我今年才满39岁，还自以为是当龄的青年。至于这篇戏，是36岁起草，38岁才得机会表演的，似乎不好算40以后的佳作，田汉先生真是我的忘年之友！况且这篇戏，也称不得佳作，但是我必定在明年，编篇把较为可看的戏，来应田先生的预言才好。

至于我编这出戏是偶然的，既不是有什么主义，也不是存心替潘金莲翻案。不过一个女子，当了奴婢，既不能拒绝主人的强奸，又不能反抗主人的逼嫁，尽管有姿色有聪明有志气有理性，只好隐藏起来，尽量的让人蹂躏。除掉忍气吞声把青春断送，没有办法。这种境遇，又何以异于活埋？在软弱的女子呢，她只好听天由命；若遇着个性很强象潘金莲一流的人，她必定要想她的出路。潘金莲被张大户强逼收房，她立意不从；那张大户恼羞成怒，故意拿她嫁给丑陋不堪没有出息的武大。她起先还是勉强忍耐，后来见着武松一表人才，她那希望的火，燃烧起来，无论如何，不能扑灭。倘若是她能改嫁武松，或者是能够象现时这样自由离婚，便决没有以后的犯罪。偏偏武松是个旧伦理观念极深的人，硬教武大拿夫权把她闭起来，她又如何肯便甘心？所以她私通西门庆，已经是一种变态的行为。况且旧时的习惯，男人尽管奸女人，姘外妇，妻子丝毫不能过问；女人有奸，丈夫可以任意将妻子杀死，不算犯法。所以潘金莲时时刻刻有被杀的恐怖，结果激而至于杀人。平心而论，我们对于她的犯罪，应加惋惜，而她最后的被杀，更是当然的下场。

我编这出戏，不过拿她犯罪的由来，分析一下，意思浅显极了，真算不了什么艺术，并且丝毫用不着奇怪。男人家每每一步一步的逼着女子犯罪，或是逼着女子堕落，到临了他们非但不负责任，并且从旁边冷嘲热骂，以为得意，何以世人毫不为异？还有许多男子唯恐女子不堕落，唯恐女子不无耻，不然那里显得男子的庄严？更何从得许多玩物来供他们消遣？周公之礼是无上的技巧，女人家几千年来，跳不出这个圈子，我这篇戏曲，实在太多事了！不过我赞成武松，他到底是个汉子，目下虽然是革命成功，看来看去，不知哪里来那么多的张大户？多少伟人都不免崇尚张大户主义！留心世道人心维持风化的先生们，还是同情于张大户吧！

1928年10月5日于上海

（选自1928年10月15日上海新东方书店出版的《潘金莲》）

《清明时节》与《小玲子》

欧阳予倩

××先生：承你问起《小玲子》的编制和《清明时节》导演的情形，照我从来的习惯，我是最不愿意对自己的作品加以解释的；可是对留意我的朋友们，也似不妨略为说一说，希望从朋友们的批评当中得到些益处。

当《小玲子》在公司试映的那晚，恰好陈绵先生在座。他看完了就说："这戏有点象法国北里坳写的《博浪雪》。"我说："不错，当北里坳的时代法国有《博浪雪》，在现代的中国就有《小玲子》。"

博浪雪是一个乡下女孩子跑到都会里，弄得毫无办法，又回到乡下。论这一点情节，《小玲子》也是一样。可是，为什么离开乡村？怎么到都会去的？在都会中的生活怎样？为什么又会回到乡下？怎么回到乡下？回到乡下又怎么样？只要继续地这样一发问，《小玲子》的情节、内容，和表现的手法，对话的运用，从头到尾便完全与《博浪雪》不同了。

当农村一步一步趋于崩溃的今日，农民的彷徨无措，当然不免，而妥协取巧的心理也就相当的在作祟。《小玲子》就是妥协取巧维护私利终归失败的一个小模型。"大家的生活不好，个人的生活好不了。""离开了自己的一群去想做少爷小姐是不行的"。这是小玲子失败后感觉到的教训。可是如何才能使大家的生活都好？这个问题在这个戏里是没有正面接触到。一方面由于客观环境的限制，只把眼前的事实展开在观众面前，希望能引起一种反省；再说，小生才疏学浅，技术不够，写得不充分，也是不能讳言的。

小玲子再回到乡下去种田车水那绝对不是所谓反璞归真，那只是她生活的另一阶段的开始。如果可能的话，我还想写一篇舞台剧本或是电影剧本，描写小玲子回去以后的生活。我们似不妨运用一下特莱契可夫“长期观察的方法”，用同样的人物接连写几篇，这样可以看出人物心理和社会的变迁。作品的题名和形式当然不必一样，并不是说要说第一本第二本。

关于《小玲子》我说了这样多只好收场。其次让我再谈谈《清明时节》。这个戏是姚君莘农的处女作。姚君绝顶聪明，在英文报上写文艺评论早有相当地位，他写电影剧本却还是头一回。我和他是新交，因见其思想清畅，笔调敏活，而他对这一行也很有兴趣，正在不断地研究，因此便怂恿他写剧本。这个戏描写的不过是家庭琐屑，然而在琐屑的敷陈当中鲜明地看得出封建家庭的腐败，与人类自尊心的燃烧，经过颇为尖锐的抗争而问题遂一步一步趋于严重。这是最令人感到兴味之一点。

导演与剧作者，无论中外都往往有不能互相同意的麻烦。所以为导演择称心如意的剧作者，或者为剧作者选一个称心如意的导演颇不容易。这次我和步高兄合作极为愉快，至于导演《清明时节》，能否令姚君满意，在没有正式试片之前还不很知道，尽管他很相信我，因为赶得太紧，来不及和他仔细讨论，而且象步高那样多年摄影场的经验，我是自问不及的。再谈吧，试片的时候，请指教。

欧阳予倩

9月28日

（原载1936年10月10日《电影·戏剧》第1卷第1期）

《青纱帐里》序言

欧阳予倩

当"一·二八"之战，中国军队撤退，淞沪协定成立，我和几个朋友说："倘若我能够看见中国军队再到上海，便死也甘心！"

事隔六年我们的军队居然到了淞沪，与敌人以重创！当战事爆发的那几天，我真是兴奋极了。因为过于兴奋，觉得在这大时代中，个人实在渺小，欣喜、感动、惭愧和在一块，便连执笔写一点小文章都不能集中思力，一天到晚只在奔走些平日不大内行的事。

过了几天，看见市内一切战时组织都逐渐就绪，电影戏剧界的朋友们也渐渐分出些时间来考虑本身的工作。我便也想写几个剧本以应救亡剧团之用。当朋友们聚谈的时候，曾经想起好几个故事，当时和赵慧深女士商量，决定先写这个《青纱帐里》。

这个戏里头所叙述的，全是真事。不过把几件发生在不同的地方的事实拼凑成一个故事罢了。据我所闻，敌人在伪组织区域中施行奴化教育及强迫农民迁徙种种惨酷行径，实在尚不止此！这是一本通俗的宣传戏，也可以说是民族解放运动中的一部分记录。

这种题材属于暴露一方面的还有许多，不妨再写一点，不过在写暴露文字的时候，必定要认定我们抗战必胜的根本立场，指示出光明的前途，不然便易流于感伤，将不利于作战。

其他的题材，范围很广，无论在怎样的艰难困苦之中，我们应当愉快地向前努力工作：积极方面，如赞美战士的英勇，表示民众的沉毅果敢，宣扬民族的美德，最为要紧。我们可以从正面鼓舞民众。消极方面，如对汉奸的诛伐，对于愚蒙者以及醉生梦死之徒的讽刺亦复不可少。又如目前最切要的问题，如难民之需要教育，伤兵之需要安慰，还有许多民众对于抗战的意义殊不明白，有切实说明的必要。种种方面应付起来，便会感到我们才力和时间的不够，而我们所需要的戏剧决不是固定在一个方式里面可以行的。《青纱帐里》不过聊备一格。——近来听说伤兵们不甚能接受话剧。当然他们对于戏剧有传统的见解；不过演宣传戏，因为排练的时间不够，容易看出漏洞，也是不可讳言的弱点：这是值得十分注意的。

《青纱帐里》也是急就章，每天写一幕，三天写成的。写的时候，正在伤风，疲倦得坐都坐不直，完全由赵慧深女士执笔，承她帮了大忙，亟应道谢，等到凯旋的时候再请客吧。

1937.9.26

（原载1937年10月上海大时代出版社发行的《青纱帐里》初版卷首）

《忠王李秀成》弁言

欧阳予倩

一年以前，白健生先生对我提及，要我把太平天国的史迹编成一两出戏。当时我含糊答应，因为生平对于太平天国史料的搜集与整理，没有用过功，迟迟没敢动手。过了两个月，白先生在西安看见上演《李秀成之死》，他又打电报来催我，那个时候，我已经就太平天国简略的史料大体加以估计，觉得不妨尝试，因此就回信给白先生，答应试写《李秀成》；或者《金田起义》。

承许多朋友们介绍给我一些书籍，又把《曾文正公全集》抽了一部对照了一下，才得把材料理出一个头绪，我便决定先写《李秀成》。

近年来，我有一个心愿：我想多写出一些坚强诚实忠义的人物，鼓励气节，为摇动、浮薄、奸滑的分子痛下针砭。不论为男为女，不论身分的尊卑，不论事情的大小，我都要用全力加以描写，《桃花扇》、《木兰从军》和《李秀成》，都是从同一动机出发。在腹稿中的《王翠翘》、《五人义》、《旧家》也不会离开这范围甚远。

李秀成是太平天国史中特出的人物，我在整理材料加以剪裁的时候为他，虽经设身处地着想，到了危难煎迫激昂慷慨的地方；或是顾念大局，委曲求全的情势之下，未尝不热血腾沸，眼泪几乎要夺眶而出。惜我不文，无词以达之罢了。

这个戏十分之九根据史实，不过戏到底是戏，不是历史。在史家、考据家之前，当然不免献丑，不过想在将来出版的时候能够竭力把错误之点加以改正，当代专家如简又文、罗尔纲诸先生，我一定要去请教他们；广西还有许多位先生，对于太平天国素有研究，遗闻轶事搜罗甚多，我也想全部抄完的时候，一一去请教。恨我才能短绌，而事务又异常忙碌，除了艺术馆和两个剧团、一个剧场的日常事务之外，还要差不多每天排戏，最近因《日出》全部归黄若海君处理，才得抽了些空隙从事写作，不过意外的搅乱还是多得很，无中生有的人事纠纷，朋友亲戚骨肉间的疾病死亡与穷困，不到又恐怕引起误会，横生枝节，虽得原谅的应酬，以及许多算不到的而忽然发生的问题，还是占去了大部分的时间。这个戏实在是在骚扰、疲倦、烦闷当中，一点儿一点儿凑成的，本来不敢自信，很想从“良工不示人以朴”的明训，再度加以修改，然后发表，《文艺》编者以为将初稿登出，听听大家的意见，再加修改或者也不为无益，匆促之间聊志数语如上。

（原载1941年5月30日桂林《大公报》《文艺》副刊第32期）

《忠王李秀成》自序

欧阳予倩

我不会说历史戏应当怎样写，我只能把写出来的东西向朋友们请教。凡是剧作家总应当懂得许多方法，可是，当下笔时，如果有许多方法横亘在胸中，那就决写不出好戏。题材的性质不同，主观的意念或企图不同，处理的方法也就无从拘泥。而且方法与方法相配合，可以变化无穷，这完全要看运用之能否适当。倘若刻舟求剑，范于一格，必遭失败无疑。所以说，方法是死的，人是活的。因此我也就无法引用“我怎样写什么什么”那种的例子。

我是个舞台工作者，颇有志于做一个胜任的导演，并不希望做一个作家。所以我写的剧本，只是“戏”，希望能在台上演，并不是文学作品，不希望人家拿来当小说或当诗读。

历史戏也不过是戏，不是历史，不是传记，所以要注重戏剧的部分，注重舞台上的效果，要使全部戏剧化。——历史是以第三者叙述已往的事迹，介绍那一个时代的人物，它的描写是间接的。历史家对于史迹或人物，往往加以注脚，解释，分析或是批评。这是直接的，而且不受什么限制。戏剧刚刚相反：戏剧对于事迹，不单是叙述，最要紧的是要将事迹加以剪裁和提炼，然后从新组织，要使事迹在观众面前很自然地发展，决不容留着第三者在叙述，在介绍的痕迹。至于人物，戏剧作家并不以描写，或介绍现代或古代的某人某种人为满足，他是要把人物创造出来，让他用他的语言动作，一步一步，在观众面前介绍出他自己。如果一个剧本，其中的人物一定要经作者加许多的注释然后能令人明白，那尽管是好的文学作品，但决不是好戏。在戏里头加许多分析的说明是最不好的。

依我的愚见，写历史戏和写现代戏并没有什么特别的不同。前代的社会，因为生产工具和生活方式与现代不同，所以人们的见解和思想也因时代而各异。我们只要能认清那同与不同之点，着笔时便不会有什么困难。至于如何处理故事，配置人物，那总是差不多的。

前代的事也是人类的事，古人也是和我们同样的人。看他们怎样和自然界斗争；怎样和猛兽毒虫斗争；被压迫者怎样反抗压迫者；奴隶们怎样得到解放；恶势力怎样才被消灭；不良的制度怎样才被改善。在这种种斗争当中，有的为正义牺牲了个人；有的走了错路；有的兜着圈子胡里胡涂被消灭了；有的抱着很深的同情与期望而一筹莫展；有的便得到了意外的成功；种种色色，千变万化。后代的人看见，或者慷慨叹息；或者奋发兴起；或者去恶从善；或者借鉴自新。这所谓历史的教训，决不容忽略的。所谓历史戏并不是布置一个梦境似的迷宫，而是要使观众因过去的事迹联想到目前的情况，这就是所谓"反映现实"。

不过历史戏到底不能离开历史；反映现实，是有限度的。有时我们不妨拿以前的事来影射现代的某一事，但这不过是一种宣传式讽刺的手段，并不是历史戏唯一的任务。历史戏是要把过去的奋斗的事迹作现代斗争的参考。尤其是要用古人的斗争情绪鼓励现代人的向上。所谓反映现实和影射现实，不过是一部分的作用。——倭寇的劫夺和现今日本帝国的侵略，性质完全不同，用倭寇作题材写成的戏，来反映目下的中日战争，决不能吻合无间。但是用征倭寇的斗争情绪来刺激我们敌忾同仇之心，是很有意义而且有作用的。这就是一例。

推进历史的往往不是成功者而是失败者，太平天国实为国民革命奠了最初的基础。太平天国失败了，兵权却从满政府移到了汉人手里，这是最重要的关键。

太平天国的革命，前半段靠冯云山、肖朝贵、石达开和韦杨诸人支持，后半段全靠李秀成支持。陈玉成会打仗，却不懂得政治。李秀成既善治军，又善治民；他公忠体国，又能体贴民情，是一个特出的人才。无怪当他死后他部下的兵有万多人聚而自焚，无一降者，而南京苏州一带的百姓甚至于罢市哭奠，后世人展读太平天国史料，对李秀成的事迹，也没有不感奋叹息，表示崇敬的。

人类的历史是人类用汗血和眼泪写成的。成功是由于许多失败积累而得。我们从成功者所得的教训，不如从失败者所得的教训为多。凡人都是处顺境易，处逆境难。有为的青年一定要能担得起时代的悲哀。所谓节操，就是一个人在任何艰难困苦中，守住他所信奉的宗旨永远不变。不论地位的高低，名声的显晦，任事的轻重，才能的大小，只要能够为群，为事，始终如一，就值得我们称赞，值得我们学习。革命者要有殉教的精神，支持民族国家全靠坚强的国民，凡属两面三刀，可左可右，投机取巧的分子，非遭唾弃不可。我写戏奉此以为鹄的。《忠王李秀成》也就是根据这意义写成。

这个戏在搜集资料的时候颇费了一点事。因为史料分散，还没有经过有系统的整理的书，于剪裁提炼之际，多了一番周折。动笔之后，因为事务的麻烦太多，屡作屡辍。加之几个月来，精神不快，这个戏可以说是成于忧烦积闷之中。然而李秀成的人格，的确给了我很大的鼓励。

李秀成不过是一个工人出身，金田起义之初，他居然能冒太平天国的禁令偷读经史和孙子兵法，其识见便有过人处。此后从实际的斗争中他学会了许多作战的技术，转战大江南北，立了许多次奇功。就在古来有数的名将当中，他也毫无愧色。他治军能严纪律，明赏罚。对百姓能从安定他们的生活着想。一方面救济他们的困苦，同时免除重税，设法增加他们的生产，这的确不愧政治家的风度。可是他被奸佞们种种掣肘，朝廷对于他苦战立功的部下，不加升赏，对于他的民政措施，又暗中予以不断的破坏，使他的计划样样都行不通。他立功越大越多，朝廷对他的猜忌越深重。他一方面以母亲和妻子为质解释天王的猜疑，一方面剖心呕血地以诚挚的情感抚慰他的部下，还要对老百姓说好话，并捐出私财，为国家维系人心。他以一身担起外抗强敌，内安百姓的重任，而无时无刻不受着倾轧、埋怨、冤枉和猜忌。危难丛集在他的四周，荆棘布满在他的脚下。他并不是没有办法，没有计划；但是，尽管他算无遗策，从后面有许多皇亲国戚用种种卑劣的手段，加以阻碍，使他的雄才大略一筹莫展，及至大势已去，瓦解土崩，虽有善哉，亦莫之如何。秀成处在那样的地位，遭遇着那样的环境，身上的创伤和心上的创伤，痛苦相煎，而他始终忠贞坚定，绝无动摇。他流着最后一滴血，为民族史上留着光荣的一页。

我们决不宜盲目地崇拜英雄，但是象李秀成那样忠勇坚强的人物，无论从哪一方面看，都有表彰的必要。我们可以拿他来鼓励气节作青年斗士的模范。我用十分的诚意写成这个戏，也不过这一点愚忱。我的笔性太拙，笔力太弱，无可讳言，但如果有人以为没有加个光明的尾巴就目为“失败主义”，我也不辩。

中国历代的皇帝，无一个不会杀戮功臣。赵匡胤杯酒释兵权，不过是一种变相的作法。岳武穆之死是必然的结果。洪秀全虽无才略，他因为读过些纲鉴，那一套把戏他却先学会了。杨韦不能不死，石达开不能不逃，而李秀成的运命，也就注定了必趋于破灭。李秀成自己未尝不明白，但当革命受了打击，太平天国危急的时候，他也无暇顾到这些。而且他既有必死之心，也就置之于不顾。我写这个戏，对于那种传统的猜忌，力加指摘。不知今日的观众诸君看了那些猜忌的情形，又作何感想？

这篇戏用人似乎太多，戏也略嫌过长，不过我没有法子再节短。至于人物个性方面，当然以李秀成为主。其他许多次要的角色，未及一一刻画，恐怕从旁边发展太多，会影响骨干，弄散了全篇的空气，我是这样想。

我从来写戏，很少出版，因为不敢自信。这回文化供应社把这篇戏印出来，并非说有自信的把握，不过在这剧本荒的时候，聊备一格而已。我平常对于自己的作品，从来不喜加以解释，无论人家如何看法，为毁为誉，我都不管。这回因朋友们的催劝，写了这样拉拉杂杂的一大篇，这在我也要算是非常时期的非常举动，但是浅薄地自白一番，以表其求教之意，想来也未为不可吧。

（原载1941年10月15日《文艺生活》第1卷第2期）

《欧阳予倩剧作选》前言

欧阳予倩

我从事戏剧运动是以当演员开始的。当了6年业余演员，16年职业演员。不演戏了，就当导演，从来没想到当作家。

剧本胡乱写过一些：现在记得出名字的有戏曲剧本27个；话剧剧本21个——独幕剧17个，多幕剧4个；此外还有翻译和改译的多幕剧5个，独幕剧1个；共54个。

这个选集里都是话剧剧本，计独幕剧6个，多幕剧2个。

我所写的剧本都是为了当时要演匆匆忙忙赶成的。数量不算太少，质量却是很差。如果世界上有写了几十个剧本还不能成为作家的，我就是一个。

既够不上作家，却为什么有选集？这不是矛盾吗？我想是这样：我的剧本都是“五四”以后全国解放以前写的，根据一般的标准谈不上；单就我个人也可说：从事戏剧工作几十年，也写了一些东西，挑选其中勉强看得过的作为戏剧运动史的参考资料或也未为不可。

1955年10月

（原载1956年5月人民文学出版社《欧阳予倩剧作选》卷首）

《欧阳予倩剧作选》附记

欧阳予倩

这个选集里所收的6个独幕剧，除了《越打越肥》是抗战时期在桂林写的之外，其余都是在广州写的。《车夫之家》、《屏风后》、《买卖》所反映的实际上和《同住的三家人》一样，都是广州的事，不过为了演出时减少麻烦，就把地点改为其他某些城市。

《同住的三家人》当中，关于货币的问题我想应当略加说明："中央纸"是当时"广东中央银行"纸币。原来广东的货币是以银毫为主，分单毫和双毫，单毫是一毛，双毫是二毛，辅币用铜元。后来单毫没有了，专用双毫。国民党军阀混战时期滥发纸币，由"中央银行"发行1元、5元、10元的纸币叫做"中央纸"，与银毫同时通用。这种纸币经常停兑，每停兑一次贬值一次，从九成五渐贬到一二成，再发新币，命令十足通用。过一个很短的时期又开始贬值，所以靠薪水过活的经常被打折扣，经常不安。军阀政府在银毫方面又耍花样，新出的银毫叫做"原新"，半新旧的叫"拣新"，颜色变黑了的就叫"旧毫"。这三种在市面上价值不一样。这许多做法，就是当时的统治者同奸商买办勾结起来剥削人民的一种把戏。因此更加重了香港币的威权，阔人的口袋里全是港币，一般老百姓很多都倾家败产。在这个戏里约略反映了人民这种痛苦，为着帮助读者明白当时的情形，在这里特加以解释。

《桃花扇》和《忠王李秀成》在演出的时候，曾经有些增删和修改，在这里我还是尽量保持原来的样子。

1956年3月

（原载1956年5月人民文学出版社《欧阳予倩剧作选》卷末）

《桃花扇》序言

欧阳予倩

1937年初冬，抗日战线南移，上海沦陷，我怀着满腔忧愤之情，费了差不多1个月的时间把《桃花扇》传奇改编为京戏。仅仅演出两场就被迫停演了。我那个剧本，依照孔尚任原作的故事轮廓，采用了其中的主要情节，只借以发抒感慨，并没有、也不可能仅忠实于原著作为一个古典剧作的翻版。我毫无顾忌、不拘格律、一气呵成把剧本写出来，排了不到3天就匆匆忙忙搬上了舞台。作为一个历史戏，作为一个艺术品当然很差，演出也很粗糙，但当时观众的反应是十分强烈的。

我突出地赞扬了秦淮歌女、乐工、李香君、柳敬亭辈的崇尚气节；对那些两面三刀卖国求荣的家伙，便狠狠地给了几棍子。当时有不少那样的知识分子，看着局势大变，便左右摇摆，大发挥其两不得罪的处世哲学。我看杨文聪一面跟复社少年作朋友，一面追随阮大铖、马士英，我便借他来讽刺那些两面派的人物。福王，我是把他作为一个昏庸的傀儡皇帝来处理的。四镇武臣如刘泽清之流，拥兵自重，睚眦必报，毫无抗敌之心而投降惟恐落后。至于阮大铖、马士英，原是魏党的余孽，那就更不足道了。

把以上的一些人物在那个时候搬上舞台，还是有些作用的。象这样的戏，在那个时候演出，影射时事在所难免，而且有些地方可能过于夸张，整个的看也有些风格不够统一。及至1939年，我把它改成桂戏，在桂林上演的时候，曾经加以某些删改，但也曾根据当时的一些感想有一些补充：特别是对知识分子的软弱动摇敲起警钟；对勇于内争，暗中勾结敌人的反动派，给予辛辣的讽刺。这个戏在桂林曾经轰动一时，最后被明令禁演。

1946年12月，我和新中国剧社到了台湾，最初演出了3个戏：《郑成功》、《牛郎织女》、《日出》。此后因为一时找不到适当的节目，大家认为最好演一个历史戏，就让我把《桃花扇》写成话剧本，我就躲在一个有温泉的旅馆里，用10天功夫把剧本改好，排了7天，演出了4场。话剧本跟京剧本不同的地方，除了结构和形式之外，主要的是尽管字里行间反映了对国民党、对蒋介石的反动政治的反感，把它们当作暴露和讽刺的对象，但影射时事的痕迹不如京戏本那么显明。作为一个历史戏看，当然也还是很不够。

现在这个演出本，照初稿又经过好几次删节和修改：尽可能截掉了那些当时认为必要的暴露和讽刺的对话，一则认为现在没有必要，再则戏太长不能不割爱。照现在这个演出本，如果把整个的节奏加快一点，三个半小时能够演完——一般的说似乎还长一点，一个戏能在三小时以内演完最好，可是我觉得这个戏很难再加删节。本来我想把第三幕第二场删去，也曾这样做过，只是弯转的太急，看上去不舒服、也不接气，只能保留。原来阮大铖定计收买侯朝宗的一场，地点是在阮大铖家里，那样比较合理，在我的剧作选集中仍保留着另外一场的形式；在演出本中根据苏联专家列斯里同志的意见，把这场戏改在文庙前演，就戏而论是紧凑一些，也能节省时间，作为话剧这样也好。

对剧中的几个主要人物，似乎也不妨谈谈我的看法。李香君，一个十七八岁的女孩子，在秦淮的歌女中，她比较美貌多才，因此很有名气。当时的王孙公子、富商巨贾倾慕她的当然不少，她的妈妈把她当宝贝，她自己也不免高自位置。她可能从评书、鼓词和小说当中知道一些谈忠说孝的故事，而在明朝当时，权倾天下的奸臣无恶不作，许多忠臣义士被陷害、遭屠杀；贪官污吏到处横行，老百姓求生不得，引起了全国人民的愤怒，尤其下层民众感受最深。过去妇女是被压迫的，歌女尤其被人贱视。香君是一个聪明、伶俐、善良、性情高傲的女孩子，就她的所见所闻和她的遭遇，至少她不能无身世之感。她的两个师傅柳敬亭、苏昆生又是那么富于正义感——宁愿饿死不做奸党的门客——她不可能不受他们的影响，因此李香君的憎恨奸臣倾向忠义，是有社会根据的。作为一个娇生惯养的女孩子，最初看起来她不免有些任性，但经过几次切身的变动，她的意志变得格外坚强了。侯朝宗的被迫逃走，她被逼嫁田仰，把她逼到绝望的地步，使她打定主意以死相拼。“赏心亭骂筵”一场，她是没打算活的。

有人说：一个歌妓怎么会那样慷慨义烈，是不是夸张过分一点？也可能。但是歌妓也是人，是被残酷压迫的女性，不能说她们就是天生的贱骨头，不能说因为她是个歌妓就应该剥夺做人的权利。一个歌妓要求做人，想要打破樊笼跳出火坑，得到最起码的人的待遇，我们应当同情她，鼓励她，不应该以为是妓女只能被贱视便根本予以否定。当然李香君是比较特殊的一个。有些明朝的遗老，绣着李香君的像挂在家里，可见对香君的推崇，这也并不是偶然的。

香君跟侯朝宗的相爱，也跟一般的一见钟情不同。一个歌女就等于一种货物，对选择丈夫是没有自由的。李香君深深知道，她可能被卖去做一个老商人或是老官吏等等的姬妾；也可能终生流浪江湖。想不到遇见侯朝宗，年轻、貌美、多才、有文名，象一个有志气、有作为的，他又是那样倾慕她，对她出于真诚的爱，她不能不感到十分满足而以身心相许。不管怎么样，她决心和他同患难共生死，充分表现出女子的痴心。所以只要侯朝宗有一点困难，她就拼命去帮助他；只要有谁伤害了他，她必定以生死相争；他是她的骄傲，她的希望和寄托，如果他叫她失望，她只有死。

侯朝宗是一个贵公子，很有文才。他到南京的时候不过20多岁，那时他父亲侯询正被下狱，他胸中充满了愤世嫉俗之情，为家为国，他也有想做一番事业的抱负。可是他虽有一股热情，也和其他娇生惯养的公子王孙一样没有经过任何锻炼，便显得十分脆弱，他就上了阮大铖的当，几乎不能自拔。幸亏由于香君和陈定生、吴次尾等的帮助，他对阮大铖才没有妥协。此后在离乱之中他还是经过不少挫折。可能他是经不起考验，清朝进关以后，为着他的家和他父亲的安全，他到顺天乡试去应举，在他看是不得已的，他的内心不能没有痛苦，可是以他那样久负才名的饱学青年，主考官却不让他及第，给了他一个副榜，这很可能是有意给他下不去。我认为侯朝宗还是有正义感的，他的心是善良的，可是两朝应举的事，在当时却失了人望，看张船山的诗“两朝应举侯公子，忍对桃花说李香”，就有不胜惋惜之情。我想李香君爱侯朝宗还是没有爱错，在她可能接触到的许多人当中，侯朝宗可能还是最好的一个，后来对他失望、责备他，也正为对他的爱特别深厚。香君的悲剧也是侯朝宗的悲剧。他以忧患余生不到38岁就死了。

我在京剧本和桂剧本里头对杨文聪的描写不免有过分的地方，抗战时期借他讽刺两面派的人物，也就不暇推敲。改话剧本的时候，对这个人物我也曾反复研究过一下。根据明史杨文聪传和其他一些不同的记载，感觉这个人的性格不是很单纯的：他能画、能诗，语言举止都很漂亮，的确是一个风流名士。他做过一任县官，被人告他贪污，免职，他就到了南京，以诗画自遣。他和复社少年侯朝宗、吴次尾等还有当时一些有名的青年文人做朋友，同时他和魏忠贤的党羽阮大铖来往很密。及至崇祯自缢，他的妻兄马士英等拥立福王，他跟阮大铖同时复用，身任要职，一时朝廷大权，掌握在阮、马、杨三人之手。及至清兵大举渡江，偏安之局解体，老百姓首先把他们三家的房子烧掉了。据记载马士英卖官鬻爵，多由杨文聪经手，可见老百姓把他跟阮、马一样对待也并不是偶然的。南京失陷以后，一说他由浙江到了福建，他的儿子和唐王从小是朋友，唐王自立，用他为兵部侍郎。清兵来了他带着全家跟孙陵的军队一同撤退，路遇清兵，被杀。又据明野史附录，《鲁监国载略》说：兵部侍郎杨文聪，己酉复过苏州，取库银20万同田仰居山岛中，曾遣兵四百载币物献清贝勒，贝勒尽杀之，后杨为田仰所卖，被清兵围攻死乱军中。这和《明季稗史初编》所记略同。一说杨文聪被清兵擒获劝降不从，清兵并其子鼎卿同斩之。因此有些人对他的看法是这样：他是一个与蓝瑛等齐名的画家，他是一个殉国者，所以对他生平的某些缺点是可以原谅的；也有人认为他跟着拥立福王也不过是以为国家不可一日无君的意思，并无爱于阮、马；有人认为他之为人，精通中国士大夫间传统的处世哲学：不即不离、无可无不可。他取着两不得罪的态度，不管东风压倒西风也好，西风压倒东风也好，他可以屹然不动、左右逢源，事实上还是热衷利禄，倒在阮大铖、马士英一头。他表面敷衍复社少年，心里并不以他们为然，就个人的利益而论，他和阮大铖相结纳，阮大铖能够复官，他复官也就比较容易，所以他处处要替阮大铖帮忙。我的看法基本上也就是这样。照孔尚任的《桃花扇》，撮合李香君和侯朝宗的是杨文聪。照侯朝宗写的《李姬传》说，替阮大铖送钱给他的是“有王将军者”，是否可靠不得而知，也可能和杨文聪撮合是两回事，似乎难据以反驳孔尚任。杨文聪被清兵所杀，我们不能当他是失节之臣，但也决不能因此而说他帮助阮大铖是对的。

李贞丽这个人物在《桃花扇》原作当中并不出色，照侯朝宗《李姬传》的说法，她是一个很豪爽的女人，赌博的时候一掷千金无吝，这也不能说她怎么了不得，以前我也没有付以性格，最近的演出，我把她处理成一个通达世故而又很慈爱的妈妈。

郑妥娘这个角色我是加过工的，在戏里派了她很多用场。她的性格比较鲜明，她以很有风趣的谈吐，讽刺了当时一些人物。

柳敬亭、苏昆生这两个乐工，都是有主张、有气节、富于正义感、善良可爱的人物，可是他两个人的性格并不一样：苏昆生似乎比较浑厚，思想也比较单纯；柳敬亭比较爽朗，思想比较深刻，看问题比较尖锐。还有就是苏昆生贵于幽默而带感伤的情调，柳敬亭便经常把愤世嫉俗之情从他的说唱和言谈中有力地表达出来。

我对以上所提的几个人物就是那样处理的。同时我想到两个问题，一个问题是历史戏与历史的关系；再一个问题就是如何改编古典戏。这两个问题详细讨论起来可能要占相当的篇幅，我在这里只想就我所体会到的简单提一提。

我觉得历史戏究竟是戏，不是历史，对于历史事件，我们可以根据当时的经济、政治、人民的生活状况、阶级关系等来求得比较正确的看法。但是现存的史料不管是正史、稗史或是小说笔记之类，却很难说哪一个记载是百分之百的真实，尤其关于某一个人的记载，那就出入可能更多。例如“史外”说侯朝宗南来携带万金，我就认为这是不可靠的，这一类不甚可靠的记载，就是现代也很多。所以写历史人物，只要把那个人物的思想见解、生活态度、社会关系写得适合于他所处的那个时代，就不至违反历史。至于把这个人物描绘成怎样的形象，那是可以根据作者的见解来处理的，分寸是可以由作者来掌握的。

写历史上的大人物，说明一个大的历史事件，反映那个时代的精神，这是一种性质的历史戏；象话剧本《桃花扇》写的主要是几个平常人，企图通过他们反映南明时代人民的感情或者仅仅是作家思想感情的寄托，都无不可。但戏只能当戏写，为着戏里的需要，适当的配备一些人物来说明问题，并不是对每个人物的生平事迹都要作全面的交代。我写《桃花扇》京剧本的时候，完全没有想这是不是一个历史戏，就是改写话剧本的时候，也没有把历史戏这个概念放在心上，我只是想到哪里写到哪里。当时如果我想到作为一个历史戏应当怎样写，可能我就会有很多顾虑，难于下手，至少也决不能脱稿那么快。我写的只是戏而已。我写京剧本的时候手边放着孔尚任的原作，曾经不时翻阅一下，可是京剧本写成后，和原作大不相同，如作为介绍原作而从事改编，那我的剧本未免唐突古人。话剧本也和原作不同，不仅是中心思想，人物的处理，就是情节也有所改变，因此不能算改编本只好算我的作品，粗劣之处我应自负其责。我常想我们的杂剧和传奇，有很多极为优秀的作品，要把它们搬上今天的舞台，需要加以整理和改编，那就必须尽可能保全原作的精神，忠实地使其再现，这是非常重要的工作，我想这和根据原有的情节改写也并不矛盾，剧作家不妨有选择的自由。我这样想，不知对不对？

1957年6月26日于无锡大箕山

（原载1957年中国戏剧出版社出版的话剧《桃花扇》）

旧话重提

欧阳予倩

我在广东从1929到1932年夏天写了8个独幕剧：《车夫之家》、《屏风后》、《买卖》、《小英姑娘》、《国粹》、《白姑娘》、《不要忘了》、《同住的三家人》，此外还写了两个歌剧：《杨贵妃》和《刘三妹》。独幕剧中除《白姑娘》是一般的喜剧，《不要忘了》是反映"一·二八"事变之外，《车夫之家》、《屏风后》、《买卖》、《小英姑娘》、《国粹》、《同住的三家人》都写的是广州的事；我看见阔人们拆了贫民的房子盖洋楼，就写了《车夫之家》；看见洋行买办为了拉生意向军阀献媚，就写了《买卖》。《国粹》写的是当时国民党省党部几个出风头的女将，她们都是阔姨太太，可是经常趾高气扬，谈着"妇女解放"。我就把她们的底子翻了出来。《小英姑娘》曲折地反映了一点工人运动；《同住的三家人》写的是资产阶级用金钱压迫人的事。至于《屏风后》——我的确看见有那么一些国民党的官吏，他们满口仁义道德，经常装出道貌岸然的样子，暗中却是下流腐化，我便利用喜剧的形式把那类人的嘴脸描画了一下。当时这个戏有好些地方演过，演的次数也最多。我那些戏里所讽刺诅咒的东西都象恶梦般在太阳升起来的时候被赶得消逝了，也就不愿再提。《剧本》月刊为着介绍"五四"以来的独幕剧，选了我的一个，我一再以为可以不必，至多也不过说，过去曾用那种方式作过斗争而已，只希望今天我还能写出个把剧本来。

（原载1957年11月3日《剧本》第11月号）

《自我演戏以来》前言

欧阳予倩

这是我前半生——从1907年第一次登台到1928年脱离舞台生活为止——的自述。是1929年在广东戏剧研究所的时候写的；曾于该所出版的杂志《戏剧》连载发表。当时想到哪里写到哪里，有的记错了；有的排印错了；有的措词不当；有的谦虚得不得体，自己没有校过。这次出版曾酌量加以订正，以求真实。有些不易明了的地方，一一加注，或补充说明。至于有关过去时期我的思想见解的部分完全照旧。总的看来，修订的部分很少，力求保存初稿的面貌：一来，有许多事当时记忆犹新，今天追述可能写不了那样生动；二来，如果要作为自传从新写过，那就要重起炉灶，我兴趣不高，不知道什么时候才能完成；所以只好加以注释和补充说明，并把《回忆春柳》、《谈文明戏》、《我怎样学会了演京戏》、《我自排自演的京戏》等文章附录在后面，以供读者的参考和对照。

1958年8月

（原载1959年5月中国戏剧出版社《自我演戏以来》卷首）

《欧阳予倩选集》前言

欧阳予倩

这个选集里所收的有话剧多幕剧3篇，独幕剧6篇，其中《潘金莲》一篇是在1926年根据我写的京戏本改写的。京戏的台本没有保存下来。当时我受了“五四”运动反封建、解放个性、破除迷信的思想的影响，就写了这样一出为潘金莲翻案的戏。戏里说潘金莲原是张大户的丫头，荒淫无度的张大户要把她收房，因为抗拒，便故意把她配给一个当地最丑陋的男子武大郎。她嫁了过去也只好自怨命苦，“嫁鸡随鸡，嫁狗随狗”。不想遇到了景阳岗打虎的武松，燃起了她青春炽烈的火焰。可是象武松那样坚强的汉子却不易为柔情所动。武松去后，潘金莲失望之余，为恶霸西门庆所引诱，谋死了丈夫。武松回来，替兄报仇，潘金莲被杀。戏里认为潘金莲的犯罪有其社会的原因。她由横被摧残压迫，产生了变态心理，致成疯狂状态。罪恶是由当时社会造成的。这个戏从武大死后做起，台上并不出现谋杀的场面。但是现在看来，和恶霸同谋杀死一个没有抵抗能力的人总是不妥。过去的作品我没打算修改，一来想保存当时的原样，二来估计可能越改越不象样，也就算了。这个戏作为京戏我和周信芳、高百岁、周五宝三位演过好几场，以后不久我就脱离了舞台生活。拿来放在选集里也就是聊备一格，作为纪念而已。

几个独幕剧，除了《越打越肥》，都是在广东戏剧研究所的时候写的。《屏风后》、《车夫之家》、《买卖》、《同住的三家人》写的都是当时广州的事：《屏风后》里面提到的道德维持会，当时广州的确有类似那样的一个会。我1929年到广州见到许多阔人盖洋楼逼着穷人搬家，就写了《车夫之家》。象《买卖》里那些怪物也是我所常见的。当时国民党的要人为着向外国买军火，扣佣金，发洋财，什么丑事都做得出，《买卖》这个戏里所暴露的不过极小的一个片段，在着笔时当然也不能毫无顾忌。

“一·二八”事变给我的影响很大。《不要忘了》以活报的形式反映了“九·一八”事变到李顿调查团来中国的一段简史。这个戏我匆匆写成，本想设法演出一两次，但始终没有办到。广州有一个中学演过，因为学生乱叫口号，演不到一半警察就去抓人，只得中途停止。1934年1月在福州——所谓“闽变”时期——排过，刚要上演，蒋介石的飞机去轰炸，没有演成。这戏对我来说也有些纪念意思。《同住的三家人》是在1932年陈济棠当省主席，汪精卫到广州的时候写的。汪、陈以抗日反蒋为号召，可是就在那个时候，群众检查日货，警察开枪屠杀，有不少市民丧了性命。那时通货恶性膨胀，而国民党当局巧立名目掠夺老百姓，靠薪金生活的都苦不堪言。戏尽管写得不好，却真实地暴露了当时的黑暗情形，只是还嫌十分不够罢了。

《越打越肥》是1939年在桂林写的。那个时期以李宗仁、白崇禧为首的广西军阀和他们的亲戚都倚仗枪杆子走私。人们都说：“百姓越来越瘦，阔人越打越肥”，我便写了这个戏讽刺那班越打越肥的家伙。当时这类的独幕剧我还写有四五个，只剩下了这一个。我所写的独幕剧远不止这些，其中只有很少一两个不是讽刺腐败的国民党人的。事成过去，这些戏也就失了意义。

《桃花扇》这次是根据上演本修改过，附了一篇《前言》略述我对其中几个主要人物表现的意见，聊供读者参考。

《忠王李秀成》1942年在桂林写的。为着要审查机关通过，曾费过一番苦心。当时在桂林和重庆都曾演出过，但最后就象这样一个戏也被禁演。最初上演时没经过伪中央审查，后来桂林也设了图书审查分会，这个戏就被改掉30处，命令删去的有50处，等于全部否定，真是滑天下之大稽。我对这个戏并不满意，本想改写，一直因循下来，也就没有兴趣再重新执笔了。

我写的一些剧本都不大够标准，在旧版选集的《前言》里我曾说：

“作为戏剧运动史的参考资料或未为不可”，现在，我仍然是这样看。

1959年4月15日

（原载1959年6月人民文学出版社《欧阳予倩选集》卷首，删去一条原注，余照录）

《黑奴恨》后记

欧阳予倩

美国女作家斯托夫人（Harriet Beecher-Stowe 1811—1896），她的父亲是个神学家，她的弟弟是个牧师，又是一个主张解放黑奴的，她有许多关于宗教和文学的著作。斯托夫人最初和她的姐姐一同办教育，后来就从事写作，1849年发表了她第一部小说《五月花》，1851年发表了《汤姆叔叔的小屋》（Uncle Tom's Cabin）。这部小说真实地暴露了当时美国的地主、工厂主和一些有钱人家对待黑人奴隶的残暴情形，提倡解放黑奴，改善对他们的待遇并与以教育；刚一发表就受到广大读者的欢迎，有各国文字的译本，在中国就是林纾、魏易合译的《黑奴吁天录》。林、魏两位各写了一篇序言，大意说美国人虐待华工，更甚于虐待黑人，中国国力既弱，外交使节丝毫不能保护他们，而有些人还以为西人能宽待藩属，所以译出这部书来借以正告国人，必须奋起图强。译者的用意很明确，因此把原书里有关宗教宣传的部分，尽量的删节，着重了种族歧视的描写。

1907年，在日本的中国留学生组织了一个文艺团体叫春柳社，发起人之一曾孝谷，根据林纾、魏易译本改编成五幕话剧，仍以《黑奴吁天录》为剧名，曾在东京演出，可以说是中国第一个有完整剧本的话剧，可是剧本没有留下。现在我这个剧本是根据1897年芝加哥斯托夫人原作，并参考林译本写成的。

斯托夫人这部小说，在当时代表着比较进步的思想，可是她的观点是基督教人道主义的。她主张解放黑奴，但是她所希望的是奴隶主能体上帝的仁慈，把黑奴的卖身契还给黑奴。同时她认为黑奴并不都是愚蠢、顽劣，应当让他们认识字，能读圣经，把他们当人看。她也提到黑人可能有一天会反抗。她还说上帝可能把非洲当一个痛苦的熔炉，也可能有一天会让非洲人得到翻身。她认为黑奴因为没有受过教育，所以多半是冥顽不灵，可是只要用善心去对待他们，也不是不能感化的（这种思想书中以圣格来的女儿夜娃为代表，费了很大的篇幅）。照她的看法，美国的豪绅、地主、资本家有的很残忍，但也有不少好人，即使出卖了汤姆的解而培，她也认为他的心地并不坏，只因为债务所迫，不得已把汤姆和小海雷等去抵债。而且当汤姆被虐待至死，解而培的儿子还去收尸；回到家来就把所有黑奴的卖身契烧了；全书就这样结束。斯托夫人的确对黑奴是表示了同情，但她是站在地主、资产阶级的立场以基督教的观点说话的。她希望美国的豪绅地主恩赐黑人以自由。

50多年前（1907年），曾孝谷的剧本强调了民族自觉，戏的结尾是：哲而治同意里赛夫妻会合，杀死了追捕的人，逃出美国。这就和斯托夫人的思想完全不同，而是以斗争胜利为结束的。

我这个剧本，故事的轮廓依照小说，但因观点不同，情节不能不多少有些改动。尤其是人物的思想性格和行动不可能按照原作那样处理。例如：原作中汤姆是一个虔信上帝、逆来顺受的人。哲而治虽然带了武器逃走，并没有打死追捕者，只打伤了其中一个人；还把那个流氓扶到一个村子里，为他医好了伤。那人受到感动，不再当狗腿子了。我把哲而治写成一个经过痛苦锻炼，有革命思想，又有组织能力，敢于行动的人。把汤姆写成一个忠实诚恳、宁愿牺牲自己成全别人的好人。他开始总以为好心肠也许可以感动那贪婪的主人，及至两度被卖，受到残酷的压迫，增强了反抗的意志。从表面看他总是那样善良温顺，但他还是有正义感的。他认为不义的事决不干，但任何威胁也不能改变他的节操。他的觉悟是逐步提高的。他临死以前认识到美国的大老板们都是李格利——和李格利一样凶恶；也认识到血债必定要还，总会有一天要和压迫者算总账，可是他自己并未来得及投身到革命斗争中去。这是他同哲而治的根本不同之处。

现今，在美国，黑人还是受到严重的歧视和压迫。黑人的生命财产、基本人权都无保障。殖民主义者蹂躏非洲惨无天日，可是非洲的劳动人民也和其他殖民地的人民一样，已经觉醒，掀起了蓬蓬勃勃的民族解放运动，使帝国主义者手忙脚乱，浑身发抖。但他们决不甘心就此放手，还在一面施用阴谋诡计，一面肆行屠杀，还有就是甜言蜜语的欺骗。我以对被压迫者的深切同情，对殖民主义者极端的愤慨写了这个戏。凡属美国绅士老板们虐待黑人的情形，都根据斯托夫人小说，没有增加一丝一毫的夸大。至于书中认为善良的绅士如地主解而培、工厂主威而逊等，我不能不撕碎他们的面具，揭露出他们的本来面目。解而培的妻子爱密丽亚在原著中是一个慈善的贵妇人。但她虽然会说些好听的话，也会拿手巾擦眼泪对汤姆夫妻表示同情，可是决不肯用她的钻石、金表或是大片土地房产中的极小一部分去赎回汤姆。我把爱密丽亚处理成一个伪善的妇人决不冤枉。

观点不同，写作的目的不同，对人物的造型、情节的安排不可能和原小说一样，甚至也可能有相当大的出入；就是50年前的剧本即使存在，也怕很难原封不动搬上今天的舞台。我这个剧本不能不根据今天的意图重新编写，也是理所当然。我本想为纪念话剧运动的第一个剧本，仍用《黑奴吁天录》为剧名，最近感到这个名称不够通俗，而且剧本的内容不是向天呼吁，用原来的剧名便不适当，不能不取一个较为恰切的剧名。

我这个剧本写得很匆忙，只利用疗养院10天的工夫赶出来的。本不想在演出之前发表，后来想，发表了征求一些意见也好，排演和演出之后都可能作一些修改。这只是初稿，有不妥的地方希望读者给指出来。

1959年10月16日

（原载1959年11月3日《剧本》第11期，亦见1962年12月中国戏剧出版社单行本的卷末）

戏剧改革之理论与实际

予　倩

一　概　论

“戏剧对于在会，对于人生，有什么价值？不过是消遣罢了。”有种人这样说。同时又有人说：“戏剧是社会教育的工具。前者认为戏剧是除供人消遣而外，丝毫没有价值；后者便认为戏剧本身，没有什么价值，因为能够作社会教育的工具才有一部分价值的可称；在现代中国能够更进一步对于戏剧有深切认识的人，恐怕居最少数吧！

中国自古以来，看戏剧是一种贱业，优伶是一种贱人，为士君子所不齿。就有文人骚客偶然寄兴编些词曲，也不过随意消遣，不然就是不得意的人们，借来发发牢骚，消消悒郁，决不是认为有特别的价值，终身从事来特别培养它的长成。所以中国戏剧虽有很长的历史，到现在还是这样幼稚。革命以来，风气渐变，改良戏剧提倡艺术的呼声，日高一日。可是一般人还当为小孩子发狂，不加什么注意。所谓戏剧家，因为不能藉此得社会的信用，也就不能藉此生活，仅只用一部分的余闲来保持其爱好的精神，和无穷的苦闷；发扬光大之望，更不知何时！

戏剧本是社会的反映，有什么社会，便有什么戏剧。——为艺术而艺术一类的歌舞升平的戏剧，是专制时代的产物；封建时代便有愚忠愚孝英雄割据一类戏剧代表其精神；在现代这样人人求解放，人人求自由，革命的社会里，应当有怎样的戏剧呢？

在外国呢，有许多天才卓越的艺术家，能够放步在时代之先，很大胆很深刻地表现其苦闷和时代的悲哀。中国从来不许艺术家有所建树，所以革命以来，时代已经走在艺术之先，只使发现艺术界空无所有。还有些学者之流，也很爱读不少的剧本，可是以为社会不需要，只好坐拥书城治戏剧，等于治词章之学，与社会毫不发生关系。加之内战频仍，生活不定，大家都无暇及此，越发觉得社会的空气黯淡到了极处。因此，民众要求新艺术的安慰也就有如饥渴！

就现在的戏剧而论，旧的不行了，新的没有产生，当此过渡时代青黄不接，我们既没有相当的准备，也只好听其自然。至于那些伶工，本来就没有学识和素养，责以改良已属艰难，何况责以创造？他们没有什么真实货物来应社会的要求，也只好东拉西挪地穷凑。浅薄幼稚是情所不免，浮沉堕落也势所必然。以是识者就不免为社会怀忧，要想出一个主意，设个法子来补救其弊。结果有两种办法。第一就是：审查和取缔。还有就想拿一个东西来替他。审查和取缔在某种时期当然认为必要，这不过是消极的制裁，在行政上有种种的作用。就戏剧本身说，却没有什么大效果。况且严格的讲起来，目下许多戏剧真是不胜其取缔，如果取缔严一点，恐怕戏馆就要关门。目下的社会也就够枯燥的了，要是连这一点不象样的戏剧都给它弄完了，岂不是活活的断送许多民众在沙漠里面吗？于是事实上也不能不将就些个，至于说拿一个另外的东西去替代，这是很好的，可是拿什么来代替呢？化妆讲演吗？将旧词句换成新词句就能够尽戏剧的能事吗？拿几个毫无戏剧素养的人偶然高兴编一两出戏上一两次台，便能作模范而促进其改良吗？这是通通不行的。于是我们不能不希望有新戏剧之建设。

戏剧是群众面前的艺术，有个人欣赏的诗画、小说，决没有个人欣赏的戏剧。旧时的演剧虽是不好，然在舞台上的效果，和所以娱悦观众的方法技术，却也有煞费苦心的地方。取而代之并非随便可以做到。而观众为习惯所牵缚，尤不易转变其风气。譬如我们说电灯比油灯好，汽车比马车好，必要有电灯有汽车能与人便利，然后才能使人弃油灯与马车而不用。所以改良戏剧，一方面将太不好的甄别一下，最要紧的还是要新的建设。即要有新的建设，便必须决定两个要点：一，为最后的目的。二，为进行的步骤。所谓最后的目的，当然是一种理想——或者是梦——没有理想，决没有事实，理想和事实不一致，是当然的，若是理想和事实能够一致，便没有进化。我们常常企慕理想之乡，而不能达到，怀着很深的痛苦，因为这种苦闷，才越显得理想之价值，人类进化之机即伏于此。闲话少说，先问我们的理想在哪里？于是我们不能不就戏剧本身来加以研究。

方才说过戏剧是社会的反映，从这反映所得到经过一种新的组织再放射出来，便能很鲜明的使人们认识人生，认识自己，能给人类新力量，而助其发展，这才是戏剧的真正使命。所以戏剧与文化息息相关。德国的舞台艺术家哈格曼（Carl Hagemann）说："戏剧是文化的会堂。"我们如果相信这个话，自然非努力实现那能表现人类文化帮助人类发展的戏剧不可。美国诗人 Whitman 说："文学要能帮助人类生长，才算伟大。"笼统的讲，文学，绘画，雕刻，音乐，建筑和戏剧，都是相等的艺术。Whitman 先生的话，可以应用到一切的艺术上，尤其戏剧是综合各种艺术而成的特殊艺术，所以他帮助人类的力也是特别伟大。我们对于戏剧本身至少要有这样的认识。我们所希望的戏剧，决不是只求消遣闲情，不是仅能作宣传工具即为满足，也不是只顾目前的那种功利主义所能范围。

戏剧是综合的艺术，是我们绝对承认的。这里我们可以研究研究是怎么样综合法。照许多学者研究的结果，和历史与事实所教训我们的，我们知道戏剧最初有动作，然后才有唱歌和言语，直到如今还是以动作为最重要。就是歌剧也不能离开动作。我们在家里听人唱，决不如在戏馆里听人唱那样满足，就因为舞台上有动作，可以使情感增强。中国的二黄戏主要部分，也在动作。有许多戏，读剧本不感到什么兴味，看起戏来却甚传神，这足见演剧本身的价值，动作极为重要，拿动作表现情感，如希腊剧与罗马的默剧已经很够发挥的了。近来戈登格雷和莱因哈特的主张与实际，又给了我们不少的证据。所谓："指一指有声音，点点头有言语。"所以没有对话可以成功戏剧，没有动作决不能成功戏剧。

话虽如此，可是我们也不定要实现戈登格雷的绝对主张，戏剧应当有"对话"，在歌剧里就有歌唱。有对话和有歌唱，当然有剧本，剧本是以文学为根据的，所以我们在戏剧上当然尊重剧本，除默剧和舞蹈剧为戏剧中之别体外，戏剧文学永远认为要紧。不过我们虽然极端尊重戏剧文学，却不赞成只在书斋里读剧本。戏剧既是群众面前的艺术，剧本当然要能在群众面前表演才对。所以戏剧文学应当绝对是戏剧的，有许多文学家仍然就兴之所至，写一两篇很高深而不能表演的戏剧，这都是只知道有自己丝毫未曾尊重戏剧的缘故。

我们既有了适当的剧本，应当有适宜的俳优来表演。俳优所有的工具，就是动作，广义言之，表情声音和线条都可以包括说是动作——俳优自身并不仅是编剧家或导演家的工具，他们的工作也不仅是将剧本再现，编剧家在文学上有创造，演剧家在舞台上也有创造。例如意大利名女优杜翠，她能演得比剧本加多少倍的深刻到意外的成功，这就是最好的证据。譬如《战太平》和《卖马》一类的戏，当时本不为新奇，经谭鑫培一唱便成名剧，也是个好例子。非但俳优就是导演也各有其创造。莱因哈特的《莎乐美》，和戴洛夫的《莎乐美》，完全不同，可以说各有各的好处，但是《莎乐美》还是《莎乐美》，并没有被他们两人弄糟。因为演员是表演法上的创造，并非拿脚本来削足适履，是将剧本深切体验后利用自己的天才和经验的结果。关于这两层，且谈到这里，让我们来谈一谈戏剧上的音乐。

音乐在戏剧上的重要是不消说的，可是舞台上的音乐又有不同。凡属一出戏，在文学上及导演上多有创造，音乐它独不然？一出戏有一出戏的情感，一出戏有一出戏的性质，便应当一出戏有一出戏的音乐。每出戏的内容和形式不同，音乐也当两样。舞台音乐家非时时刻刻有创造不可。瓦格拉一生就致力于此，其次就说到舞台装置。

“舞台装置”是日本人翻译的名词英文叫 Stage Setting，中国统称之曰布景。从前就是在西洋也无所谓布景。莎士比亚时代的戏台正和我们戏台差不多。在近代呢，因为科学发达的原故，布景的进步，真不止一日千里。布景的派别方法，也就非常之多。目下如希腊 Sophocle 剧的复活，莎士比亚剧之新演出，都是全靠新的舞台装置，又如俄国的舞蹈剧（Russian Bauet）本来是内廷供奉的艺术，革命以前没人理，以后利用莱因哈特的舞台装置法，加以改良，便成了世界上极有名的舞剧。于此可见舞台装置之重要。戈登格雷到了俄国，在莫斯科见着俄国一个最有名的画家苏穆夫，他问他干过舞台装置没有。苏穆夫回答说：“我若是就这上面专门研究十五年，我可以冒冒险！”就这句话可以见得舞台装置不是容易的事。若普通画家，不见得就会装置舞台；而且舞台装置不仅是绘画，还要利用建筑。还有一句要紧的话，舞台装置不仅是空间的，而且是时间的。所以台上没有人不能装置舞台，没有光不能装置舞台，没有用灯的变化不能装置舞台。舞台装置是整个的，统一的，一切调和的。老实说：连衣服鞋子手巾化妆，无一不和舞台装置有关系，所以就一张相片来批评布景的好坏是不妥当的，尤其光是舞台的生命，假如没有光，谁说舞台不是死的？光用得不妥当就和没有光差不多。看戏的女士先生们呵！你们看了中间一幅四不象的胶水画，两边两幅破布的舞台装置满意吗？三几个赤臂的人站在那里拉绳子不难过吗？那种一排排强烈的电灯不刺目吗？所以说：中国现在的舞台是没有生命的舞台。我们要求有舞台的装置，我们要求舞台装置是动的艺术，是每出戏跟住剧情而有不断的新创造的艺术！（与其用现在那种莫名其妙的布景，不如象从前不用布景倒好得多。）

如上所述，我们再归总一句：戏剧是综合艺术：而所谓综合不是生吞活剥随便拼演，是在各种创作之统一与调和！就是取各种艺术精华完全戏剧化而统属之于一点。分开看好象各归各，合起来就是一个完整的个体，丝毫不能分开，然后这个戏剧才能造成浓厚清新的空气（Atmosphere）与美妙和谐的节奏（Tempo and Rhythm）。再归总一句，就是戏曲有丰富而坚固的内容，在舞台上得充分而适切的表现，我们所要求的是这种戏剧，这种戏剧才庶几能用以宣扬文化。

二　戏剧之内容

要论戏剧的内容，先要晓得戏剧与时代的关系。所谓内容者，就是指一篇戏曲所含的意义。所谓人情事理，即是社会反映的结晶。所谓一个戏曲，没有无内容的，我们要看他的性质如何，思想如何，与时代的关系如何，来定其价值。就中国的戏剧而言：元代蒙古人入主中国，许多才智之士，或者出于下僚，或者不干士进，他们只有写些戏曲，发挥自己的牢骚。不期在中国戏曲史上集一时之大成。那时候文纲极密，动触时忌，所以对于当时的政治设施，不敢有所批评，这是当然的事。而且中国人们素来怀着抚我则后、虐我则仇的见解，丧乱之余，天下粗定，大家都想安居乐业，便收起了那奋发自雄之心，一时趋于消极，也在所不免。然而华夷之辨，自古以来，深入人心，终掩不住自然的流露。如马致远的《汉宫秋》，戏寄悲慨。还有呢，就取历史上的美谈描写出来，这种剧也足以引起人民的故国之思。虽在作者未必有收什么效果的预定，而在感受者的确有油然而生的情绪。近代捷克和爱尔兰的独立运动，每每拿自国历史上的光荣在戏剧里描写出来，以引起爱国之念。说起来无论中外哪国专制帝王，都没有近代帝国主义者的残酷，当欧战之前，德奥两国曾经禁止捷克人有国民剧场，并不许用捷克话演戏。这些话不免说到旁边去了。但是觉得元曲里边历史戏多少与元朝之亡有关系。又如关汉卿的《救风尘》、《窦娥冤》一类的戏写的都是街巷琐谈，然而很美很有力。又如秦简夫的《乐堂老》、《赵礼让肥》；萧德祥《杀狗劝夫》之类，间接直接都含着些当时社会问题，和道德观念。象蒙古虽然强盛，文化没有基础，这些戏曲虽然轻描淡写，而所以影响国民的，不能谓小。譬如我们的家乡被兵匪蹂躏，没有以前的快乐和光荣来得感人之深。元曲之能成立，这也是个道理。我很想拿元曲彻底研究一下，详细写一篇论文，在本篇不过片断的略提一下罢了。

元末明初，南词鼎画，这自然是对于北曲的一种反动。所谓薪酪之风，一时跟随着元朝的国运消沉下去了。戏剧和作曲同时起了大变化。这种新兴运动，倘若能够好好的加以培养本来可以成为一好局面，不幸那时的戏剧由私家歌童——即所谓箫声伎者，完全归到一班奢侈的官僚手里，以至于所有的东西十分之八九，都是粉饰太平，仅供娱乐；所以绮靡有余，骨气不足，而曲本结构之冗长，尤足为精神之累。所以有明一代的传奇，足称的实在甚少。到了清季，一切文物制度都是承明之旧，戏剧也是整个的接收过来。那种粉饰太平不关痛痒的东西，正合满洲政府的要求。所以从康熙一直到乾隆中叶，昆曲非常盛行。可是越来范围越窄，几乎除知识阶级而外，没有人能欣赏。因此民间野生艺术的二黄戏应运而生。论二黄戏的结构，比昆曲好的地方很多，在拙作《谈二黄戏》一篇中，说得比较洋细，可以参看。（见予倩剧谈第一集。这里只从二黄戏的内容方面，略说一说。）

二黄戏在中国戏剧中可算是最平民的。如《讨鱼税》、《卖马》很有革命的精神。《风波亭》一类的戏剧具有民族思想。至于贫富之争，在消极方面便将嫌贫爱富的人糟踏得一文不值；在积极方面便有扶弱抑强的提倡。本来中国的法律，多半不能保障平民。所谓“侯之门，仁义存”，法律变成少数人为少数人写的条文，而特权阶级枉法欺人，一无裁制。所以就假托铁面无私包文拯来做法律的象征。又如《浣花溪》的挖苦边将，《小上坟》的糟踏臭官僚，还有富贵忘朋友的豪杰，贪赃枉法的县官，以势凌人的恶霸，在二黄戏中都每居重要，而受很大的攻击。又类如王三姐私订终身一类的戏，虽有夜梦红星等等荒唐的话，未尝不是贫富婚姻及女子自行择配的意思。还有一匹布一类戏的对话，将平民生活用滑稽的语调写得非常透彻，这都可称赞的。拿二黄戏的调章来说，许多粗鄙不堪；论其内容，在中国戏里要算最丰富。但是花到盛开的时候要凋落，二黄戏受了皇室的保护，盛极一时，可是百余年来没有什么进步，它的命运自然日见衰败。在北京呢，因为有些复古老先生主持，总算顾住场面；在上海便因它的内容和形式与时代一日一日相远，就起了急激的变化。同时受了白话戏的影响，趋于写实。新舞台的夏月珊兄弟和潘月樵，他们倡之于先，又有其他许多的整本戏继之于后。到今日二黄戏的精神和形式，都渐渐失去。这是时代的要求自然的结果，用不着替古人嗟叹。及到前清末季，世局变迁，政治社会无一不有变化，戏剧当然不能墨守旧章，所以不期然而然，在旧戏里加上许多的组织，和新的词句。而意义的重心也随之而变。如爱国复仇一类的思想，就代替了一部分的道德的观念。可惜一般伶工，不过拿些新名词或取演说的形式，或不管妥与不妥胡乱应用，以取悦一时；不能把真正的思想融汇在艺术里面。这种浅薄的方式，只显得不调和，不自然，观众也就极容易厌倦。我亲眼看见潘月樵的大声疾呼，刘艺舟的尽情谩骂，虽然是痛快淋漓，然非但不能感动观众，而且引起许多反感，致令人家不愿或者不敢去看戏。在民国元二三年所谓言论老生颇极一时之盛。那时候非但生角，就是其他角色，不管对不对，也要说几句新名词出出风头。这种情形不久就消灭了。其反动就是完全没有这一套，只拿全副精神去讲情节的变化。本来戏剧的情节，有穷尽的，翻过来覆过去，还是那几种事故，变来变去变不出新花样来。没有法子便变起戏法来。戏法又变穷了，只好玩神怪。象这种样儿每况愈下：真是滔滔者亦不知其所属矣！且原来的二黄戏，还有些内容，目下的戏实在是毫无内容之可言。就是偶然有几句双关的道白，或是讽刺的语句，当然算不了戏剧的内容。这是十几年来我在上海所目击的变迁，自从到了广东，考察广州的戏剧变迁，大体相同。就目下的情形而论，正是拿新情节号召的时候。观其取材于电影及外国小说，正和当初上海新舞台一样。我到广州的头几天，看了几出，我就对一个朋友说："据我看来，广州快要应用戏法了。"说了这句话，不到3个礼拜，又去看戏，果然看见了变戏法。但是还没有十分精妙。就象那种戏法还够变些时候呢。我愿沥血掬诚向广东伶界同人进一句忠告，就是：千万莫蹈上海的覆辙，要打开一条新路才好。且让我拿"戏剧的内容究竟在那里"这个问题来和诸同者研究研究吧。

第一：戏剧是艺术。艺术的要素，不在知识，而在情绪。艺术是拿感情情绪对感情情绪的东西。譬如我们读诗，诗中的情绪引起我们的情绪，彼此相接触，而成兴味，并不是诗中有哲学的理论，或者科学的方法，来接触我们的记忆。戏剧也是一样。最当注重的是情绪。说到情绪就有要注意的几点：一，就是永久性——情绪是刹那间一现就会消灭的，但是艺术的情绪是永久的。所以艺术作品要能使情绪具体化，所以无论多少年前的作品，只要够得上是艺术，都有永久的价值。二，就是普遍性，情绪虽是因人而异，因地而异，但是人类的基本情绪却是一致。艺术应该把握人类的基本情绪（Foundameral Emotion），所以有普遍性。我们试拿外国的作品看一看，尽管隔得我们很远，环境和历史又都不同，却一样引起我们的兴味和情绪。所谓艺术无国界正因为人类根本情绪一致的道理。三，个性——无论什么作品，总带着作者个人的色彩。人类根本的情绪，虽然是普遍的，但因个人的遗传环境经验修养时代不同，他所把握到的地方，也就有各个的相异，所以有伟大的作家才有伟大的艺术，艺术的个性是要看作者的人格以为断的，德国哲学家修利格（Schlegel）说："人除了自身而外没有足以贡献同胞的"，就艺术的立场说，正是如此。

以上所说的再概括一句就是，艺术当以情绪为主。艺术的情绪是具体的，永久的，个性的，普遍的。戏剧是艺术，所以戏剧以情绪为主，戏剧的情绪应当是有永久性，有个性，有普遍性，娜斯勤（John Rusrin）说："以想象之力暗示能起高尚情绪之高尚根据者诗也"，他之所谓高尚的根据就是他所谓神圣的情绪，如爱，敬，赞美，悦乐这四种，所谓神圣的情绪还有四种相反的，就是憎恶，愤恨，恐怖，悲哀。这四种在一般人不能认为神圣的情绪也未可知。但是不然：譬如愤恨若起于被人赢钱去了，那不是高尚的情绪；看见放鞭炮，或是看见玻璃窗里陈列着金刚钻因起赞叹，也不能算高尚的情绪，因为动机不对。如果因受压迫求解放而愤恨，或是看见将开的蓓蕾而赞叹，这就是神圣的高尚情绪了。如此说来艺术的情绪已经含着很深的道德和宗教的意味。所以蔡孑民先生要说拿艺术代替宗教，也正是为此。关于情绪的研究，在美学，哲学，文学论，艺术论里面，占很重要的地位，这里不能详尽，不过就想到的稍微提一提。

其次我们就要论到思想。思想是文学的要素，自然也就是戏剧的要素，简单地说：思想就是作者的人生观。戏剧中的人生观，也有显露的，也有含混的，总之必然要有。换句话说：人生观不外是作者的人格和个性，这是戏剧的要素。当然没有思想就不成戏剧。但是不可为思想所泥。戏剧是艺术，不是宗教也不是哲学，艺术中应当有思想，但是万不能为思想而艺术。艺术若囿于思想，就失了艺术的真义，必使艺术没有生气。托尔斯泰晚年拿原始基督教的思想和教义整个的放在他的作品里面，许多人就批评他，说："《复活》所含的真完全作了主义与观念的牺牲，不免失之于褊狭。"所以戏剧应当拿思想渗润在艺术的里面。看起来要不露棱角，按起来要有骨气，然后才好。研究戏剧的人们对于这层万万不可忽略。可以说思想是骨干，情绪是精神，而我们供给人家的是美。所以戏剧要求思想的美化，戏剧的情绪，是美的情绪，戏剧所供给公众的是快乐。快乐就是美的精神。供给快乐，就是供给美的精神。不美便没有快乐，没有精神。而不能供给观众以快乐以美的精神的戏剧就不能算戏剧。有人说："没有快乐便不能算戏剧，然则有一种戏含的是悲酸凄惨，看着令人流泪令人恐怖那也算快乐吗？"当然是快乐。在剧场里面，纵然流眼泪，不是身受痛苦与悲哀的结果，这正是由观照得来的美的情绪，就是人类本能的情绪为艺术的情绪所触动而起的反应。而且戏剧表现情绪，用的是一种压榨的方法。我们看了好戏，心情一时紧张，好象受了魔术一样，忘了自己，整个的精神全浸透在美的情绪之中，无论为悲为喜，都是无尚的安慰；而美的感化，与德性的培养，在不知不觉之中，已经深入人心了。

由此我们知道，戏剧的内容是由美的情绪化的思想组成的。情绪与观众以感化，思想与观众以暗示；观众对戏剧是精神的需要，戏剧与观众的是精神的供给。戏剧家要有思想，当然要有学问；但是戏剧不是贩卖知识，所以没有教训；不强迫人家信从，所以没有命令。戏剧不是吃了可以饱的，千万不可当他有饭的作用，不是鸦片烟，不可以为医肚痛；戏剧有如滋养品，是培养人的德性的，戏剧如夏天的凉风，冬天的太阳，春天的细雨，给人以安慰，解人的烦苦，除人的暴戾的。戏剧有如最清醇的果子露，容易进口，掺多些药酒也可以教人发狂；戏剧不是吗啡针，但是拿毒药与人，借戏剧以为媒介，其麻醉的力也就格外的大，中毒也格外的深。但看从前那些愚忠愚孝的戏剧，与人以“君要臣死，臣不敢不死；父要子亡，子不敢不亡”一类的教训，以及真命天子的暗示，那些当局的先生何尝不认为于世道人心有益？又如愤恨报仇，就拿敌人来挖心剖腹，一时何尝不拍手称快？前一类桎梏人的心灵，虽经过革命以后，还不能得到解放；后一类便无形之中教人以残忍，损伤人道，直接间接使社会中了一种不易洗涤的毒。诸如此类，有例甚多，不暇枚举。总之戏剧家应当站在时代思想的前面，要苦心孤诣地斟酌，要认定戏剧的真义，要培养自己的情绪，要锻炼自己的思想，要与社会民众以极深的同情。聪明的志士们，既然谈到戏剧，也要以真艺术为标准，要和艺术家一样的放远了眼光，切莫图快一时之意，切莫拿粗糙不完的作品敷衍了事。倘若如此，恐怕所得的结果适与目的相反！因论戏剧的内容连带想到，不禁随手写了出来。

三　戏剧的要素

故事　凡属一本戏剧，必然有一段故事。故事好比是人的躯壳，人要没有躯壳，灵魂便无从寄托，戏剧没有故事，思想和情绪都无从安置。艺术必有形，故事也可以说就是戏剧艺术的粗胚。进一步说：人的躯体宜要强健，若是病驱必然精神委顿。戏剧的故事也非完整精密不足以表现思想，发展情绪。不过戏剧的故事不是随便抓一段事实，就能发挥的。历史，小说，笔记的记载与乎新闻报告，不见得样样可以作戏剧的材料。戏剧的材料是经过一种特别的选择，和组织才成的。所以抓一件事情平铺直叙的演出来不能算戏剧。

戏剧的故事，当然以戏剧的情绪和思想为根本。戏剧的情绪或思想的对象当然是社会。我们对于社会，受了某种的暗示或是刺激，就引起一种情绪，触动一种思想，要想拿来编成戏剧，必定要选择，或是根据或是编制一个故事，来具体的表现。这种故事非但要与我们的内部精神不相冲突，而且要绝对的一致，这是不消说的。但是组织一个戏剧的故事能与我们内部精神一致，却也不是率尔操觚便能做到。倘若故事的选材不妥，就不能充分包含内部的精神。第一重在选材。材料是用我们的经验和素养直接间接集合拢来的，好比用字母拼字，用字缀成文。又好比用音符作成音乐。最要从头至尾节奏谐和，又要从头至尾归结成一个目的。大凡一个故事，无非是什么人，什么时地，什么事，排列起来，就分：发端，渐进，顶点，转降和收煞为五段。戏剧的故事，既是有人有事，所以行为便是要素。剧中主角（或是个人或是群众）行为的展开便是戏剧的进行。或者某甲与某乙行为之冲突，或者个人的行为与社会矛盾，参合种种因果关系调理经纬，织成整个一片，就可为戏剧的材料。

性格　但是行为不是空的，必定要有性格。性格，照心理学或是宗教的观察来下个定义，未免太麻烦；我想简单的这样说：性格是关于一个人的本能、遗传、环境和其自身的体验合起来一种的内部生活。说得切当不切当，暂时没工夫来推敲。总而言之，性格与行为有密接的关系，性格不同，行为自异。行为的冲突正因为性格的冲突。所以有人物必有行为，有行为必有性格。换句说：戏剧中描写一个人物，当然描写其行为，描写其行为，便非着力描写其性格不可。行为要安置得非常周到，性格要写得非常的鲜明。中国不是没有描写性格的戏剧，如《桃花扇》的李香君，柳敬亭，《讨鱼税》的萧恩，《卖马》

的秦琼，都不能说没有性格的人物。不过中国戏专描写性格的很少。明清的传奇尤其是只敷衍故事，远不如元曲之有骨子。至于最近流行的戏，更连故事都排列不妥，上海的连台本戏格外连故事都不成立。他们是排到哪里算哪里的。所以我们不承认那种是戏剧。西洋戏剧家分出所谓运命悲剧和性格悲剧。例如：希腊梭发克拉斯的《欧底蒲司王》算是运命悲剧，莎士比亚的《韩姆列特王子》算性格悲剧；其实两者很难分别的。易卜生的《群鬼》到底是运命悲剧呢？还是性格悲剧呢？象德国人所作的《二月二十四夜》之类的戏，似乎故意作成纯运命悲剧的样子，我以为是可以不必。人间的悲剧总是运命和性格搅不清楚，而且不断的和社会环境因袭争斗，戏剧就由这种争斗而成立。所以戏剧中人物的性格要成立必有争斗，争斗起于意志，所以戏剧可以说完全以意志斗争为根本。人物的意志越强，戏剧的力量也越强，意志弱，那就戏剧的力量也弱，力弱就没有效果。

戏剧的危机　戏剧是最注重意志的争斗，所以有戏剧的危机。戏剧中之所谓危机，不是寻常之所谓危险。疾病，牢狱，火烛之类确是危险，却不是戏剧中之所谓危机。所以如看马戏演空中飞人，不能算戏剧。戏剧中的危机是根据意志斗争来的。意志争斗分两部分，一是外部的，一是内部的。例如一个野心家不恤杀他的亲友来夺取地盘，这是外部的。但是一面杀人一面又怕社会的清议，又受良心的苛责，这是内部的。这种天人交战矛盾的现象就含着很深的戏剧意味。能够用戏剧的手段将他写出来，便处处显得戏剧的危机。象他将杀人而未杀人以前的踌躇，既杀人后自己的惊惶和烦闷；或者想嫁祸或者想掩饰，或者他持一切不顾，干就干到底的主义。这种心理转变的情形，处处足使空气紧张，这就叫做戏剧的危机。莎士比亚的《天陪斯脱》就是好例。又如《讨鱼税》（就是《打渔杀家》）中的萧恩（阮小七改名），他本是反对贪官土豪，天不怕地不怕的人，梁山泊招安以后，他也不愿随宋江他们去做官，就在江湖上打鱼为生，偏有土豪吕子秋强收鱼税，极端的压迫，他非常愤恨；但因他已经养了个女儿，有了家了，不能十分抵抗，也只好忍气吞声的受着；谁知重重非礼，相逼而来，到临了忍无可忍，左右是个死，他只好弃了家带了女儿，杀了吕子秋逃走。这出戏一步紧一步，颇显得戏剧的危机，可惜全剧的对照不足，遂嫌不紧张，不过偶然想起说一说罢了，或者不是十分好的例。总之戏剧的危机，是要铺垫得好，烘托得好，才显得出来的。危机是使空气紧张的大原素，关于研究危机的理论，还有很多。其次便是与“危机”相连的Dram atic Suspense。这个字义是悬心，而又有希望之意，在戏剧里就是使人要急于看下文的一种手法，有人翻作“疑阵”，还是不妥。如果找不着更好的译语，不如用原文或译音的好，这里为避烦琐起见，当另文专门来讨论。在这篇里头不能太麻烦了。我们于此对于戏剧的要素大略可以窥见。其次对话之简洁，组织之严密，又是不消说的。请就对话略为谈一谈吧。

对话　除却默剧（即无言剧）当别论而外，对话在戏剧中最为重要。言语是表现情感唯一的利器，看人一篇文章，不如听人一段谈话的感动。可是戏剧的对话和普通的对话不同，和学术的问答尤其差得很远。普通的对话，或是谈论一桩事情，或是表示一种寄托，或是叙述一件故事，都是很自由的。戏剧的对话是要根据戏剧中的人物，而适合其个性情感，境遇才行。什么人物说什么样的话，一字一句不能苟且，一句话限定是什么人说的，决不能到第二个人的口里。要恰与其身分性格相符，要能前后照应，整个的将剧中人的外部生活，内部生活烘托出来。所以不宜过强，不宜过弱，不宜滥，不宜拘，不宜直率，不宜枝蔓，要恰如其分，乃为得体。不要看简明两个字容易，往往一简就难明，求明就不能简；能简能明，能得体，自然就有力量。而且要不违背戏剧的现在性。——戏剧情节当着群众面前十分的自由展开，就是已过的事实，在戏台上就如目前，所以对话应当极其自然好似流水一般，新鲜活泼，毫没一些儿阻滞；而在轻重疾徐，长短变化之间，真是煞费斟酌。一字不安，全局皆散，一字不活，通篇板滞。就易卜生的《娜拉》一篇看一看，更显然可以证明。《娜拉》的第3幕末段，女仆送封信进来，照易卜生的草稿是：

女　仆：有封信是给太太的。

郝尔默：（娜拉的丈夫）拿过来。（接过信来关上门）是了，是那坏东西写来的。你看你看。

娜　拉：你念。

郝尔默：真是连念的勇气都没有。里面一定很利害，我们从此完了，你跟我完了！可是也总得看一看。（慌着拿信拆开看几行，喜欢得叫出来）娜拉！

娜　拉：（疑问的样子望着他）

郝尔默：娜拉——且慢，让我再仔细看一遍。是了，是了，不错了。可救了你了！娜拉，这下可救了你了！

娜　拉：怎么说救了我了？

郝尔默：他把你写的借据送还来了。

照上文“娜拉，这下可救了你了！”“怎么说救了我了？”这种对话太觉直率不够力量，没有戏剧的抑扬顿挫，而且对于不是喜爱娜拉只拿她当玩具自私自利的郝尔默的性格，不能充分的表现。“娜拉这下你好了”这句似乎郝尔默还是只以娜拉的灾难为重。所以易卜生推敲之下改为：

（娜拉站着不动，郝尔默前去开门）

女　仆：（一面扯着衣服）有封信是给太太的。

郝尔默：拿来。（接信关门）是的——正是那坏东西写来的。这不能给你看，你让我来看。

娜　拉：好，你看。

郝尔默：真是连看的勇气都没有了。总而言之，我们两个人完了！可是——总得看看。（慌着拆开看几行，又看里面封着的东西，喜欢得叫起来）娜拉！

娜　拉：（疑问的样子望着他）

郝尔默：娜拉——且慢，让我再仔细看一遍——果然果然，不错了。娜拉，这下可救了我了！

娜　拉：我呢？

郝尔默：当然你也……两个人都好了。你看，他把你写的借据寄送来了。

这样一改，就把郝尔默的性格，和盘托出，在他意外高兴的时候，无意识地说出一句“这可救了我了！”娜拉又反问一句“我呢？”象这种文章多么空灵？多么有力量？一个字一短句的斟酌，稍为更动一点，便差得好多。于此可见对话的重要，字句之间非千锤万炼不为工，决不容丝毫假借。

用对话表现性格，看《娜拉》的例可见一斑。娜拉一句“我呢？”又是愤，又是悲，又带着鄙夷不屑之慨。所谓词简而意赅，在某种地方某种时候，某种人当某种境遇，应当说什么话，要在千言万语之中选一句最切当的，颇不容易，何况要说得跌宕生姿，委婉动人？所以谈义理不能出之于演说，出于演说便板；寓劝戒不能形之于教训，形之于教训便腐，既板且腐，尚何艺术之可言？不过取观众之厌恶而已。要使思致超技而逸趣横生，寄托遥深而文情并茂，方能引人入胜，方能见戏剧的效果，那些只求通俗毫没有组织的固不必说，能深入而不能浅出的也在所不取。——其次请论戏剧的结构。

戏剧的结构　谈到戏剧的结构，自然是根据前面说过的德国戏剧家弗来塔格五段三节的分法，分作发端，渐进，顶点，转降，收煞。（Proposition，Ascent，Climax，Anticlimax，Catastrophe）请举一例，以下是比国梅特林克的《曼娜凡娜》：

发端：意大利的仳赛城为弗罗连斯的大军所困，食粮断绝。仳赛的大将基德，枕戈秣马，准备要决一死战。

渐进：基德将军的父亲马可，为当时道学家，他作代表去见弗罗连斯军的将官卜林起鹊利。当时卜林说：只要基德的老婆凡娜能够去陪他一晚，他就可以解围，放还所扣留仳赛的粮食，结约议和。马可回信，基德听见这个话大怒，提议拒绝，但是凡娜自己独愿牺牲一身，解仳赛之危，出市民于难，毅然决然的一个人走向卜林的营里去。（第1幕终）

凡娜既到敌营，卜林大喜，立刻下令议和，将粮食送回仳赛。

顶点：仳赛之人大喜，庆祝再生，卜林从前本与凡娜相识。见着她，异常感动；却没有丝毫侵犯她的意思。凡娜说：她完全为救百姓而来，生死但凭将军。卜林跪倒在她的面前，谈起从前的话，表示他热烈的恋情。凡娜到了此时也不免心动，恰好卜林的部下叛变，同时又受政府的谴责，卜林一时陷于危急之境，凡娜教卜林快逃，卜林不

得已随凡娜到仳赛。（第2幕终）

仳赛的市民当凡娜是救世主一样，欢迎她回城而以卜林为俘虏。

转降：基德以为妻子必为卜林所污，虽经凡娜百般的自誓贞洁，他还是极端怀疑，便拿卜林关在牢里，严刑拷问。凡娜想卜林没有犯她毫发，对她实在是纯洁高尚之爱，以人格论，基德不如。因此决意与卜林同逃。

收煞：于是她便假说她是受污，实欲得卜林而甘心，乃设法拿监牢的钥匙弄到手里，救出卜林一同逃去。叫道："真是一场噩梦，从今后好梦就要来了！"（第3幕终）

照以上的例看来不必烦言，已可了然于心。编戏的结构如看人钓鱼。起端见钓竿在水面，渐进见水纹浮动，浮标起伏，顶点就是鱼已上钩为生命而挣扎。鱼的着急和钓者求得的精神，都到了最高点。于是转降而见钓者一收一纵，鱼力渐竭，钓者举竿，鱼跃入手为收煞。法国人还有个有趣的比喻说，编戏好象拾一块石头打猴子（发端），猴子逃跑（渐进），逃到高树上（顶点），想个法子叫它下来（转降），抓住它，便是收煞。发端要提纲挈领，非但故事可以抽绪寻源，能够把捉全剧精神，方为上乘。既不仅补陈事实，对话之中也要处处能引起下面的文章。看《娜拉》的开场寥寥几句，玩偶的家庭已经隐约可见。由发端转而为渐进，着笔最难，倘若不能就渐进一部分把空气鼓动得十分紧张，到顶点便没有力量。好比放枪枪筒做不紧，枪子出去不能及远。作戏要一步一步逼得很紧。所以说戏剧的情感是压榨出来的。发端如微风起于青萍之末。渐进已有万窍怒号之势，剧本的二幕，其难也其在此。顶点如枪子在筒中旋转而出，在此戏中的精神到了最高点，看客的感情也到最高点。若是一个戏没有顶点，便不能抓住看客的精神。中国近来的戏和电影，都犯这个毛病。转降好比枪子出了筒口作弧线落下，收煞好比枪子打筒正着。枪不好子不好，不能有用，戏本本身不好，做手也无能为力。有好枪、好子弹，又得好手来放，便能洞贯坚厚；有好剧本，又得好舞台，好角色来演，便令着看客忘记他自己。枪和子弹那一处能够有些微的相差？一颗子弹炼出来，要经过十八次的测验，一个剧本编成，在作者脑中又岂止十八次的回旋？从极丰富的情绪有整个的思想然后组织一个相当的故事，排列而成结构，润色而成文章，实演而成戏剧，运用天才，煞费苦心，然后才够得上供社会的评判。凡属是有些价值的作品，无论是新的，旧的，中国的，外国的，没有不合这个标准。我想举一个中国戏为例，也罢，就说《讨鱼税》吧。

发端：收心不做强盗的萧恩，打鱼维持生计，亲老家贫，父女不能过活，土霸又派人来讨鱼税。

渐进：因萧恩不付鱼税，土霸令打手去强迫他，被萧恩打走。

顶点：萧恩到县衙告状，县官袒护恶霸，打了萧恩四十大板，还叫他到土霸哪里去赔罪。

转降：萧恩受不了这种委屈，便带着女儿前去报仇。

收煞：杀了土霸，仍然去做强盗。

这出戏结构不错，前面我虽说过它对照不足，描写还嫌它不充分，在段落方面也嫌差些，所以到顶点力量不够，若拿这个材料重新分幕，加以新的演出法，必有可观。

上面谈戏剧的结构，所分发端，渐进，顶点，转降，收煞5段，对于结构的大致，似颇容易明白，但是不免令人误会顶点常是在当中。从顶点到收煞，急转直下，有的收煞就是顶点，没有一定。所以近来只分开场（Beginning），中段（Middle），结局（End）为三段，而将顶点归在结局之中。这种办法比较为妥当，但是编戏的时候，当然不能照着格式写，运用之妙，存乎其人。不过根据这个办法，那中国目下的新戏，就有十之七八不能成立了。

分幕并不专为休养注意力和调节看客的疲劳，在戏剧上的确是一种特别的效果。我们往往觉得有一幕一幕，戏的精神便完整，没有幕便散漫。譬如演《不如归》浪子死了，武男回来一哭，片冈中将对武男说："……我还是你的丈人，你还是我的女婿，我们还是谈点战争的事吧！"在这个时候下幕多少紧？如若许多哭的人和死的娘子一齐走进后台，便把悲惨的空气破坏了。这是个极浅显的例。（《不如归》并不是什么有价值的戏，不过为便利计，偶然举出来说说）这种地方很多，不暇枚举。威连亚茶（William Archer）说："不分幕的戏，好比软体动物，分幕的戏，好比脊椎动物。"我也差不多有同样的感想。关于分幕的话，只在这里带着说一说。

四 话剧与歌剧

中国的戏本来起于帝王面前的一种滑稽调笑，原本只有语言，以后同歌舞相合才成金元的戏曲；又加上些角牴，象戏之类东西，才有现在这种戏。所以中国戏是拼凑拢来的；其内容非常复杂，论其性质当然是一种歌舞剧。其成长的径路，和在表演的形式，完全与西洋歌剧不同，当然是中国特有的艺术。至于话剧是间接从西洋传过来的，是舶来品。在中国观众面前的历史，还不过20年。而对于西洋近代剧之正式介绍，还不过是10年以来的事。其间若断若续，若存若亡的偶见鳞爪，既没有表演的专家，当然不能成正式的运动。国人对于话剧没有认识，本毫无足怪；可是话剧对于社会的重要，是应当绝对注意的。有人说歌剧是抒情的，话剧是写实的，却不尽然。话剧的好处不仅是写实，但是描写的方法，比较真切，因此在话剧里容易看得清社会，容易认识我们自己，而思想的表现也比较歌剧显明痛快。话剧是以对话为根本，歌剧以歌唱为根本。对话就是我们自己日用寻常的言语，一句一字最容易听得明白（当然戏剧的对话，是经过特别的锤炼，而在我们听的时候，却没有丝毫的隔阂）。一字一句好比弹筝的银甲，顺着天然节奏，拨动我们的心弦。歌唱呢，其作用为音乐的，在音节的颤动中含有无上的灵感，一声声裹住我们的神魂。所以说话剧是心的艺术，歌剧是魂的艺术，这个话虽未见得绝对的恰当，而相差不复甚远。话剧容易使我们紧张，歌剧容易使我们陶醉。而且有许多材料便于作话剧，而不便于作歌剧的。如《娜拉》，《少奶奶的扇子》，《人与超人》，《海上夫人》一类的近代剧，拿来作成歌剧，便没有那种精神。又如瓦格拉的《斩龙遇仙》，毕托芬的《悱蒂榴》（Eidelio）之类的戏，作成话剧，也不容易讨好。总而言之：歌剧有歌剧的精神，话剧有话剧的精神，应当并重。尤其在现代，话剧的范围应该特别扩大，成为生活的要素，开革命的先河，丝毫不容忽略。人们欣赏歌剧必须对于音乐有相当的了解，话剧只要听得懂台词容易彻底了悟，所以普遍的力量比歌剧更大些。中国因为音乐退化，趣味低落的关系，歌剧渐渐不能成立。我们目下急切整顿中国的歌剧，是为必要。但是二黄戏已经成了强弩之末，形式，内容，音乐，都不能应现在社会的需求，非根本加以改革不可。现代人的情绪和思想，很难在旧的形式里而表现。我们很迫切的要求能直接表现人生的戏剧，当然有提倡话剧的必要。据说话剧太冷淡，没有人喜欢看，这是只怪我们的话剧演得不好——非但不好，可以说简直没有成立。若说话剧没有人看，何以连话都没有的电影偏有许多人爱看呢？有人说演歌剧必定要能歌。能歌第一要有好喉咙，练习起来又很不容易，非用长期的苦功不能动听，何况歌唱与表情同时要能合法，岂不更难吗？至于演话剧只要会说话便能上台，至于动作表情不过模仿日用寻常之事，没有特别的技能，所以话剧俳优是很容易作的。因为容易，所以不值钱。这是极大的错误。话剧的话有时比唱还要难，喉音不好说不出，即使说得出不好听也是不行，即使好听，还要轻重疾徐，抑扬顿挫，上分合拍，不仅是部分的合拍，而且要整个的合拍，所谓整个的合拍，就是说全部呼吸与节奏之调和。话剧的台词说得好完全和一套音乐一样。至于动作表情，看是什么人格，在什么当口，什么事，什么样的情感，一举一动都要恰到好处。演戏的时候在许多个动作里头选一个恰切而美的动作是很不容易的。“艺术就是选择”这是一些也不错的。照此说来，话剧是很不容易，也非用长时间的苦功是不能成；不成就便无从得到观众的同情。再说歌剧只要有两段歌唱站得住，就可以勉强通过。话剧不然，非全部妥贴，差一点便看得出，片段的美，完全没有功效。许多人把话剧看得太容易，率尔从事，因此没有好东西给人看，以至如文明戏一样，每况愈下，倘若是剧本好，表演好，舞台装置好，音乐配置也好，又何至于失败？话剧不发达是话剧的过错，不能全怪观客，尤其不能误解话剧的本身。这里略就歌剧和话剧的性质谈一谈。在后面实行计划里还有些很重要的问题要讨论。总之，歌剧与话剧同时并重，而话剧在新旧革替之际，尤应加以特别的注意。

五　悲剧与喜剧

中国从来没有悲剧与喜剧这种名称，这个名称本来出于希腊。在这个时候我们也没工夫去追本求源，只好就性质来说一说。先说悲剧，悲剧就是战败者的纪录。悲剧的内容大抵分三种：一种是人的意志和命运战，一种是其战斗之动机是因为主人翁性格上的缺陷，还有一种就是意志与境遇之战。既是悲剧，必然是战败。所以悲剧的结果，总是悲惨的，决不能大团圆，也不能大快人心。

喜剧就恰和悲剧相反，结果总满的居多。从来是圆对于喜剧的解释分三种：一，能引起滑稽意味的；二，结果圆满的；三，凡不是史剧，都叫喜剧。当然第三种我们不去管他。我们认为喜剧取隽快的材料，作成愉悦之结果的，总不错吧。

本来在戏剧里面不是悲剧就是喜剧。因为人生总是悲喜相对照。生与死，幸与不幸，快乐与苦恼，向上与没落，——种种色色映照在我们的眼前，在戏剧中就归结到庄严与喜悦。所以悲剧的庄严厚重，恰始与喜剧的轻美隽妙相对照。

悲剧是最容易引起同情的艺术。凡属一样东西越难得越有价值，一经丧失就起惋惜之情。悲剧的情绪也就是从这难得与丧失而来。所以看悲剧当然对于主人公的不幸表深切的同情，又是怜悯又是恐惧，悯的是剧中人的遭遇，惧的是自己倘若如此又何以堪？这种情绪，极为高尚。世界上的和平与安慰都从这种情绪而来。所以说悲剧能使精神净化，这是一些儿也不错的。艺术家之所以为艺术家，全在最丰富的同情心，而作品的价值，也正在能引起欣赏者无限的同情心。

悲剧的收场当然不是圆满的。但是古代希腊的悲剧却和近代的悲剧有些不同。前者大抵结局非常的悲惨，好似漫漫长夜没有曙光重见之期。后者的写法，便虽是结果不满，但是不绝望，有一线光明隐隐的照耀着将来。如莎士比亚的《韩姆列特王子》，韩姆列特虽然一死，却暗示国家由此而平定。《罗曼与周立叶》虽是一对情人，双双毕命，究竟永不相能的两家，由此和好。Towrii 说：“古代悲剧的动机自其外，近代悲剧的动机自其内。”近代悲剧当然归之于性格悲剧，古代的悲剧是运命悲剧。运命有无限的盛权，绝对不可抗的力量，脆弱的人生当之无不失败，所以运命悲剧结果总是绝望。进一步说：人生未必始终受运命的支配，坚强的意志定可胜天，于是有性格悲剧。但是到了现代却又不同了。现代的悲剧多从意志和社会环境的斗争而构成，所以叫作境遇悲剧。这正因为文明进化，人类征服自然的力量越发大了，可是社会因袭的力量也随着历史的年月而加增。我们极力改善社会环境。不能得自由的生活，人生的悲剧也于是乎开场。我们认定这个，便可以决定现代戏剧重心之所在。我们决不能离开社会，社会也是我们造成的。我们打破从前一切因袭，从新建筑合理的自由的社会，是我们应有的责任。我们没有这种努力，当然没有这种悲剧。可是庸惰的生活，劣于悲壮的死。境遇悲剧正是人生向上的记录，正是到幸福达自由半路上应有的过程。倘若幸福自由象拾芥一般的容易，我们还为什么死力去求呢？而且天是很吝啬的，决不肯轻易予我们以幸福，十分的努力，不过得到一分的安慰，减一分努力，便增十分的痛苦。怪不得人民要恨命运之不济。但惟其如此，才越显得人生的意味价值。要表示人生的意味价值，就看你能担得起多少悲哀。境遇悲哀正是写我们的阵容，不仅是寄托深远，而且切近生活。看我们庄严雄伟，抱着大无畏的精神，一步一步的走向前去。现代的悲剧是值得这样赞叹，也决非拿这种精神去编制不可。

至于喜剧，当然不是悲剧那样紧张，其主旨在令人发笑。壕沟里战士哪一个哪一时哪一刻忘了生的喜悦？不然就不能作战。喜剧的价值也就在此。喜剧的笑大抵出于人格的否定。譬如一桩事弄得很紧张，好象有山雨欲来之势，到了完结，原来是一场笑话；或者一个人物起初好象很伟大，末了却是很渺小。这种办法，观众大失望必定发笑。以为真的忽然是假的，以为大的忽然是小的，出其不意把捉住观众的心灵，突然又一放松，所以觉得舒服。人生本身是矛盾的，矛盾的地方，就是滑稽的源泉，越矛盾越滑稽，加之矛盾的地方最显得出人生的丑恶，尽管是盲目，愚昧，顽固，偏执，然而总是莫明其妙的自鸣得意，这是何等的滑稽？这种可以说是性格的喜剧。还有社会不良弄出无穷的怪现象，演出来最是发笑。就如高戈里的《巡按》一剧写许多官府弄弊，听说有巡按来密查，他们就惊惶失措，恰好有一个栈房里来了一个面生可疑之人，他们以为是巡按，都去行贿，弄出无数笑话。结果那个人并不是巡按。类如这种社会喜剧，何等深刻，这也就是真的变假的例子。这种否定原本是从反面着笔的写法，因为否定，却愈显得确定的精神。看假的便认识真的，看小的便认识大的，讽刺的意味即写于此。要知道从笑里得的刺激和暗示，正与从精神紧张所得的是相等。喜剧并不是应当没有意义的；如 Biornson 的《葡萄花开的时候》那种手法，易卜生的《野鸭》嘲笑文明时尚的人，肖伯纳的《盗马者》讽刺虚伪的信仰，是何等的力量？我们看喜剧开口而笑，细按其反面是令人与无穷的悲感，所以说笑里边有的是眼泪。喜剧是最大的艺术，不是拿卑污粗俗下流的举动来逼人笑，就是拿人情的滑稽来引人笑的。亚理士多德说喜剧比悲剧低，当然是不能承认。

以上对于悲剧与喜剧作概略说明，除此而外，还有所谓悲喜剧，也得附带说说。悲剧的结局总是死灭悲惨，喜剧的结局总是愉快圆满。譬如善人虽饱经苦难，结局是如愿以偿；或是恶人能改过迁善，或是恋爱经过许多挫折居然同谐白首；这种就叫悲喜剧（Tragi-Comedy）。如莎士比亚的《威尼斯商人》，就是最好的例。悲喜剧这种名词，是从15世纪时候有的。因为看悲剧嫌其太重，看喜剧又嫌其太轻，于是就拿一个悲的情节和一个喜的情节合拢来，做成一种有悲有喜的，或是先悲后喜的情节，就名之曰悲喜剧。所以悲喜剧大概都是合两段或几段故事组织成功的，如《威尼斯商人》里面，就不止一段故事。中国所有的传奇，大半都是悲喜剧，都是拿许多段的故事拉扯在一块，结末来一个大团圆。这不过就性质而言，至于论剧技巧上的话，另当别论。这种悲喜剧在艺术上的价值，有许多不免怀疑。因为大团圆的情节，往往不能自然，多少总是勉强装上去的。这固然不能一概而论，严针密线的当然也有，只是极自然的满意结局，又归之于喜剧一类去了。现在这些话也不必多麻烦。只要知道先悲后喜的戏叫悲喜剧，也就是了。

本来悲喜剧可以附在喜剧里面，近代有些作家也有标明悲喜剧的，不过解释似有不同。还有人说悲喜剧就是感伤剧（Sentimental Drama）的，似乎又是解释的错误。因为感伤剧是对于情感过分的戏剧而言，不是专指用一悲一喜两段故事或多段故事拼凑而成的。譬如《牡丹亭》一类的戏，有一部分可以说是感伤剧，但是感伤剧这个名词，是日本人翻译的，妥当不妥当，还得斟酌一下才好。

关于喜剧还有几种分类，似乎也不能不说一说：一种叫高喜剧（High Comedy），一种叫低喜剧（Low Comedy）。高喜剧分两种：一，Comedy of Manners社会喜剧；二，Comedy of Character性格喜剧。社会喜剧是讽刺社会及生活的矛盾不调种种的；性格喜剧是描写一个人性格上的笑话，如偏急，怯懦，夸大，卑鄙，种种描写出来，当然是很可笑的。低喜剧分三种：一，Farce 小笑剧；二，Burlesque 用颠倒错乱的方法作的嘲笑剧，中国的滑稽戏多属于此类；三，Extra Vacancy 随便取笑的剧，这种完全不讲情理，就不过胡乱取笑，在喜剧里算最低级。这种东西在中国近来的戏里多得很，随便可以找得出例子，不用多说就可明白。

低喜剧是一见就会笑的，高喜剧是看了之后想想才会笑的。《少奶奶的扇子》，《巡按》都要算高喜剧，《鸿鸾禧》，《一匹布》也是高喜剧；《打城隍》一类的戏就要算是 Burlesque 了。不过高喜剧和低喜剧在事实上往往相混，高喜剧里面不免加些低喜剧的做法来帮助发笑，不过滑稽务求能恰如其分，过分的滑稽容易趋于下流，在剧艺术里决不许的。

本篇对理论方面，就暂时作一结束，挂漏当然不免。只好再说。

六　我们应有的觉悟

根据以上的理论，我们总可以认识戏剧是怎么样一个东西，同时可以衡量目下中国的戏剧是处在怎样的一个地位，有多少价值。总之：中国旧剧已经落伍了，虽然过去的光荣有足称道，但是在目下，我们也无容其凭吊废墟。莎士比亚时代的观众，不要求希腊的古戏，现代的观众，又不愿去欣赏莎翁的作品。时代不同，社会不同，人们的中心思想也就不同，于是乎观众也就不同。观众不同，戏剧也不能不变。哪怕是世界的杰作！元曲之亡，传奇之衰，昆山之沉寂，应视为当然。自然和人类社会的新陈代谢，本不独戏剧为然，正因为有死亡与衰退，才有新生与发展。我们只要努力目下与将来，用不着费许多时间，去追踪既往，历史所昭示我们的，前人遗下给我们的许多知识经验和方法，可以帮助我们启示来兹，决不是教我们抱枯骨而讲恋爱。目下中国的戏剧旧的过去了，新的没有生，许多的戏剧家为顺应观众起见，的确天天在变，时时刻刻在变，变好变坏多半是不负责任的。若是负起责任来说话，我们非认定一条正当的路不可。怎么去认定这正当的路？

一、要打破因袭的观念；

二、要扩充研究的范围。

因袭的观念怎样去打破？第一要有纳入正轨的艺术论和戏剧论。理论是事实之母，我们应当综合世界共同信仰的各种戏剧论来作我们研究的标准，将中国从来对于戏剧的种种误解一齐推翻。最紧要的是认定戏剧是艺术，不是浅薄的娱乐。我们要从戏剧里面认识人生，要使观众出了剧场，在精神上有所获得，不仅是拿戏剧作什么教育宣传的工具就算满足。我们要本着这个宗旨彻底作一作革新运动，不是只在书房里读几本剧本，或者偶然登一两次台出出风头博一两声喝彩就算完事。我们是过渡时代的人，光荣尽管让诸后之来者，辛苦我们尽管拼着受去。我们应当虚心容受世界的理想，决不故步自封的守着一隅的偏见，所以要扩大研究的范围。中国历来的戏曲家，提笔的只顾到文词，想唱的只顾到片面的腔调，尤其什么派什么派害人不浅。王国维研究一世只讲的是曲词的变迁，吴瞿庵所研究的，是沓曲的规律。都不是从戏剧的立场来讨论的。目下我认为应当拿戏剧的尺，把中国的戏剧从新量一量，估一估价。中国的戏剧，有特殊的形式，用那种形式所能表现人生的能够到什么程度？我们应当拿一种实验来证明一下。我们当然不以一己的好恶或是习惯上的便利来发挥其好古性，也决不仅因为爱新性的冲动就武断的抹煞一切。请就研究所得，提出来大家讨论一下。

中国戏是歌舞剧，我们应当承认，改造中国戏剧是歌剧革新运动。至于话剧是另外一件事，要分开来讲，不能与中国旧戏混为一谈。请先说歌剧。

七 歌剧

歌剧　（Opera）的定义，照世纪辞典上的解释，“歌剧是音乐的剧，也可以说是用音乐来演的剧。其中以音乐为最占重要，盖广阔之剧的作品也”。

这个定义，好象有些模棱，却颇为得当。所谓音乐的剧，不必一定如Grand Opera之全用歌唱没有说白才算歌剧。有白有唱的歌剧，一样是成立的。如西洋的Operetta Singspile之类，都是有白的。Opera这个字，原来就是“作品”或“技艺”的意思。在意大利作“乐技”解。这正如中国从来对于“戏”的解释一样。本来在中国只要是戏，就总有唱的。

歌剧的唯一要素就是音乐。而且声乐和器乐应当并重。歌剧的对话，最好也要音乐化。音乐的对话和普通对话的语调是不同的。中国戏的上口白，日本歌舞伎的台词，都是音乐的对话。就是演莎士比亚的戏所用的语调，也与日用的英语不同。虽然在Light Opera里面所用的说白有很多是不上口的，这是看剧材如何。轻描淡写的喜歌剧，当然不成问题，可是一到了庄重严肃步调整齐的悲歌剧，有时就非上口不可。就是用普通的白话，语调和出字总不能做到十分写实。这正因为有音乐的关系，至于动作也是一样。

歌剧的动作，或者全是舞，或者大部分舞踊化，不如此便不能合乎音乐的节奏。舞踊化的动作，当然不与实生活的动作相同，这种动作好比雕刻，也可以说是动的雕刻。

既是如此，可知歌剧的演法，和话剧完全不同。演法既是不同，舞台装置也应当有特别意匠，无论其用建筑的方法，用颜色垂幕，用绘画，总之整个的看来要它象画，尤其因剧之形式，组织不同，性质自异，舞台装置也随之而有出入，譬如假面剧、无言剧、象征剧的布景，当然与写实剧的不同。歌剧既不是象话剧般的写实，舞台装置，不用说也难取张三的帽子给李四戴。

如此看来，拿写实的眼光来批评中国旧戏是根本错误。我们要就歌剧论歌剧，来评判中国戏的得失，才庶几不失之于偏。

中国的戏剧，要推北剧（京戏）为培养得最成熟。它是集合各种腔调而成的。至于动作，有的出于古代的舞曲，昆剧嬗递而来，有的出于秦腔戏，有的出于花鼓戏，有的出于拳术，有的就为掷倒象戏之遗。场面音乐也是楚、昆、秦、勾合成的。本来隋之九部技，就是许多杂色的东西，到了明代宫廷宴集，还是各色各种的更番迭进。鼎革之际经一次变乱，当然散亡不少，一部分流传民间，也可想见。到了清季，不知怎变来变去，东鳞西爪的凑合拢来，成了皮黄戏。在湖北的就是汉调；一支入湖南，由广西传到广东；一支从安徽到北平，（乾隆三十九年事）变了京调。京调因为得了宫廷及达官贵人的提倡，培养得繁盛，内容也比别处的戏丰富些，入京以后，不到3年，夺了昆曲和西秦腔的地盘，接着又赶掉了山西梆子，一直到如今独霸天下。所以然能够这样，当然有它的优点。优点在哪里？我从前有谈二黄戏一文，登载在《小说月报》的中国文学号。其中拿皮黄戏和昆曲戏比较论列，有好多条。这时候不能一一转录，不过就其落落大者，约略说一下。第一就歌唱方面说：昆剧声调太低，转折太细，节奏太缓，容易使人沉闷，但是梆子急管繁弦，又太粗野；皮黄戏的声调，比较高下适中，转折明显，疾徐中度，不过高亢宛转有余，清俏柔丽之处却不如昆剧。昆剧曲牌最多，情意不同，皮黄戏的唱法，翻来复去，只有几种，不如昆剧每一句戏有一句的唱法，这一层是一弱点，但正因其简单，易于普遍。昆腔吐字用反切法，子音与母音相去太远，不易听清，皮黄腔纯近自然。昆腔曲牌的长短有一定，一动手非唱完一支不能歇；皮黄每段可任意长短，运用较便。昆腔地方色彩太重；皮黄则兼宜于南北。

就编演方面说：昆曲词虽华美，只有少数人能懂；皮黄戏则词句通俗，容易了解。昆戏每本多有40折，里面因十项角色的规定，以至于有许多不相干的场子，看整本呢看不完，看单出又看不懂；皮黄戏便能在很短的时间，完成一段故事，所以觉得紧张有力，而且表演的方法，动作明快，比较有精神，不象昆腔只是专门咬文嚼字，哼哼唧唧的牵连不断；而且皮黄戏里描写男女情爱来得素朴，不象昆戏生旦那样酸气，却比山西梆子多少庄重些。

即此数端，已经足致昆腔的死命。加之皮黄的武戏，比昆戏的把子好得多。而所谓侠义的戏，又最能适合一班风尘好汉的心理。更加之以皇室的保护，还哪能不盛行呢？

但是皮黄戏，本来是民间野生的艺术。若听其在民间长养，其结果怎么样固不可知。但一自身入朱门，逐渐便成为贵族的了。谭鑫培、梅畹华就是已经完全贵族化后的代表者。其中尤以梅畹华为最。

就大体而论，辛亥革命以后，几句旧戏渐次成了机械式，不行了。上海新舞台的配景新戏，应时而起，这种专讲舞台美丽，情节离奇Melodrama式的戏剧，就给专讲唱工谈格律务求整齐，不重情感的旧戏一大打击。于是个个人都想出奇制胜，有的呢在白里唱里加些教训，用演说式的表演，以夸他的有意义；有的就用真刀真枪，打出新花样，来显他有功夫；有的卖情节；有的卖花腔；有的措手不及，就任意迎合中流以下的心理，胡乱卖弄专求卖三层楼，起码座的钱。欺世殉俗者，当然在所不免。至于北边的伶工，有的极力保持旧规模以相对抗，一时谭派汪派陈派打起很鲜明的旗帜走到南方来。知识界的先生们，与乎前清遗老之类，大家推波助澜，要想捧几个京角出来，一则是消遣闲情，二来也想保存旧戏的典型，作一种扶持正义的表示。最初欲奏些效果，可是慢慢的又不行起来。北京角色也要唱新戏才能卖钱，于是海派兴起。北角当然鄙视海派，平心而论，海派不重唱做上的真功夫，而专以变戏法和用一种 Extra Vacancy 式无聊的滑稽来迎合社会的懒惰心理，是不对的。梅畹华当然不取这条路。他便就旧腔造些新腔，就旧身段改成新舞，制出许多新式样的衣服，加用好几种乐器，专以整齐华美取胜。他实在肯用功。一出天女散花，每天不断的练习六个月，方始拿出来表演，果然一鸣惊人，获到了未有的成功。所有唱花旦的没有人不受他的影响。这也是中国歌戏史里很重大的一桩事。

论畹华的艺术，就是匀整两个字足以尽之。以花旦论，他的扮相、身段、体态、唱功、声调、做功、武功，都够得上平均分数。这是他人不能及的，请看其他的花旦，不是缺这样，就是缺那样，都没有畹华那样匀整。不过畹华的新戏，没有一出编得好的。每出戏都只有一部分的整齐，除掉畹华本身扮相、身段、衣服、歌唱之类而外，一无所有。可以说没有一出戏，能合戏剧的条件。第一没有情感，没有情感就是死的，譬如朝考大卷子，写八股，纸白版新墨香画整，又有什么意思？根本既没有情感，自然行为的进展，不知所云。所谓 Susdene Climax Crisis 当然不会成立。看这种戏，又与看电灯牌楼何异？但这不是畹华之过。畹华若然想进一步真作个艺术家，非大胆离开他那些保护者，而别图发展不可。因为他们只要把畹华制造成一个与人生相离，与社会相远的贵族，并没有想把他造成一个接近社会接近人生的艺术家。前者的目的，他们已经达到了。后者的目的，在他们本可以不管的。

我们的戏剧运动当然歌剧与话剧并重。就歌剧而言，最危险的是拿上海新本戏作标准。这不用说，是人人不以为然的。拿北平的新剧作标准，却有一班知识阶级表示赞同。两者同样的错误。有人便问：然则拿旧皮黄戏作标准吗？不，皮黄戏的好处，我们当然不可埋没，我们现在所要改革的也就是这皮黄戏。广东戏和皮黄戏本是一个东西，当然一齐打算。我们所要建设的，是中国新歌剧，不过就目下而论、想拿皮黄戏剧来加以改造。至于改造的标准，就是根据理想来从事研究所得的结论。请试言之：

一、剧本：应当有美的具体化的情绪，有适时代的中心思想，有诗的文词，有剧的行为，有鲜明的性格，有表现的技巧：须求整个的完成，不取片段的齐整。

中国旧歌剧对于美的情绪的表现多半靠词藻，而不在剧的本身，所以全剧的情绪，不能全剧贯串，如此便不能整个的具体化。

过去的思想已经不适于现代，而且有许多戏只注重片段的技艺，本无行为与思想之可言。至于歌词，全是二二三与三三四的句法，不能令人满意。最好改为长短句。但不是拟古诗，也不是按曲牌填词，要崇尚素朴的美，不取传奇式的专趋典丽。道白要能适合音乐，但也不能去实生活的言语太远，所谓“诗的”也只求有诗意，不必立诗格。元曲的精神，最为可采，能打破词曲的旧套，而学元曲，必有成就；如还魂紫钗之类，颇为不取。

性格在中国剧中从不注意，却如《桃花扇》中之李香君、侯朝宗、史阁部、柳敬亭，《卖马》中的秦琼，《捉放》中的曹操，性格都写得很好。元曲中更有些好的，如《救风尘》之类。《救风尘》这出剧，结构、运词、性格描写，都比《汉宫秋》好。称美《汉宫秋》的是词家之论，不是戏剧家之论。至于多数的传奇只顾敷衍故事，毫不顾到性格，已经落了下乘。到了目下，弄到连故事都不成立，所以说中国没有戏剧并非过言。

中国戏的结构，照元曲四折的办法，颇为经济。但行为的进展多不完全。明清之传奇，变为冗长，平铺直叙之中，又胡拉许多不相干的情节进去，越弄得莫明其妙。如《琵琶记》之坠马，《牡丹亭》之劝农，闹学之类，都与正文无关。这种十项角式之弊，到皮黄完全打破。这在戏剧史上，是大进步。可是皮黄戏，除些简短的数出外，稍微复杂一点的戏，仍然是废场子很多。一来不善于用暗场；二来不懂行为进展的道理；三来除了平直的叙事，不懂得分析式的技巧；四来舞台太幼稚，没有分幕的段落。这还是就真正的旧戏而论，至于近代所出的戏，无论南北都只好置诸不谈。还有一班文士替北平各角编戏，也不过袭一部分传奇之旧，于戏剧毫不相干。他们讥笑海派，其实五十步笑五十步而已。

二、音乐：倘若剧本更变，表演当然不同。第一发生问题的就是音乐。就目下的音乐看来，从不分幕的戏改成分幕，似乎没有大了不得的困难。只是由三三四，二二三的词句，变成长短句，便不大好凑合了。因为句法既变，唱法也当然要改。目下上海的联弹，广东的梆子中板，多加衬字，已自然趋于长短句；真正的长短句或由此变出也未可知。但是否能脱离十字七字上下句的范围，不敢预断。不过我以为单是拿音乐来凑合长短句的唱词，并不甚难，音乐跟着开幕闭幕也容易。可是要先问：为什么要分幕？要用长短句？就理论来答复很简单的："因为现代人的情感，非用这种方法不能得充分的表现。"好了，既是这样说，要知道幕与幕之间的间歇，与全剧的精神有密切的关系，于是音乐也当然不是无意识的偶然停一停，是在整个的中间，成自然的段落。其次歌词既改长短句，表情越加自由，从一个字到八九个字（或者以上）长长短短错集而成章，一字一句都与全剧的呼吸相通，音乐当然自不能帮闲似的跟着胡凑，就算尽其能事。而且有新动作，新结构，也决不是胡乱敲几下锣就能合拍的。所以说非根本推翻旧场面创造新音乐不能完成新歌剧。然则怎么办呢？我以为应有一个急办法，一个治本的办法。

治本的办法是将中国古今的音乐算一回总账，根本整理一下，再把各处的民间音乐，集拢来铸过一下，改造乐器，厘订乐谱，订正标准音，参考西乐而编制中国的和声学。这种重大的问题，都要按次一一解决，这当然不是一天的事。

应急的办法，是就原有的场面，向着我们需要的方面逐渐改革，渐次将噪音的乐器减少，将乐音的乐器加多。在编剧方面，将剧的大体确定，音乐可以跟着一步步走，由勉强做到自然，由少做到多，由单调作成完备，持之以时日，也可以逐渐有比较好的歌剧出来。

但是这两个办法，宜同时并进，所以我很希望社会上对于这个多多注意，有力者多加提倡，这是中国文化上的大事业，尤其要多给专门家一些研究的机会，或是奖励出些专门家来，才有希望呢。

三、动作：中国戏是用几种夸张的动作，来表示情意的。在大剧场多数的观众面前，这种办法，也是对的，而且在草台子上演给许多乡下人看，尤其是必要。近来的戏有的不问情由，专注重机械的动作，以过分用力逼着喝彩。有的便破坏格律率性乱来，以无理的怪相自鸣滑稽。新戏剧的剧本组织既不同，只要导演者能体会剧本，根据艺术的原则来作整个的演出，那不适宜不调和的动作，当然不取。

动作固然因剧本的形式与剧中的情感而有异，与舞台装置也有关系。旧歌剧只宜在四方的台上演，若用写实的布景，便处处不相宜。倘若我们的目的，在保存旧剧，那就上下场门和中间的桌子完全移动不得。如果要编分幕的新歌剧，还要用新式的舞台装置，那便非将旧式的动作牺牲去一部分或全部分。为什么说牺牲一部分呢？旧戏的动作，穿着历史的服装演起来，线条和变化确有很美的地方，我们可以拿来变一种新用法，而且可以作成新舞（新舞的话另外再说）。也有很坏的如吹须子之类，完全用不得。如若演时事歌剧，穿的是时装，那就另当别论。倘若穿着西装，唱着扯四门，那实在太不调和了。外国的歌剧，也是以历史剧为多（小喜歌剧除外）。我们若要演时事歌剧，那就不仅动作，连歌唱都要完全改过，丝毫都将就不得。十五六年前的上海新舞台，现今的广东西装戏，都不免肉麻。

四、舞台装置：关于这层，在上面也反复的说过些话。歌剧的舞台装置，如果演历史戏，我的意思求其象画，而且想使其能象中国画——一种有远近法的中国画。换句话说：就是用中国画的布局色彩手法使之近代化，而利用之于舞台。但是舞台装置象画，不一定是整幅的画，也有搭出的，也有只用颜色布幕的。这要看剧的性质如何，而求其调和适当。而且方法时时有变化，不能胶柱鼓瑟。就我所知，日本帝国剧场前年曾经试演薛刚反唐事，用的是南画布景。我看过那个照片大体还好，服装和桌椅不甚调和。我借他们的试验却证明我的主张可行，可惜老没有机会自己试验。但是我所谓象中国画的舞台装置，决不是随便临几笔山水的老先生所能办的，这却是应当声明的一句话。

五、化妆与服装：中国戏的化妆是特殊的，从前影子戏傀儡戏遗传的痕迹，还很鲜明的保存着。如果以旧戏论旧戏，甚么脸谱长胡须都不成问题，完全可以不去管它。如果剧的结构，音乐的用法，舞台的装置，光线的配合都改了新样子，那就不能一仍故习，非有一种特别的化妆术不可。这是根据人物的性格，剧中的空气而定的。最要紧的就是扮出来的总要象人，须眉和皮色夸张点倒不在乎，而且有的时候是必要。

至于服装，时代性当然不能不注重，但演剧不是考古，并不一定作到唐朝准穿唐朝的装，宋朝准穿宋朝的装，不过万不能太离经。比方象上海许多名角，饰勇士头上插西妇帽上的鸵鸟毛，身上披起半似女人半似18世纪英国武官的披风，诸如此类，无奇不有，那可太不象样。稍有识者，一看就难过。他们只求特别，丝毫不讲道理，他们自己也知道不对，常常对着镜子骂道："这是什么玩意呢？"可是因为风气所趋，只有盲从之一道；回顾到广东，那就更加好几倍难说了！

无论如何，式样要统一，花色要调和，虽不能象不宜象并且不必象考古家那样拘执，却也要将时代的色彩表得鲜明，而且化妆服饰最重要的地方是要与全剧的空气整个的不相冲突。尤其色彩样式之均整调和明显，可以帮助全剧的力量。我以为服装要调和，宜先打破私有制。就是名角要自己作也应得到导演者的同意。这个话说过不止一次了。但非根本自己组织舞台，却不容易作得到。大角色只顾漂亮，不管戏情的习气，很不容易改。目下营业的剧场，本不拿"戏剧"卖钱，也就没有注意到这一点的必要。

关于歌剧的话，合起来分开已经说了不少。归根到底还要补充几句：歌剧与话剧表演的方式虽然不同，精神应当一样。歌剧也不能出乎人生范围以外。就是灵的表现，也不能与肉毫不相干。而时代的精神，和超时代的理想，尤其万不可忽略。

八 话 剧

论话剧之将来，必先谈谈话剧与文明新戏——广东谓之白话戏——的分别。（一）文明戏没有剧本，话剧是有完全剧本；（二）文明戏即令有剧本也是照旧戏或传奇的方法来组织，专以敷衍情节为主，话剧是根据戏剧的原则，用分析的技巧，表现具体的情绪，进展整个的行为；（三）文明戏虽有许多不近人情的地方，亦能描写现实，但是文明戏的写实，不过真菜真荷兰水上台，真烧纸锭哭亲夫之类，话剧的写实是用锐敏的观察，整齐的排列，精当的对话，显出作者的中心思想，描写的是社会某种生活人物的某种性格，时代的某种精神，（四）文明戏多以低等滑稽，迎合低级社会之心理，话剧是拿严格的批评态度，站在社会前面，代表民众的呼声；（五）文明戏以浅薄的教训将就观客，话剧是以艺术的精神领导观众。

我们所希望完成的话剧，绝对不是文明新戏。

欧洲的戏剧有很多的派别，从古典主义以至于表现主义，各有各的一种精神。我们对于这许多派别，应当持怎么一种态度？却是一个问题。据我的意见，以为现在应当从写实主义做起。

写实主义是从科学的分析来的，这种科学的精神中国从来没有。在现在这种因袭的主观思想支配一切的时候，应当提醒一种客观的认识。其次，即如表现主义的所谓神性的暗示，所谓 Dionysus 与 Apollo 式的精神之调和，所谓主观的动都是经过科学分析的结果来的，决不是中国空想式的主观。

哲学上的自然主义，实启近代的新天地，中国不革命则已，要革命就非有写实主义来算一算思想方面社会方面的账不可。

写实主义戏曲的对社会是直接的，革命的中国用不着藏头露尾虚与委蛇的说话，应当痛痛快快处理一下社会的各种问题。

我们主张写实主义的理由，大至如此。不过有几句紧要的话，非郑重的说一说不可。

因丑恶描写而起的厌世思想，因决定论而起的颓废，因物质的刺激而生的变态病，因纵一己的情欲而流于无意义的感伤，这是决然不取的。

我们应当有积极的主张，对现社会不满就应当负起将来的责任，决不可因为看明白了社会，就对社会失望。常言道得好：“死也要死个明白！”合眼放步，听造物之低昂，我们是不甘心的。用科学的精神分析社会，分析人生，所得的结果正是彼岸的桥梁，不是自暴自弃的张本，因写实主义而流于颓废的，都是弱者啊！

写实主义简单的解释，就是镜中看影般的如实描写。不过这也不限于存形，何尝不可以存神？尤以神形并存方为上乘。灵的写实当然不能忽略，所以不妨拿写实两个字广义的解释一下。譬如三一律第四堵墙之类，本来无遵守的必要，描写的技巧也不是一定要画着格子走方步的。演机织工而用酸菜，与乎那种应有尽有的舞台布置都未免太蠢。又譬如两片灰布并垂，就算门算窗户，戏里要用桌子，就放个桌子，要椅子，就布置把椅子，不是客室就一定要摆全堂酸枝，挂全堂字画，卧室必定要连床、几、沙发、痰盂、便器、字画、钟表、毛毯、被褥，弄得巨细无遗才算写实。布景如此，表演法也就可以推想而知了。

九　翻译剧与改译剧

还有一层，我们为扩充研究的范围起见，一面极力励奖创作，一面当然要充分介绍外国戏。但是介绍的范围，全不限定是写实主义或自然主义的作品。在我们力量所及，什么都可以介绍的。不过介绍的方式却不能不研究一下。有的人主张介绍外国作品，应当绝对的忠实，所以无论演哪一国的戏，总要演得和他们一样，除了话用中国话其余一切全要和外国一样。换句话说，就是：外国作家对于他们的舞台所要求的，全要作到。这种很彻底的精神，是很对的。要不然就有割裂名著之弊，恐怕把原作的精神丧失了。为这种主张的人，希望的就是把外国的舞台整个的搬到中国来。譬如介绍柴霍夫（Anton Tchekhov）托尔斯太等的戏，就应当完全用俄国人名，俄国装束，俄国式的舞台装置；介绍谷崎、小山内薰等的作品，就完全要是日本样子，不然就不对。

照这种办法，当然有很多难办的地方，于是有人主张改译（Adaptation）。改译，是拿外国剧本改成中国事实，用中国话，中国服装，中国的舞台装置来演。于是主张翻译剧的，就骂这种人不彻底将就观众。

平心而论，在中国话剧这样幼稚的时候，改译的人，也有一分苦心。他们的理由是话剧在中国基础未立，第一步应当叫观众认识话剧的价值，经过一度认识之后，才能领略滋味。所以最初只要让大家能够了解外国作品的大体，如思想结构之类，并不求其绝对欣赏其艺术之全部。在过渡时代是一种不得已的办法。不过有的戏虽然改译过来多少有些不自然，还可以过得去的。有的呢，便绝对不能改译。这是凡属读过些外国剧本的人，大家都知道的。

翻译剧的排演困难，还不在客观不懂而在表演的困难。布景服装不容易完全，这还是极小的问题。最难的是没有专门的演员和导演。即如柴霍夫的《樱桃园》，在俄国本国就有好几种不同的演出法。既要介绍，就应当选择一种标准的演法。如果导演对于柴霍夫没有彻底的研究，便无从导演。一个中国导演家，全凭着书本上的经验，来导演外国戏，不待智者而知其不能。演员也是如此。一步不出国门而要在舞台上把外国的空气造得很浓厚，当然不可能；强勉去做，其结果也和美国人演中国戏一样。试问美国所演《吴先生》一类的戏，中国人看了作何感想？离中国最近的国莫如日本，但是中国的画家，画日本人的木屐很少画得象，其他更不用说了。试令个中国女优，练习日本妇女的坐，只怕都很不容易吧。这不过就外表而言。可是外表就是内部的象征，又何能忽略？况且一国的作品，总有社会作背景，不明了其社会的背景，总不免隔膜。研究戏剧，万不可随意看过。

我们很希望有完全的翻译剧，不得已而思其次，至少不必反对改译剧，最要紧还是要努力于建设。多有些创作出世，是所馨香祝祷的！

十 历 史 剧

历史剧不必歌剧才能演，话剧也能演史剧。这是不消说的。不过我们无论如何看重历史，过去的事迹总是死的。我们要在现代舞台上使其复活这也是一个重要的使命。如若只拿过去的事实照样铺叙一番，岂不是丝毫意义没有？所以说历史剧要现代化而有新生命。这个可以分开两层说：一是精神的，一是形式的。前者是就故实加以新解释，予以新的人生观，拙作《潘金莲》、《杨贵妃》，就是本这个意思作的。后者是演法的变更，如莱因哈特（Max Reinhardt）的 Eidipus，和《夏夜梦》等的新演，是很可仿效的。（莱因哈特的新演不只是形式的变更，自不容说。）又如近来英国 Iacksov 用时装演《韩姆列特王子》，也不无可采。我很想选几出好的中国旧戏来改演一下。这种试验不能说没有价值，但只好等演的时候，来请教，这里不多说了。

十一 神怪剧

在破除迷信的时候谈神怪，岂不是安心挨骂？然而不能一概而论。精神的最高点与乎形而上思想的表现，往往假借神怪，过去的如但丁的《地狱篇》、哥德的《浮士德》，还有梅特林克《青鸟》一类的童话剧，瓦格拉的歌剧如 Der Ringde NiBelungen，也是根据神话。近来表现派如 Leonid Andreiev，Walt Hasencleve 等的作品，都是神鬼妖怪很多。不过这些神鬼，绝与迷信不同，或者是代表一种思想，或者是代表一种精神，或者描写一种社会的性格，或者是某种的象征；或者寓言讽刺，如 Hasenclever 作的《人》一剧中，从坟墓里出来的亚历山大，就是救世主的象征。这种戏决不能以其有神怪或者象神怪就说是迷信。中国戏如《游十殿》、《金精戏仪》、《刘香女归元镜》之类，都是迷信戏。象《游园惊梦》一段，就不能当是迷信戏。可见迷信与不迷信是不能以戏中有无神鬼为定，应当看戏的整个的意义和归结以为断的。

十二 舞台

无论有什么好戏，没有适宜的舞台，是不能演的。怎么才适宜？目下演话剧，只希望有个小舞台，当然用镜框式的。一切只求简单，却无论如何简单，应有的设备，总要齐全，尤其先要配置得好。太过于专门的话，这里不必多说。小舞台是专供艺术试验的。所演的戏最好顺着研究的次序，每月表演一次至三次，戏的性质却不限定。看客用会员制，至多不过坐300人，这个戏剧研究所附设小剧场的观览规则，可以参考。

至于大剧场是要能容比较多的观众，所以大剧场的舞台应有比较大规模的组织，演的也是比较大规模的戏，舞台的式样，是镜框式，不过前面的穹窿，应该提高，台前伸出，两边不妨有日本花道式的两条路，这个演歌剧有用处。舞台装置的设备，应当在建筑时有预定的计划，台下至少要深20尺，屋顶要高，要有4条两层走得通的天桥。舞台用电气高低，钱少了做不到。两旁移动，比较容易些，舞台内部要深要宽，化妆室、衣裳室，设备要宽敞清洁。要有四面装镜子的姿态研究室种种。电器机关在楼上，新式配光机和德国的Dimmer各种反光灯，都要齐全。并用种种方法，可以不说话全场可以通消息。前后台完全用新式管理园法管理。旧时一切习惯应当完全废除。夫然后我们可以演演比较完全的戏。

不过有了好舞台，如果还是莫明其妙的人来经营，用莫明其妙的人来演，那就换汤不换药仍旧一样。所以集合专门家养成人材，是不可缓的事。

以上所说，虽然扯得很长，专门的问题，尚不知凡几。不过示其大要如此，真正的效果，还是要看进行的方法，毅力如何。同志们努力吧！

（原载1929年5月25日《戏剧》第1卷第1期）

怎样完成我们的戏剧运动

欧阳予倩

革命事业何以要成功？因为始终成一个运动。复辟党和军阀何以要失败？因为它们始终不成一个运动。何以不能成一个运动？因为他们的立脚点，他们的途径完全是错误的。

任凭有百万雄兵，倾国之富，只要立脚点错误，马上根本动摇。这是不用说的。但是愚蠢之夫，往往至死不悟！

凡属要成一个运动，务必要有一个理想——就是最后的目的。有了理想，就根据着望最后的目的进行。不要怕孤寂，只要主意拿得定，当然同伴就来了。只要信仰坚固，就可以坚人家的信仰。努力不断，就是信仰坚固的表示。所以没有理想，就不能定最后的目的；没有最后的目的，就不能有不断的努力；没有不断的努力，就寻不着所以达其目的的实现其理想的途径；寻不着途径，必定是彷徨歧路，不知所之：为此便无从坚自己的信仰；自己的信仰不坚，必然遇难而阻，而趋于颓废，于是不能引起人家的同情；不能引起人家的同情，又何能坚人家的信仰？不能坚人家的信仰，从哪里去完成一个运动？

所以，中国虽有不少唱着改革戏剧的人，而其种种失败，种种堕落，20年来毫无显明的进步，都因为理想太近，信仰不坚，用力太分，屡进屡退，不能成为一个运动之所致。

戏剧运动，就是戏剧革新运动；也就是艺术界的革命运动。中国素来对于戏剧，视为贱业，完全听其自生自灭。我们认戏剧是艺术，有无上的权能，所以才有这个革新运动。

第一最不令人满意的，就是中国的剧本。旧剧本应当束之高阁，坏的当然已经等于消灭，好的也只好供专家当古董来鉴赏。至于目下各舞台流行的济公封神一类剧本，都是些朝菌蟪蛄之类，不成问题。最要努力的是创作，所以希望国内文人多加注意。不过创作不是随便能够成器的，也很要翻几个筋斗才能有篇把可用。寝馈之工务不能少。不加思索提起笔来就乱写，是不相宜的。介绍欧洲的戏剧，尤不可缓。

有了好剧本，要有适宜的舞台才能演，所以非改革舞台不可。小剧场是专为艺术的研究和试验用的；大剧场就为陈列比较多数的人看；平民剧场是供给大多数的民众欣赏艺术的会堂。在戏剧运动的进程中，当然从小剧场入手，但是大剧场平民剧场一样不能少——为社会为民众应当有的。这三种剧场，里面的戏，目的不同，演法也自不同，剧本的组织也两样。这是最要注意，决不能因为小剧场的好戏，拿到大剧场去演不成功，就说戏剧本来就只是在小剧场演才对，或者说小剧场的戏剧是不完全。

有了适宜的剧本和舞台，还要有适当的演员去演：中国的戏从来不注重性格的描写，除却唱和姿式而外，不过敷衍一段平直的故事（目下是连唱和姿式，都随便放过，只剩了敷衍莫明其妙的情节这一点）。所以演员不必有什么知识，象目下那些油滑演员，只够演那些不成片段的。比较进步的戏，他们决不肯演；也决不宜随随便便无条件让他们演的。

其次还有舞台装置。这种事是中国从来没有的。要平地起楼台，替新剧新演员好好的预备，目下在中国还没有这种专家。光、色、线条、建筑的应用，是要就一个一个戏，精密讨论，仔细设计，然后不至大闹笑话。布景不如欧美，这是时间问题，但决不可与目下上海各剧场的布景去较短长——与那些布景较短长，就立刻要堕落了。

还有一个问题，就是音乐。自亚历山大帝国灭亡，西域的音乐传到中国以后，中国的音乐就渐渐起了变化。酝酿到唐朝，才集其大成，而成为世界无比的音乐。明后以种种原因，消失殆尽。从唐以后，既不曾有过音乐复兴运动，也就没有什么新的创作。元明的北曲盛行，明朝的南词代兴，清朝的西秦皮黄的起伏，对于音乐上都没有什么大贡献。所以现在舞台上音乐之贫弱，不能表情，不适用，成了一个无可如何的局面。

至于说怎样的音乐才合于现代及将来舞台之用，颇不容易作简明的回答。抽象的说：我们当然希望有能充分表现时代精神和剧中情感的音乐。不过，这种音乐是怎么样儿的？目下音乐的缺点是否可以设法补救？新的创造究竟应当走哪一条路，取哪一种方法？西洋音乐应当怎么样去介绍？怎么样才能消化容纳？乐器应当怎么改良？旧时的音乐怎样去整理？民间音乐地方音乐怎么去搜集，怎样才能融汇贯通？许许多多的问题，希望国内的专家，平心忍耐加以彻底的讨论。然后我们综合研究的结果，作种种的实现，然后中国新音乐的基础，才能确立而日趋于巩固，我们但有一虑之得，就可以充分贡献，决不是一个人自私的事业。

这样看来，戏剧运动之完成，是要相当的时间。头一步那怕不甚完全，总要在最短期间立一小小的基础，开一个和以前不同的局面。

总括一句，我们希望完成真正的综合艺术，要各种舞台艺术家在舞台集中其力于一点，确定戏剧的独立与尊严。

我们的戏剧运动，在步骤方法上讲，是研究的、创造的；在精神上，是“平民的”、“整个的”、“中国的”、“世界的”。放大着步，扩大起研究的范围，潜心竭力，按着一个一个问题来解决，是目下的急务。褊窄的地域观念，腐朽的因袭思想，是我们的大仇敌，非根本先加以划除不可！

（原载1929年4月8日广州民国日报《戏剧研究》第8期）

戏剧与宣传

予 倩

戏剧的使命，不在宣传。但藉戏剧以宣传，如欧洲中世纪之基督受难剧之宣传宗教，又如 Narhan der Weises 之宣传思想，在戏剧史上，已有先例。近年利用戏剧来宣传主义的。当推苏俄为最盛。苏俄自十月革命以后，对于戏剧专家特别加以保护，一时戏剧家的工作，大半放在宣传方面。其次如大战的时候，德国美国利用唱歌队留声机影片等，以为宣传，也是差不多同样的性质。

苏俄十月革命后的宣传，因为没有什么适当的材料，许多都是拿法国革命的戏来改编的。还有工人们露天演的戏，他们就借街头巷尾随处表演，也没有舞台，也没有特别的道具；就不过着几个着蓝衣的人，拣一个适宜的建筑物作为布景，或是银行前面，或是学校旁边，或是墙根，或是树下，随便拿个布篷围一围，就化妆演起来。还有如第四研究剧场的办法：就用许多工人在机器面前表演，看客都坐在机器面前看，有一出叫《煤气工厂》的，就是借着一间煤气工厂，用真的煤气工人演的。

还有唱歌队，编成许多简单好听而有刺激性的歌，用一群会唱的人，坐着汽车到广场或街中去唱，行路的人大家和声而歌；这种办法也是很有力量的。

俄国革命后的宣传戏，没有什么可以称道，因为宣传戏不过是那么一个东西。一时的应用本不求其有艺术的价值。可是从十月革命成功不到 5 年，已经就有很好的新艺术品出现。如革命纪念塔的建筑，新诗歌新小说源源出现。在影片方面，如《战舰蒲锡姆勤》实开世界影画界之新纪元。战舰到奥德色上岸的时候，那种伟大的光景，是非政府的力量作不到的；还有摄影上的技巧，如石级上随着向下的移动拍摄法，和拍天拍海的新法子，都给影画界很多的影响，而且由这个影片更证明了电影是艺术。

戏剧方面，好的创作一天一天的多，舞台装置，表演法都有新的发见，就是脱罗斯基，蒲列汉诺夫等的艺术论，也足以唤起很深的注意。总而言之：不管怎么样，他们能够由浅薄的宣传戏急进到艺术上的新建筑是真的。就是原来宫廷中所有舞踊，也能用新的方法加以改革，而成新艺术；邓肯的跳舞，虽极趋于单纯，归于自然，都经过很严密的艺术的组织。

俄国在10年之中，过着不安定的生活，能够在艺术上有许多新发展，实在不是容易的事。一来俄国在帝政时代已经有莫斯科艺术剧场的基础，二来不以有宣传剧即为满足，而能努力于新艺术的创作，这种精神，是我们应当取法的。在革命进行中，宣传剧当然是有功效，我们当然应当努力；可是训政时期，新艺术的创造也当然不能缓。

即就宣传而言，也不是在戏台上喊口号就算宣传，也不是对观众背诵三民主义就是革命。我们应当知道，用戏剧来宣传，必要先有健全的戏剧。先拿戏剧的本质研究一下，再衡量一下，我们所演的是否合乎戏剧的条件？这是很紧要而且决不可少的工作。

我们用戏剧来宣传，决不是徒然来几句激烈的话来博一时的喝彩，是要让民众在我们所演的戏剧中，认识革命的精神，认识社会的情形，认识自己的地位。进一步说：是要世界上的人们在我们的艺术里，认识我们民族奋斗的精神。所谓革命的戏剧，是要编者都站在时代的前面，不是说每个人上台演说一段，叫几声打倒帝国主义，就算满足。

归根结底，再重复声明一句，就是："要借戏剧做宣传工作，必定先有戏剧。"

（原载1929年7月25日《戏剧》第1卷第2期）

动的艺术

予 倩

戏剧是动的艺术，这是人人都知道的。不过戏剧的动，是怎样的动？我们更应当急于晓得。锣鼓喧天，飞跑满台，不是动吗？大声疾呼声嘶气竭不是动吗？喧笑满堂，怪相百出，不是动吗？可是戏剧所要求的动不是这样的动。不仅是身体的动，而且要精神的动；不仅是肉的动，而且要灵的动。换句话说：不仅外面的动，尤其要内部的动。无论动的发展在外面，或在里面；无论动的程度是激烈或是温和，总而言之，戏剧是应当随着自然的 Rhythm 推着进化的车轮往前进。不如此那就根本已死，还有什么动之可言？譬如封建制度，我们认为死了，倘若台上的戏，同情于英雄割据，我们的感想怎么样？女子解放是绝对没有疑问的，倘若看见排演抱牌位拜堂和买卖婢妾以供奉土豪劣绅之类，又复如何？水不流就要臭，肉不动就会腐，动的人生，倘若只顾维持现状，就会停滞而生大变故；何况开倒车去就陈死人呢，行尸走肉无论动得多么厉害总是死的。戏剧的动，不是行尸走肉的动，又何待言？革命本是维持现状的先生们积累下的灾祸。革命的表面，是激烈的动；革命的里面，是为人类扫除腐秽，为被压迫者求解放。最后的目的，要跟上大自然的 Rhythm；跟上了大自然 Rhythm 就合乎革命的原则。明白这个，便可以谈戏剧之动。

（原载1929年7月25日《戏剧》第1卷第2期）

民众剧的研究

欧阳予倩

我们要使平民的力与健康加入在艺术里，使无血气的艺术有生气，使瘦弱的胸膛挺出来。吾人不是为平民而使用其智慧的荣誉，是要平民和我们一齐为这荣誉而劳动！

——罗曼·罗兰

一

自从罗曼·罗兰的民众艺术论出世以来，民众剧的建设便为许多人所注意。中国自革命军到了长江下游，许多人如梦初醒，也发现了民众的势力，才晓得民众不可侮，才晓得国家的命脉在全民众身上；于是文艺家都决定革命后的艺术，应当是民众的，渐渐地就把它从特殊阶级解放出来。

民众这个字在英文中当然是 People，决不是 Mob 或 Crowd 的意思。所以“民众”也可以作一国的全人民解，也可以作平民解。于是“民众剧”这个名词的解释，就跟着有种种不同，如德国哈格曼所分三种类：

1、以民众（平民）为题材的戏剧——如哈普特曼，高尔基，易卜生诸作；

2、民众共有的戏剧——如希腊剧，户外剧，市民剧之类；

3、教化民众的戏剧——如宗教剧，及一地方或一阶级的或以全国家全世界为本位的戏剧。

我以为照他这样分，民众剧的名词不能成立。何以？因为戏剧本来就是民众面前的艺术，无论民众作人民解，作平民解，作多阶级解，作一阶级解，总而言之，没有民众就没有戏剧。所以如果民众剧作为人民的戏剧解，都就无论什么戏剧都是民众的，没有特称为民众剧的必要。于是可以断定民众剧是应当作“平民剧”解。罗曼·罗兰说：“近代戏剧家的奇迹，就是发现了民众。”这个民众，也是作平民解。

二

本来戏剧都是起于平民之间，渐渐的为特殊阶级所利用所收买，便一步一步和平民相远。如希腊剧起源于 Dyonisus 的祭，本是平民的，后来便渐渐为贵族所独占，其次就被特殊阶级所蹂躏，便变成了畸形的艺术。如中国的二黄戏，日本的歌舞伎，都是这样。中国的二黄戏本从花鼓调起，经过许多混合和变迁而形成的野生艺术，但自乾隆中叶入北京以后，精神就渐渐的改变了。在技术上纵然有些进步，可是在特殊阶级支配下，便一天一天和平民相远。现在的平民剧运动，就是要使戏剧从特殊阶级手里解放出来，回复到平民间去。

三

然则平民剧是怎么样一个东西呢？在这一点也发生种种的见解。

有人以为平民剧，不应当讲什么艺术，不妨卑俗；只要不读书不识字的人都懂得就完了。这种见解是绝对看不起平民，非但看不起，而且是侮辱。他们以为艺术只能在特殊阶级间存在，不含着贵族性便不能成为艺术。照这样看法，平民剧是永远不会成立的。

有人以为降低着艺术的价值去迎合中流以下社会的弱点的戏剧，就是平民剧。现在持这种见解的人最多，尤其是为各戏院张目的先生们最会这样讲。这种是抄袭来的愚民举动，他们以为平民是愚昧的，只有尽他们去愚昧；决想不到促平民生活之向上，更不想在平民身上认识什么艺术。还有就是拿迎合的手段去榨取金钱，决没有丝毫同情心放到平民生活上去。

有人以为剧场容得人多，同时有很多人去看的戏，就是平民剧。这也要看所演的戏的本身如何，倘若演的是同情封建，赞美特殊阶级的戏，看的人尽管多，能说是平民剧吗？

有人以为价钱卖得便宜的戏就是平民剧。然则试问大新先施各公司屋顶花园的戏，和其他大舞台的戏，哪一种是民众戏呢？同是一样的送京娘，狸猫换太子，西游记，天女散花，哪一家演的算是平民戏呢？演员稍差些，设备简单些，就卖得便宜些，其实还是一样戏，尽管卖得便宜，仍然不是平民剧。为平民，当然入场的券价不宜卖得贵，可是尽管卖得便宜，所演的戏，仍然可以是贵族的。这层也不能不注意。要知道花六元看一看的天女散花，和花三两毛钱看的天女散花是一样的。

还有些人想把特殊阶级的思想传播到平民间去，作一种征服的工具，或是用戏剧的形式去宣传宗教。这都是特殊阶级变的把戏，尽管通俗，也不能算为平民剧。尤其这一点容易误认；误认的人也不少！

其次我们就要论到拿平民的生活作资料的戏了。平民剧的真谛是不是就在这资料上面呢？当然，以平民的生活作资料，而使他们认识自己，促使他们的生活的向上，这的确是平民剧的一个条件。但是，不是从平民间取的资料也非绝对不能成为平民剧。比如高尔基和哈普特曼的《织工》一类的戏，当然是描写下层阶级的悲哀，可以说是平民剧。如其他有许多近代剧，虽不一定从平民取材，却也不能称它是贵族的。爱与憎，生与死，压迫与解放是人类共通的。生活的形式虽然有种种不同，人类心底的潜流总是永远不变的。特殊阶级的人们为习俗所牵，往往忘乎其所以然。他们吃鱼翅的时候，就忘了“盘中餐，粒粒皆辛苦”；躺在汽椅上，忘却了一丝一缕都是血汗，他们不知道他们以外还有人类。这正是平旦之气的酷亡，而所得的结果就是悲哀怨恨的丛集。我们很希望爱的超乎一切，希望爱的真实。我们描写平民阶级的悲哀，同时应当认识人类永远无穷的爱，是始终不变的。即如现代德国表现派戏剧那人道的主张，其作品中人物不必一定是农工，而农工同样需求那种精神吧！

四

平民剧是要建筑在平民身上，不外是“民享”for the people，“民有”from the people 及“民治”by the people。原始的戏剧，完全是平民为应自己的需要而作的，便是民治；平民自为的戏剧，当然资料取自平民，作用也完全在平民自身。所以平民自为的戏剧，就是民享，民有的戏剧。可是以后渐渐的发达，就为特殊阶级所占有。民间艺术变了宫廷艺术，它便不能循着在民间的路径，自由发展，而受种种的限制变成畸形的。请看盆栽的松树尽管用许多的手法养得青葱可爱，已经不能天矫云外，作那奔腾澎湃的涛声；试看那笼中的鹤，纵然是食品丰富，羽毛润泽，早已不能冲霄健举，作那清隽悠长的鸣啸！民间艺术一经特殊阶级的限制，就全变了盆栽笼鸟，一点生气没有！并且因为特殊阶级的培养和提倡，风气所趋，许多人都觉得唳天之禽，撑空之树，不如盆栽笼鸟之足供玩好；而在平民也忘了自己天然的美，反而去揣摹那盆栽笼鸟式的艺术，于是乎平民的戏剧便完了！可是宫廷间的戏平民决不容易模仿，而且出了许多盆栽笼鸟式的名优，更足以使平民的戏剧销声匿迹不敢出头。久而久之，等到戏剧从宫廷中再到民间，已经是唾余的皮骨，与平民不发生什么密接的关系了。

比如中国的皮黄戏，原本产自民间；一自入了帝都，过了相当的时期，就身价百倍，内容渐渐丰富，技术也渐渐的成熟，可是一天一天离平民越远。皮黄戏尽管发达，平民对于它不能享受，也就渐渐的冷淡起来。他们还是哼他们的梆子，唱他们的花鼓调，花鼓戏演的都是乡下的家长里长，他们从花鼓调里头可以看得见他们农忙时候的情形，采茶时候的光景。里面张木匠的妻子和李机匠的妈妈相骂，也有东家的姑娘和西家的小子讲爱情，也有负米的孝子，也有打虎的勇士，乡下的事，乡下人演乡下人看，所以他们觉得非常有趣，——比大戏有趣得多。怪不得远处村庄的男女，老少趋之若狂。可是官府是要加以禁止。当然里面有些描写两性的偷情密约太过分的地方，或者要加以制裁也未可知；可是也不妨从艺术方面扶助其成长，不必全然加以禁止。又如 Pageant 式的出会，也可以拿教育的意思帮助它发达，可是因为怕坏人乘机捣乱，就严厉的禁止了。前清的禁止出会，是怕革命党；民国以来各处战事频仍，农工的本身太苦，凑不起来就没人去干，而且时常戒严，也万万干不起来的。这种东西可以做成很好的Pageant，我们可以引导着他们离开迷信，向光明的路上发展的。

中国的旧戏在内容和形式方面都早已不能应大多数平民的需要。它只能在大都会存在，乡下享受不到，乡下人也不求能够享受。他们与其看旧戏，不如看花鼓戏，因为花鼓戏的资料，常常变，——跟着民众的环境和需要变的。可是我在汉口所见的花鼓戏，因为入了都会，就弃了原有的精神、目前的事实，而趋重于历史的故事，拼命去学京班的锣鼓和排场，实在太可惜了！

五

一般的戏剧既失去了平民性，平民间就没有戏剧了。就有些很幼稚的新产品，也被因袭的观念，贵族的思想摧残完了。目下我们想要从平民间自然的产生新的戏剧，颇不容易，“民治”变了我们的目的；我们不能从民治作起，而必要从“民享”作起：而第一步的方法就是“民有”——就是以平民为主，用平民的资料来编戏剧。这有两层意义：第一，是让平民看了认识他们自己；促他们的生活向上。第二，是让上层阶级不忘记平民。平民能认识他们自己，就会尊重自己，爱惜自己；上层阶级不忘记平民，就时时可以爱护平民；他们也可以渐渐自己作平民。所以一到广州，我就计划建一个小剧场以供研究，同时为都会的民众建一个适用的大剧场，为近乡的民众建一个户外剧场。就是这样分途进行，循序完成的意思。

取平民的资料编剧，不必全是写悲哀和失望。平民决不失望的，不仅不失望，而且将来的光荣一定在平民身上。我们要使平民赶快自觉，赶快团结，赶快起来抵抗种种的压迫，这是最紧要的。这种新鲜活泼的精神，这种新鲜活泼的资料，旧戏里头有吗？旧戏的戏团主人和俳优想得到吗？就算想到了，他们肯去干吗？于是乎更不能不想到戏剧运动之不容缓！

六

如上所说的平民剧的意义，大抵可以明白：于是不得不想到平民剧的形式。关于这个问题，讨论的人很多，大多数归结到要恢复戏剧的原始的形式——祭典式的戏剧。如镜框式舞台的废除，日光的利用，希腊剧场之复活，户外剧的运动，都是望这条路上走着。本来最先的剧场是在野外的，由野外移到室内，便变成从三面看的舞台。自从布景的方法进步，舞台也随着变迁，于是因写实主义的精神，就变成了镜框式一面的舞台，而且用镜框式舞台的大剧场，还嫌不能写实，于是便有小剧场运动。

由露天剧场而户内剧场，而镜框式舞台，大剧场而小剧场，范围越来越狭，观众越来越少，作品越来越沉闷而少新鲜活泼之气。因此，许多人想运动从少数到多数，从小剧场到大剧场，再到户外剧场。如莱因哈特的五千人剧场，戈登格雷的新雅典式剧场，坪内博士的Pageant运动，都是很显明的。演剧在原始的时候，本不限什么地方。渐渐的发达便有一定的地点演给人看。可是露天也有许多不便，所以渐渐搬到室内。室内虽然人容得少，看起来倒能舒服些。室内剧场盛行，露天剧场就废止了。可是因为剧场渐渐缩小，戏剧也就渐渐的与平民相远。根据这理由，便有剧场的复古运动。而野外剧利用天然的背景演戏，也成了个很新的法则。不道现代科学昌明，机械发达，就拿莱因哈特的五千人剧场打比，决不象古代剧场那样单调粗野，虽然在大致上好象是复古，其实还是很健全的新时代精神，在那里活跃着。

总而言之，现代的戏剧，已经不是某一种形式所能范围。表演的方法越多越自由，我们随便可以选择。室内的舞台决不是绝对不成立，户外剧也不过是方法的一种。因戏剧的不同，舞台往往因之而变迁；因舞台的不同，戏剧就跟着改样子。这都是可能的。平民剧是自由的戏剧，可以自由选择形式。可是舞台是最大的条件，就现在中国而言，除掉都会中有几个不完全的舞台，乡间只有庙台子最好，其次就是临时搭个茅棚子。在庙台子和茅棚子，当然不能布景，也无从用电光，物质的压迫，平民受着了；科学的幸福，可还没有到他们身上。在这种环境之下，我们对于平民要谈什么，新式的大剧场，户外剧场，那是好象发疯。可是我们也不能不希望能够为平民建筑剧场。最好将来，市有市剧场——各种的市剧场，乡间也能建筑相当的剧场。一则可以演戏，同时可作村议会，作乡民集合联络情谊的机关。这类剧场，应当比庙台子进步一点。我们始终不相信平民只能有草棚子，而不能有此种进步的剧场。

至于所演的戏，话剧，舞蹈，默剧户外剧，都可以。戏的资料也不限定是本乡本土的事。外处的，外国的故事，都是必要的。历史戏也可以演。把我们历史上的光荣，介绍给大众知道，是最好的。不过历史戏应当将它演得如现实一样，绝不宜使观众感觉到是另一世界的事。

平民剧第一是要情节单纯而有趣味，要使观众在不知不觉之中，受很深的暗示。不宜给他们太激急的教训，尤其不宜从我们演戏的人严立界限。好似我们故意去演给他们看，故意去教训他们那就不好。比方现在下乡去演戏，最要紧的是没有旗帜，没有特别的标志，他们只当我们是偶然的客，我们也好象偶然到朋友家里去玩玩，彼此非常之亲切，那才有趣。尤其是村里的戏，演员是本村人，那才更好。他们自己编，自己排，自己演，演给本村人看；用的是他们容易懂的语言，唱的是他们爱听的腔调；表现的是他们的希望，发挥的是他们的力量。只要交通便利，各村合起来，各县合起来，就成了一省戏剧的中心，丝毫不会有什么隔阂。东村的戏，西村演；甲县的戏，乙县演；乡下的戏，都会演；都会的戏，乡间演。辗转循环，真可以转移风俗，沟通文化。一方面更可以设法同外国的艺术接近，而成为世界的。我们实在希望能够这样，这并不是做不到的事，不过时间问题罢了。

有人主张平民剧不要戏剧的专门家，我却以为不然。平民自为的戏剧，当然可以自己编演，可是照分工的办法，并不妨有戏剧专家。有专门的农业者，专门的工业者，又何妨有专门的戏剧者？当然背着锄头种田的人，拿着锯子锯木头的人，都可以加入演戏，可是对于舞台导演和编制，应当有专门的人去任计划之责。尤其在现在这种时候，平民方始渐渐的抬头，马上就要有民治的戏，那是万万作不到。民享，民有的工作，却万不能缓。但是这不是书斋里头的事，徒然设身处地去想，是没有用处的。总要时时刻刻，把一身放在平民中间，用十二分的同情去观察，才有相当的结果。要不然无论写得如何沉痛剀切，都是空洞文章，只够替自己发牢骚罢了。说到这层，我们实在惭愧：中国的文艺家问心无愧的到底有几个呢？努力从今日起吧！

就现在的情形而论，内地除几个都会外，都只有草台和庙台，那么也只有将就那个来作戏。可是我以为到我们的民众剧完成的时候，一定民间也会有比较好的舞台，只要他们拿祀神开会的钱积蓄起来，慢慢的就不难建筑新舞台。随时还可以出会。只要有人指导出会，就可以变成很好的户外剧。

中国旧戏原来没有布景演的，在三面看的舞台上演的。如今移在镜框式的舞台演，却也没有什么不合式。在人家家里厅堂上也可以演。所以有人主张要保存那个形式，以为可以利用于平民剧。这也有一方面的理由。不过我以为旧戏所用的方法，已经陈旧不适用了，可是一部分可以变个方法采用。而所谓变过方法采用，是取用一部分整个的改造一下，决不是象目下那样：一面用幕，一面又全用明场；一面使用画片，同时又两手作开门式，或是提脚作为进门那种不调和的办法。那种办法实在太教人难过，实在比旧的坏得多。与其那样作，真不如保全旧法好。不过“怎么样的改造应用？”真是一个问题。这一层我想在下一期专作一篇文字来详细讨论一下。而且在我们的小舞台上不久可以照我所想方法试验一下，那时候再拿详细经过来报告，似乎更有根据些。总之旧的那种形式，万万不能拿来表现新精神，新思想，和现实的要求，是应当先决定的。

七

关于平民剧的内容与形式的问题，就这里暂告一段落。只是平民剧的将来，还有一层意思想提出来讨论一下。照罗曼·罗兰的意见：演剧是精神的避难所，因生活之贫乏不安，而求这种避难所于梦想之中，是演剧的前提。假使民众完全能够享幸福，能够自由，演剧就不必要了。因为生活本身就是很美丽的艺术，就无须外求。——我们希望能这样，可是这个乌托邦在哪里？几时可以看见？有严重意识的对立的阶级，将来决定是没有的。可是中山先生所谓“真平等”的世界实现了，也还因人类智力之不齐，不说是斗争，按诸进化的原理，始终是互相摩荡而前进。戏剧到将来会变成什么样？那是不得而知。不过戏剧会跟着那种摩荡而永存，是可以相信的。只要人类的爱和死不消灭，戏剧总存在的。现在我们相信戏剧是精神的避难所，但也是精神的培养场。将来戏剧亡不亡，我们不管，无论如何，现在我们要戏剧，尤其平民要戏剧！赶快创造民享民有的新戏剧，尤希望以最短期间，有民治的戏剧！

（原载1929年9月5日《戏剧》第1卷第3期）

戏剧运动之今后

予 倩

一

戏剧运动是一种革命的事业。

现在这个事业，已经很鲜明地在民众面前开始了。

这个事业准定可以成功，不过是时间问题，纵使生命短促，努一努力，就便期待到了。

一个坐久了或是睡久了的人，因血脉不周，身体就会麻木，所以要运动。运动给我们一种新生的力。

社会的现状维持久了，也和睡久了的人一样：为救社会的麻痹，就要社会的运动。

为救戏剧界的麻痹，就有戏剧运动。明白戏剧和社会的关系，就知道戏剧运动，就是一种社会运动。

什么是运动？运动就是运之使动。天地自然的运行，有进化之神，一步一步鞭策着；可是人们往往将就少数特殊阶级的便利，就违背着自然进化的法则，把自己的生命力封锁在因袭的桎梏之中，而社会渐趋于麻痹。

枷锁始终要除掉的；但是一度戴上了的枷锁，要想除掉，就非有新的力量不可。新的力量是什么？就是革命。所以运动也可以说是自然的运行——进化，和人力的推动——革命，合组成的。

运动要有一定的目的；没有一定的目的，就不能成运动。

有了一定的目的，还要有整个的计划，没有整个的计划，便不能成运动。

要成运动，不是一个人一两天的事，是要许多人取同一的步调，按一致的纪律，用相当的时间，不断的努力，去追获期待着的光荣。

什么是戏剧运动？戏剧运动就是中国戏剧的革新运动。因为中国的戏剧违反时代，违反民众，所以要从新建筑适时代为民众的戏剧，所以才有新戏剧运动。

二

有许多人以为这种运动是多余的，他们有种种的议论：

1. 以为戏剧无足轻重。

2. 以为旧戏是中国的国剧，不当忘本。

3. 以为中国戏剧很好，用不着什么新运动。

4. 以为中国戏只要略改一改，加上点宣传的意味就行了。

5. 鄙视话剧。

以上儿种错误的见解，极为普遍，不仅非知识阶级，就是所谓知识阶级，都有一大部分是这样想。

第一项以为戏剧无足轻重的人，我们没法儿和他说话。他们的衣食住尽管都是现代的，但他的生活完全在16世纪以上。和落伍的糊涂人说话，太不经济了。可是有人那么说：“我们只要面包不要戏剧。”不错，戏剧不能当饭吃。不过，试问生存与生活有什么不同没有？笼子里的鸟何尝喂得不光艳？富室的奴隶何尝营养得不肥？上食膏壤下饮黄泉的蚯蚓，何尝不是生存？试问人生的意义，是不是这样？如果以为只要能饱就不妨作笼鸟，作奴隶，作蚯蚓，那就没有话说了；如果不然，就自然会进一步踏进艺术的范围里去。

人是情的动物，有“情”有“爱”有“力”。于是就一定希求自由，希求幸福——非但是个人的，而且是全人群的。一步一步寻求自由，一步一步生活就跟着向上，于是有抵抗，有斗争。戏剧不仅是斗争的记录，而且解释人生的意义，预言将来，使人类生活格外容易向上。我们因有戏剧而证明人生的价值，证明人类奋发的光荣；人类决不是吃饱了就满足的。在人类中，艺术的饥渴，和物质的饥渴是一样的。

其次以为旧剧为中国的国剧应当保存国粹的人确实不少；而且有人以为根据新理论来改革戏剧就是忘本。

其所谓本是什么？我们不知道。若以为是中国原有的东西，都应认为是国本，那小脚和八股文无一不是国本了。新戏剧也有所本：新时代的新民众，就是新戏剧之本。舍此无本之可言。

其次以为中国戏很好，用不着什么新运动。这班人当然不明白什么叫时代精神。辛亥反正以后，有许多人舍不得剪辫子呢！好古性在中国是特别发达，无论什么，加一个古字就有了价值，所以建设新剧，决不如保守旧剧之容易，得普遍的同情；就是旧剧到了今天，象那样什么弱点都显露出来，许多人还是奉为至宝。

皮黄戏本是民间艺术；自从入了宫廷，一切都求配特殊阶级的味口，已经就变成畸形的了。辛亥以后，皮黄盛于上海。

上海是前清遗老和买办阶级最占势力的地方，戏剧也就随着倾向他们。于是外表力求华丽，内容越见空虚，风气所趋，江河日下！

旧剧到今日本是古董。纯粹的旧剧可以当古董，还有古董的价值。可是目下各舞台所演的戏，却不是古董了。他们完全用的是旧剧的表演法，加上彩画的布景，和西洋戏法，及随意造出奇异的服装；不管调和不调和，东拼西凑，成为一种支离破碎莫明其妙的东西。这好比拿古董刮去铜绿，镀上镍一样，没有比这个再难过的了。

旧剧虽然在特殊阶级卵翼之下成长，但是只当是一种低级的消遣品没有得到充分文艺的培养，所以发育不全。发育不全，所以老衰也快；因为到了老衰期，所以一般民众不能满足。加之革命以后，因袭的势力根本摇动，而外国文艺思潮又直接间接转输进来，一切都受了影响，戏剧当然没有例外。

旧剧在这个时候，起了变化；上海新舞台把文明新戏剧的精神，生吞活剥地硬拉进旧戏里去，就是最强的证据。在当时却也是不得已的举动，因为不这样便不能传达他们那种志士式的精神；不这样便不能应时代的需要。

这样一来，一时颇得社会的欢迎，可是旧剧的弱点，越发暴露得不可收拾。要想回归旧路更不可能，想前进又没有方向，于是只有想到炫人之一法。第一靠电影和外国小说的情节，不久就厌了。于是取中国最通俗的小说从头到尾一回一回的演，又不行了，就改演时事；不到一年，又完了，就只好干神怪；一转眼又过时了。许多戏园主人和演员都急得没有办法，便只好将从前演过的情节，再翻出来换过一种新演法。什么新演法？不外加戏法加机关布景，穿奇怪行头，唱九音联弹，玩怪腔怪调。

这种戏，整个的看越不成东西，分开来却有一两点足以愚弄浅薄的观众；可是更难持久，这是人人都看到的。

当日上海新舞台，可以说完全投降了文明新戏；现在的广东戏，可以说投降了电影。近来上海最流行的是神怪戏。神怪戏可以随便露行头，任意使用机关布景，什么都给一个死无对证，所以有种种便利。但是，这里也神怪，那里也神怪，越看谁家的角色能够集中一些，越多卖几文，角色少些的人家越少卖几文。纵观全局这个纸老虎就快穿了，而广东剧却从上海去模仿；掉句文说："可以休矣！"

这样看来，旧剧哪里还有？只有一部分北平的伶工的确还保持着旧剧的面目，和这种风气相抵抗。这正和从前四喜班挽回昆腔一样的道理。没有理想的新建设，徒然靠几个戏迷保持偏安之局，结果如何，实在难于乐观。何况加唱的文明新戏，正在北平伶工中无形的滋长？（上海和广东的流行戏，都可以当加唱的文明新戏看。）旧剧不能表现新时代精神，不能传达现代人的情感，所以在现代民众当中日就沦落，实在是无从讳言。旧剧既到了这步田地，革新运动，何能暂缓？何能暂缓！

有人以为中国旧剧只要随便改一改或是加一些宣传的意义或是教训式的台词就行了，这种主张最为普通。许多以改良戏剧自命的先生都这样想；所以看着戏剧的改革很简单，且轻而易举。这也难怪，因为他们从来没有研究过戏剧，以一己之好恶为是非，所见不过如此。这没有别的，只请他们多分点工夫就戏剧本身观察一下，有一天他们知道戏剧是什么，他们就会自己发现他们的错误。至于戏剧的本质和她的使命，许多人已经大声疾呼过了，在我的前几篇文章里也已经说得很明白，似乎不必再事赘述。总之，改革戏剧要整个的打算，头痛医头，脚痛医脚，不但无益而且有害。戏剧之成立决不是靠一部分的情节，也不是靠一部分的台词，连这个都不解，那就一切都完了。而且化妆讲演式的志士剧，在文明新戏的初期盛行过了。加锣鼓的新戏有上海新舞台干过了（恕我只引上海的例）。借戏台发发议论骂骂人，无论有锣鼓没锣鼓，都不能算戏剧。到如今还要倒车开过去模仿那种不成器的东西，并且以此为改革戏剧的标准，那也太浅薄得可怜了！

其次有许多人，看见谈戏剧运动的大都致力于话剧，就起了反感，他们以为只有带唱的才算戏剧。本来中国的戏，自古至今没有不带唱的，忽然有不带唱者也叫作戏的，岂不要诧异？

当初文明新戏才兴的时候，大家总算欢迎过它，如果那时能够大家努力干一下，新戏到今日也不曾到这步田地。不幸那些新剧家，除掉几个志士之外，并没有什么戏剧家；而一班演员，多半是堕落青年，他们一半当生活，一半当好玩；他们从来不排戏，也不用剧本，更不用丝毫的研究，只靠一点聪明去和观众周旋；最初大家说两句国民话，还可以令观众兴奋一下，作些个滑稽怪相也引人笑一笑；可是老只有那一套，观众便看穿了他们的空虚无物，渐渐地便完全失了信用。他们的路越走越穷，也未尝不感到自己的错误；可是陷得深了，无论如何拔不出来，只好听其自然淘汰。十几年来，文明新戏和社会完全算绝了缘了。

文明新戏之后，就有爱美剧团。“爱美”是 Amateur 的译音，原来是“非职业的”意思。民国六七年的时候，新青年一派倡导文学革命，爱美剧团也应运而生。

职业的剧团，因为要求卖钱，在艺术上有许多限制，当然不如爱美剧团的自由。可是从前的文明新戏家，除却一两个特殊的人才外，本不了解戏剧，并不是对于戏剧有一定的目的，而不幸为职业所限制，这层非明白不可。

爱美剧团比较都是由了解戏剧的人组织的，他们又没有职业的限制，宜乎会弄得很好；但是爱美剧团的社员们都是极端爱自由的，受不得一点拘束，他们拿一时的兴会，偶然表演一两次，并没有持续的决心。他们没有舞台职业为障碍，他们本身的职业却绊住脚，也决无持续之可能。还有就是学校里的学生，在课余之暇，抽空玩一次，一有课便要停止；公演的日期，若是定在他们考试的时候，他们便不能参加，往往将就得一边，其余的人又发生问题。而且社员之间最难得没有意见，意见一生，兴会就减，所以每公演一次，领头的人一定受尽磨折。固然有时也因领头的人处理不当，可是事之难办，也有不是局外人容易想得到的。职业的剧团有饭碗足以维系人心，爱美的剧团只有“艺术”两个字的空话。因种种关系，爱美剧团便往往不能持久；便能持久，也难得有所表现。既不能持久，又少有表现，如何能引起社会的注意？而在社会一般的民众，又怎么能够辨别爱美剧和文明新戏的不同而加以特别的鉴赏呢？然而爱美剧团究竟有些功绩。虽然断断续续的几次公演，都引起了不少的兴趣；而且经过了爱美剧团的一番试验，使人明白靠兴会不能成事，非有坚强不断的运动不可；“戏剧运动”这个名词，也就因此而成立。

“爱美剧”是作“非职业的戏剧”解，与职业的戏剧相对而成名词。“话剧”便是Drama。Drama与Opera对立，话剧与歌剧对立。

话剧这个名词成立并不久。还是前年恰好易卜生百年纪念，上海三个剧团——南国社，戏剧协社，辛酉剧社——想联合演易卜生的戏，就由洪深、田汉和我们几个人联合三社社员，在大西洋餐室聚餐，席上由田汉提及爱美剧这个名词不妥，研究之下，大家一致通过改用“话剧”两个字。

话剧是Drama。你若是能够否定Drama，你就能够否定话剧；你承认Drama，就非承认话剧不可。

目下一提起话剧，人家就以为文明新剧，存一种鄙视之态。不仅是中流以下的人，就是所谓知识阶级也很多是这样。尤其是在广州，社会上对于话剧的认识真是浅薄极了。他们当话剧是个肿背马，因为没见过骆驼；更不信骆驼能够载着人们渡过凶险的沙漠去发现无尽藏的宝山！

有一天，我遇见一位从外国回来自命不凡的先生，对我大谈其戏剧。他说：“戏剧总要有歌唱。没有歌唱，就不能算戏剧，只能算杂耍。无论哪国都是一样。因为白话戏只求通俗，没有文学，没有艺术，歌剧才是艺术，欧洲的歌剧院，都是上等人才去，白话戏馆因为是杂耍，上等人都不去。”

我听了他的话，只好笑笑。难为他谈得真高兴，我便轻轻地反问他，我说："先生所说的杂耍是不是指 Vaudeville，然则如歌德，赫伯儿，易卜生，郝蒲曼，脱尔斯泰，柴霍夫，梅特林，肖伯纳等的作品，是不是话剧？是不是杂耍？是不是专供低级趣味的观众欣赏的？"他停了半天始终没有答复。这种是很普通的常识，本无容详细的辩解，不过在误解这样多的环境下，不免对戏剧的前途，有荆棘塞途之感。但是这个毫不成为问题，没有哪一块肥美的园地不是从荒芜中开辟出来的！

戏剧运动并不歧视歌剧，而且要建设新歌剧，和建设话剧一样。不过镀镍的古董在所不取，苟且拼凑决意不干。一切应当有整个计划，而音乐问题实为重心。至于改些词句，造几个无意识的新腔，却不在研究之列罢了。

从种种方面证明了中国戏剧之堕落，而民众要求组织健全内容充实的戏剧，其情甚切；为民众的慰安计，为社会文化计，戏剧运动实万不能缓。照目下的情形看来，戏剧的生命完全抓在市侩手里；他们拿剧场当赌场，拿营业当赌博，拿伶人当筹码，拿看客当赌徒，只要弄得了钱，什么方法都用，干来干去，他们的荷包愈肥，戏剧的前途愈不堪问。戏剧运动是为民众的文化生活，为救戏剧的危亡，为伶工留地位。亲爱的伶工们啊！你们应当是舞台艺术家，你们应当是民众的叫唤者！你们不是能够作了赌博的工具就是满足，你们有你们的使命，有你们的地位；快些觉醒罢！要在你们的意志和自力底下求生，才是真的！

三

戏剧运动既感觉到万不能缓，应当赶快脱除了因袭的枷锁，去走我们应走的路。

我们走的路在哪里？简单说，分两项：

一，研究

二，实验

这两件事应同时并进，不分先后；没有研究无从实验，没有实验研究都是空虚的。

就研究方面说，一为历史的：研究古今戏剧之变迁。一为比较的：研究各民族各地方戏剧的异同。

戏剧本分两部：一为戏剧文学，一为舞台艺术。这两部实在是分不开。

戏剧是演的，不是读的；但是不能因此而否定戏剧文学。原始的戏剧没有文学，如今的戏剧，何必一定要返乎原始的形式？

默剧和傀儡戏不必要文学。不错，在戏剧里有这样一种办法；但并非除默剧和傀儡戏便无戏剧。

新浪漫派时代，导演和舞台装置，有万能之势，作家衰退，欧洲剧坛因之不振，可见作家还是很要紧的。

近来有些文学家，主张戏剧运动要以作家为中心，有些戏剧家又以为只要有戏演就行，各走极端，互相毁谤。

其实剧作家很要紧，舞台艺术家同样要紧，可以不分轩轾。只可惜现在既不见什么舞台艺术家，也不见什么作家。

我们希望有作家能够多供给些创作，尤其希望有舞台艺术家——建筑，布景，演员，——能够使创作在舞台上实现，不过作家不宜求之于书斋里，舞台艺术家不宜求于广告上。

中国的戏剧运动，时间实在太浅，作家还没有出来。新编的剧本，可采的太少。就有几本好点的，也演得太多了，没有法子，只有多介绍些外国剧本。

四

介绍外国剧本有好些困难：一译本的困难，二导演的困难，三设备的困难；除了这几层之外还有选择剧本的困难。

翻译剧本，本不是很容易的事。翻得不失原作的精神，还要能够很顺畅的在台上演，便格外难了。中国近年翻译剧颇增加了些数量，可是买齐了放在书架上还不满一格。就好的而论，也有的能演，有的不能演。本来翻译的人都只顾文学，并没顾戏剧，所以效用只从书店到书斋；若是要从书斋到舞台上，非经过另一种手续不可。

论理只要是成功一个戏剧，总能上演。上演的成绩固然靠剧本本身所给与的舞台效果，可是导演的方法尤属重要。——希腊剧莎翁剧在现代影子早已淡了，经过莱因哈特，琼司等的导演，完全又付与一种新生命。对于一个作品的上演，没有好导演，便往往把名作弄成死的。

导演对于作者的精神和根本思想要彻底了解，自不用说，所谓彻底了解，决不是就一个作品而言。譬如演《樱桃园》总要明白柴霍夫，演《闯入者》必要明白梅特林。不然作品是作品，导演是导演，作家还是作家。换句话说：不了解作家，便不能了解作品。

介绍外国作品，不用说我们所要表现的是作品的内容，不是外表。然而除了改译剧用中国的衣装布景的，有些不能改编成中国故事的戏，就决定要用外国的衣装布景；不仅衣装布景，演员的动作一切，都非有特殊的训练不可。可见整饬外表正是所以表现内容。外表不完全，内容也就无从表现。

尤其是俄国戏，如果不用俄国的舞台装置和技艺，就很难得表现那种作品的精神；而导演对于俄国作品应当了解到什么程度也不言可知。

本来外国戏一经翻译就已经打了一个折头，若不就舞台装置和表演上充分设法，不免就把原作糟蹋了。舞台方面参考设计固然很不容易，作演员的不见得都到过外国去研究过各国的风俗习惯以及各种人处常处变的态度。一旦排演外国的作品怎么会象呢？这当然靠演员能对作品加以精密的研究，尤其要导演能够给以适宜的指点。

有人说：“中国人装外国人，无论如何不会象，就是到过外国的装起来都不十分象，何况在中国的呢？若是装外国人不能真象，怎么能够表现外国作品的精神呢？”这话前半段的确不错，末两句却大有斟酌。

中国人装外国人，决没有外国人装外国人那样象，那是不用说谁都知道的。但是外国作品的精神，却不因为是中国演员便不能表现。换句话说：是挪威人不见得便能表现易卜生，反而德国人俄国人演易卜生的戏有精彩。不见得除了法国人便不能表现莫里哀，除了英国人便不能表现莎士比亚。中国人介绍外国剧本，是求中国观众扩大欣赏戏剧的范围，以期沟通世界的艺术，而且从许多外国剧本当中采取我们所需要的资料。所以只能要将外国作品的思想情调整个的在中国观众面前介绍出来，那就是了。重要之点，在求中国观众能容受。中国观众不能容受，便拿外国人用外国话演也是枉然。倘能容受，尽管外国人看着不象，可以不必理会。

话又说回来了，介绍外国戏，注重的是内容，所需求的外表以能在中国观众面前表现内容为度。可是这也就够麻烦导演和演员的了。中国现在有好几个干戏剧的团体，有的有导演，没有演员，不然就有了演员没有导演。就算有了导演有了演员，还要有时间排练，又要有相当的衣装布景，这便要相当的钱。象中国几个戏剧家，哪个有钱？在这个时候社会上对于这个事业的同情还很薄弱，也没有什么充分的援助，所以格外困难。不过，有这些困难还干不干呢？当然一样往前干。干到相当的时期，就有成功在那里候着。

目下顾不得许多，不必愁土不肥，尽管下种子，多种几次土就渐渐会肥的。

所以人多演人多的戏，人少演人少的戏。布景衣装与舞台设备，有多少力量办多少，力量来不及便稍微简陋点也自不妨。不怕人家讥笑不完备，只怕自己认不清路，或者是不能继续努力。

至于选择剧本却是十分困难。有人主张从古典派介绍到现代剧，有人主张从现代介绍上去。我们以为戏剧运动不是专和观众谈戏剧，不必这样笨干。最好是从现代剧及近代剧入手。

我们要避免种种困难，就能力所作得到的，有什么就介绍什么，但是有个最要紧的条件，就是：不可全靠兴会。最好是能够定一张一年的剧目（Repertoir）作不到便定半年或三个月的剧目，至少每回公演的秩序单要有些意义。

用一个长戏演一晚，那比较好办，若是用两个戏或者两个以上的戏作一个秩序单，那就不宜太乱杂。或者用派别来分，譬如某一个主义的戏便和那一个主义的戏相配。或者用戏的内容分，取思想情调相差不远的作品相配，这样便好使观众的注意力集中而所得印象比较深些。性质太相远的戏，不宜混在一个时候同演；譬如易卜生决不宜和莎士比亚作一单，郝森克雷佛，也不宜与戈德同时介绍，因为放在一起不调和，便往往使前后两个戏，互相破坏了空气。

还有一层，创作剧和翻译剧最好分开演。就单以创作而论，也要选性质不甚相远的一齐上演，线路清楚一点，比较容易得到观众的认识。思想见解两歧的作品同时上演，是最不利的；就是形式相差太远也不相宜。

还有歌剧与话剧不宜同时并演；我们经验过好多次都觉得不好，若拿翻译剧与中国歌剧合演更要失败。

综合以上的研究，可见秩序单之重要，在每次公演的时候，要切实加以注意。

五

有了戏，非要演员不能实现。爱美剧团的演员，是临时召集的，其中也许有不少的天才，也有些对戏剧有决心的分子，可是一时兴会所至偶然玩一玩的也当然不少。而且有种种在本文前面已经说过的困难，不能专攻。俗语说得好："拳不离手，曲不离口。"当演员不下几年的苦功不会成器。就是成了演员，还得要时常不断的研究练习才能保持地位，停的时候多，演的时候少，那一定不会好的。这实在是许多名优经验之谈。初学演戏的人，碰巧得了几句称赞就过信自己的天才，因而断送一生的不知凡几。爱美剧团的社员，对于戏剧的理解力总比普通的职业的演员要高一些，尤其是所循的路径不同，但是因停的时候多，演的时候少，在舞台上总嫌太生疏。加之排练的时间多半短促，结果未免外表和内容不能相称。

至于职业的演员，每天登台，宜乎技艺总要精密些。不错，他们在舞台上实在熟练，只可惜戏剧的本身差了！他们的天才和苦功每每误用，而且商业戏场的演员，离不了是机械。他们演的不是自己的戏，演的是老板的戏，在班主的商业政策下的演员，是丝毫没有艺术的自由的。

要演好戏，一定有好演员；要演新戏剧就要有新养成的演员；要干戏剧运动一定要有自由的演员。

怎样才是自由的演员？要对于戏剧有正确的认识，能彻底的了解，在剧艺术上要不受商业的拘束得充分发展其天才。这样的演员，才算自由，自由的演员，才负得起戏剧的使命。

这种演员决不是临时的，必定是终身的。决不是拿已成的伶工来改造，是要根本训练才成的。

养成演员，首先要有设备完密的学校。要求学校的设备完密，必定要充裕的经费；有了经费，就要设法罗致专门人才；有了专门人才还要能够使其安心乐意从事研究。学生自开始训练，到学成足资应用，必定要费相当的时间，在训练期中，要安安稳稳不受什么惊扰，才有成绩。

最难的是在演员的选择：一个演员的资格，和其他学校的学生不同，所重的不仅在知识而在才能。天分要好；情感要丰富，体格面貌声音动作表情都要过得去；还要对于戏剧有决心，方始能成功一个有用的演员。换句话说：演员有外的资格，还要有内的资格才行。我所见学演剧的学生约分五种：第一种是对于戏剧真能认识而又有天才的。第二种是对戏剧很忠实，但是没有天才的。第三种是有些天才而耽于享乐，以戏剧为游戏，或借演剧以为其他目的作广告。第四种是失意青年借舞台以涤荡襟怀的。第五种是莫明其妙，只听见演剧学校免费便跑了来的。第一种最少，第二种比较也还算好。第三种最容易堕落；无论男女青年一经堕落，便不能演剧，有人以为行志尽管堕落，演剧另是一事，这是大不其然的。第四种往往趋于极度的颓废，他带着色眼镜看戏剧，拿偏见当事实；这种青年偶有一部分的成功，但多数是不行的。第五种很多。可以不说了。

养成演员实在要煞费苦心。我对于这层想专作一篇论文来讨论，并请教海内诸专家，这里只能道其梗概。以下且说剧场。

六

戏剧是演的，有了剧本要演员，有了演员还非有适宜的剧场不可。所谓适宜的剧场，是要以戏剧为标准的。在中国现在还只谈到小剧场，其实大剧场，户外剧场又何尝不需要呢？

小剧场的话，讲了差不多十年了；可是始终没有实现。爱好戏剧的同志们谁不想有个小剧场？余上沅赵太侔他们在北平在南京费了很大的力没有干起来；田汉、洪深在上海作了许多年的梦；我为这个也奔走过许多时，计划书写过五六次，谁知至今在中国还没有一个小剧场！有钱的不肯干，没有钱的干不成。能够有一个地方铺上几块板，装上几盏灯，随便能让几个戏迷造造反，已经就很难得了。所以前几年戏剧协社照洪深的计划借职工教育馆的讲堂铺上板，两边用布围起来，演《少奶奶的扇子》，已经就是戏剧界的玫瑰花；田汉在艺术大学的时候，拿应接室改成一个窗户般大的舞台，他也夸耀地说："我们有了个小剧场！"就是目下广东戏剧研究所，就大厅铺设成个舞台又何尝不是一样？

在这种苦闷的环境之下，我们在物质方面，自然是很艰苦，除了用加倍的精神去奋斗没有办法，天底下决没有有计划，有主张而干不通的事。成功不过是时间问题。

目下上海南京两处听说不久就有小剧场出现，山东济南有省立实验剧院，每月经费八千元，已经预备造剧场。广州的自由剧场也已经开始筹备，中国的戏剧运动，总算进了一步，倘若能够不受意外的影响，种下种子也等得及就快发芽开花了！

中国的剧场可以说没有一间合用的。尤其是舞台的建筑太坏，其次就是坐位不好，管理的方法也十分不对，要新建剧场以上三点要特别注意加以改革。

在戏园的老板，以为只要坐位多，卖一天可以吃三天，那就是好剧场。因为他们都没有当剧场是正当营业，所以没有略为深远的计划。他们用赌博的方法开戏馆，有的时候押孤丁，有的时候押两门，有时下注轻，有时下注重，翻来复去，总不过那几手。他们并不知道舞台不好不能演戏，不但他们，就是许多伶工也不知道要怎样的舞台才适用，中国的旧戏本来不用舞台，在地下铺几块板就能演，从几块板到了有舞台有电灯，已经就觉得进步多了，所以没有奢求。象这样的情形，戏剧怎能不落后呢？

有人说：中国的观众只要这样就够了。这大不然，观众正在要求有更好的剧场和更好的戏呢；但是没有谁能应他们的需求。现在的各剧场都觉得戏法愈变而愈穷，愈穷而手足愈不知所措。于是乎戏剧只见其堕落，长此以往就永无改革之望了！

说也难怪：剧场建筑是地主的事，经营剧场的又另是一种人。地主只管收租钱，经营者只管借机会抢一抢。双方都本不为戏剧，更有什么戏剧之可言？

即以营业而论，他们除却把几个唱戏的追迫得精疲力竭和用过度的夸张劫取观众而外，就只有扣薪水算日子之一法。

至于伶工，在这种营业状况压逼之下，惟有安心做机械的货物，漫说没有新方法，就有懂得些新方法的，也决无从表现：一来是没有余裕，二来小有失败，受不起责备。大角色都是如此，小角色更不必说，所以只有顺承老板的意旨，大有“末将好比跨下之驹，扬鞭即走，停鞭即驻”之概！

老板的方法最简单。在广州利用的是大角色，在上海便半靠角色半靠戏法。利用全体演员，利用舞台，利用新装置，完全想不到；便偶然想到，也没法实行。要说利用戏剧，那更是复乎远矣！

所以站在戏剧的立场上去责备现在的老板和伶工是大大的错误。戏剧运动是要离开现在的商业剧场的独立运动，其所要求的剧场是自由的剧场。现在觅几个资本家建筑剧场本不甚难，所难得的是脱除羁绊完全以戏剧为中心的文化会堂。在新剧场还没有建筑的时候，我们大厅上的小舞台，虽然简陋些，到底生活于比较自由的空气之中，着实是可宝贵的啊！

有了戏剧，有了舞台，有了装置，自然会有观众。间接对观众负责的是作家，直接对观众负责的是舞台艺术家。诅咒观众是大不利益的事，只要真能够对观众负责，观众的决不会吝惜同情。观众的程度，当然不齐，若以为观众程度不够就极力拿俗恶的东西去迎合，那实在太看不起观众，也就看不起自己；结果弄到观众完全失望，戏剧也弄到堕落了。观众不是长远可以蒙混的，也不是只会一直往下跑的，只要戏剧能够一步一步往上，观众的鉴赏力也就会跟着前进，这是毫无疑义的。

有人说，观众要训练，我以为可以不必说到这样重；只要多尊重一点观众的人格，不存蒙混之心，就足以互相提挈以促艺术之上达了。

七

谈到这里，就不能不想到剧评。求戏剧之进步就希望有健全的剧评。中国剧评界的情形怎么样，我不敢多说；严格论起来，可以说是没有剧评吧！尤其在广州更不知批评在哪里。有人说：与其剧评不健全，倒不如没有剧评的好，最怕莫名其妙的写许多，反而糟糕；这也不错吧！

戏剧批评家第一要对于戏剧有深切的了解，对于戏剧不了解而作批评，一定有不可救药的误解，可以把一部分的观众引到歧途上去。

中国目下之所谓剧评有三种：一种是专为应酬朋友一味恭维的。一种就是存心挑眼要鸡蛋里头找骨头的。还有就是随便说说满不相干，或者玩两句俏皮话：说是恭维吧，实在是挖苦；要说是骂又完全莫明其妙。郑板桥有两句联话说道："搔痒不着赞何益？入木三分骂亦精。"很可玩味。隔靴搔痒的剧评，无论为赞为骂都可置之不论的。

剧评的价值有许多人估过。有的人说要剧评，有的又说不要剧评，种种的议论这里没有工夫介绍，William A·ehr 讲得好："若问剧评有没有价值，就问人生有没有价值。"又说："人生值得过活么？要看过活的人。剧评值得一写么？要看写的人。"我是希望有剧评的，尤其以为在戏剧运动进行的时候，应当有剧评来促进这个运动。

在还没有报纸的时候，我们看不到剧评，但是剧评始终是有的，希腊剧时代，莎士比亚时代都是一样。就是中国，当其二黄戏刚兴的时候，许多人都鄙薄它以为不成东西，而焦循的花部农谈就极力推重，说比文班好，这种记载实在有益于乱弹之发达不少。

现在的戏剧运动，是使戏剧向上的运动。剧评家促进这个运动，就是促戏剧向上。促戏剧向上，是剧评家的重要责任。剧评家既负着这样的责任，就应当具有指导这个运动的能力。

世界上没有无戏剧的地方，有戏剧就有剧评，戏剧不断的进化，剧评也是不断的进化。倘若一国的戏剧安于卑俗，剧评界也寂寂无声，那就可以证明那国的戏剧界不是退化，就是混乱。

在戏剧界混乱的时期，剧评界也一定混乱，甚至于没有剧评；因所有的戏剧都是不够一评的，捧的文字，是不能作为剧评的。

剧评常常存在观众的心里；但观众心理，是幼稚的心理，他们偶然的兴奋或偶然的丧气都不足为理想的标准。剧评家的剧评是分析的，是有系统的。他对于戏剧不单是如普通观众那样只止于享乐，他还要评判作品的真价。他对于作品务求深入，要站在作家里头看作品；同时他要将作品来分析，站在作品外看作品。法国人说：“自己跟着行列走又想从窗户里看行列是办不到的。”剧评家就恰好是同时并顾的。

剧评家对于戏剧，应当用极冷静清明的心去观察：第一看剧本，其次看表演，其次看导演法，再其次看舞台装置。综合各方所得的印象和愉快，使之深印于不染纤尘明镜似的心里，然后拿极丰富的同情去发现它的美点，这才是正当的批评。Walter Pater 所谓：感受，解释，表明，是批评家应当取的三阶段，一些儿也不错的。但是情感不丰富不能享受，头脑不明断不能解释，文学无素养不能表明。

批评家也就是艺术家。批评是创作，决不是偶然高兴随便写写的东西。以此求批评于今日之中国，似乎太苛，不过批评家的态度和批评的原则批评的标准，非预定不可。

话说到这里，不能不感到戏剧的缺乏，目下台上所演的那些东西实在没批评之可能。纵有批评家也只有闭着眼睛停着笔，把精神移到别处去！近来有几个团体演了几出象戏的戏，也就发见了几篇象批评的批评。戏剧运动到底不是没有反应的。

照以上所讨论的看来，戏剧运动的径路大致不差了。总括一句就是：多介绍些戏剧的理论，多发行些刊物，以期社会一般对于戏剧，得比较正确的认识。介绍外国剧本，奖励创作。其次养成演员，建筑舞台，使戏剧能够具体的实现。同时希望有健全的剧评以促进这个运动。至于歌剧方面，目下就可能范围先从形式，演出法，舞台装置及思想内容加以改革，以期易于实现；这样一来，音乐也当然跟着会变。于是一面组织新乐队，采集民歌，从事根本的建设。这许多事论理应当同时并进。万一来不及时，也只好做一步算一步。

目下各处地方空气已经动了！微风起于青萍之末，万窍怒号，就从此始，社会对于新戏剧之需要，一天迫切一天，最近的将来，就可以证明大家的努力绝对不是空虚的。

（原载1929年11月15日《戏剧》第1卷第4期，亦见1931年5月广州泰山书店出版的《予倩论剧》）

演《怒吼吧中国》谈到民众剧

予 倩

如今的时代，是革命的时代。

革命的对象是帝国主义。

革命的主体，是被压迫的民族和被压迫的民众。

所以说现在是被压迫阶级求解放的时代，就是被压迫者拼死斗争的时代。

认清了时代，便可以决定我们应走的道路。

艺术，每当旧时代全盛期，新的时代还没有来的时候，她是预言者。新陈代谢，渐衰与将盛的机兆，最早就在艺术作品中表现出来。因为民众是这样要求着。

从一个时代的渐衰，到第二个时代的渐衰，艺术总是不断的前进着，其变化和流水一样没有丝毫的停止，无论好古性如何发达的国民，决没有把艺术从这个社会这个时代回复到从前的时代和社会去的。除非是有种被锁在不见天日的监牢里的艺术家，那又另当别论。

现今是帝国主义由全盛而入于崩败的时期，被压迫的大众正在要求解放和自由。大众是这样要求着，现代艺术的重心就在这里，无论谁都不能否认的。何况被压迫而求解放，是千古不变的感情？

从前浪漫的艺术，大都赞美英雄。因为那个时代大众的知识还幼稚，需要英雄，便形成了封建的社会而有封建的艺术。

封建社会崩坏，地主衰败，个人的地位，渐由资产而决定，把争城略地世袭的势力驱逐到坟墓里去，于是有个人求解放的艺术。

到了现在，资产的帝国主义渐趋崩坏，而大多数被压迫的民众正在渐渐抬头，在这个时期的艺术，当然是为大众求解放的艺术，丝毫不用怀疑。

就以中国而论，哪一个不被帝国主义蹂躏，我们穿的衣经过多少层的剥削才到身上，吃的饭也经过几层的剥削才到口。我们的市场为帝国主义者所占有，我们的生活为帝国主义者所操纵；我们一天到晚都在挣扎呻吟之中，要说是希求他们的人道慈悲，那永远是个荒唐幻梦，除了一致起来大家团结和他们抵抗，是没有第二条生路的。

处在这种悲惨的环境之下，什么绮罗香泽雪月风花虚无飘渺的艺术至上主义，用不着什么唯心唯物的论辩已经就可以证明其不成立。

有人总想造一种太虚幻境，粉饰太平，以为把民众的苦痛告诉民众，表现给民众看，以促其醒悟是于民众不利（我在广州遇见好几位先生都是这样的见解）。这样的见解不是附和帝国主义者，别有愚民作用，便是蒙着眼睛骗自己的玩意。

我们要替民众喊叫。要使民众自觉。要民众团结起来，抵抗一切的暴力，从被压迫中自救。我们对《大众文艺》第一步的解释就是如此。这次演《怒吼吧中国》的意义也是如此。

我们从来主张艺术替民众喊叫，不要专替自己喊叫，民众剧的建设实是目下当务之急。

民众剧不用说是以民众为中心。促民众之自觉团结，求民众之解放，以抵抗高压的势力，自然是毫无疑义。可是同时也要表现民众的生活与生活美，民众也要在他们自己的艺术中求安慰，这一层也不可忽略。

《怒吼吧中国》这个戏，当然是一个很有力量的民众剧，可是这不过是一种的形式，民众剧的结构与内容还更可以丰富些。

这个戏是用万县事件作背景的。帝国主义者对中国民众的屠杀，不止一两次。我们的民众在广州亲眼看到沙基惨案，我们在上海也亲眼看见5月30日英国人屠杀市民和学生，万县离得远，只在报纸上看见，但是万县事件更惨于五卅和沙基两案。

《怒吼吧中国》剧中，只说杀了两个船夫，但是当时的事实，的确不止杀两个，而且都是砍头的。

船夫杀了，英国兵舰为美国溺死的人报仇，还要用大炮轰击一个没有抵抗的城，在这个炮火底下所毁灭的生命财产，更是难于计算。

枪炮所毁灭的我们是容易看得出。还有那在枪炮掩护之下拼命活动的外国工厂主商家，他们是怎样的剥削他们民众，我们应当感觉得到吧？

他们正用种种的方法，吸我们的血，敲我们的骨髓，弄得我们农疲于野，商疲于市，工人失业，匪乱四起。好比恶神放了许多疾病瘟疫饥饿的魔鬼来扰乱我们的生活，使我们一个个失神丧气没有办法。

我们真是软弱的民族吗？我们真没有抵抗的能力吗？我们真是一盘散沙永远不能团结吗？

决不决不！我们历史的光荣还是存在。我们有很大的力量潜伏着。

我们伟大的力量是潜伏在我们民众当中。

帝国主义者什么都不怕，只怕我们民众的力量有一天要觉醒。他们正用种种方法阻击这种力量，但是越阻止发挥得必定格外充足，这是绝对可以相信的。

伟大的力量在民众的血液中潜伏着，人众要求彻底的解放，全靠民众的自决。

今后的民众剧，当然是要用艺术的手腕把这种伟大的力量充分表现出来。

但是我们要问民众的力量何以永久这样沉潜着好象睡晕了头，扶都扶不起呢？

要知道民众本身的弱点，足以阻遏自己的力量。习惯的缺点，因袭的惰性实在比帝国主义的毒性不在以下。今后的民众应当把这些因袭的恶毒痛加扫除。

其次我们民族的美德，应当培养。例如慷慨好予，重然诺，崇信义，坚忍耐苦，和平慈爱，都是应当保存培养的美德。

现代民众艺术，不能缺少的，是客观的真实性。我们民众生活的真实情状绝对非留意不可，关着门说空话，或是随意改译几篇毫不相干的外国作品，以图张冠李戴是万万不行的。

至于说到这出《怒吼吧中国》，虽然作者不是中国人，但是他对于万县当时的事件确下了一番研究，而且他对中国的国民性和中国国民所受欧美帝国主义压迫的情形颇为明了，所以写来比较没有什么过分的地方，确有可介绍的价值。不过这种形式的戏剧拿在临时搭的这种不完全的舞台上演，似乎还差一点，我总希望赶快能够建起民众的剧场，然后完全无缺的民众剧，才能够充分表现。而国内的文艺家应当努力于创作又自不用说。

还有一层，《怒吼吧中国》这个戏，他不过捉住一个概念就写这样一篇戏，写得甚为生动，其中的组织对照都很妥贴。因此可知有相当的技巧才有相当的表现，有充分的技巧，才有充分的效果，而且这种技巧是长时间积累起来的，倘若没有以前的许多艺术家，新的艺术品都要从原始时代作起，这不是现代的损失吗？所以求有健全的民众剧，尤不可看轻艺术史。

这几天赶着排戏，坐下来写几行又跑，随意写了几句，没有法子详细继续下去，本想再写一篇排演记，也实在来不及了。

（原载1930年10月《戏剧》第2卷第2期）

中国艺术界的救贫运动

予　倩

把艺术当个人泄欲的工具，这个时代已经过去了。可是一班抱残守缺的先生们，还是关起门来，千金珍敝帚以为自适其适。他们用十分的精力去服侍一两件古董，较之处在象牙之宫里无病呻吟的尤为偏窄而没有生趣。艺术在这种场合决不存在，不过是过去的尸骸罢了。

艺术在人类生活中为必需品。正如水火谷米一样，不能一刻离开，决不是在某种政策之下一时的宣传工具。假如说艺术要与政策相应，那不仅艺术做了政策的副产物，而且和从前对皇帝的歌功颂德没有两样。结果艺术必成为空虚浅陋的东西。

目下许多大人先生，看见艺术可以做煽动的工具，就以为艺术不宜前进，前进必有危险，于是转而趋于保存国粹，把开倒车当维持现状的唯一办法。这种徒劳的举动，实在有莫大的危险，因为现状决不是这样可以维持，而旧艺术的崩败已经早已成了不可掩的事实。

旧的随着世界的潮流崩败得好似摧枯拉朽一般。尽管声嘶汗流作种种抗拒，眼看得不中用了。

新的在哪里？初胎的嫩叶正摇动在暴风雨里。但是它既然是在暴风雨里发芽，暴风雨也就摧残不了它。不过太幼稚了，还要无穷的肥料来培养。

艺术从人类社会里孕育而产生，并不是从天上掉下来的。

中国的社会有几千年文化的历史，有广博的土地，伟大美丽的山川，又当现在这种万事开明的时代，必然有特殊的新艺术产生。而且西洋的艺术，渡海而来，借镜参考异常便利。但是遍地黄金皆弃之不采。试看今日的情形，萎靡贫弱，还象个样子吗？

就音乐而论，从唐朝以来，只有衰退没有增益，在理论上算明朝的朱载堉有些新义，实际上堕落散漫，竟没有完全的音乐拿得出来。

绘画方面，临摹古画已成末路，而洋画尚属浮薄。没有钱的不能学画，没有钱画画不知不觉便成了买卖；有钱的画家，多偏重在个人的兴味，可观的实在太少。

谈到戏剧，试问把汪大头谭鑫培的骨头挖出来配飨圣庙又有什么用处？把旧时的内廷供奉和政客买办的玩物改成新的内廷供奉又有什么用处？

目下中国艺术界的空虚贫弱实在是无可讳言；是人人见得到的。但是每处新兴的势力正在开始活动，中国的艺术界有无穷的宝藏在我们的面前。现在这样青黄不接的情形，决不足令我们灰心的。

艺术不是天上的，昂头望着天不会掉下来。

艺术是地上的，不耕耘它也不会生长。

艺术产生于人类社会当中，人类社会便是艺术的土地。

人类社会才是艺术宝库。

艺术从人类社会中产生，它的功用也就在人类社会里面。好比雨是从海里蒸发出来，归结还是流到海里。在一转化之间而万物都赖之以生。

人类社会进化，艺术也随之而进化，有什么社会便有什么艺术。社会由旧的组织，递变而成新的组织，艺术也自然从旧的当中蜕化而有新的成就。不过艺术根于感情，所以它的步伐总在一切风俗习惯文物制度之先。

我们要救中国艺术界的贫弱，要从社会中开发宝库。换句话说：我们不能离开社会谈艺术。

艺术有内容，有形式，形式与内容不可分开。新的内容必有新的形式方足以表现。形式不完全，内容表现必不充分。

要有完善的形式必有完美的工具，科学发达，乐师得到完美的乐器；画家得到更适用的颜色，舞台艺术家得到更完美的装置和更有效果的光线。这些都是不可忽略的。

艺术有无穷的宝藏在，只怕为过去的迷信所束缚，为自己的气量所限制，不能容纳罢了。明白这点，就可以救中国艺术界之贫。

（原载1931年4月《戏剧》第2卷第5期）

戏剧之布帛菽粟化

予 倩

朱洪武比《琵琶记》于布帛菽粟，姑无论其对于《琵琶记》的批评恰当与否，也不问他说这句话用意之所在，倘若戏剧能跻于布帛菽粟之列，也就足见戏剧的效果。布帛菽粟为生活所必需，戏剧也非为生活所必需不可。

公子点状元，佳人配才子那一类的戏，极意赞美科举，便是极意歌颂当时的特殊阶级；人生最高的标准，托之于殿廷的胪唱，间接直接，以保持君主的威权。忠君爱国的歌颂是正面，佳人才子，不过是一种劝导的工具，不然就是特殊阶级的消遣品，试看明清的传奇，千篇一律无非是这一套把戏。

专制君主为巩固他的地位，便和那些寄生的臣妾立下种种的制度。《琵琶记》产生在这种制度之下，明太祖称赞高则诚的，正为他能从正面颂扬这种制度。他并不以为艺术品而加以赏鉴，天下初定，他是要拿来当武器的。布帛菽粟是平民日用必需的，特殊阶级的武器要来作什么？

时代变迁，旧的戏剧正和封建余孽同在墓道中徘徊撑拒；人们对于落伍者的厌弃，同时有新生的希望，于是戏剧运动便应时代的需要而生产。

戏剧运动，便是戏剧的布帛菽粟化运动。

封建主义者的武器摧折了，资产社会的玩具已经撕破，布帛菽粟才是平民所需求的，所以现在戏剧运动只在平民寻常日用之间。

平民日用寻常之事，就是新戏剧的内容，新戏剧的内容，便是平民的精神之所寄托。

现代的平民都在被压迫的呻吟挣扎，他们在不良的生活中求布帛菽粟而不可得。戏剧运动既是以平民为中心，对于平民迫切的需求，自然同是迫切，所以戏剧运动是平民生活运动。

要表现新的内容，必要有新的形式，要组成新的形式必要有新的工具。新的成立，旧的自然推翻，戏剧运动便是戏剧的革新运动，而这个革命的动机，是发源于平民的自觉。

中国的戏剧界可谓贫弱到了极处，内容的薄弱，形式的粗劣，工具的寡陋，好比人生而无布帛菽粟，有饥寒交迫之慨，所以今日的戏剧运动，是戏剧本身的救贫运动。

戏剧运动起于知识分子之间，自从有这个名词以来，引起了许多议论。在纷纭之中我想举出布帛菽粟四个字的意义作个答案。

目下的戏剧运动虽然站向平民方面还没有深入平民之中，内容还没有丰富，形式也不够应用，试问怎么去接近民众？拿什么去接近民众？正因如此这运动有积极推进之必要。照目前情形看来，教育界对于这个运动已经起了共鸣，学校剧运动便是一个表征。

学校剧原来是指儿童剧而言，但是现在的学校剧，可视为戏剧运动之扩大，倘若能互相联络，有共同的意志，取共同的步骤，阵容整一，进行不懈，便足以披靡一切。

田地间生出来的布帛菽粟，大家做运输和供给者吧！

（见1931年5月广州泰山书店出版的《予倩论剧》）

现代戏剧之欣赏（节选）

欧阳予倩

谈到怎样欣赏现代戏剧，自然应当先认清现代戏剧是怎样的东西。

现代在演着唱着的戏，是否全是现代戏剧？那当然不是，其中有许多是陈旧的，甚至于腐败的。可称为现代的戏剧，实居最少数。尤其在中国，我们的戏剧实在离现代太远了。……

现代戏剧是现代的戏剧。要能够把握住现代的社会思想。要能应现代社会之需要，把清新活泼有力量的剧台面向现代的观众展开，使他们认清现代人的地位，和他们应取的途径。——即如历史剧，也要用现代的社会科学分析历史，使观众站在现代的立场去认识史事而作为有力量的参考。

准此而言，中国的现代戏剧还是在襁褓之中。我们也不妨看一看欧洲。就欧洲而论，所谓现代剧可以说是表现主义以后的新剧，因为从自然主义到表现派，谈戏剧史的认为现代剧，所以近代剧以后的戏剧可以说是现代剧，无论从那一方面说，苏联的戏剧要说是现代戏剧的先驱者。

现代戏剧有几个特征：（一）整个的从商业剧场得到解放；（二）从伪善的禁欲主义得到解放；（三）从御用之奴隶的桎梏中得到解放；（四）从少数人的私利得到解放；（五）从形式的束缚得到解放。现代戏剧是大众自己的艺术，所以能够得到普遍的欣赏，现代戏剧与教育密切地关联着，所以是大众的滋养品，我是认为艺术可以为武器，也可以为滋养品的。以前有人叫出为艺术而艺术的口号，那是在被压迫的人群中一种逃避的说法，结果恰被御用的艺术家们，利用这口号以愚民。因此尽管口里喊着为艺术而艺术，始终还是为神权君权作了装饰品而不自觉。自己堕落在愚民政策的魔术当中，又辗转去愚别人。倘若艺术成了大众自己的，到了那个时候，再谈为艺术而艺术，才真正能名副其实。所以我认为彻底解放了的艺术才是纯艺术。

现代戏剧就全世界总看起来，到底解放到了什么程度，很难作过于乐观的估计。有的国家的戏剧还在极度压迫之下呢。不过技术上的发展并不因此而完全挫折。

现代戏剧内容方面已经约略说过，不打算再多说什么。就形式而言，现代戏剧比较以前自由多了。现在是综合各种形式自由运用的时候，所以在演出方面，很能尽导演的才能。在表演方面，也能令演员充分发挥。

怎样能使剧的中心思想充分传达给观众，怎样能让演员的才能发展到最高限度，是现代舞台最重要的问题。加斯东巴蒂有综合艺术怎样综合的主张和实验；泰以洛夫有形式的综合说和他的办法。——最要注意的是综合，不是杂凑，导演要能对于各种艺术部门彻底了解作有组织有计划的最适当的配合，要将各种形式各种演出法融汇贯通、得心应手地调和应用，这是现代戏剧的特色。

中国现代的舞台，旧戏已经算过去了，新戏还没有长成。加之时局不靖，环境恶劣，有的为着卖座不惜迎合低级趣味；有的便以粗制滥造之品取快一时，有的只知奉承上峰；有的停滞消极。虽然有些人在着实努力，大体看来多数在徬徨瞻顾莫展一筹。所以与其谈欣赏，不如谈建设。在当前伤心惨目的境遇当中，空虚惨淡，欣赏什么？

不过，有千万可视的一点，就是事实上的不满，已经引起了无限改革者的热情，新事业的产生与成就，也正是在这个时候。近来有些大胆的尝试，有些正于无可如何中坚忍地在谋出路。没有旧的死灭，便没有新的产生，没有环境的不安，便没有变革运动。现在是中国戏剧界最坏的时期，也正是最有价值的时期。是戏剧家最苦闷的时期，也正是能有作为的时期。所以在戏剧家只有一面修养一面推进，在批评者也决不宜徒作消极的慨叹，要切实把握住现代的精神，帮同培养观众的新趣味。倘若只在书斋里看几篇剧本，翻几页演剧史，当作消遣，而即人陶然自足，这种欣赏的态度，不是我们所希望的。

（原载1936年1月《申报周刊》第1卷第2期）

予之戏剧改良观

欧阳予倩

井手先生询余以对于今日中国剧界之意见，予歌场汩没，于今数年，随俗浮沉，无所表示。不敢有所谓意见。然就思念所及，得一二，为大略陈之。

试问今日中国之戏剧，在世界艺术界当占何等位置乎？吾敢言中国无戏剧，故不得其位置也。何以言之？旧戏者，一种之技艺。昆戏者，曲也。新戏萌芽初茁，即遭蹂躏，目下已如腐草败叶，不堪过问。舍是更何戏剧之可言？戏剧者，必综文学、美术、音乐、及人身之语言动作组织而成。有其所本焉，剧本是也。剧本文学既为中国从来所未有，则戏剧自无从依附而生。元明以来之剧、曲、传奇等，颇有可采，然决不足以代表剧本文学。其他如皮黄唱本，更无足道。盖戏剧者，社会之雏形，而思想之影象也。剧本者，即此雏形之模型，而此影象之玻璃板也。剧本有其作法，有其统系。一剧本之作用，必能代表一种社会，或发挥一种理想，以解决人生之难问题，转移谬误之思潮。演剧者，根据剧本，配饰以相当之美术品（如布景衣装等），疏荡以适宜之音乐，务使剧本与演者之精神一致表现于舞台之上，乃可利用于今日鱼龙曼衍之舞台也。

然则吾人之主张当如何？予以为（一）须组织关于戏剧之文字，（二）须养成演之人才。

文字约分三种：

一 剧 本

剧本文学为中国从来所无，故须为根本的创设。其事宜多翻译外国剧本以为模范，然后试行仿制。不必故为艰深；贵能以浅显之文字，发挥优美之理想。无论其为歌曲，为科白，均以用白话，省去骈俪之句为宜。盖求人之易于领解，为效速也。唯格式作法，必须认定，暇当专论之。中国旧剧，非不可存。唯恶习惯太多，非汰洗净尽不可。然世方重视其恶习惯，为之奈何！

二 剧 评

今日之所谓剧评者，大抵于技术之谈多不完全。其对于伶人，非以好恶为毁誉，则视交情为转移。剧本一层，在所不问；而人情事理，亦置诸脑后。自某某诸名士作诗歌以妮近花旦后，上海多效尤之作；文人恶习殊不足道，亦评剧界之蟊贼也。吾所谓正当之剧评者，必根据剧本根据人情事理以立论。剧评家必有社会心理学、伦理学、美学、剧本学之知识。剧评有监督剧场及俳优，启人猛省，促进改良之责；决不容率尔操觚、卤莽从事也。唯今日之中国既无戏剧，则剧评亦当然不能成立。吾所望于今日之剧评家者，在诱导演剧者断弃其顽梗之主张而趋重于事理人情而已。如俳优能勉守人情事理之范围，庶几真戏剧有养成之希望焉。

三 剧 论

剧论之范围甚广，凡关于戏剧之理论皆属焉。最要者，在名剧本之分析，及舞台上之研究。中国之戏剧，一种之“杂戏”而已，不能绳之以理。必有精确之剧论，能获信于社会，则不近人情与无价值之戏，当然渐就澌灭，同时真戏剧亦因之而生。故不欲改良戏剧则已，欲改良戏剧，非亟倡正确之剧论不可。如云“某处宜下锣”或“某处不似老谭所唱”，所论非戏剧，不能羼入剧论也。

今日之剧界，腐败极矣。俳优之脑筋，过于简单，方且“抱残守缺”、“夜郎自大”，以为一技之长，可以应世变、传子孙，吃着不尽；故闻新论，莫不骇笑。久居暗室者，视日必暗；今之俳优，处暗过久，几失其明；如缠足者，其骨已断，无由再申。故为目下计，为将来计，一面借文字以救其弊，一面须组织一“俳优养成所”；以四五年卒业，以养成新人材。办法略述如左：

（一）募集十三四龄之童子三五十人，于其中选拔优良，授以极新之艺术；劣者随时斥退之。

（二）不收学费。

（三）修业二三年后，随时可使试演于舞台，以资练习，并补助校费。

（四）课程于戏剧及技艺之外，宜注重常识，及世界之变迁。

（五）卒业后，须服务若干年。

如此四五年办去，必见好成绩，而于营业上，亦可决操胜算：盖四五年后之剧场，决非腐败之俳优，所得而左右也。

以上所谈，尚多未尽，容缓缓细及之。

（原载《讼报》，此据1918年10月15日《新青年》第5卷第4号）

二黄戏改革的可能性

欧阳予倩

二黄戏是不是可以改革？有些人主张把它根本加以摧毁另行创造新歌剧；有些人极力主张原样保存；有些人主张听其自生自灭；有些人就主张加以改良。

我以为二黄戏在舞台上是一种特殊的形式，若以保存古物同样的意思去保存那种形式，以供表演者和演出者的参考，那是很有意义的。若是单就个人趣味而谈保存旧戏，那就太不值得。可是保存很不容易，事实上二黄戏已在一步一步趋于崩溃，目下舞台上所演的连台新戏已经不是原来的东西了。台上除了机关布景，变戏法而外，还有耍蛇，耍鳄鱼，耍狗等等，还有歌舞团的裸体跳舞。几时听见过旧戏里会有这些东西？唱工和做工不讲究了，打也不依老规矩，锣鼓刚停洋鼓洋号吹打起来，这是二黄戏吗？现时流行的是杂耍，应有尽有地来几套杂耍罢了，任凭你字正腔圆，要在洋鼓洋号弄蛇耍鳄鱼的当口，那得活活地把你气死。而且无论是如何的头等名角，若不变点新花样包不能叫座。

天下没有永远不变的事。无论是什么好玩意儿，被时代所摒弃的决没有法子维持存在。欧洲的大歌剧 Opera 也衰败了。即如法国的歌剧院以国家的力量仅仅能够维持，每年若没有许多津贴，恐怕早有解体之忧。日本的“能乐”由许多绅士资本家们组织财团法人的什么会去保存，不过苟延残喘，就是“歌舞伎”也一天不如一天。剧场是要从社会全体吸取养料的。大多数的人对之不感兴趣便没有办法。即如仙霓社那种昆曲剧团，尽管有许多爱好的绅士们出资帮助，他们的力量究竟是有限度的。近来这个团体也快要消灭了。

如此看来，保存的话实在不容易说。如狂澜之既倒，挽回之望实在很少。

平剧既然是已趋崩溃无可挽救，要倒的何不促其速尽，便根本加以摧毁，另行创造新歌剧呢？这是对的。不过，二黄戏历史已经很长，尽管趋于没落，它的表演形式为大多数人所习惯，在新歌剧没有建设起来，话剧还没有为一般人认识的时候，要想推翻它固然还不大容易。如果要根本推翻二黄戏，只要赶紧把新歌剧建造完成，新的站住了脚，得到普遍的认识，旧的自然无法存在。新歌剧所取的形式，所用的音乐，如果和旧戏完全不同，那就是另外一个东西，旧戏无从阻其发展。如果其中还有若干部分和旧戏一样或者相差不远，那就是就旧戏本身加以改革的东西；要拿这种东西和旧剧竞争，那便看你所改革的地方是否能将旧戏的弱点删除尽净，将优点保存而善用之，此外再看能否注入新的生命。所以徒然叫着推翻旧戏而没有新的成绩表现，一定不会有结果。

可是我们对于二黄戏的本身的确有作一次检讨的必要。关于这一层有许多人都已谈过，在这里我以为不妨再来分别讲说一番。

（一）旧戏的内容完全是封建的，支持奴隶道德的，与现社会极远而不相容的。所以现代的人看着不甚明白，便不容易接受。

（二）二黄戏的组织比昆戏简明扼要，可是整本的戏每嫌冗长，而一片段的短出又连故事都弄不明白。譬如《宇宙锋》，戏名已令人难解，若唱装疯和金殿两场，看完戏究竟不知是怎么一回事。尤其是武戏打了半天不知谁在打谁，更不知为什么在打。所以看旧戏非受过相当的训练是看不懂的。试约着现代的青年们去看看戏，问那一个红脸是关羽，那一个红脸是关胜，哪一个是曹操，哪一个是赵云，哪一个是张飞，哪一个是李逵，能回答得出来的确是不多。因为所演的故事不能十分明白。新编的戏便不然，不管它编得怎么样，至少是有头有尾，看的时候不一定要问人，看过了点可以说得出一个大概。目下的连台新戏却又不同：它是以场面的变化取胜，戏剧的本身完全可以不顾，只要场面热闹。十几个或几十个猪八戒操兵，再来同样多的猴子一操，接着来一群女孩子跳一回舞，各有各的花样，各有各的滑稽，看客不过是要开开心，看完了哈哈一笑，就算满足，并不必问那是作什么，为什么，更不必问那是什么戏。有些略为懂点戏的人，他们看了，尽管口里说“没有道理”，可是轻松好玩，他也就张开嘴看下去了。正好比我们在外国看杂耍式的戏——也可说是戏剧化的杂耍，尽管洋人的噱头听不大明白，也觉得很好玩。这种好玩的杂耍就把旧时的唱做完全毁了。

本来二黄戏的组织是很象外国的“杂耍戏”Revue（我曾译音为“丽美侑”或作“丽浮”似乎也可）。用丽浮的方法来处理二黄戏最易吻合，最近许多新编的戏，如《西游记》之类，就正是将二黄戏丽浮化、杂耍化了。中国戏就其历史的过程看来本与杂耍的因缘最深。譬如象戏，窟儡子，燕乐的歌舞，倡优的御前作剧等等合起来就是一套杂耍。一废戏剧化而为元曲，再废纯化而为昆戏。及至变成二黄戏，改变了组织，又加上些杂耍的成分。即就所用的歌曲而言，二黄和西皮本是两种发源不同的曲调，再加上昆腔的牌子，和弋阳腔徽调小曲之类。这许多种曲调，都是随意扯来应用，并没有混和起来加过一种作曲的组织。其中只用锣鼓的变化取得联络。例如唱过点绛唇新水令，锣鼓一变马上可以接唱二黄或西皮。

就是动作方面，文戏的动作颇有古时候舞的遗意；而武戏的动作便小半出于干戚武舞，大半由江湖卖艺蜕化而来。一到改用真刀真枪，便变本加厉地江湖卖艺化了。那不过是有锣鼓节奏的卖武罢了。

我们试举几出戏：

双卖艺	滑稽小武戏
小放牛或探亲家	民歌滑稽戏
空城计　碰碑	西皮二黄生角戏
乌龙院	写实的做工戏
青石山	神怪滑稽武戏
夜奔　刺虎	昆腔戏
百花赠剑	弋阳腔爱情戏
塔子沟	真刀真枪

以上的几出性质完全不同，倘若把这些不同的玩意儿一股脑联起

来编成一出整本戏，有文有武有唱有做有各种的腔调，有滑稽表演，这岂不就会有杂要的意味吗？倘再以为不足，便可加上舞绸带、舞剑、舞火棒、火流星，再进一步变戏法，再进一步加上中西合璧操兵，西式裸体跳舞，大蟒真马鳄鱼等等，这也未尝不可以说是一种自然的发展，可是戏剧完了！

（三）旧戏的演出法是有一定的，所以无需乎导演，这不仅是中国，外国的旧戏也是一样。至于旧戏的动作，每一个都有固定的模子。怎么哭，怎么笑，怎么上马，怎么开门，怎么生气，怎么调笑，通通有一定的作法。这些动作可以说就是舞蹈。线条的明晰简单，表现的夸张有力，节奏的整齐，的确有它的好处。可是到了现代就觉得有的地方呆板，有的地方不够，有的地方不易了解。因为这许多都是以旧时的社会为对象的描写，现在生活情形变了，便觉得格格不入。

（四）旧戏的道白，昆戏暂置不谈，只说二黄戏，所谓中州韵是有一定组织和念法的；就是京白也和实生活的日常言语不同，这在整个的组织中是调和的，决不能就写实的立场去加以批评。

（五）二黄戏的音乐，就唱的方面看，比较昆腔来得简单而接近言语；比较适宜于大剧场给多数人听，伴奏以胡琴为主，敲击乐器和管乐器跟昆戏差不多，比较有力而运用的方法也多些。鼓乐器用之表节奏和帮助表情的确有用处，只是太闹得厉害。至于唱的方面，那种七个字一句和十个字一句的词句，二二三，三三四的唱法实在单调不足以表情。关于这一方面，我曾经有好几篇文字论及，将来还想再作专篇，此时限于篇幅暂且只说到这里。

照以上所说看来，二黄戏是个怎样的东西大体可以明白了。于是我们可以计算一下，这种东西在这种时候：（甲）值不值得拿来改革？（乙）能不能改革？（丙）倘若以为值得改革，又能够改革，便怎么样去改革？

（甲）我以为旧戏的形式是可以利用的。在它本身虽然是一步一步趋于没落，它在一般民众当中还占有相当普遍的势力，正因为还没有一个有力的新歌剧可以代替它，所以在社会一般看来还是重要的娱乐品。可以俳优们为其本身所托的职业谋存在起见，不能不投观众所好而有些变革。有的以复古的态度，用所谓“高雅”去取媚遗老遗少，准遗老准遗少，以及知识浅薄附庸风雅的某一类新绅士新商人；这种东西颇得有力者的支持，用以为麻醉民众的工具。一考其内容，不过天上神仙，人间仙子，美人名士，骏马英雄之类。其次如“丽美侑化”的旧戏，其内容则为极端迷信的武侠与神怪，和变态性欲。这种也颇为有力者所支持，用以奖励民众逃避现实，寄情于虚无。以上两种虽不能在觉悟的社会里面存在，可是能在帝国主义一类的黑暗势力之下生长，因为它能阿附以取容。

照这样看来，旧戏如果听其自生自灭，有种种的危险，目下不仅是说值不值得改革，而且急于要大声疾呼的加以改革。

（乙）我以为旧戏的改革是可能的。象旧戏那种特殊的表演形式，利而用之，自有种种的方法，因此我们进一步可以讨论。

（丙）“怎么样改革”的问题。这要分几层讨论：

第一，内容——我们要把封建的迷信的屈伏的麻醉的成分根本扫清。我们还要使一切接近现实，这只要在编剧方面稍为努一努力，是很容易做得到的。譬如我以前写的《杨贵妃》，我只把握住皇帝玩弄女人一点，却把杨玉环写成超人；以后我接受了朋友们的意见，便改写成贵族倚势专横，激起民众的叛变，结果民众被镇伏而失败了，女人便作了牺牲的工具。又如我所改编的《讨渔税》，写梁山豪杰利用被压迫农民等的反抗情绪，挂起替天行道的杏黄旗，结果接受招安，都去做官，反过来残杀同党。阮小七愤慨难忍，而事无可为，便隐姓埋名打鱼自活。他又成了家，养了女儿桂英；中年以后态度更为消极。他想求苟安而不可得，横被土劣蹂躏，不得已弃家报仇。最近姚君莘农他在编制《风波亭》剧本。他将宋与金的交涉加以分析，加重主和主战两方面的冲突，结果主战者失败，岳飞死于卖国奸臣之手。这个戏正是民族争斗图存的呼声。

第二，演出法——旧戏因为组织和表演的方式都是固定的，所以无所谓演出法。如今因为内容的变更，便非用种种新的方法加强内容的力量不可。还要用新的最有效的方法，将戏的内容传达给观众能使充分接受。

因为演出法的不同，戏剧的组织也跟着不会是千篇一律。于是我们可以应用布景的色彩与线条和光线的集散明暗来帮助戏剧的进行。

所谓布景决不是中间一片旁边两片的客堂与树林；所谓光线也决不仅是两行排灯，一行脚灯的开闭；一切要与戏的组织、戏的情绪，戏的演出法相应，尤其要注重成分之多少和强弱。这不是一句话简单说得明的，却是很容易从实际上充分证实。

有许多人以为旧戏绝对不宜使用布景。的确，象《四郎探母》搭一个金殿，《汾河湾》搭一个房间，《四杰村》挂一片树林，那样的办法实在太坏，不过布景也有种种的形式和方法，其线条、色彩、布置和光线都能与演出法与表演方式调和一致，那种布景，那种舞台装置才是我们所需要的啦。

与演出有绝大关系的就是音乐，尤其是旧戏的歌舞戏，音乐占极重要的成分。不过这个问题很大，一时不易得到具体的解决，我的意思一方面尽可以利用锣鼓管弦，拿来更改些用法，以维持过渡时期，同时可以加入新的作曲。第二步便可把乐器和曲调加以根本的改革。关于这些详细意见，只好另外再谈。

演出法种种不同，可以说是千变万化。《风波亭》的演出当然与《讨渔税》不同，若是《游园惊梦》一类的戏，便可以用最美丽的场面，动的场面表演成组织类似丽美侑的歌舞剧，也可以演成古典式的小歌剧。

中国旧戏的特长在动作，尤其是武戏，加以改革可以造成极有力量有价值的东方"舞剧"（Oriental Ballet），这只要有相当组织，招集一班武戏演员加以一两个月的新训练就可以有好成绩的。记得去年，一个俄国音乐家试演了一出《香篆幻境》，可惜戏剧的编制和动作应用没有弄好。因为他只注意到个人趣味的音乐，并没有注重舞台技术，这是另当别论的。他大约因为要卖西洋人的钱，所以利用一般西人胡乱否定现中国而莫明其妙地称赞旧时的一切的心理，所以把古代的宗教色彩弄得特别浓厚。他写那个戏，正和叙述《天方夜谭》一样。我所说的将武戏改造成东方舞剧的意思不仅与此相反，而且是用以加强反帝的宣传的。技巧之运用，是要在舞台上才可以证明的。

（原载1936年9月《申报周刊》第1卷第36期）

关于旧剧改革

欧阳予倩

（一）改革与保存——南戏兴起，元曲沦亡，二黄盛行，昆戏便完了，这是自然的趋势，决非少数爱好者所能挽回。因为生产方式的变更，影响到政治制度，和社会组织，于是艺术上的内容与形式都不能不变。每一种戏剧都有它本身的弱点和优点，但是每因时代进展，它的优点，也往往变成弱点。譬如昆腔，以其词曲美丽曲调幽雅擅长，也正因为这样，不能为一般人所了解，于是简单通俗的二黄戏乃得起而取而代之。自从海禁开后，电影，话剧，和西洋各种样式的歌剧，源源输入，于是中国的旧戏感觉到追不上时代，不足以表现新社会的思想和动态，便起了种种自然的变迁，不过这种变迁，都是以商业戏场为标准趋向于低级趣味，并不曾有相当的改革计划，结果弄得旧的堕落了而新的又不能成立，而就旧戏而言还是一天一天趋于没落。许多事实可以证明：二黄戏虽极普遍，除大部分变成杂耍外，真正的所谓老戏早已不能维持生活了，即如桂戏，无论其有多少优点，倘若听其自然下去能支持多久的确是一个问题，如当初嘉道间一部分士大夫撑持昆曲，又如日本组织财团法人撑持能乐，虽有回光返照的盛况，不久也就完了，何况并无雄厚之财力，只凭少数人的兴趣呢？所以除非不谈保存旧剧，若想保存，必须顺应时代的需要，根本加以改革，使其成为一个新的结构，能够充分反映现社会。有人以为改革旧戏便是破坏旧戏，其实有计划的改革，才真足以延长旧戏的生命。

（二）商业的与职业的——要想演戏，必须以戏剧为职业。演员自然是靠演戏维持生活，正如其他职业部门的工作者靠他们自己的技能吃饭是一样的。演戏的应观众的需要供给他的技术，看戏的为满足自己的需要出些券价，这是最公平的。不过我们为生活，同时也为艺术，决不能为生活而忘了艺术，所以应是职业的而不是商业的。商业的是专为作生意，不管艺术堕落与否，趣味低级与否，甚至于不管将来站得住站不住，只管赚钱不赚钱。职业的便是以演剧为职业，可是把握住艺术的原则，尊重艺术，不肯为低级趣味迎合落后的心理，所以说，无论是改革旧戏，或是创造新戏，应当有一个健全的职业剧团，而这个剧团必须要从商业剧场解放出来，不然改革运动必要受到绝大的打击，甚至于无法进行。

（三）尝试与维持现状——一个剧团倘若不能维持现状，生活必定发生影响，倘若没有尝试的勇气，便无从谈改革，所以我们并不是说要把所有旧时的戏一齐停止不演，专演新戏。我们只希望新编的戏加速度地而增加，旧时的戏逐渐减少。譬如桂戏，每天尽管演旧时的戏，同时赶排新戏——合乎改革理论的新戏，就是合乎新艺术论不违反时代的新编歌舞剧。这样可使新戏渐渐加多，旧戏渐渐减少，内容与形式都可以一步一步进展而成为现代的艺术。这也是改革旧戏必经的阶段，第一要紧是大胆地作有计划的尝试。

（四）地域观念与充实内容——如果要保存行将没落的旧戏，必须不断地注入新的血液，必须综合本身以外的各种腔调，表演方式，演出方式，把理论与实际配合起来，选择应用，使内容日益充实，才可延长生命，尽其保存之责。倘以为丝毫不变原样才是保存，便只管关门闭户，拒绝新的力量，那是自杀的政策。艺术本无国界，决不容有地域观念存乎其间，不然湖南人死抱着所谓湘戏，湖北人死抱着汉调，北平人死抱着京调，诸如此类，专在一个小圈子里翻筋斗自鸣得意，不肯放开眼界看一看世界，那便好比人家早已驾着飞机渡大西洋，我们还在高谈大路椎轮之始，以为古香，古色，虽敝帚亦足自珍，岂非自外于今之世吗？所以不必谈改革，就是要保存旧戏也要充分吸收到新的养料，地域观念是最有害的。

（五）修改旧戏与排演新的作品——把旧戏加以修改上演，我并不反对，不过我主张利用宝贵的时间，多写多排多演新的作品，譬如黛玉葬花无论改得怎样好，始终不过是公子哥儿和工愁善病的娇小姐的罗曼斯。四郎探母始终是用模糊的家庭之爱遮盖起民族意识，诸如此类不胜枚举，把旧戏中的过于粗俗的词句改得比较雅驯一点，过于荒谬的情节，改得比较近理一点，过于迷信或过于淫靡的去掉一点，这种不过是消极的工作。我们除了这些之外还有更重要更积极的工作，就是要利用新的思想，新的技术，新的组织，使旧戏的面目焕然一新，要是历史戏也要加一种新的分析和新的解释，使现代人能够接受。我们是为着政治的宣传，为着社会教育，为着推进文化，并不是专注重个人趣味，聊以遣怀，鸿鹄飞于千仞之上，而罗者视乎薮泽，为古人之所悲。何况时代进展得如是之快，我们决没有多余的时间踱方步了啊！

《梁红玉》不过是改革进程中最初的一种尝试，除此之外还有虽经试演过的五六种，从导演到表演都各有一些不同，只要有机会，慢慢可以请教，自从交通工具发达以来，世界各国的演剧形式都四面八方沟通，实在是丰富了，如我的学识还不够融汇贯通来应用，也不过是努力尝试而已。

（原载1938年8月13日《克敌》周刊第23期）

改革旧戏的步骤

欧阳予倩

为什么改革旧戏——如果在五六年前提起改革旧戏，不免会被有些前进的青年艺术家加以改良主义的头衔，而被“葬送”。他们以为有了电影，有了话剧那样崭新的武器，用不着乞怜于老朽的旧戏；就是要歌剧也只有专意于新歌剧的创造，不应白费精力去打点过时的古董。

正因为帝国主义的魔手伸进了我们的文化界，话剧和电影都在有形无形之中受了不少的压迫与摧残，如是有人想到旧戏也未尝不可利用为鼓吹民族思想的工具。这在“八一三”以后逐渐显著地为一般戏剧工作者所支持。我们决不能让拥有大多数观众的旧戏，始终与抗战不生关系。

旧戏拥有大多数的观众，可是它的内容多半腐败：封建思想、奴隶道德、迷信的宣传、淫虐的表现，占据了中心。有些好处，便和沙金一样混和在泥沙当中。以含有许多腐败质素的旧戏而拥有大多数的观众，这不是相当危险的现象吗？现代的观众对于新旧思想虽未必个个易于感染，至少在大多数的落后群众当中，它可以延长封建势力的存在。

世界最难改革的是习惯，旧戏的表演的确于中国一般的观众太习惯了，而且在新歌剧运动还没有成就的时候，旧戏的势力不容易推翻，尽管纯旧戏有趋于没落的征象，而它那经过长期锻炼的技术还是得到多数人的爱好。而变相的旧戏也正在畸形地在发展着，这种变相的旧戏趣味多更流于低级，而内容也多更趋于腐败。如此的现象，我们不能听其自然放任不管，这是从事改革的又一理由。

为什么要改革桂戏——北平的旧戏因为曾经得到王公大臣，名士绅商的爱护，吸收了昆戏和梆子戏的长处，经过几度的改良，不是比别的地方戏更多精采，改革起来，比较可收事半功倍之效吗？可是桂戏也有桂戏的长处。桂戏介于平戏和湘戏之间，三者虽同源，但因长期的单独发展，已有它不可磨灭的地方性，带着它独特的色彩。它的腔调似不如京调的婉转变化，有时又不如京调的高亢爽脆。可是它那比较原始的传统的遗留，比京调来得素朴一点，尤其是字句比较容易听得出。它的表演，Tempo较慢，有时不如平剧的明快，可是有时较为细腻熨贴。桂戏由于偏处一隅，交通不便，受到上海和香港的影响不多，好比一个内地姑娘，没有烫过头发，没有穿过高跟鞋，天真烂漫，得其自然之美。桂戏本身没有经过时下流行性的传染，比较纯朴，改革的工作比较易于着手。

桂戏的演员们薪水较薄，戏子习气较少，所以比较容易集中，配搭便也自然容易整齐，团体也比较容易维持，所以改革旧戏从桂戏入手有较多的便利。只要改革桂戏有了成就，改革其他的旧戏，许多问题，可以迎刃而解。而且在桂林这地方，利用这清明单纯的环境，来改革桂戏，比在北平和上海去改良平剧，真是轻而易举。当局诚意的提倡更有很大的助力，从种种方面看来，改革桂戏，在整个旧戏改革运动当中是必然的，而且有利的工作。

怎样改革桂戏——改革桂戏的方案，和改革一切旧戏的方案大体没有两样。第一是使它的内容完全革新，要使内容和现代的社会思想相吻合，而有积极的意义。其次关于形式，我以为“旧瓶装新酒”这个比拟是说不通的。新的内容应当加以新的处理。尽管是利用原有的技术，并不拘泥于传统的格律，一切不要照着原有的戏象填词那样去填，还有就是把目下的抗日将士穿着盔铠，插着靠旗出来唱点绛唇报个名字，再接着几个旧套子的办法，我认为不妥，会引起滑稽之感。关于前者，我以为从编剧到表演都有改革的必要——就编剧而论，分幕分场分段要打破旧时传奇式的平铺直叙，而加以简洁有力的布置。如过场戏之可能的省略；重复之可能的避免；故事的排列，应根据不同的题材而有变化，引子、唱、白等的应用，不必拘于传统的公式。

角色要注重人格的描写和相互间的关系。就演出而论，应当注意整个戏的中心，认清着力点。应当注意舞台面的构图，要打破中间一张桌子一张椅子的呆板方式，音乐方面一时虽不能有重大的改革，在要帮助剧情的进行，增加表演的力量，锣鼓弦管有时都不妨换一个方法应用。新的曲调只要调和，只要合适，不妨充分采纳。其他如布置灯光也要有适当的应用（同时也要注意在太阳光里的演出）。这样一来，内容与形式同时会起变化，逐渐便可将旧戏改换一个新面目。

关于穿着时装演旧戏，我以为并不是不可能。但是在编剧和导演的手法上应当注意，无论哪一种艺术形式，表现的范围都有限度，有些戏用话剧演出很好，写成旧戏便不相宜，正如有些题材最好拍成电影，不便搬上舞台是一样的。譬如曹禺的《日出》改写成旧戏就完全不是那么一回事了。如果我们想要将时事通过旧戏的形式表演出来，那我们得特别设法，决不宜用填与套的方法。

以上所说要在舞台上举出例来，才能兑现，本文限于篇幅，不能更详细地加以说明。概括说一句，就是旧戏的改革，不能是生吞活剥地把新的意思嵌进去，而是要全部与以新的组织，编剧、演出法、表演法、音乐、舞台装置、灯光、服装、化妆都要与以统一的处理。说到这里，我想附带声明一句：旧戏不用布景也能演，是其特点，这一层我们并不忽略。倘遇物质条件不充分的地方，也可以作顺应的演出。

（原载1940年6月1日《新中国戏剧》第1卷第1号）

导演经验谈

欧阳予倩

谈导演的经验，关于我本身的都无从有条有理的表述，因为我从来没有记录；只好想到什么说什么。

文明戏和旧戏我排过不少，可是那个时候还无所谓导演，所以谈导演，当然指话剧的导演而言。我导演过的话剧，连独幕剧一齐算上，不过二十来部。其中有一半导演的是没有什么舞台经验的演员；一半是比较有舞台经验的演员。

导演的方法大体可分为三种：

其一，为“教导式的导演法”。——对完全没有演过戏的新演员，只可以谈教导，无从谈导演，因为一切都要从根本训练起，演过戏的或者缺乏基本训练，或者不曾经过严格的导演，对这类的演员便用得着教导式的导演。所谓教导式的导演是由初步训练进一步的训练。所以动作，表情，对话，全要随时加以指导，纠正，甚至于作给他们看，念给他们听，让他们摹仿。不过这也有限度，不可要求太高。尽演员的能力，做到相当的地步，就可以将就过去。但是要让演员知道较高或最高的标准之所在。有些非常容易自满，或是特别自负的演员，尤其要使其有“学然后知不足”的感想。

其二，为“讨论式的导演法”。——对于有相当舞台经验，对表现技术得有门径，对剧本有相当了解力的演员可用这种方法。从读剧本到整个戏完成为止，可以逐步与演员互相讨论。“你觉得应当怎样？”“好，你做一遍看。”“你为什么要那样做？”“你觉得这样够了吗？”“我看你不如这样……。”象以上一类的词句不妨连续应用。

其三，为“批评式的导演法”。——这是对比较成熟的演员用的。我们可以对演员用“那里还不够力量。”“那样也可以，这样似乎更好一点。”“倘若能够××一点便××一点，可是你还没有尽你的才能。”“这才真对了！”这一类的词句。

这三种方法似乎截然不同，可是有密切的联系，绝对不宜死用。所谓因地制宜，因时制宜，尤其是因人制宜。对职业剧团和非职业剧团情形多少不同一点；有时当特殊情况之下，应有不同的处理；演员的程度与才能不能齐一；舞台设备各有不同，凡此种种，我们不宜刻舟求剑，要在能将种种方法和经验活用。就演员而论，有些演员虽然经验不足，可是或者对于某种角色特别爱好，或者有特殊的才能，或者对于某种角色特别合适，便应当充分帮助他自由发展。尽管他有经验甚至于享盛名，但是有时也会莫明其妙地笨，或者有了不良的习惯，便应当严格加以纠正（可是也有骄傲的人情愿带了可治而不治的毛病到棺材里去）。

* * * * * *

导演的地位是从19世纪写实主义盛行以来才见重的。到了新浪漫派时期，因着舞台装置的进步，演出法也日新月异。及至现在，虽然不能如戈登葛雷不要文学的说法，可是“演出”的重要，至少与作家并列。

机械的写实主义已成过去，演出的方式已抉去一切藩篱向着自由的天地迈进。于是有以下的四个问题急于提出：

综合艺术如何综合？

如何能将作品的内容具体化形象化充分传达于观众？

如何能使演员的才能发挥到极大限度？

如何能使舞台技术的各部门的工作集中地发挥力量？

这四个问题，每一个都够我们用些时间来讨论。而且讨论这些问题，不仅是用脑子去想，同时要用实验来证明。

第一个问题含有两个问题：（一）各艺术部门的综合：就是说，人人都知道戏剧是综合艺术，可是是不是把文学、舞台技术、表演、绘画、音乐等等无政府地综合起来便尽了职呢？譬如台上挂起有上下款的缎帐，点上几十百盏电灯，打起锣鼓，念几句唐诗，是不是综合艺术呢？如若不然，那我们就立刻想到一个戏剧的组织。对于各艺术部门的综合，有量的斟酌，质的选择，和配置的研究。法国的加斯巴蒂就正从他的舞台上逐渐证明他综合的理论。意思就是说不得适当的综合，则不能使戏剧成为健全的综合艺术。

还有就是表演方式的综合：——写实主义的舞台，浪漫派的舞台，审美主义的舞台等等各有各的作法；歌剧，小歌剧，声歌剧，各种类的悲剧，各种类的喜剧各有其演法；其余还有东方的演剧形式，如日本的歌舞伎，我国的旧戏；这许多种类的方式都各有其长处。在现在的演出者看来，是不是可能把许多表演法斟酌擅长自由应用，还是以为那许多材料各有其特殊性，应当使其独立而各不相犯呢？所谓各种形式的综合当然也有其相当的限度，可是宗派主义已经不能限制现代演出者的才能了。

作导演最要懂得方法多而能自由运用。好的导演，在一个戏里用各种变化不同的方法帮助剧情的发展而毫不见牵强的痕迹。表现的方法尽管是多种，好比作文章：积字成句，积句成段，积段成篇，用思想的线联成整个的组织。如是归结到作品的内容充分传达于观众的问题。

* * * * * *

导演与演员，应当成为一体。倘若演员的技术与才能不够接受导演的要求，戏便要减色，传达思想的力量也就减弱了。所以如何能使演员充分发挥其才力是问题，演员本身的自省，如何能充分发挥其才力，也是绝对必要的觉悟。

导演与舞台技术人员，应当是一体。照明，装置，音乐等等措置不当，或不如演员问题之严重，可是促使全剧减色，而令观众不快。所以莫斯科艺术剧院以合作集中闻名于全世界，足见合作精神之重要，但这不仅是导演的责任。

* * * * * *

歌剧重在唱歌，话剧总要话说得好。所以说白极要注重，中国的话剧演员能苦心研究说话的殊不多见，这是个大弱点。当我三年前从广东回到上海的时候，听见一种有趣的理论，据说对白不用读得太熟，太熟就象背书。于是演员登台全靠提示，笑话自所不免。其实念对白，熟，是第一个阶段，必定要熟了才能求工。连熟都不曾熟，就要求其自然，岂不怪哉！每一句对话中的每一个字，只要音节错了一点，意思完全可以不同。譬如：

“啊，你来了。”这么简单的一句，分析起来可以有种种的意义。——啊，你来了，真好！——啊，你来了，真讨厌！——啊，你来了，我正有事和你商量。——啊，你来了，我正在想念你。——啊，你来了，我当你不来了。——啊，你来了，害得我好等！——啊，你来了，我当是别人。——随便分一分就有这许多不同，细分起来，还多呢。这都全靠字音语调来表现。一句如此，一段一篇当怎么样可想而知。我以为国语的发音正不正还在其次，语调的正确不正确最宜注意。可是目下有许多演员对于这点太忽略了。

* * * * * *

常听人说某导演很注重小动作，某导演会排大动作。这个话我不懂。什么叫大动作，什么叫小动作，我从来没有分别研究过。如果在一个戏里把动作分别大小来注意，这还能成戏吗？每一个动作应当有其意义。有意义的动作就是必要的动作，没有意义的动作就是不必要的动作。每一个动作有其预备动作。一个动作与其他的动作有必然的联系，一个关节不通，便会僵住。所以我以为动作只问必要与不必要，不问大与小。一个戏的动作是整个的。四肢完全，血管不通是个死人。缺头缺脚只剩筋肉在跳动也是怪物。专称赞某导演的大动作，或某导演的小动作，那无异于骂人。

* * * * * *

有些导演，如洪深先生，他能够在家里对一张平面图决定舞台上的部位。我是只有个大体的轮廓，一定要演员到我面前，我才有决定的主意。我为排一个戏我也往往睡在床上想，可是不愿画图，一画就心烦。

我排戏主张预先把剧本读熟，可是许多演员都不大习惯，有些竟要到快要上演才背熟，因为时间和人事关系，我也有许多将就。

* * * * * *

同一个剧本，同时可以有几种演出。导演者对于剧本的解释不尽相同，所以效果有时两样。就是对于剧中人物的处理，往往各有各的道理。即如《雷雨》中的蘩漪，我是把她处理成一个富于热情美丽可爱的女子。在周家那种家庭环境之下，她变成了一座休止着的火山，可是一见到周萍，她又抑制不住。我对于鲁大海的地位就处理得和原作有些出入。

谈到这里，我还想说一说作家与导演的关系：作家是一个戏的设计者，经过导演的演出而搬上舞台，只要思想的路线大体相同，部分的加强，减弱，或者小小的变更似乎不成问题。

莱茵哈特的《奥的泼斯王》自然不是希腊古戏的再现。梅野荷的《森林》，把奥斯特罗乌斯基苏联化了。洼克坦戈夫的《韩姆雷特》，完全撇开了莎士比亚。把旧的名作加一种新的解释，用新的演出法上演，固然也未尝不可。不过我以为与其如此，不必借重名作，竟可以新的精神去创作同样的历史戏。从唯物的观点去分析历史写成戏，或者比割裂旧作来得自然。不过在新陈接续之交，改译和改编也是不能免的现象。可是对于现代的作家，我是主张如果要演他的戏，就应相当尊重作者的意见。不过导演有导演的创造，不是作者单纯的再现。

最近有桩有趣的事：我替戏剧工作社排《日出》，去了第三幕，替中国旅行剧团排《日出》不去第三幕。我以为如若有装翠喜的角色，有在后台作效果的人，第三幕不妨演；不然便也不妨去掉。我没有看得十分严重。光演一二四幕也足够表现曹禺先生的才气了。

有许多作品，就是古来名作都不免有无从补救的漏洞，这只要无伤宏旨，尽可不必管它。并不是说责任自有作者担负，因为天才作家往往不拘小节，导演也在能把握大处。

我生平的主张，写作也好，导演也好，完全以研究的态度，服务的精神，为过渡时代的艺术界效其绵薄，决不存丝毫自负之心。不过我很希望能多有作家，多出几个好演员，同时在新戏剧建设的过程中，能有杰出的导演能象斯坦尼斯拉夫斯基，梅野荷，洼克坦戈夫，加斯东巴蒂，台以洛夫等建设起导演的系统。但绝对不是不择手段的宗派自私才好。

（原载1937年6月16日《戏剧时代》第1卷第2期）

后台人语（节选）

欧阳予倩

前台的人希望后台演好戏，但是关于理论和技术的各种问题，总还是让后台人来讲说，比较亲切适当得多，不过肯说老实话的很少。文章总是自己的好，就是一个戏演坏了，也不能不有所掩饰；如果一个戏演得受了欢迎，那就更不愿再去检讨其中的弱点。所以有许多一时比较成功的剧团，不是昙花一现，功成过去，便是越演越油，技术逐渐低落，情绪也就随之减退，于是有“盛名之下，其实难副”之叹。要克服以上的困难，却也不难，只要每次演完戏，便详细加以检讨，再把演技的标准极力向前推进一步。

前个月艺术馆戏剧部的同人到衡阳去表演过八天。演的是《天国春秋》、《面子问题》、《走出愁城》三个戏。这次的公演可以说是轰动一时，卖座和评判都算不错。——本来是为着应留日同学会之招、募集文化基金，并为荣誉军人管理处募款，而在衡阳的艺术家和新闻界的朋友们，尤其想藉此把衡阳的艺术运动从各方面努力，使之增加刺激，迅速进展，所以此次衡阳之行，除了募款，也有相当的意义，不过就最后一点而言，我们丝毫都无从满足。

第一，天气甚热，空袭又多，演员和舞台工作者们都带着一二分的疲倦。其次，我们的戏因为人员的流动，有的生病，有的辞职他去，便不能不临时换人——这是一件伤脑筋的事；一个戏用四星期乃至八星期排成，忽然换一个角色，已经排过的许多角色便都要为这一个角色再排，情绪便不会很好；而这一个角色为了怕演得不如原来的一个，心里总多少带着点不安，这便影响到全部的表演。不要说是演员，就是舞台装置方面，忽然换一个生手，往往就出岔子。还有一点就是同人等两年以来从来没曾走动过，这一次是头一回出门，多少有点不大习惯。

衡阳的剧场，真是又湿又脏，脚一踩进去就觉得不舒服，后台虽经打扫过，一股闷臭，非常令人难过。我每天晚上守在那后台，望着各部门的工作同志们流着雨一般的汗，迅速地在处理各人份内的事，丝毫不乱；演员们也如时化好装在等候上场；感觉得这个团体一步一步上了轨道，组织也逐渐严密，心里觉得安稳。于是等到开场之后，得从幕后观察大家的表演，有时又坐在一张长板凳上，静听着一句一句的台词。

演歌剧必定要会唱歌，演话剧必定会说话。话那个不会说？但是台词却不容易，许多剧团中的许多演员，能把台词念得好的到底太少，就是念得真对的也不很多。这是因为大家都把这一层功夫忽略了，很少人肯下工夫去练。我常常对演员们说，剧本朗诵非常重要，可是直到如今，还没有看见过有人对于剧本朗诵发生兴趣。这是什么缘故呢？

剧本朗诵并不是仅仅拿起个剧本高声诵读，在诵读之先必将所选定的剧本彻底加以研究，对于剧中人的人格、性情，和其在剧中的地位、其所遭遇的事态种种，必须彻底了解，完全融汇于心，然后选择最适当的声调和节奏，把他活生生地表现出来。这一层工夫不充分做到，台词便念不好，贸贸然朗诵也是无益。

唱歌是有调门的。C 调、D 调、F 调也好，总有一个调。话剧的对白是不是也有调门呢？当然有的。一个角色总有一个适当的调门，但是最要注意的是在台上要留神其他角色的调门。一个人的调门高，一个调门低，两下不和是最难听的。当然，每个人的声带不同，高低不一，要做成音乐般的谐和，十分不易。但只要配合得好，彼此陪衬，一组语言也就和一组交响乐一样。

所以，念台词不仅是只顾自己，还要顾到人家。练习台词就和练习声乐一样，先练声音，再将每句的每一个字的轻重疾徐长短刚柔，安得妥妥当当，再把许多句联串起来，成为一节，许多节联串起来，成为一段，推而至于贯通全剧。个人的部分妥当了，再和其他的角色共同练习，使彼此的声调、语气、情感，完全融洽，这才可以演得出好戏。就念台词一项而论，也决不是率尔操觚所能胜任的。

集体艺术之所以可贵，正因为能精集各种姊妹艺术，适当地剪裁分配，连缀而成整个的作品，表现一个完整的内容。决不是支离破碎的东西，决不容各自为政，畸形发展。

一个演员在台上，无论是声音语调表情动作，每一个细微之处都应当和其他的演员，和整个的戏，脉络相通始终贯串。倘若是连几句台词都弄不妥当，那不是相去太远了吗？

我常听见三个人同时在台上，说话是三个调门，三样不相接的语气；动作也是各顾各的；这当然不能谓之好戏，就离平稳也还远。

每一幕头一个开口的人最要注意。太高了，后上场的接不上；太低了，后上场的人又提不起。不过最困难的是当着秩序不好的观众。分明已经开了幕他们还是只管吵，逢着这种场合，演员们常用消极和积极的两种方法去应付：消极的方法是率性不用力，等静下来再用力表演；积极的方法就是特别把嗓音提高，格外用力表演，以取得观众的注意，使他们安静下来，可是常常因为力图补救便把情绪破坏了。在衡阳便有这种情形。

有人问我主张用什么主义的方法处理一个戏，我以为这要看那戏的性质。有些主张写实主义的人，绝对不理浪漫主义的戏；唯美派系统的导演们，又对着写实主义以为不值一盼。不过我以为，如果不是很机械地存着偏见去看，各种表现的方法都有可采。我们所求的是宣传的效果，自不妨藉种种的方法传达我们所要传达的思想。

写实的目的不只是用一面镜子把人生社会诸相收集在里面，一个作品的制成，材料是经过主观的选择，作主观的运用。

所谓人生社会的写实，当其表现在舞台上，不仅是在形象，还在感觉和情绪方面。

讲到宣传，有的是单刀直入，有的是旁敲侧击，有的是潜移默化，我想艺术的力量当以潜移默化为归。

我的愚见以为不必断断于派别与体系，不妨采取众长，融汇贯通而运用之。——斯坦尼斯拉夫斯基的写实的演出法，可谓到了极致。比如表演剧中某一个老头子，你便去找着一个类似剧中人的老人，模仿他怎样走路，怎样坐凳，怎样起身，怎样咳嗽；一切一切，无不做到惟妙惟肖，再加上精细的化妆，走上台去依然不对，这是什么缘故呢？因为你所揣摩到的只是外形，没有接触到内心，换句话说就是：你内的动与外的动不一致，所以不会感觉到真实。是必要使外的动作由内心决定；根据内心的波动，选择外形的变化。于是每一个声音、动作、表情，都要与内心的波动吻合无间。所以最初要求演者的心弦与剧中人的心弦同一个振动数而发生共鸣，这就是所谓“容受”。就是演者把自己的人格和心理，暂时否定，全部使之剧中人化。其次就要择定自己所要应用的语调、动作和表情，使戏中人的内心波动形象化而表演于观众之前。在这种选择和表演的时候，演员是所谓“半人格”的。这样的做法实在非常细致，要描一个人物的性格，必要经过长时间的体验。对于表演，那怕是嘘一口气，转一转眼睛，总之是极微细的地方，也得煞费苦心，缜密地加以衡量。每一个演员个别如此，合起来看，全剧也丝毫不差，然后可称全璧。所以莫斯科艺术剧院的戏，以他们那种熟练的演员，每个戏至少要排到6个月以上，这并不是偶然的。

我所看过的莫斯科艺术剧院的戏，如《樱桃园》、《粮食》等，真和实生活一样，并无一点夸张的表演，看上去就不象在那里演戏。这可谓把握住了人生社会的真实，但是我也看过玛利剧场所演的奥斯脱拉乌斯基的戏；泰衣洛夫所导演的戏；加斯东巴蒂的戏，也很受感动。譬如有人用几根简洁的线条，明快的色采，揭要的动作表情，适当地配合起来，使人一看，就感觉到某种真实，这不也很好吗？

柴霍夫的戏被艺术剧院演坏了。高尔基的《布尔巢夫》人家以为不能演，而瓦夫坦戈夫剧场演的却得到成功。我没有看过席勒的戏在德国演出，但看过瓦夫坦戈夫导演的《恋爱与阴谋》那样的戏，我觉得那样的演出很有力量。《妥兰多公主》一连在莫斯科演出三百几十场而卖座不衰，瓦夫坦戈夫的演出法大有关系。《钦差大臣》六个名导演的处理方法都有成功的记录；《罪与罚》象加斯东巴蒂那样编制，自然以他那种演出法为相宜。就以莎士比亚的戏而论，从1660王政复古（Restoration）以来，演出的方法不知变了若干。

愚见以为只要能够把握住要点，能够把戏剧的内容完全无缺地表现，用什么一种手法都可以。用一种手法把一个戏调和统一起来固然是很好，如有必要，而又能够把各种手法融汇贯通，选择应用也未始不可。如若力量和修养做得到，则写实派与唯美派当中并没有不可逾越的鸿沟。但是有一层最要注意，所谓各种演出方法的综合是一个理想，做起来并非十分容易，务必对于各种方式彻底了解、彻底消化，使它们完全变成自己的血肉才行。倘若咖啡牛奶不佐以面包西点，而佐以辣椒炒豆豉，那就既不适于口，又不适于胃。无条件的以一派别相标榜固然不对，任情标新立异以为高明也当引以为戒。

所以一举一动都要有理论的根据，理论是根据实验来的，实验积累起来，加以检讨和分析，得到的结论是最可宝贵的。关起门来讲理论，或者远望着天边，孤悬一个理想，必一无是处。为前途加紧脚步，为将来把握现在，最为切实。

我们很想从实验中得到些知识。很想把各种演出的方法逐一试验一下，有许多戏剧工作者都是这样想。如果真想这样做，必须先有个准备。这不仅是编剧和导演的责任，是戏剧工作者全体的责任。就是说要建立一个新写实主义的体系也应当是同志者大家的事。导演和演员以及舞台工作者们不是彻底了解、彻底合作，绝对没有希望，而且彼此的知识能力也要相差不远，不然就难办得很。譬如用瓦夫坦戈夫的方法排演《妥兰多公主》和《恋爱与阴谋》一类的戏，而装置者只懂得用几块硬片刷点颜色搭起来，演员也只懂得初步的写实方法，那又何从实现？最近我还听见有人说起，舞台照明应当跟着演员的情绪变化——悲愁就压暗，喜悦便开亮，又听得有人主张把小剧场的说白标准运用到大剧场。为了要保持一个人的原声原调，力求自然；其实在舞台上并不是这样一回事。

无论用什么手法，演出一个好戏不是马马虎虎做得到的。有素养的导演和演员都要苦心惨淡才能勉强有成，何况知识和技巧都还不十分充裕？然而何以有决心有计划力求进取者之少，而自命不凡者之多呢？古人说：“学然后知不足”，自满大约是不学的原故吧？！

我们今年演的戏比较多，每个戏都在相当短的时间内排出——《天国春秋》只排19天就搬上了舞台，《走出愁城》不到1个月；《面子问题》只排10天。在当时以为演员都是素有舞台经验，这样就行了；而且演出之后，未尝不以“短时间的排练居然相当整齐”的意思而有得色。及至略为仔细一看，就发现这些个戏都好象没有足月的孩子，满身是病。于是我们觉得要比较弄得好一点，还应当多下些工夫仔细点严格地排练一下。“知不足”，便是进步的现象，愿共勉之。

我们这回到衡阳，观众真算是很踊跃，券价分10元、20元、30元、50元四种，不能算不高。最初留日同学会想尽力销些票子，以后因为不便多销，便全靠门卖，结果居然还是常常满座。因为观众的爱护，我们便觉得戏应当演得更好一些，这一个刺激使我们进一步检讨自己，非力求进步不可。

我们并不愿意侈谈派别和体系，只想演几个比较好的戏，更希望一个一个比较有进步。不过我们也这样想：演出和表演的方法虽然不必拘于一格，也不能同时将许多方式陈列起来，高兴怎样就怎样。艺术剧院的办法 Systom，打基础是再好没有的。我们以为应当从这方面用些工夫。有些反对斯坦尼的人，以为他的写实的演出只是故步自封，虽然整齐精细，缺少活跃奔放之致，不足代表现时代的思潮。这自然有相当的理由。斯坦尼的写实主义目下已经发挥到了极致，似乎自自然然到了有些转变的时期。所以瓦夫坦戈夫和梅野荷二人虽都是从艺术剧院出身，却各个独树一帜，和他们的先生对立着，这也并非偶然。但是在训练演员方面，还始终没能够超越艺术剧院的体系，苏联的国立剧校决定以斯坦尼的体系为基本是有充分的理由的。

我以前不曾明白，为什么以艺术剧院那样有修养的演员，一个戏要排半年以上，如今我才明白。照他们那样的作法，非用那样长的时间不可。斯坦尼斯拉夫斯基曾把一个女演员叫到他那里去，为了一句话排练三四天。有时彩排过的戏，他一看以为不满意便把布景完全改过，重新再排。他最初演戏的时候，为了演莎士比亚的《奥赛罗》，他先到意大利博物馆去一声不响搜集资料，然后找了一个摩尔人作朋友，看他的衣服，又让他脱了衣服看他的体格，模仿他的神情动作等等，他的做法是那样笨干的，居然争取世界的地位。他的行动和办法的确有许多是值得我们效法的。我们处在战时，当然不能象太平时候那样静静地推敲，我们应当为应付某一环境、某一特殊的目的而匆忙演出，但是也不宜过于草率，还要分出一大部分的力量和时间逐渐建立新戏剧的基础。我想这是戏剧工作者一致的要求吧。……

（节选自1942年9月15日《文学创作》第1卷第1期）

三个戏

欧阳予倩

新中国剧社在台湾上演了4个戏，其中3个是我个人导演的——《郑成功》、《日出》、《桃花扇》。而《郑成功》，我曾帮着改编，《桃花扇》是到了台湾赶写成的。在两个月当中，完成这一点工作，不能算不紧，也就来不及推敲检讨。现在稍为有点空，自己也想谈一谈：

《郑成功》是根据魏如晦先生的原著《海国英雄》改编的。魏先生对于史料的搜集考证甚为精博，但故事的组成似颇受史料的限制，而影响了"戏剧线"Dramatic line的发展，还有就是对白不纯用白话，有许多观众不大容易听懂，这次的改编对这两点曾加以颇多的考虑，求其便于在台湾上演。

这是一个很难处理的戏。郑成功攻占台湾，是历史上一件大事，凡属这一类的大事，拿来写成戏剧却会遭遇许多不易克服的困难。

从郑芝龙把仙霞岭的守军撤退，到郑芝龙被解北行，郑成功是和他父亲斗争着的。清兵扣押郑芝龙，意在促使郑成功投降。成功打着杀父救国的旗帜始终不降，甚至攻占台湾，开展了另一个新局面。清廷知劝降无望，便把郑芝龙全家杀了。《郑成功》这个戏，是用成功和他父亲这条线把四幕戏连串起来的。所以第三幕强调劝降；第四幕以得郑芝龙死讯为结束。这个戏改编的时间太匆促，好些地方表现得不够：即如第三幕劝降的场面，若能在成功得芝龙劝降书之前预布一个"疑阵"，假使诸将受了敌人的谣言攻势各有不同的揣测，然后由成功一击而粉碎之，则更为有力。

郑成功所以能够攻占台湾成一个新局面，最重要的因素是他的伦理观念和他处理事情的精神，完全和当时的士大夫以及一般的知识分子不同。当时明朝的士大夫坏的便计划着投降以保全禄位；好的便到大难临头，一死以全节，便算尽责。郑成功不是这样：他以为愚忠愚孝无补时艰，所以他不顾隆武帝个人的安危，带兵力战，打开一条血路，到了金门，重行整顿；他也不顾他父亲的压迫，不顾他全家的生命财产，顽抗到底。如果不是这样，他或者早已死于延平之役，至多不过是一个节臣而已。他不顾什么名分，不作空谈，他只是脚踏实地，百折不回地苦干。这种精神支持了他的成就。这一点很要紧，在戏里表现得也还不够充分。

至于他到了台湾后的一切措施，如寓兵于农，以及组织天地会之类的事，类似政治报告，很难使其戏剧化而具象地表现于舞台之上，但是自从他占领台湾之后，清廷把沿海30里以内的人民强迫内迁，作为隔离的封锁，郑成功虽曾攻击漳州泉州一带，始终没有把这封锁突破，悒郁而死。如果能以他的死为此戏之终结，倒也不错，可是那就非把剧本从头至尾从新写过不可。就已成的剧本改编，比写一个剧本还要费事。

中国历史上有两次对外国的受降：第一次就是郑成功攻占台湾受荷兰人的降，第二次就是此次受日本人的降。这两次受降的性质和情形却不同。如果当日郑成功不到台湾，台湾今日的情况殊未可料。这样光荣的史迹，似乎有表彰的必要，同时也很想把郑成功毕生事业的最高潮作为戏的结局。为了这场戏，曾经参考过几张郑成功受降的图片，和一些记载。有人以为出于杜撰，求取对日受降的代表的欢心，这是排演这个戏的时候没有想到的笑话。

有人说演出《郑成功》，是崇拜个人英雄主义，这也不然。所谓个人英雄主义，是指那些只为自己逞英雄，便为一己的利益扩张一己的权力；以独占的姿态，蔑视一切，牺牲人民的利益，甚至于生命而毫无顾惜的那一类人物而言。郑成功的攻占台湾，似乎作这样的看法。如果他占领台湾之后顺利地恢复了中原，他是否会变成一个独裁的君主，象朱洪武一样，那很难假定。但就从他燹去儒冠到他攻占台湾为止，是不曾违反当时人民的意志。他不是开边黩武的军阀，但也不能把他写成人民的代表。

写历史戏最要紧的是把握要点；要认清当时的时代背景；要能批判地接受历史的教训，决不以影射时事为已足。

描写历史人物也和描写现代人物一样，要他象“人”，象那个时代活生生的“人”。无论他是如何伟大，决不宜使之神化。所以他有优点必极力表彰，有弱点也无须强为辩护。而且有些人物，因为一二弱点的点明，更能把优点鲜明地衬托出来，左拉到了生活比较优裕的时候，他也想吃吃龙虾，图个人的享乐；肖邦到了巴黎，成名之后，也会一时忘了抓一把波兰泥土送他上船的爱人，离了他的恩师，去和爵士夫人恋爱。可是这些不仅不会掩盖他们伟大的成就，更能衬托出他们真正伟大的行动。

一个有伟大行动的人，其感情必定十分真挚，作家必定要有和他同样真挚的情感，才能把他表现出来。所以说：作家要能爱能恨能笑能骂；敢爱敢恨敢笑敢骂，也就是这个道理。

我们以绝大的同情和充分的共鸣描写正派的人物，不掩饰他的弱点，也不夸张他的弱点。我们以绝深的厌恶描写反派人物，决不以小善而原谅一个藏头露尾自私自利的小人，或是元凶大憝。一根好材木不怕长一二个瘤，如果大部蛀空了，只剩几小块好的地方也就完全用不得了。一个强盗把抢来的赃物分一部分捐给慈善机关以为掩饰，能说他是个慈善家吗？为着几首旧诗能原谅汪精卫吗？为着一首燕子笺能原谅阮大铖吗？

艺术家要能辨善恶，要崇善而抑恶，要使读者观者崇善而抑恶。为人民大众的利益的就是善；为个人私利的就是恶，和恶势力斗争的是善，和善的一群为难的就是恶。我们把握住这个原则干戏。《郑成功》所表彰的决不仅是侠义的、愚忠愚孝式的“气节”，而是不屈不挠，为民族国家的奋斗。

《日出》这个戏，我导演过好几次。每次排练的时间都很短，这一次前后不过排了7天，连彩排是8天。由于演员对这个戏并不生疏，加以极度紧张的努力，演出来相当整齐，并不显得生硬，这是很难得的。

《日出》是曹禺先生十几年前的作品，其中主角，要算不出场的金八。那时候的金八是买办资本和流氓势力结合成的偶像，在次殖民地的国家里头，这个偶像的势力确是异常猖獗。所以金融资本投机者如潘月亭之流，受着他的挟制播弄而至于破产。一些依附着潘月亭的都随着垮台。其实潘月亭之流所受的祸患，一向转嫁于一般的人民身上，并不仅影响着陈白露顾八奶奶黄省三等类的人物。今天的金八便更厉害了。今天的金八是某种政治势力，金融资本和买办流氓结合而成的偶像，特名之为“官僚资本”。全国人民的生命都在它挟制播弄之下。如果不能把它推翻，人民的生机岌岌可危，国家也永无宁日。《日出》里有两句话：“太阳出来了，黑暗留在后面，太阳不是我们的，我们要睡了！”曹禺先生看出有某一阶层的人们，会因黑暗过去而睡下；在太阳光里活动着的将为另外一种人。可是潘月亭虽然睡下，他一类的人们便紧急和金八结合而成另一种集团的势力，极力在把黑暗延长，世界法西斯余孽又极力支持这个势力以为榨取殖民地人民的工具。这在执笔当时的曹禺先生大约没有想到的吧！

《日出》的排演，所注意的是它当时的社会背景，所以对于顾八奶奶和胡四的噱头没有强调。而此次上演，观众的反应最强的地方却也在李石清黄省三小东西身上。这说明了今日的观众已经情绪大不同了。而《日出》在今日的确还有它上演的意义。

《日出》里头，我始终有些地方不大明白：譬如陈白露这样的舞女，实际等于私娼。这种女人自己租房子的居多。她可能住旅馆，但很少可能包四间房招待宾客，也无此必要。她即使住在旅馆里也必须有一个女佣人，因为有许多事非女佣人不可，不会专靠男茶房，而茶房中，不见得是福生专伺候她，一叫就到。但这些都是小节，从没有人去顾及。

《日出》这个戏，在一个戏里，叙述好几个故事，所用为叙述的工具的，几全部靠对话，而对话是那样漂亮动人，这是曹禺先生的作风，也十分表现着他的才力。不过有的地方，感觉到似乎过重了一点。我个人是这样看法。

我导演戏的时候，总的原则是预定的。但在导演的过程中，我很喜欢提供几个不同的做法以供选择，排定了的部分，如果想到更好的办法，也可以更改。在排练当中，一面排一面想，也有偶然触发的“得意之笔”。排演《日出》的时候，有人问我：“你导演戏，是不是即兴多于预定的计划？”我的回答是这样的：“预定计划当然要有，但决不预先作成一个固定的，没有伸缩性的模子去套。演员在排演中，每天应当有进步，导演也会有他的进步。在实地上演的时候，随时都可能有他的创造。创造的过程，是在不断地研讨，戏剧和电影不同：电影一上银幕就丝毫无变；可是舞台上的表演，是随时在进步的，如果他是好的演员。导演在排戏的时候，又何尝不然？”又有人问：“你常喜欢作给演员看，教人学你，这是否合理？”我说：“这要看演员的程度。导演有批评、商榷、启发和教导等几种方法。现在是几种方法同时应用，遇见某种演员，教导也是很必要的。尤其是在赶戏的时候。没有仔细推敲之余裕，教导便会多于其他的方法，但仍希望演员有创造。现代上演戏剧，导演负着重大的责任，许多材料由导演统一起来，成一个整体搬上舞台，可是最后在舞台上执行任务的全靠演员。一个好的导演，他只有帮助演员的才能发展，决不会埋没演员的才能；一个好演员，也决不会把他固定的习惯的一套反复应用，破坏整体。”

《桃花扇》，我曾于“八·一三”那年的冬季，根据孔云亭的原作编成平剧，在上海上演。我到广西，又把它演成桂戏，最近应“新中国剧社”之请，改编成话剧。

这个戏的故事排列和现时流行的四五幕剧不同，共分7场10节，若把暗转也算一场，那也可以说是10场。每场最短演15分钟；最长演55分钟，因为场子多，换景必须快。要快，制景必须轻便，于是便不能用繁重的、自然主义式的布景。这一次的舞台装置，主要的是几片短屏风，和台左一个固定的平台，衬着台后的一片深蓝色的丝绒幕。（当然布幕，或用硬片糊上深蓝色的纸也可）。三个屏风作六面也就够应付了。除末一场必须用门之外，全部不必用门。譬如香君妆楼，只须李贞丽在屏风后面叫一声“杨老爷请上楼来坐吧”就行了，不必设楼梯。

台椅之类，只有绝对必要的才用。但为情调的谐和，如第一场孔子庙前文武官员到此下马的碑、柏树、香君家的鹦鹉架、花架等却也十分必要。

这个戏用的不是逆叙的方法，但是直叙并不是平铺。故事还是一步紧一步地往上扒。“戏剧线”是很分明的。这个戏的写法，不是昆剧，不是平剧，当然不属于希腊戏的系统，也可以说接近莎士比亚。

易卜生的戏，有他特别精到的优点，可也有不易普及于广大群众的弱点。莎士比亚的长处是大家承认的，可是有些枝蔓的地方，也并不足为训。

方法在乎运用灵活，在运用传奇剧的写法的时候，也并不能就否定了逆叙法，戏剧中有许多地方须要逆叙才显得经济而有力。使用逆叙，最怕的是抓住一种方法便“先入为主”地否定其他的方法。只要能够灵活运用，希腊剧的方法，中世纪宗教剧的方法，意大利即兴喜剧的方法，平剧的方法，地方戏的方法，都可采用。

我们只求能把一剧的内容充分传达给观众，既不必墨守成规，也无须标新立异；适当而已。

这个戏里对于时和地，非必要说明的便从略。例如末一场，侯朝宗从某地方到什么地方找香君；彼此分别了多少年，都没有说明，因为与戏情并无关系。

这个戏无论在写作和演出的那一方面，都和前两个戏不同，但是也还并没有脱离写实主义的精神，运用不同罢了。

我在执笔的时候，很想把明朝当时的社会背景充分反应。努力的结果，还觉不够，题材的限制，固然在所难免，才能和笔力的限制，是不无愧的。

这个戏在最初排练的时候，演员们都觉得不惯，似乎对着空空洞洞的舞台，疏疏落落的道具，既无门窗，又无天幕，总象没有把握，上演以后，便习惯了，反觉便利。观众也觉得看起来很顺，对全剧起了相当强烈的共鸣。所以我以为只要有机会，不妨在可能的范围——财力人力做得到的范围内，多多作较新的尝试。不过象目前，生活极不安定，工作又过于紧迫，以致思考，学习，和实验的余裕，都被“图存”一念吞没了。这是多么令人烦恼！但在各方面支援之下，居然把预定的4个戏平安演出，完成了台北一段工作，这也就够安慰了。不妨在最后一场戏卸妆的时候，坐在席子上，喝杯热茶，伸伸懒腰，以感谢的心情说：“总算没有令观众失望，也亏我们了！”剧人的安慰，除了这一点还有什么呢?

我生平和朋友合作，有两回是最愉快的：一是在桂东敌后和几个朋友办广西日报昭平版；一就是这回到台湾来帮新中国剧社的忙。我觉得这班青年剧人实在可爱，他们是那样天真，纯洁，好学，耐劳。他们的头脑都很明白，而无左倾幼稚之病，最难得的是他们已逐渐脱除了“八股”式的一套，从事新的尝试，我和他们合作，使我也更年青了些。不过在求知方面，在事业方面，在家庭方面，都因客观环境的困难生活的压迫，使他们增重了灵肉双方的负荷，8年来的疲劳困乏，没有得到丝毫的疏息，我以至诚盼望他们有一个暂时的安定，以充实战斗的活力，我愿深深地为他们祝福，祈求他们身体和艺术整个的健康!

（载1947年7月15日《文艺春秋》第5卷第1期）

研究评论文章选辑

读欧阳予倩的旧剧作品

——兼论旧剧改革

易　庸

一

世界是在变动中，中国也是在变动中；世界反法西斯战争使世界变动着，中国民族的神圣抗战也使中国变动着：一切古旧的不适的在衰退、没落、挣扎、灭亡，一切新的适合的在萌动、排芽、繁枝、发叶。这一条定律，不仅是属于物的世界，同时遍及于一切精神的领域。在5年来的抗战之中，不仅使中国人民的物质生活变了，同时也使中国人民的精神生活，在起着空前的剧变。

一切科学是认识现实世界的手段；一切艺术最高的目的是反映现实世界。现实变动了进展了，产生在现实基础上的科学和艺术也不能不变动，不由不进展。在这样一个客观规律之下，内容包含得最广泛、形式反映得最直接的戏剧艺术，不仅起着数量的变化，同时也起着质量的变化。这种变化虽是一个客观的存在，但是，倘使我们能真正把握它变化发展的规律，倾注我们主观的努力，就可以使这个变动更合理，更迅速地完成它发展的过程，以达于理想之境。

什么是我们倾注力量的地方？那就是：努力实践，勤于批判。实践是使客观变化成为主观运动的桥梁，批判就是这运动的检查、修正、集中、推进的方法；譬如行车，使它能避免沿路抛锚，履险倾复，或走入岔道离开目的愈走愈远。

批判是一个推动进步的利器，但也需要一个让它存在发展的条件，那就是“民主”。没有“民主”也就不能产生光彩四发的批判。但是一切根源是在于实践，批判的本身也是从实践中成长出来的：较大的条件不能有，争取小的；客观的条件不足，争取主观；在大范围中，我们没有可能，在小范围中，我们自己的天地以内，至少是可能的。——这就是我准备在戏剧这一个艺术部门中进行一些研讨的根据。

但是我要声明：尽管我对于戏剧是一个不厌的观众，可是我始终是停留在观众的地位，旧戏也好，新戏也好，我都没有深入的理解，超过观众以上的研究。我这些议论，也不过是作为一个普通热爱戏剧的观者，对于戏剧运动中某一部分，提出其一得之见，用以抛砖引玉而已。

二

抗战使中国变了，也使中国的戏剧变了。整个变动的方向是前进的，向上的；虽然它的进度还受着条件的限制，不曾达到理想的深远，但是假如有一个抗战以前就离开戏剧运动，现在重回到运动中来的人，他就会感到莫大的惊异：中国的剧运进展如此之大，进展如此之速。我现在不能远涉到别的范围，——譬如话剧方面的进展，这是显而易见，接触它的人没有不这样感觉的。——我只想就我的题旨来指出几点。本文的题旨范围是关于旧剧改革运动，这运动虽远在数十年前，随带整个新文化运动的发生就已经萌动，民国十二三年，还有过一种国剧改良运动，但正式成为有意识的进步的改革运动，却从抗战开始。在这个运动的进程中，我们至少可以看出现在和过去有几种显著的差异：第一，目的变了。在这个运动正式成为改革运动以前，没有其他目的，只感觉旧剧（以平剧为中心）的文辞鄙俚或情节幼稚，不适于士大夫或特权阶层的胃口，因此要改变它。在内廷供奉时代，是根据皇族官僚的口味来修改；在民元以后，是根据官僚买办资产者的口味来修改；修改的范围虽从唱白、辞藻一直到服装、身段、乐器、场面，但有一个限度，那就是“内容不变”；形式虽有变迁，也只在这个限度中绕圈子。这种改变，可以举出梅兰芳的戏来作标本。原因是改变的目的，只在供应少数特权者的“享乐”，别无其他。但现在的旧剧改革运动的目的却根本不同，直接促成它勃兴的条件是民族抗日战争，这是全中国人民的事业，服从于这个庄严神圣事业的戏剧艺术运动，也不能不以此为唯一目的，而且不能不有意识有计划地来进行运动，不再是投机取巧邀宠权贵，而以整个民族前途，广大人民为运动的目标。第二，方法也变了。内容不变的藩篱，成为这个运动的主要方向，同时也因为内容的改革扩大，牵涉到形式问题，旧剧的形式改革，也成了整个改革运动的一部分，从服装、动作、音乐，直到整个舞台场面，旧的范围开始动摇，新的试探正在开始；虽然至今还不过一个开始，但根本动向是已经决定了。第三，参加这个改革运动的，截至今天，虽还动员的人数不多，但包含的成分却一天天复杂广阔，不再象以往的旧剧改良阶段，只限于少数几个名角、名流、遗老、遗少。参加这个改革运动的，现在有外行，有内行，有进步的知识分子，有进步的职业伶人。这运动现在虽还在不顺利的条件下生长，但我们只要看到最进步的环境中它也发展得最快最早，就可以估计到它的前途。至少这个运动现在已引起广大社会的注视，是不可否认的事实。

运动的本质既已不同，运动的进度既超过以往，所以我们来研讨旧剧改革运动中最中心的一个问题——剧本创作（包括一切修改剧本）问题——的时候，我们不能不采用进一步的标准。我们不单要问辞藻的雅俗，剧情的巧拙，而且要问整个内容（思想方法）的正误新旧；我们不单要问它在形式上已有的改良程度，而且要问它是不是有新的发现，新的试探，新的创造。我觉得我们谈到旧剧改革问题，就先要立下一个要紧前提：是改革旧剧，而不是为旧剧所改革。一般人讲到改革旧剧，常用一个比喻，叫“旧瓶装新酒”。这比喻是否恰当，是另一个问题，但至少是包含着一个消极的意义：就是以新的去合旧的，以新酒装入旧瓶；是改造新的去适应旧的，而不是改造旧的来适应新的。倘使这也适用“改革”这一词的时候，那么它的意义是一个被动的，而不是主动的，被改革的不是旧剧，而是我们自己。因为有此一误，所以过去的某些个别运动者，得到胡风先生这样的批评，他说：“照我所看见的被改过的旧剧，还看不出新的因素，就内容方面说，只看见他们企图使旧剧去接近新任务的努力，但没有完成这任务。

就形式方面说，音调和旋律也还没有脱掉旧美学的特点。因此我觉得旧歌剧改革到新歌剧创造还有相当长的过程。”（《戏剧春秋》第三期：《戏剧的民族形式问题座谈会》记录）这批评虽不能概括一般，但我以为是值得一切旧剧改革运动者深自惊醒的。我们的改革运动，自此以后，必须真正做到“改革”旧剧，而不是“迁就”旧剧、“投合”旧剧。操之在我，争取主动，这是我们在一切战斗工作上的金言。

三

在旧剧改革运动中，站在前后两个阶段之间（抗战以前与抗战以后）从事最早也从事最久的，是剧坛宿将欧阳予倩先生。欧阳先生不但立于这两个阶段之中，而且远在改革运动前期的旧剧改良时代，就已经领袖群伦，成为最进步的一翼；直到现在，欧阳先生仍是这个新改革运动中的领导人之一。所以我们要研究旧剧改革运动，不能不先从欧阳先生开始。

我所看到或读到欧阳先生在这方面努力的成品一共只有5个：《黛玉葬花》、《渔夫恨》，——这是较早期的作品；《梁红玉》、《桃花扇》、《木兰从军》，——大抵是抗战前后的作品，虽然因为我和欧阳先生的接触的机会较少，不能确知他写作的年月，但是我们可以从作品中推度出他创作的时期；特别是《桃花扇》（改作），我们还约略可以推度他创作的环境与地点。欧阳先生从改良旧剧到改革旧剧，其间经过的时日已经很长，而且我们知道他一生的精力大半都花在这个事业上，他的作品除开话剧也不止于此，代表他在艺术上最高成就的，更不一定是在这些作品之中，但是我们从这些作品中，已经可以得到一些大体的概念。

分析欧阳先生这几个作品的题材，不出三个来源：一，旧小说改编成剧本（如《黛玉葬花》）；二，旧剧本的改作（如《渔夫恨》、《桃花扇》）；三，历史传说（如《梁红玉》、《木兰从军》）。这三种题材的来源，虽然不完全妨碍一个作者在作品中反映现实问题与运用写实主义，但也可以证明一点，即所谓旧剧改革，在题材的选取上还没有超越一般旧剧的范围，不曾把旧剧从“评话”的阶段推向完全“戏剧的”阶段，也就是说在选取题材的一点，还不能够扩大旧剧的范围，从“小说”、“传奇”、“历史”扩展到“现实生活”、“现代生活”。尽管在这些题材上，我们可以把旧小说传奇历史为骨干，而补上现实生活的血肉，譬如《渔夫恨》、《梁红玉》、《木兰从军》；同时也一样的可以包含反剥削、反封建、反汉奸，甚至于批判政制流弊等等一切最现实最新鲜的主题，但是这方式毕竟是落后的手工业方式，毕竟和真正的现实生活有相当大的距离，毕竟不能够包含全部的“现实”。

这完全是为旧剧的“形式”所限制、所拘束；旧歌剧的音乐节奏场面布置，限制旧剧的服装动作歌唱道白的“现代化”，更限制整个内容的“现代化”。

这一点我觉得极关重要：所谓“旧剧改革”，现在已不单纯是改变内容的问题。旧剧的内容与形式是整个的，内容是封建主义的，形式也是封建主义的，内容虽然是形式的决定因素，但是形式可以反过来限制内容的发展，正如生产方式可以反过来限制生产力的发展一样。所以我们要改革旧剧，就不能以改变内容为满足。倘不能打破旧有形式的限制，无论怎样改变内容，也将有一个限度，超过这限度是不可能的。内容和形式的关系决不如酒和瓶，而是有机的统一，倘不能认清这个关系的有机性，高唱以旧瓶来装新酒，将发生完全不同的事实：旧瓶仍是旧瓶，而新酒却变成不新不旧的酒，甚至还有变醋的可能。倘使我们不注意到这个改革运动的发展性、进步性，我们很难逃脱以新合旧，将新内容迁就旧形式的危险。

四

但是如果说欧阳先生在题材选取方面还没有超越旧的范围，那么在主题方面欧阳先生却显然握住了新的观点，成为他在改革意义上最高的成就。在这一方面，他是有进展的。我们拿这5个剧本来排一个序列：

《黛玉葬花》

《渔夫恨》

《梁红玉》

《桃花扇》

《木兰从军》

欧阳先生旧歌剧的作品自然不止这5个，但我们可以从这个序列看出三个进展阶段：

第一阶段是《黛玉葬花》，这是他初期的改良时代的作品，主题是写贵族阶层的儿女私情，恋爱藤葛，重心并不在主题的明确性和积极性，而是在辞藻典雅，伤春斗恨，把小说《红楼梦》27、28两回添上唱白重现于舞台；其中对于红楼梦的内容并没有进一步的分析与批判，只做到化小说为歌剧而已。

和这个同样，以旧小说为题材的，我记得欧阳先生还有《潘金莲》的编制。但《潘金莲》已经是欧阳先生在思想上进展以后的作品，所以我们可以看到明显的反封建反名教的主题，《黛玉葬花》和《潘金莲》是两个截然不同的收获品。

第二阶段是从《渔夫恨》到《梁红玉》。主题的范围扩大了，而且和第一阶段比较起来，真有天上地下的悬隔；从《渔夫恨》开始（不是从《渔夫恨》一剧开始），欧阳先生才正式握住了进步的观点。进步的主题，把旧的歌剧赋以新的生命。《渔夫恨》是旧剧《庆顶珠》（即《打渔杀家》）的改作，但欧阳先生加强了主题的积极性和明确性，把反封建剥削的一场渔民斗争，清清白白地展开在观众之前，虽然在剧作上还不免有一些缺陷，如第一场说教稍嫌太多；七、八两场的群众场面感觉生硬，但瑕不掩瑜，第四场写肖恩垂暮之年，被迫无奈、起来反抗的暴动，一个老英雄的面目和心情，从剧本上都可以看出他栩栩如生地活现在眼前。

《梁红玉》的主题是妇女参加抗战，牵及的问题还有封建豪绅与汉奸的结合性，军民合作问题，纠正抗战的乐观主义与悲观主义等等。虽然在主人公的取材上是一个不普通的典型，对汉奸的描画也不够深刻和现实，在整个剧作上，还只看见内容向新形式仍旧，但是我们可以看到欧阳先生由内容的改革进到新形式的试探。最显明的一点，是全剧对白的分量增加，多于唱词，而且对白开始打破旧习，不上韵的对白增多，上韵的对白减少。第七场梁红玉和韩世忠的一场争辩，第九场梁红玉和哈迷蚩的一段对答，活泼生动，不是一般谨守旧规的剧本容易作到的。

自然旧剧的“话剧化”并不一定就算形式的改革，但至少它是一个改革的开端，一个改革的嚆矢。

第三阶段是《桃花扇》和《木兰从军》。《桃花扇》是在不自然的环境条件之下产生的剧作。虽然对旧剧本修改得很多，增删得很多，加强其反妥协投降的主题描写，对外祸时期一些不合理的现象，——如对内重于对外，前方大敌当前，而后方仍宴乐苟安，贪污腐化——曾痛下针砭，但因为题材的消极性，却使得全剧的气氛都暗淡阴惨，从一开始侯方域（朝宗）与李香君不幸的结合起，就向下发展，连主角李香君也不能不惨痛地看着无志气的侯公子，道一声：“我错认识你了！”含恨而死。这悲剧的主要造因虽然是由于明末一部分知识分子只有嚣浮之气，而无真正坚贞不拔、奋斗到底的志节。但此伏彼起抗争不绝的忠义之士，也不是完全没有，事实上正多，这一点没有在剧作中表扬出来，衬托出来，不免是很大的一个缺憾；佳人薄命，公子多情，这一套旧题材，反把最重要的主题最积极的一面掩蔽过去了。象这样的材料，我以为主题重心与其放在李香君的热情爱国上，倒不如放在侯朝宗（一个知识分子）的性格矛盾上，加以批判的描写，更觉有意义。但我们在这里不暇作这样深刻的讨论，就《桃花扇》全剧来看，它的意义不是在剧作的本身，而是在一个特殊环境中经过曲折的生长品。它在内容与形式两方面不能有新的发展，是值得我们谅解的。

《木兰从军》还拍有电影，但我相信拍摄电影的环境与写成剧本的环境不同，影片一定不会有舞台歌剧的精粹完整。《木兰从军》是欧阳先生最近期间的作品，同时也是他在内容上向新的方面进展的代表作。《木兰从军》比他以前两个阶段进步的地方，第一在主题方面虽然仍旧是提倡女权，妇女也能抗敌——是他一贯的创作典型，但他在《木兰从军》中包容了许多新鲜现实的问题。如第二场突厥王哈利可汗的道白：

……世居漠北，将勇兵强，因爱中华大国气候温和，物产丰富，久想兴兵夺取他国的土地，多少年来，没有机会可以下手，可喜近来中国起了内乱，他国既是自相残杀，我便有机可乘，因此点起大兵百万，要进长城。……

这种叙述方法虽然是极旧的旧剧台辞，但它所包含的内容，却是一个最重要最新鲜的现实问题，把异族入侵的根本原因，用最通俗简单的语言说明出来了。又如第三场，当花志芳（木兰之父）接到出征的军书，就问：

兰父：怎么帅府有信到来？好，拆书念与我听。

木兰：女儿拆过了。

兰父：说些什么？

木兰：说的是匈奴犯境，元帅兴兵抵挡，命爹爹入队应卯，又要去打仗去了。

兰父：啊？打匈奴吗？你看清楚了没有，打哪个？

木兰：打匈奴。（以信示父）

兰父：打的是侵占我们土地的强盗吗？（一面接信，一面说）哈哈哈哈！儿啊，想为父打了一世的仗，总是打的自家人，替一个人去争天下。我受过好几次伤，这里，这里，这些伤都是白受了，如今也轮到我去打外来的强盗，替国家出力，为父有了立身之地了。好，好，好！

这一段对话，实在是代表异族侵凌时代千百万人民的心声，不但是“现实的”，而且是“现代的”。欧阳先生捕捉了这一个平凡而又普遍的民族最高意识，随手织入他的剧作中，看来虽很容易，实际却是在旧歌剧中采用新的现实内容新的思想意识的一个大问题。

又如第四场木兰代父从军，住宿在黄河边的旅店中，就利用原歌词“朝辞爹娘去，暮宿黑水头”的一段抒情闲暇，插进了两个大问题：团结新兵与老兵的问题，改善应征军人的待遇问题。前者还不过关系个别现象，而后者却关系整个抗战力量的发挥与增长。这问题是现实的，新鲜的，在旧剧中采用这样新问题新材料，正是说明欧阳先生在改革旧歌剧运动中，已经走上一条大道。新内容新事物的增加，必然将发生新形式的要求。这正是彻底改革旧剧的第一关，过此才是真正的改革道路。

五

前面已经说过，旧的形式足以限制新的内容的发展，是新内容的一个桎梏。所以改革旧剧，不能以内容为满足。

旧剧在形式上需要改革的地方，大体是三方面：一，唱词与对白——和乐曲有最大的关系。二，服装、身段、台步——及一切动作表情，这也是受音乐节奏所制约的。三，舞台场面——装置及道具。

欧阳先生在旧剧改革过程中，内容方面的革新，如前面所说，是有很大的发展的，但是在形式方面的改革，虽也有多少新的试探，但还不够我们的理想标准。我们依照前述改革的三方面来检讨，就觉得他在这方面的改革工作，还有很大的荒土可能开辟而不曾开辟。

欧阳先生在唱词与道白方面是改革最大、试探最远的一点。但是他似乎还没有接触到这方面的一个根本命脉——从旧的乐曲开始解放，尝试新乐曲的创造。自然这是旧剧改革中最大的一部分工程，不是一个普通人所能问鼎；但是以欧阳先生在旧剧方面深厚的造诣，我觉得他是这方面最能担负这个责任的人：一般旧剧伶人不懂得新的，一般新音乐家戏剧家不懂得旧的，只有欧阳先生有力量有资本来担当这个重责。

欧阳先生在唱词方面是有进展的。我们随意摘取《黛玉葬花》（代表前期作品）和《木兰从军》（代表后期作品）中的一段写景抒情的唱词来比一比：

《黛玉葬花》中林黛玉唱：

碧云天，芳草地，蜂愁蝶怨，黄莺儿，啼不住，流水似年。绕疏林，穿曲径，遮遮掩掩，又只见，一坯土，蔓草荒烟。……林黛玉，把花锄，无限凄怆，繁华尽，花事了，难怨东皇。可怜你，染红尘，芳魂飘荡，可怜你，温柔性，付与汪洋。说什么，护花枝，金铃十万？说什么，渡花魂，宝筏一航？侬葬花，人道我，落了情障，要知道，侬与花，一样下场！我这里，赋招魂，泪和花弃，夜茫茫，春寂寂，地老天荒。

《木兰从军》中花木兰唱：

（白）听黄河水响，旅店凄凉，一灯如豆，这正是出门人想家的时候啊！（唱）听谯楼打罢了四更时分，旅店凄凉睡梦不成，恼恨那强寇侵入国境，为保家乡去从军。行来渐觉战场近，夜静更长想起了双亲。黄河流水潺潺响，听不到爹娘唤女声。

虽然这两段唱词是出自两个阶层不同，典型性格各异的女性，而环境心情也完全不类，但两者是出于同一个作者；问题不在它们的内容，而在它们的形式完全两样：一，文辞雅俗不同；二，前者格式谨严，三，三，四，一点没有差错，而后者却奔放自由，七字句也有，八字句也有，九字句也有，十字句也有，但读起来，听起来，并不感觉它音节杂乱。可见曲牌的限制，并不是旧乐曲不可破的规律。欧阳先生在这里的试探是成功的。他的改革：一，是把唱词曲牌的字数限制打破了（当然不自他开始）；二，是从典雅改为通俗，使唱词能明白如话。

但是这还只是消极意义的解放，正如女人缠足，不过是缠裹以后，稍稍解开，并不是根本废除缠足制度。我希望欧阳先生在这方面能有更大胆的创造，根本从乐曲牌调上着手，来一些革命意义的改造，以适应新的事物，新的内容，新的节奏。

音乐节奏，是旧剧形式最根本的一个枷锁，这是改革旧剧的人动辄感觉的痛苦。但是不改造它却谈不上改革旧剧。倘使说旧戏中加入新的内容新的事物就算改革，那么民国初年上海的旧剧舞台不但演唱过时装时事的戏，而且连外国戏外国的人物故事都曾搬上过中国的旧剧舞台，但是我们只能认它是自发的"变迁"，不能承认它是有意识的自觉的"变革"。同样的，我们今天即使搬出洋枪洋炮坦克车上台，活演一幕现代战争的戏，而音乐节奏不变，唱白旋律不改，不仅将感觉不调和，而且也不能算是"改革"了旧戏。

因此，欧阳先生尽管在动作和对白方面，尽力使它们接近现代生活，但是服装不能改变（因为它也和动作同受音乐的节制），化装不能改变，身段动作不能改变，舞台场面不能改变，对于整个的旧剧，差不多是“不曾改革”。

这样有限度的改变，在今天的旧剧改革运动的进程上是不够的。

欧阳先生也采取了一些新的方法，作为试探，譬如：《木兰从军》第四场：

李元辉：国家兴亡都有分，我们愿当兵打敌人！

第二句采用众人合唱的形式。又如同剧第四场开场，后台有投军人合唱的歌声，由远而近；同剧第十六场，敌兵有“离了家乡，别了爹娘，打来打去，无有下场”的厌战歌曲；同剧十九场花木兰与刘元度几番重复的歌唱之后，来一次合唱，这已经是旧歌剧的“新萌芽”，但是这还只是“萌芽”而已，还没有繁枝发叶，得到充分的发展，更谈不到影响整个旧剧的其他方面，如服装动作以及配合新事物的节奏旋律。

六

谈到旧剧改革，从内容归结到形式问题，又从形式问题归结到旧歌剧的音乐，好象是把问题单纯化了，也好象是把最重要的内容改革转变为次要的形式改革，忽视了内容决定形式的定理。但是我们得弄清楚：第一，旧剧改革虽然是从抗战中长成的一个运动，虽然是为了适应抗战宣传工作的要求而起的一个运动，但是我们不能把一个艺术本身的改造与政治宣传工作截然分开，一面是抗战宣传的工作，一面正是新艺术的创造。我们的旧戏是一种丰富广大的艺术，这种艺术需要新的生命，新的成长培植，这是不可否认的事实。第二，改革旧戏不单纯是内容问题，因为内容和形式是有机的联系，只改革一方面决不可能。一定的内容要求一定的形式，旧的内容固然不适应新的形式，而旧的形式也同样不会适合于新的内容。第三，内容改革到一定程度，就自然要发生形式改革的要求，因为形式成了它发展的障碍，我们应当认清这一点，有意识地提出几个问题。一种运动的成为革命运动，就因为它是有“自觉性”的。第四，现有的旧剧形式虽然是一般观众所熟知所习见的形式，但是我们一时的运用它，作为提高观众水准的基础则可以，不能以为它就是唯一的最高与最后的民众形式。旧剧本身的形式是由生长变化而来，在它的变化过程中，观众并没有感觉过不适合，不喜见，不乐闻，只要我们真正把握了它的进展路向，旧形式的改革，不是不可能的。

我对于欧阳先生为旧剧方面改革事业的努力，除开怀有最大的敬仰之心以外，还抱有无限的希望，因为欧阳先生实在是今日中国剧坛“学贯新旧”的唯一学人，他是改革旧剧最适当的领导者。因为属望之深，也不觉言之之切，以我一个戏剧外行来研讨这个运动，褒贬之间，失当的地方是不可免的。但是我相信欧阳先生一定能同意“愚者千虑必有一得”的古训。

（编者按：易庸，廖沫沙同志的笔名。原载1942年9月10日《戏剧春秋》第2卷第3期）

谈欧阳予倩同志的话剧创作

田　汉

最近，在疗养中，又细读了欧阳予倩同志许多话剧创作——从《屏风后》到《黑奴恨》。予倩同志曾在他的《剧作选》的前言里说，他“从事戏剧运动是以当演员开始的，当了六年业余演员，十六年职业演员。不演戏了，就当导演，从来没想到当作家”。但予倩同志却写了许多剧本。1956年出版的《欧阳予倩剧作选》虽只收了7个话剧剧本，而据他记忆所及，约写了戏曲剧本27个；话剧剧本21个（其中独幕的 17个，多幕的 4个），翻译的和改译的还不在内。这些剧本因为大都是为了当时要演而匆忙赶成的，有的可能没有经过细致推敲，因此他十分谦逊地说：“如果世界上有写了几十个剧本还不能成为作家的，我就是一个。”

但，显然，予倩同志不止是中国近代戏剧史上卓越的表演艺术家，杰出的戏剧和电影导演，学而不厌、诲人不倦、桃李满天下的戏剧教育家；作为剧作家，不管在戏曲方面或话剧方面，也都有极高的成就。

予倩同志的剧作约可分为三期：一，五四后的反蒋斗争为一期；二，抗日战争到解放战争为一期；三，解放后为一期。发展最显著的是抗日战争和解放后两个时期。这我以为一来是随着中国革命的发展，他逐渐接受了党的影响，二来是他总结了以前新剧（前期话剧）运动及其创作经验的当然结果。

年青一代的话剧作家们对于辛亥革命前后蓬勃一时的新剧（即初期话剧）已经十分陌生，予倩同志却是它的奠基者和主要斗士，他的剧作才能就是从这一运动中锻炼出来的，也不可能不从这一运动的盛衰成败取得教训。1957年欧阳予倩同志写了两篇文章，一是《回忆春柳》，一是《演文明戏》，可以说是对这个阶段的话剧运动的一个初步的，也是一个公正的总结。他能写出这样公正的科学的总结虽在他成为马克思主义者以后，但在创作实践上早已接受了以前的经验，大大提高了对现实的看法、表现现实的能力和艺术境界。

不妨提一下予倩同志所深刻看到的以艺术创作为中心的当时两派剧团的不同的态度。

予倩同志把当时在上海的初期话剧——“文明新剧”分成两个系统。一个是春柳社——以陆境若为代表的“新剧同志会”系统；一个是任天知的进化团系统。春柳社系统对艺术形式的完整考虑较多，他们首先坚持新剧必须有完整的剧本，而且严格遵守欧洲式的戏剧分幕，从来不演幕外戏，也不直接对观众说话或讲演。而进化团系统对剧本虽也采取欧洲戏剧分幕的形式，但故事排列却按中国戏曲的方法，源源本本，有头有尾，多用明场，少用暗场，为了贯串情节大演“幕外戏”，有时还打破话剧形式，演员直接向台下说一篇大道理。有时甚至根本不用完整的剧本，只用简单的幕表，靠导演的指挥安排、演员的口才机智和政治热情争取观众的喝彩。这就是所谓“幕表戏”。

关于剧本的内容，据予倩同志统计，春柳剧场演过的80多个剧本，大都歌颂爱国志士、江湖豪侠和见义勇为的人；同情被压迫者和穷人；宣扬纯洁的爱情，婚姻自由，爱人如己，舍己为人；攻击高利贷者、嫌贫爱富、恃强欺弱、纵情享乐、以富贵骄人的家伙们；反对不合理的家庭，不合理的婚姻制度，腐败的官场等等。但他们所有的戏都是传奇味道的，虽则故事完整，情节曲折，作风却比较拘谨。又加以悲剧占压倒多数，主角最后不是被杀，便是自杀，缺乏乐观的战斗情绪。反映时事的戏也不多，没有采取适当形式把当时人民中涌现出来的民族民主思想、爱国主义思想进行正面的有力的宣扬，形成艺术热情有余，政治热情严重不足的情况。不象进化团那样采取野战方式，对当时黑暗政治和不良的社会制度尽情地暴露，对腐败官僚、卖国政府大胆地讽刺，对当时革命运动极力宣扬，使新剧对革命斗争起了应有的宣传鼓动作用，也扩大了它对社会的影响。又和进化团一开始便和当时革命斗争紧密结合相反，春柳社的同志在群众化问题上较为保守，不能打开大门跑出去，深入社会各阶层。由于生活面的狭窄，就不能不使他们在创造各社会层的人物上受到限制。进化团系统的演员们虽则没有较完整的剧本，但因他们比较熟悉中国的社会，在舞台上刻画人物就比较生动。可惜他们一开始便对艺术要求不够谨严，后来也没有认真考虑提高艺术水平，商业剧场又助长了他们的粗制滥造作风，这才使他们的艺术被人们视为商业化的廉价的“文明戏”。

予倩同志对于春柳社和进化团两个系统的分析和评价是公正的、深刻的。今天看予倩同志话剧创作，对这个时期的教训的吸取也是很显然的。

在予倩同志的《剧作选》中收了5个独幕剧，我把它们分为两组，一组是以房屋问题为中心，写房主及其爪牙的冷酷横暴和劳动人民的悲惨生活。1929年在广州写的《车夫之家》，以某地租界为背景，写到洋人怎样通过买办华捕和印捕来压迫中国人。小买办和巡捕来向车夫的老婆收房租，并催他们搬家，因为洋人要拆掉旧房子盖新洋楼。车夫老婆一时无处搬家，孩子又有病，不能见风，请求宽限。巡捕不允，说“外国人的事是没有情面好讲的”。碰巧车夫的女儿因老爷的厨子对她无礼，她告诉了老爷，老爷骂厨子，太太喜欢厨子，帮厨子骂她，老爷听太太的话也骂她是贱货，厨子得了势反咬她调戏他，太太生气就叫老爷把她给赶出来了。巡捕的伙计见她长得不错，就向车夫的老婆出主意，说他们头脑包着好几处“生意”，只要听他的话，包管有房子住，还可以换皮袄。车夫的女儿痛骂这些坏种，说他们“仗着外国人的势力，胡作非为地欺负穷人”、“我人穷骨头不穷”、“我死也不投降”。小伙计打她，要拉她走，她大哭。车夫回来了，他高兴地说：“天底下到底有好人！”原来车夫帮里见他太苦，大家凑了些钱给他，“如今好了，给孩子吃的药和果子都买来了”。但车夫的老婆告诉他，孩子已经死过去了。这时印度巡捕催着车夫叫他快走，药包果子都落在地上，巡捕叫工人拆房子，斧头敲打的声音越来越厉害。这使人想起最近看到的西班牙《房客》那部电影里房主不顾住户无家可归，推墙倒柱的景象。这样的景象据说还是很带普遍性的，美国纽约有百多层高的摩天楼，但有人睡在马路上和公园里，伦敦、巴黎、罗马和西德各地大闹房荒，也往往把人家一家子从屋子赶到街上，日本各地还叫让出自己的家来给美国人做军事基地！予倩同志的这个戏代表了旧社会穷苦人民对洋人房主的控诉。

1932年的《同住三家人》写小学教师王素薇因她父亲得罪校长被诬鼓动学潮开除离校，一气就病死了。素薇靠着在小学教唱歌体操的薄薪，奉养她寡母。她住不起两间房，把它隔成四间，出租给两家。一家是陈桂卿夫妇，陈桂卿当了两年公共汽车司机，现在失业了，还没有找着工作，老婆在裁缝店接些针线活过日子；另一家是电灯匠阿明夫妇，他的老婆生过两个孩子，养不活都送给人了，如今正生第三胎；两个房客都付不起房租和水电费，只望王素薇回来顶一下。谁知她也被学校扣去半个月薪水，发给她的又是1元只兑六成半的"中央纸"，好容易勉强付了半月房租，警察又来收房捐费，付不出就要传王素薇到案。当警察正要把王素薇拉去的时候，一个叫李十五的青年，解了他们的围，拿出了20元香港纸叫人给她付房捐费，还说要给她们介绍好房子，只要她肯赏脸参加他们的晚会，表演一场歌舞，他还要叫人送新衣裳来并派汽车来接她。这一来真是局面完全变了。但素薇分明认得此人是广州市有名的无赖子，靠着包赌、包捐、卖烟土、卖日货、炒中央纸，捞了些钱。这李十五看上了素薇老追着她，素薇竭力避开他，谁知他竟找到她家里来了，而且又恰在她们困难无法解决的时候。素薇的母亲因她父亲的事受刺激太深，以为有钱有势的人都得罪不得的。她对素薇说：

> 如今的世界是抓在有钱有势的人的手里，……你要吃饭，你就非对他们低头不可。等到你能全靠本事吃饭，全靠自己劳力吃饭，除非世界归你们这些人来管。

但阿明说：

> 王小姐，我们要斗争去打出一个新的世界，并不是等待新的世界来就我们。……有钱的人给我们的恩惠都是假的，他们的钱都是从我们身上挤去的。……不要上这种圈套。

阿明的话给了素薇很大的启发，她本来已经换上李十五寄来的漂亮衣服，预备去赴他的晚会了，但又脱下来丢在地上，决心“跟大家去打开一条出路”，说：“我完全明白了，我们的围始终要靠我们自己来解的。”

这个剧本除了鲜明的主题之外，还反映了国民党反动统治者和奸商们通过滥发纸币和各种成色的毫洋所加于广大劳动人民的痛苦。如“中央纸”（广东中央银行纸币）经常停兑，停兑一次就贬值一次，从九成五贬到一二成，然后又发新币，过一个时候又贬值，靠薪水过活的人经常被打折扣。毫洋方面，新出的叫“原薪”，半新旧的叫“拣新”，颜色变黑了的叫“旧毫”，在市面上价值不一，便利于奸商买办勾结起来剥削人民，也使香港币更有权威。用予倩同志的话：“阔人的口袋里全是港币，一般老百姓很多都倾家败产。”这个戏就真切地反映了这个情况，是一个很好的现实主义的作品。

予倩同志另一组独幕剧差不多都是暴露性质的。以1928年上海为背景的《屏风后》是暴露豪绅地主“满口仁义道德”的真面目。一位热心主持风化，任所谓道德维持会会长的豪绅康扶持，当他还叫康正名的时候，追求一个美丽的女学生，当他约这女学生去吴淞看飞机的时候，借故留在吴淞一家酒店，奸骗了她，并与她同居，生了一男一女，但康正名北上之后就音信杳然，原来他跟一个陆军将官的小姐结婚了。女学生找到北京去，碰上了康正名，康正名不肯认她，反诬她是女革命党，要驱逐她出京。最后留下了她的儿子，给了一点钱逼她带着女儿回南边去。后来这女学生流落歌场，改名忆情，带着她的女儿明玉，她时时刻刻指点着明玉，叫她别受男人的欺骗。

康扶持的儿子康无垢看上了明玉，无垢和一些道德维持会员们趁会长不在，找忆情母女喝酒谈天，忆情谈起她被弃的经过不胜感慨的时候，有人报会长从南京回来了。他们急忙把忆情母女藏在屏风后面。康扶持回来发现屏风上搭着妇女的衣服，追问是谁的。他怀疑他儿子行为不检，喝叫屏风后的人走出来：

康：屏风后头是谁？来，替我把屏风拿开！

赵：老先生请别生气，老实说这屏风去不得。

康：为什么？

赵：不要看这屏风小，几千年的道德全靠这屏风。

康：你这话简直是疯了，快，快拿去这屏风！这还了得！

一会儿屏风从里面移开了，忆情轻轻走出来，对这位康会长说："老三，想不到终于会相见！"她又对在场的其他人说："各位要知道，害我的就是他！"原来这位康会长就是当年奸骗她、遗弃她、陷害她的康正名，那位康无垢正是当时被康正名留下的她的儿子！

1930年的《买卖》也是在广州写的，主要揭露洋行买办们怎样设法与军阀勾结，购买大批军火，屠杀中国人民，他们却于中攫取丰厚的回扣。为着达到勾结的目的，买办们还不惜拿自己的妹子作香饵，牺牲青年学生的幸福生活。当然，这在他们认为是可以的，因为正如陶近朱说的："世界上什么都是买卖。"

提到买办与官府的关系，陶近朱与另一买办梅希俞的妹子梅可卿有这样的对话：

梅：哼，你们这些买办都是喜欢勾结官府。

陶：并不是买办勾结官府，是官府勾结买办。

梅：你看见街上的标语没有？"打倒买办阶级！"（笑）

陶：话尽管那样说，可是事实上在买办面前却不能不投降。

这是买办们看准了中国官僚资产阶级的本性，他们有时也附庸革命，但一旦民众真正起来了，他们便得通过买办投靠帝国主义。

这个剧本是以暴露为主，全剧几乎没有一个正面人物。按说，被买办军阀破坏了爱情生活的大学生潘雪圭，应该是一个正面人物吧。但作者把他处理得非常幼稚猥琐，既无勇气，也无智慧，不象一个站得起来的人物。那位女大学生梅可卿虽被她哥哥说成"脾气很高傲，个性又很强"，但潘雪圭受到买办军阀的欺压愚弄时，她不支持潘雪圭，却不由自主地跟那位宋参谋长上飞机到天津去了。

以上几个剧本据予倩同志说都是在广州写的，似乎都有所指，只

“为了演出时减少麻烦，就把地点改为其他某城市”。

还有一个以暴露为主的戏却是在抗战中期的桂林写的。那叫《越打越肥》，揭发“抗战以来，奸商与贪官、污吏、土豪、劣绅相勾结，私运日货，又复囤积居奇，操纵市面，大发其国难财”的。胖子哥哥走私囤积发了大财，娶了两个小老婆，她们也参加了走私一伙，瘦子弟弟带了几个政工队员来拜访他来了，要他为慰劳前方负伤将士的募捐游艺会销几张荣誉戏票。胖子哥哥登时拒绝了，怪他瘦子弟弟多事。

> 弟：我因为帮哥哥的忙，才找他们来的。……要哥哥帮他们一点忙，解释一下误会。
> 兄：胡说！我又不走私，又不犯法，怕他们做什么？
> 弟：不过他们在背后都讲哥哥，……前方将士艰苦作战，都打瘦了，只有哥哥越打越肥。
> 兄：我天生是胖子，难道要我把肉割下来匀给他们？
> 弟：他们说哥哥你头也肥，脑也肥，肠也肥，肚也肥，外带荷包更肥。

胖子哥哥再三说他不铲地皮，不扣军饷，只做点生意，赚几个钱吃饭，就是开军队去他也不怕。直到他兄弟说报载以后外货进口特许民众团体检查，他才着急。及至知道这个消息只是他兄弟假想的，他就与他兄弟打起来了。正在追打中，胖子哥哥忽然跌地一跤，中风不语。姨太太们因为他的存折和图章不知搁在哪里，给她们的支票也还没有签字，都要找瘦子弟弟拼命。瘦子弟弟狼狈地逃走了。姨太太们赶忙到胖子身上搜钥匙，上楼开铁柜，女朋友也取去胖子手上的戒指。连勤务兵也不肯落后。他们都走了，胖子却活转来了。他中风是假装的，他说：“我只想吓倒我的兄弟，谁想那班东西比我还狠！”

这也是一个很有趣的喜剧，读完这个剧本使人想起桂林时代那些暴发户的丑恶面目，他们今天都到哪里去了？

19景的《不要忘了》，是一个从日本帝国主义者发动万宝山事件起，中经九·一八、一·二八直到所谓国联李顿调查团来华的多场景的活报剧。这种多场景的表现形式虽说外国现代剧也常用，但予倩同志的这种手法却是中国戏曲传统的继承。他的叙述既是源源本本，有头有尾，但又不是平铺直叙，而是夹叙夹议，波澜重迭。这样的形式对于又深又广地表现一个重大的国际事件来教育人民有很大好处。这样的剧本每每单重写事，而忽略了写人。但作者仍旧可以在事件的急剧发展中用点描的方法刻划人物。在这方面中国戏曲是有其优良传统的。予倩同志的这个戏就有一些写得很好的人物。象第三景写万宝山的中国农民就很好。中国农民对朝鲜农民原是非常同情和友好，但对当时那些受日本帝国主义挑拨一味蛮干的一群又非常恼火。农民乙提议开一个会，大家说清楚一下，公公平平把田里的引水路分一下。农民甲说："这是枉然的，我们要公平，他们要强占；我们讲道理，他们讲打。"

第四景写沈阳兵工厂的工人代表和军官的对话也非常好。工人代表说日本已经向兵工厂进攻了，厂里有六千工人都受过军训，会开枪打仗，只要一个动员令，单凭工人就能把兵工厂保住。军官不答应，说接到长官从北京来的电话叫"不抵抗"。工人们多方反对不抵抗，都没有效果。他们不愿当亡国奴，工人乙对工人甲说："我们快回去吧，失了土地是要我们自己去抢回来啊！"他们走了，军官甲却叫军官乙立刻派一队兵去缴工人的械，说："情愿日本军队占领兵工厂，万不能让工人拿枪，工人拿起枪来，比日本兵还要可怕！"

接着第五景只有两句台词，却很生动地说明问题：

奉天省政府门前挂着日本旗一面，旁有布告"除日本军民外擅入此门者枪毙"。

工人甲：这不是奉天省政府吗？怎么挂起日本旗？

工人乙："回去吧，国家大事政府自有权衡。"（军官甲语——引者）

这时，二人同哭，两声枪响，二人倒地。

写一·二八淞沪战役也有好戏。如第十一景最后：

军官三：（对军官一、二）南京派了宪兵来监视我们退兵。

军官二：让他们来吧。（宪兵团长走来。）

军官一：你是来参加作战的吧。

宪兵团长：我们奉了命令来监视退兵的。

军官二：你是不是中国人？如果是中国人，对于断送中华民族的命令是不服从的！

宪兵团长：我们不是不明白。宪兵的下级干部都是决心抵抗的。……我们参加作战就是！我情愿发誓！

军官一：好极了！（握住团长的手）

十九路军抵抗了一月之后终于不能不退兵昆山，这是团长跟兵士一的对话：

团长："留得青山在，不怕没柴烧"。我们暂时退一退，使我们的军队不致全部损失。

兵士一：长官，除了那些享福的阔人，中国正有千千万万的人预备为大众出力。一定要我们保全实力，中国才有救吗？这是欺人的话。我们有用的时候为什么不用？死得的时候为什么不死？

第十七、十八、十九三景都是写国际调查团到中国来，中国的官绅和劳动人民对他们的不同态度。官绅们带同太太、小姐们手捧鲜花向他们致敬，把他们当作"世界的和平使者"，希望从他们得到所谓"公道"。而一群工农学生队伍却拿着旗帜，上写"反对帝国主义的分赃使者"，"揭破国际强盗对华的阴谋"。在致欢迎词时绅士淑女们表示了中国对待日本侵略者的态度，赵夫人说："我们始终秉着以柔克刚的道理，"绅士甲说："我们要用佛家忍辱波罗蜜的道理，"绅士乙说："我们要用老子'如欲取之，必先与之'的道理。"而一个短衣的工人却上去说了一句使绅士淑女们吃惊的话："先生们，我们要用拳头对拳头，枪炮对枪炮，牙对牙，命对命的道理！"

最后当群众怒涛澎湃地向调查团要公道，要他们对被压迫民族的公道的时候，这些殖民主义专家的酒杯掉了，从窗口伸出了几尊大炮，群众的代表说："看哪，这就是帝国主义的公道！不要作梦了，快些起来！公道是要打倒帝国主义以后才看得见的！"

就目前的一些国际事件看，公道要在打倒帝国主义以后才能看见这句话，还有很大的现实意义！

剧中对日英美法等帝国主义之间又有深刻矛盾，又互相利用勾结，一致向中国人民进攻，中国豪绅、地主、买办资产阶级既怕帝国主义，更怕人民的面目也都有写得很好的地方。剧中对一·二八淞沪战争中一部分海军舰艇反民族的中立态度揭发得很厉害，这是当时的实情。国民党统治时期海军中也不乏爱国官兵，但的确存在这样极端腐朽的一面，他们宁愿让军舰去运烟土，送要人家眷等等，而不愿在摆在面前的民族战争中，起应有的作用。这样的事在今天几乎难于置信。

以下想谈谈予倩同志留下的3个多幕剧。

《忠王李秀成》是在桂林写的，也在予倩同志亲自导演下，由广西省立艺术馆剧团演出，我是看过这次演出的。

处理太平天国和李秀成这一题材的剧本在同代作家中就有不少。我以为予倩同志的《忠王李秀成》是很动人的一个。李秀成是太平天国末期最出色的人物，他是那个危危欲坠的局面的大力撑持者。他的无比忠贞，过人的智勇，和豁达民主的政治风度，在他活跃的当时吸引了无数忠义之士和革命人民，就在今天也还吸引着许多作者写他的颂歌。予倩同志的这个五幕剧在写李秀成的政略战略，在写他对天王对人民、对同辈战友和部下、对敌人和俘虏以及对他母亲妻子和兄弟都很能传出忠王可敬爱的风貌。

第四幕写李秀成回到南京发现局面已经十分危迫，而安王福王之流还在天王面前对他多方谗构，一些有权势的人甚至没有心肝到把城里有限的粮食卖出城外资敌。李秀成对他母亲和义愤填膺的赖文洪说：

> 现在没有什么话可说，只有城存我存，城亡我亡，我是以死报国了。中国人大家的仇敌正在要致我们的死命，小小的恩怨早已不在我的心上。

当李母问秀成城到底能否守得住时，秀成说：

我真后悔，当年悔我没有直取武汉，我又没有用全力救援安庆。我退兵到杭州也是失策。尽管有人掣肘，我为什么不排除一切的顾虑！为什么不下更大的决心！

说起来好象李秀成当时若表现得更坚决一些，采取断然的步骤，局面可能会扭转一些，但在李秀成当时是有很多主客观因素妨碍他那样做的。所以李母安慰她儿子说："不要难过，这不能怪你。"

当时洪仁发之流忌恨李秀成，请准天王封李秀成的部将陈坤书为护王以分秀成的权，并且监视他，掣他的肘，败坏他的政令，损害天国的信誉。这是将士们十分悲愤的事。程检点说得好：

本来从金田起义到现在，我们的路早就走歪了。大家原都是老百姓，有的是种田的，有的是开矿的，有的是烧炭的，因为受不了那些贪官、污吏、恶霸、土豪的剥削欺负，才就放了锄头，拿起刀枪，大家拼命，还不是为了一班穷苦的弟兄们吗？想不到打了几个胜仗，占了几省地方，封王的封王，拜相的拜相，一个个高堂大厦，娇妻美妾，充起阔人来了，反过来搜括百姓，还要诡计多端，陷害自己的兄弟。金田起义，早已把这"义"字丢到九霄云外去了。

这种说法当然是有根据的，特别是在太平天国的衰落阶段，但当太平军与清军尖锐对垒的时候，我们既要严格分析太平天国方面失败的原因，又不能夸张过甚，把太平军和清军都说成漆黑一团，那样就没有什么是非曲直了。予倩同志写这剧本的时候是抗战中期的桂林，那时抗战形势已经逆转，国民党反动派不只消极抗日，积极反共，实际重庆与南京"同走一条道路"。新四军事件后，叶挺同志曾一度被囚禁在桂林，大家对此都非常悲愤，予倩的《忠王李秀成》也或多或少带上这种悲愤的色彩。

李秀成：就算人家有什么阴谋诡计对我，我决不用阴谋诡计去报复他，我只有一片为国为民的忠心，至死不变。

谭绍洸：可是他们始终还是疑心王爷，越打胜仗他们越疑心，王爷功劳越大，他们猜忌越多。

陆顺德：因为他们自己不能立功，就妒忌人家的功劳。

国民党反动派妒忌八路军、新四军，就因为自己不能立功，而我们却独力挡住敌人的缘故。

桂林在抗战中发展成为拥有30万人口的城市，经济文化一时呈现畸形的繁荣。那时假借权势发抗战财的不少，这些情况予倩同志看得很透，恨得很深，他写过前面说的讽刺剧《越打越肥》。在这个剧本里他也借天京被围时那些囤积居奇、走私营利的家伙给了他们以无情的鞭挞。如第四幕在苏州失陷天京危急的时候，李秀成召集了一次会议想解决一下粮食问题，那时洪秀全曾推荐人们吃“甜露”（草），而实际军民们有的把草根树皮都吃光了，饿死病死的人一天天多，却发见京城里有些人家存粮几十担、几百担，有的甚至上千石。秀成说：“我不知道留那么多米做什么？倘若兵士不能打仗，京城不保，不知道他们发了财有什么用处。”赖文洪来报告：又拿获了一批私米，有六百石，是假装军火运出城去卖的，被老百姓知道了，报告赖文洪，才被截住的，还被打死了两个老百姓。

这事使秀成非常气愤，他命令赖文洪，“拿获这批米的老百姓给他们奖赏；打死的给他们抚恤。”并要他“把能干的老百姓编成一个缉私队，专查私米”。赖文洪又报告奉命去点验军火库，守库的官不肯开库，说最近他也封了王。因此秀成说“太平天国最近封王也封得太滥了，弄得不可收拾”。天王的近臣蒙得恩却说：“我看这倒没有什么，不过忠王你太纵容你的部下，尤其太纵容老百姓，那才真不可收拾。”

这些场面使人想起《越打越肥》剧中民众缉私的话，也使人想起《不要忘了》剧中军官宁肯让日本军队占领兵工厂，而不愿工人拿起枪来的话。予倩同志写剧本时总是把人民跟恶势力尖锐对立的。同时也可以知道写历史剧除了忠实于历史真实，也常常针对当前的需要说话。尤其是抗战后期，国民党反动派中投降妥协的空气开始浓厚起来，秀成就义前斥骂降将的这些话是足以使坏蛋们汗颜夺魄的：

投降是最可耻的事，投降的是最可耻的人。有志气、有德行、有骨头、有良心的汉子，是决不会在敌人面前投降的。天京破了，我们的事业没有败。开路的不怕吃尽苦中的苦，成功的是我们的后人。看吧，不出五十年，我们的儿孙辈就会举起大旗，打进北京城去，赶走那些妖魔！你们是班什么东西！一个个昏了头，瞎了眼，死了心，掉了魂，无廉下耻，蛆一般的家伙，也配站在我面前说话吗？滚蛋！

这些话难道只是对台上陈得风之流说的吗？

《桃花扇》是予倩同志在上海沦陷初期写的。原是京剧。曾和《梁红玉》相配合，用来加强孤岛的“心防”。到桂林，他再把它改成桂剧，由小金凤（即尹羲）演李香君。我写过一首小诗：“无限缠绵断客肠，桂林春雨似潇湘。善歌常羡刘三妹，端合新声唱李香。”就是对小金凤的《桃花扇》的观后感。话剧《桃花扇》恐怕直到解放后的最近几年才由北京实验话剧院首演。饰香君的是郑振瑶同志，在人民首都引起了很大的艺术激动。

倘使说予倩同志的《忠王李秀成》是反对投降的，那么他的《桃花扇》更是写爱国主义与投降思想的斗争，在这方面它比孔尚任的《桃花扇》的单纯感慨兴亡又进了一步。

关于对剧中对侯方域（朝宗）的处理颇有不同的意见。有些人替侯方域辩护，认为侯在清顺治八年应考是十分不得已的；读吴梅村的诗有说到侯方域的，也对他很尊敬，吴还觉得愧对这位侯生。侯是明末进步知识分子集团复社的领袖之一，按理他应该为激扬民族正气而坚持到底。读者和观众还没有忘记第五场侯方域与香君诀别的话吧。

侯：我从北方避难到江南来，想不到遇见你，你是这样美丽、聪明，又有这样高洁的品性。我生平只有你这样一个知己。就是天荒地老我一刻也不愿离开你，可是遭遇到这样的时候，豺狼当道，国家危急，他们一切不顾，只想排除异己，要把有良心的读书人一网打尽。

李：你到了江北，一定有更多报国的机会，你不要顾我，你只要为国家保重自己。你走了，我自然有我的打算，我决不辜负你……

因此第四幕当苏昆生告诉香君“新朝开科取士，侯公子去考了，中了个副榜”。是当然会使香君十分意外的，所以香君说：“不会的，决不会。”她认为“象侯方域这样一个忠孝传家，讲道德，讲气节的人会忘了国仇家恨去向清朝求取功名？那除非太阳从西边出来！”但当侯公子以清朝服色出现在她的面前的时候，就不能不叫可怜的香君气阻魂断了。

侯公子，我是白认识你了！……你以前对我说的什么话？你曾经拿什么来鼓励过你的朋友，你的学生？你还鼓励过我！你不是说性命可以不要，仁义道德气节是永远要保住的吗？你为什么不跟史阁部一同守城？回家去你至少可以隐姓埋名，你为什么不？为什么要在许多人起兵勤王的时候去考这么一个不值钱的副榜？你不是常骂卖身无耻吗？你为什么国仇不报又去投降，在这国破家亡的时候找我干什么来了？干什么来了！……

我为了你，死也不闭眼！苏师父，柳师父，妥姨，寇姨，卞姨，你们都是好人，我死，要你们在我面前。我死了，把我化成灰，倒在水里，也好洗净这骨头里的羞耻！

香君临死前这一段大义凛然的话，对那些在敌人面前有些骨头发软的人有多么大的警醒力量！难怪“这些戏在那样风雨飘摇的年代里，起了振奋人心的作用；唤起了人们的民族意识”。（见周信芳同志：《追悼亲爱的老战友——予倩同志》）同时也可以看出当时真表现民族气节的反而在被侮辱被损害的一群！

我们不饶恕侯方域晚节不终，却也不否认他在跟阮大铖、马士英这些权奸斗争中，曾起过的积极作用，正如我们严厉谴责向资产阶级投降的陈独秀而不一概抹煞他在五四初期反帝反封建斗争中他的功绩一样。但也正因为在江南那一阶段，侯方域是以文章气节影响士林和吸引群众的，他后来的变节就更不可恕。孔尚任的《桃花扇》对侯方域是同情的，没有暴露他入清后的政治污点。那当然因为孔尚任是清初作家，他若攻击侯方域的变节，他的作品可能成为当时及其后文字狱的对象。予倩的《桃花扇》却是在日本帝国主义入侵中国，江南沦陷中写的，他与刻划香君的忠贞纯洁相对照，严肃深刻地写侯方域的妥协投降，暴露了知识分子在严重的民族危机中的动摇软弱，却有极大的教育意义！不要替丧失民族气节的侯方域辩护了。民族气节在今天和以后仍然是值得宝爱维护的东西。我们尊敬和热爱菲德尔·卡斯特罗和700万伟大的古巴人民就因其有凛然的民族气节，不在美帝国主义的威胁前面低头。而在所谓世界主义的欺骗下企图独霸世界，奴役各国人民的美帝国主义者就是不要人家讲民族气节。我们剧作家要坚决拥护前者，而反对和鄙弃后者！

还有，必须提一下杨龙友。这杨龙友（杨文聪）是“贵州名贤传”里的著名人物。他可能与马士英之流有过些关系，但按历史记载他是抗清的。长江金山据说还有他战斗的遗迹。清史稿也记他打到浙江与福建交界之处，被清兵俘虏，不屈而死。看起来此人还是个有民族气节的，不应该把他写成那样一个无心肝，无廉耻，还自鸣风雅、帮闲帮凶的人物。按侯方域的传记，替侯跟阮大铖拉拢的也不是杨龙友而是一个什么王将军，那就没有必要把一切罪恶都归在杨龙友身上，硬把他搞成一个叫人唾骂的对立面。我以为可以把杨龙友改成别的名字。这也不破坏剧情，因为不是非杨龙友出面不可。

《黑奴恨》则是反对美帝国主义对黑人的民族歧视，写出了黑人在悲惨境遇中所表现的伟大精神，也指出了被压迫民族解放自己的正确道路。这原是根据前世纪美国斯托夫人的原作改编的。倘使《桃花扇》发展了孔尚任的观点，那么《黑奴恨》就比斯托夫人的原作《汤姆叔叔的小屋》换了一个精神面貌。斯托夫人的《汤姆叔叔的小屋》发表于1852年，出版当时就曾经戏剧化，对美国解放黑人运动起过很大作用。从前世纪末以来，这个戏在许多国家也演出过，1907年由我国留日学生曾孝谷根据林纾、魏易的翻译《黑奴吁天录》改编成五幕剧上演于东京，其后由任天知、王钟声们又在中国上海各地上演，1932年我们中央苏区也上演过，对唤起我国人民的民族觉醒有过很大贡献。它也就展开了中国话剧运动的第一页。

斯托夫人是一位基督教人道主义者，她主张解放黑奴只是因为黑人并非都是愚劣顽梗的，她觉得只要教他们识字，让他们能读《圣经》，是慢慢可以感化的。她劝奴隶主们体上帝的仁慈，除掉他们的奴籍，把他们当人看待。

另一方面，她认为奴隶主也有好心肠的，象解而培那样，虽则赌输了，不得不卖掉汤姆和小海雷去抵债，但当汤姆被虐待至死，解而培的儿子还去收尸，回来就把所有黑奴的卖身契全给烧了。斯托夫人正是这样期望好心的拥有黑人奴隶的豪绅地主们赐给他们以自由。

但曾孝谷的改编本，已经大大摆脱了原作的宗教感情，而强调民族自觉。剧情是汤姆死后哲而治同意里赛夫妻会合，杀死了追捕的人逃出美国，以斗争胜利结束的，这就比斯托夫人进了一大步了。

1957年纪念中国话剧运动50年的时候，予倩同志就有意再度改编这个剧本。改编本有过一些争论，直到去年才正式演出。这个演出本是一个很大的成功，它不只是比曾孝谷的改编本又进了大大一步，而且是斯托夫人原作的再创造。

当予倩同志写这个剧本时，他已经是一个马克思主义者。他说他“以对被压迫者深切的同情，对殖民主义者极端的愤慨写了这个戏”。首先他把原作中虔信上帝，逆来顺受的汤姆写成了一个忠实诚恳、宁愿牺牲自己成全别人的好人。表面上他虽是那样善良温顺，可是他有着强烈的正义感和大无畏的精神。第七场当李格利让汤姆当工头，交一根鞭子给他，要他抽格利娜、意麦苓各人20鞭子的时候，汤姆立时拒绝了。李格利大怒，这是他们的对话：

李：你是我的奴隶，你的整个身子连你的灵魂都是归我的。我叫你怎么做，你就得怎么做，我叫你怎么想，你就得怎么想。

汤：我的身体是别人强迫卖给你的，可是我的灵魂永远是我自己的。你能把最苦最重的活给我干，我从来没有反对过，我脑子里想的东西却不跟你一样，永远也不会一样。

李：你说，你想什么？

汤：你能够拿起你的鞭子把人当牛马，我永远也不会用我的手去打一个无罪的人。

又第九场，当李格利逼汤姆供出凯西和意麦苓逃走的方向，汤姆又拒绝了。李格利把他一脚踢倒，说他有的是钱，他能买到任何奴隶，得到世界上任何好东西。汤姆和李格利之间又有这样尖锐的对答：

汤：李格利先生，你以为你有钱什么都能得到，可你就缺少一样东西。

李：我缺少什么？

汤：你没有灵魂。

李：好啊，你敢骂人，来啊，把他绑在柱子上，烧死他。

汤：以前我以为所有的人都能用善心去感动，今天我才知道丧失了灵魂的人是很难感动的。……你们的心又狠又毒，你们的做法也很厉害，可是欠下的债是要还的，即使今天不能跟你算帐，总有一天会把这总帐算清的。

李：你放心，从古以来就没有奴隶跟主人算帐的，我今天就把你烧死，把你这个帐本子烧掉。

汤：烧不掉的，毁不掉的！受苦受难的人记在心上的帐是你们没有法子毁掉的！

是的，天下就有烧不掉、毁不掉、拆除不掉的东西。汤姆的话，真是表现了无比强烈的正义感和凛然不可犯的大无畏精神。

原来哲而治虽斗争性较强，但对敌人也还是个无原则的人道主义者。在予倩同志的剧本里，却把他处理成为经过痛苦锻炼，有革命思想又有组织能力，敢于行动的人。

第四场当威尔逊想说服他服从主人的时候，哲而治是这样锐利明快地驳复他：

威：你背叛你的主人逃走，就是违犯了我们国家的法律。

哲：我哪有什么国家……

威：你生在美国，长在美国，能说美国不是你的国家？

哲：美国要是我们的国家，为什么法律不保护我们？……为什么不把我们当人看待？一个黑人无缘无故地被白人打死了，法院为什么从来不管？……

哲而治等逃到加拿大一年之后，听到冒万险找来的他妹妹凯西说起汤姆被烧死，他发表了在地上算清奴隶主们欠下的血债的理想，这也就成为全剧的结尾。“……以前我看见过汤姆，他曾经以为到了最后审判的时候，帐会在天上去算，可是事实告诉我们，帐是要在地上算的。一次算不清，说不定要算十次百次，几百次。……我想沉睡的非洲总有一天会觉醒起来，黑人也和其他民族一样，一定会站起来，觉醒了站起来的人，才不会受人欺侮。”

今日黑非洲觉醒了，站起来了，许多黑人的民族国家一个接一个地建立起来了，跟新旧奴隶主在地上算清血债的日子到了！哲而治的话不是空想。

在写美国地主资产阶级——奴隶主方面，予倩同志也有很大的改变。予倩同志说：原著中认为善良的绅士如地主解而培、工场主威尔逊等，他不能不撕碎他们的假面具，揭露他们的本来面目。解而培的妻子爱密利亚在原著中是一个慈善的贵妇人，但她虽会说些好听的话，也会拿手巾擦眼泪，对汤姆夫妻表示同情，可决不肯用她的珠宝地产的极小部分去赎回汤姆，予倩同志把爱密利亚处理成一个伪善的妇人，的确没有冤枉她！

50多年前曾孝谷的改编本《黑奴吁天录》已经找不到了。但50年来时移世异，观众的要求变了。正如予倩同志所说：“50年前的剧本即使存在，也怕很难原封不动搬上今天的舞台，我这个剧本不能不根据今天的意图重新编写，也是理所当然。”予倩同志做了一件“理所当然”的事，也做了一件十分“有功世道人心”的事，在北京许多争取自由独立的被压迫民族观众，特别是黑人观众，看了这个戏都感奋兴起，激动流泪，这也是这个戏应有的影响，我们还要扩大这个影响。

应该注意到予倩同志虽则是根据今天的意图来写这个戏的，但他不是拿只有今天人才能有的思想强加于前人，他是按人物性格发展的必然与可能来实现这些意图的。他是一个成熟的艺术家，他在剧本创作上也没有稚笔。

从他剧作的某些作风可以看出我们戏曲和新剧的优秀传统，某些题材和主题在春柳时代也处理过，予倩更加以发展了。尤其是征取了春柳社和进化团的经验，注意了艺术和政治的紧密结合。予倩同志不只是一位考虑艺术形式完整的“磨光派”，也一直努力使他的作品富有现实内容，在政治要求迫切时，甚至也拿他的艺术武器参加“突击”。

予倩同志在戏剧艺术上是一位全材，也是一位完人。

在他去世后重读他的话剧遗作，更感到他的死对我们损失的重大。

他还有许多戏曲方面的优秀作品应该赶紧搜集整理出来，供大家欣赏和研究。

11月6日晨，于北京医院

（原载1962年11月20日《剧本》第10、11期合刊）

欧阳予倩研究戏曲声腔的成就

蒋星煜

欧阳予倩是一位卓越的戏剧活动家，五四以来不少重大的戏剧活动，都有他的劳绩在里面；此外，他也是卓越的剧作家、表演艺术家和戏剧理论家。他对于戏剧界的影响，不仅十分广泛，而且相当深远。

对于欧阳予倩来说，戏曲声腔的研究仅仅是他的戏剧理论工作中的一个组成部分而已，虽然如此，这一方面的成就则很重大。他的《谈二黄戏》❶、《京戏一知谈》❷、《中国戏曲研究资料初辑序言》❸这三篇著名的论文，材料丰富，论点精辟，集中地反映了他的研究成果。戏剧工作者在不同程度上都受到了他的理论的一些影响。

《谈二黄戏》一文的写作早在抗日战争之前，当时地方戏曲还不被新文艺工作者所普遍重视，除了遗老写些掌故以及“捧角”的歪诗之外，理论研究的园地是一片空白。就在这时候，欧阳予倩以自己在京剧舞台上多年来艺术实践的心得体会为基础，再进行调查访问，对“二黄戏”（指京剧，为简明起见，以下都称京剧）的声腔源流和演变作了历史的探索，对京剧的表演艺术、戏剧文学都作了介绍。这是五四以来第一篇比较全面而系统地研究戏曲声腔的论文，不仅从现在来看，仍有很多可取之处，更主要的是倡导了戏曲声腔方面学术研究的风气，引起了新文艺工作者对戏曲的爱好和重视。

---

❶ 见《小说月报》第 17 卷《中国文学研究》下卷。

❷❸ 见《中国戏曲研究资料初辑》，欧阳予倩艺术论文选集《一得余抄》亦均收录。

《谈二黄戏》的主要内容基本上已包括在《京戏一知谈》中，而“由高拨子到二黄，当中是平板二黄为之过渡”等论点则在《京戏一知谈》中又有了新的发展；因此我们可以说《谈二黄戏》有更多的历史意义，而《京戏一知谈》和《中国戏曲研究资料初辑序言》这两篇论文更成熟更完整。

欧阳予倩研究戏曲声腔主要成就之一是对于京剧的二黄、西皮两大腔调源流的探索。关于二黄的源流。他在《京戏一知谈》中说：

> 二黄腔——到现在为止我还是相信它是从四平腔发展而成的说法，由弋阳腔同安徽的某种曲调相结合而成的四平腔可能又和湖北黄州一带的民歌相结合，经过湖北人加工成了二黄。因此二黄腔就不妨说是长时期以来安徽艺人和湖北艺人杰出的集体创造。

在同一篇论文中，谈腔调和所表现的情绪、气氛时，又对这问题作了重要的补充。

平板二黄脱胎于吹腔，原来是用笛子唱的。根据欧阳予倩所指出的二黄的来龙去脉，我参考了近年来安徽省某些戏剧工作者有关徽剧的调查研究的文献资料，作了反复的查考，证实了他的结论是可靠的。

我们知道，在明代嘉靖年间前后，安徽是全国戏剧最繁荣的地区之一。发源于浙江的余姚腔和发源于江西的弋阳腔都传进了安徽，和当地的某些曲调相结合，分别派生出了徽州腔、青阳腔、四平腔等剧种。其中四平腔又受了昆腔的影响，采用了笛子作为伴奏乐器，引起了唱法上的变化，而演变成吹腔。吹腔进一步吸收民间曲调，突破了严格的曲牌体的长短句的组织形式时，就成了二黄平板，也称平板二黄或四平调；再经过安徽艺人和湖北艺人的加工，二黄平板又演变成二黄。这中间的过程颇为曲折复杂，欧阳予倩能够探索出来，不是一件容易的事情。

固然，吹腔和高拨子有过相互间的影响，二黄腔有一部分是高拨子经过唢呐二黄而演变成的，而高拨子则包含了较多的秦腔的成分，但仍旧是秦腔传到安徽之后，和当地的腔调相互结合而产生的，这种当地的腔调很可能是四平腔或四平腔所派生的吹腔，至少把四平腔和吹腔包括在内。所以二黄腔是从四平腔发展而成的提法还是站得住的。

在欧阳予倩之前，也有不少人企图找出二黄的源流，但是仅仅孤立地从字面上去寻求解释，于是得出了二黄产生于湖北的黄冈、黄陂的结论。王梦生《梨园佳话》首创此说，后来陈彦衡诸人居然力加宣扬。❶就在《谈二黄戏》发表之后，甚至《京戏一知谈》发表之后，也还是有人从另一方面来孤立地从字面上来解释二黄的源流问题，结论是二黄起源于江西宜黄，因为江南一带“宜”、“二”读音相近，故讹成二黄❷。欧阳予倩从传统剧目唱法上的演变，从腔调本身的旋律、节奏和情调来研究，方法当然科学得多，结论自然也具有更多的说服力。

关于西皮的源流，欧阳予倩在《京戏一知谈》中说：

> 至于西皮，则是脱胎于西北的梆子腔。由梆子变成襄阳腔，由襄阳腔变成西皮，必然经过一个不短的时间。这个腔调显然也是湖北人唱出来的。湖北人习惯于称唱词为“皮”，经常说“唱一段皮”、“很长的一段皮”之类，所谓“西皮”可能就是说从陕西或山西来的曲调。

西皮渊源于梆子腔，张亨甫《金台残泪记》、谢章铤《赌棋山庄词话》本来已经提供了一些线索，因此有人误认西皮和秦腔是同义词。欧阳予倩进行了研究，肯定了彼此之间的关系，同时根据梆子腔南来的路线，肯定了演变过程中曾经过襄阳腔这一阶段。现在滇剧的主要腔调之一即名襄阳，其旋律、节奏、情调介于梆子腔与西皮之间，这倒是一个有力的佐证。有些主张二黄起源于黄冈、黄陂的人运用同样的考证方法，认为“皮”“陂”相近，西皮也起源于黄陂❸，现在已经没有人相信这种说法了。

西皮名称的由来，也有人完全用主观的臆测来解释，如王芷章即是，他说：“陇山横亘陕甘界上，由秦中言，则甘肃固在关陇之西坡，

❶ 见《说谭》诸书。

❷ 李啸仓：《赣剧诸腔的来源与演变》，《戏曲研究》1957年第2期。

❸ 参见日本三江村人的《剧话》。

疑流俗必有西坡调之称谓者，其后遂讹为西皮。”[1]事实上却根本没有什么西坡调，更不必谈讹传的问题了。因此我感到欧阳予倩不仅把西皮的源流解决得很好，同时对于西皮名称的由来的解释也完全从实际出发，所采用的方法很值得重视。

欧阳予倩研究戏曲声腔另一主要成就是他的四大声腔的理论的创造。他在《中国戏曲研究资料初辑序言》中说：

> 就大型戏曲的声腔而言，弋阳腔、昆山腔、梆子腔和皮黄可以称为有代表性的四大声腔。它们都曾在戏曲艺术上起过很大的作用，奠定了中国戏曲的基础。当然，这并不是说这四种声腔之外，没有其他种类的戏曲；也不是说一个剧种除它的主要声腔外，没有附属的声腔。事实上从明朝中叶一直到抗日战争结束之前，中国大型戏曲的主要声腔出不了这四种声腔的范围。

在中国戏剧史上，本来有过两种四大声腔的说法，明代中叶的四大声腔是海盐腔、弋阳腔、余姚腔、昆山腔，清代中叶的四大声腔是“南昆、北弋、东柳、西梆”。第二种提法在当时就十分牵强，东南西北的区分很不确切，东柳在最盛行的时候也远不能和其他三种声腔相抗衡。欧阳予倩从戏曲剧种的历史发展过程和现状出发，指出弋阳腔、昆山腔、梆子腔和皮黄是四种影响最大的声腔，具有很大的创造性。

周贻白认为“南昆、北弋、东柳、西梆”仍旧是今天戏曲中具有代表性的四大声腔，并且把郿鄠戏、曲艺剧以及滩簧、花鼓等都划入东柳声腔系统之内，理由是这些剧种都唱民间小曲[2]。这理由是站不住的，因为任何戏曲声腔都和民间小曲有血缘关系，并且都是有所加工的，【山坡羊】、【寄生草】、【锁南】等曲牌，东柳固然用，昆山腔也用，弋阳腔的一唱众和原是民歌的形式，梆子腔则以陕西、甘肃的牧歌为基础，决不是仅仅东柳用民间小曲。再说东柳除《憨宝看

[1] 《腔调考原》第2章。

[2] 《中国戏曲声腔史的新页》，《戏剧研究》1959年第4期。

灯》、《打时辰》等极有限的几出生活小戏所用曲调比较接近萌芽状态外，《徐龙打朝》、《抱妆盒》等均为袍带大戏，所用曲调均经过较细致的加工，因此东柳根本不能作为唱民间小曲剧种的代表，更不可以和郿鄠戏、曲艺剧以及滩簧、花鼓等硬拼凑成一个声腔系统。无论从历史发展过程或现状来看，中国戏曲的四大声腔都不是“南昆、北弋、东柳、西梆”，而是欧阳予倩所说的弋阳腔、昆山腔、梆子腔和皮黄。

以上谈了欧阳予倩研究戏曲声腔主要的两大成就，从另一方面来说，中国戏曲声腔实在复杂繁多，明清两代的文字记载又十分缺乏，这就造成了研究工作上的重大困难。欧阳予倩把重点放在皮黄声腔上，对其他声腔也就很难象研究皮黄声腔那样的细致深入。1952年以后到现在，在全国范围之内，关于戏曲声腔剧种的挖掘有不少新发现，而欧阳予倩又全力以赴地搞中央戏剧学院的教学领导工作，不可能再分散精力，放到这方面的研究工作上来了，自然也就不能在全国普遍挖掘戏曲声腔剧种获得丰收的基础上再把研究工作提高一步。

由于上述的原因，从现在来看，欧阳予倩的戏曲声腔研究中的某些问题还有商榷余地。

首先是弋阳腔与高腔的关系问题。在高腔形式的戏曲剧种中，弋阳腔既是影响最广的，就用弋阳腔以名这一种声腔系统是可以的。但是把所有高腔形式的声腔剧种都说成是弋阳腔演变而成，却忽视了余姚腔的存在。他所说的绍兴高腔，也就是新昌高腔，或称调腔，无论从剧目、帮腔形式、演出制度以及流行地区来看，都不是弋阳腔，而是余姚腔或其支派。婺剧中有西安高腔、西吴高腔、侯阳高腔等，也不全是来自弋阳腔，而有不同程度的余姚腔在里面。据说海宁皮影戏中用高腔形式演唱的“专腔”还保存了海盐腔的遗迹，假使属实，那么海盐腔中也有高腔了。

其次是昆腔的流传问题。昆腔固然和士大夫们的关系比较密切，清中叶以后即日趋没落，但是也不能说弋腔“比起昆戏来究竟还有群众基础。现在以比较完整的形式存在着的有：湖南高腔、四川高腔、绍兴高调等，它们还拥有一部分观众”。因为昆腔事实上是以更完整的形式存在着，不仅有南昆、北昆，还有川昆、徽昆、湘昆，甚至京剧等剧种中也有昆腔。至于传奇内容的偏重爱情或婚姻事件，更不能单单作为昆腔的缺点。传奇是文学剧本，昆腔、高腔同样都用传奇为脚本，就以昆腔不演而弋腔经常上演的《珍珠记》来说，也是生旦并重，而不是象《打渔杀家》那种戏。无论从历史上看或现状看，昆腔的观众都不一定少于弋腔的观众。

如上所谈，欧阳予倩研究戏曲声腔的成就是重大的，也有一些问题有商榷余地，总的来说，当然成就是主要的。他在《中国戏曲研究资料初辑序言》中强调指出做这方面的研究工作不能单凭文字资料，关起门来翻书本，更不能从兴趣出发，孤立研究自己所熟悉的剧种。而要联系剧种的表演和音乐，联系有关的声腔剧种作相互的比较，并且最好能多向戏曲艺人请教，和朋友们讨论。这是他的工作经验的总结，也就是他所以能获得重大成就的原因。我们应该充分地接受他的研究成就，更应该重视他的经验总结，使戏曲声腔的研究工作继续不断地得到提高、发展。

（原载1961年11月16日《光明日报》）

欧阳予倩和红楼戏

曲六乙

早在清光绪年间，京门“遥吟俯唱”票房的名票陈子芳等，就开始排演过《黛玉葬花》、《摔玉》等戏，这大约是把《红楼梦》搬上京剧舞台的创始。民国初年以后，梅兰芳陆续排演了《黛玉葬花》、《千金一笑》和《俊袭人》。荀慧生排演过由陈墨香编写的《红楼二尤》、《晴雯》、《平儿》、《香菱》。刘玉琴演出过由清逸居士编写的《太虚幻境》。但排演最多的是欧阳予倩，计有：《鸳鸯剑》、《宝蟾送酒》、《馒头庵》、《大闹宁国府》、《摔玉请罪》、《鸳鸯剪发》、《晴雯补裘》、《黛玉葬花》、《黛玉焚稿》等9出。朱琴心排演的《王熙凤》、《摔玉负荆》，雪艳琴演出的《黛玉归天》，以及荀慧生的《红楼二尤》，或据欧阳本改编，或承受其影响。

把《红楼梦》这部古典名著，通过舞台形象介绍给京剧观众，欧阳予倩和梅兰芳是功效卓著的两位艺术家。从这个意义来理解“南欧北梅”，就会感到更为亲近些。还应该指出，欧阳予倩的红楼戏，多为己出，可算得上编、演红楼戏的能手巧匠，因此有人赠他这样的诗：“文采风流孰可伦，子丹身世是佳人，郢中白雪容能称，梦里红楼汝欲神。”❶

欧阳予倩的第一出红楼戏是《鸳鸯剑》，这是作者于1913年编写的话剧。戏是敷衍尤三姐的故事的。当时，作者正在长沙组织文社。

❶《梅欧阁诗录》。

社员们看到他饰演话剧《不如归》的乳娘很成功，便认为他最擅长老太太一类角色。其实他的戏路很宽，举凡贵妇、小姐、泼妇、妓女、使女……都演得惟妙惟肖。在《鸳鸯剑》中，他饰演尤三姐这个泼辣爽朗、爱憎分明、见棱见角的女孩子，就很得心应手。她对贾琏之流的蔑视、奚落，对柳湘莲爱情的坚定、贞烈，以及为人处事的倔强，和斩钉截铁的个性，都有相应的刻划。这个戏一时成为支撑摇摇欲坠的文社的重要剧目；后来作者又把它改为京剧。

《晴雯补裘》作于1917年，是同张冥飞合编的。主角晴雯是个在个性上不同于尤三姐而又有些相似的贾府丫环。她被姊妹们讥为“爆炭”，这是说她性情暴躁，嘴皮子尖刻，从不饶人。补裘的剧情是根据小说第52回“勇晴雯病补孔雀裘”敷衍的。贾母把珍贵的孔雀裘送给宝玉御寒，宝玉不慎，烧了一个洞，多少裁缝束手无策，病中的晴雯勇敢地接受了这个“任务”。当她连夜缀补告成之时，便气恹恹地倒在床上了。剧本写出宝玉无事一身忙的特性，更描绘出晴雯对宝玉内心疼爱和表面讥讽的微妙心理状态。她既是性如烈火，又是柔情如水，补裘时唱：“一行行一点点花遭泪溅，一丝丝一缕缕线把愁牵。”“猛然见旧襟血花点点，我的天哪，怕只怕裘能补人难寿延。”[1]她的巧手补得了裘，补不了愁，更补不了生命和苦难。作者在结尾用警语点出了主题。

《宝蟾送酒》和《馒头庵》是演次最多、影响较为广泛的戏，也是作者独具风采的看家戏。

《宝蟾送酒》是作者9出红楼戏中仅有的一出戏谑、谐趣的短戏。我们知道，在20到40年代里，作者写出了不少优秀的讽刺喜剧：《泼妇》、《屏风后》、《买卖》、《越打越肥》（以上话剧）和《言论自由》（默剧），显示了作者在喜剧创作方面的才能。而早于这些作品的京剧《宝蟾送酒》，在风格方面与它们是相似的。或许可以说，《宝蟾送酒》是作者在喜剧领域里的初次尝试。

《宝蟾送酒》缘起于《夏金桂》，后者是冯叔鸾拟在春柳剧场演出的本子，当时欧阳予倩饰演宝蟾。他觉得全剧没多大意思，便取送

[1] 《欧阳予倩文集》第2集。以下凡引剧词皆出此书。

酒一段编成一出小戏，归类为“普通的笑剧”或叫“轻喜歌剧”。

《宝蟾送酒》取材自小说第90回“送果品小郎惊叵测”和第91回“纵淫心宝蟾工设计”：薛蟠犯案入狱，妻夏金桂命丫环宝蟾送果品给堂叔兄弟薛蝌，意在诱他上钩。宝蟾百般挑逗，见他不为所动，自讨无趣而归。在小说里，宝蟾是个不干净的使女，不但为金桂引线，也还想为自己穿针，是个否定人物。到了戏里，便变成一个无拘无束、天真烂漫的机灵丫头。她自己没什么不干净的念头，许多行动都出于调皮和淘气。薛蝌用烛光送她出门，她吹灭了烛火，道声“明日见”，一回身又端端正正坐在床上，故意开些玩笑。末了又说：“你当你是个圣人，我看你是个傻子，都是那个什么叫孔夫子的害了你。害死了你们活该，害死了我们可谁偿命。”作为一出喜剧，它给观众带来不少笑声。

这个戏，作者曾说，“没什么深的意义”❶，是偶一为之的笑剧。但它的命运是不好的。作者曾说：“我当时所编的新戏，每一出里的调笑和科诨，都是有限度的。可是让别人拿去演了，往往搞得面目全非。并且也不照我的原词来念，随意窜改，失去了我编剧的原意，这真是不胜遗憾之至。”❷有的剧团、演员把《宝蟾送酒》演得肉麻、庸俗，还标榜为“欧阳予倩秘本”或“欧氏亲授”，这就更出作者意外了。

《馒头庵》是一出中型爱情悲剧，比之《宝蟾送酒》，思想倾向明确。“逼着一个小女孩子去当尼姑，我总觉得是残酷的。”作者基于对尼姑智能的同情，和对不合理社会制度的抨击，描写了智能同秦钟的爱情悲剧。而在人物、事件的处理上，要比小说高明得多。小说仅在第15、16回描写了两人在馒头庵的相恋和幽会，以及秦钟不慎得了风寒，回家病重而死。“秉赋最弱”的秦钟对智能爱之弥深，可也不免有公子哥儿的轻浮举动。他的死因，既是不慎染病，也是由于爱情生活的“失于检点”。两人的爱情悲剧，仿佛是咎由自取，缺乏社会原因。剧本的处理，显然深刻得多。秦钟从庵里回来，不幸染病，智能放心不下，前来探视。事情被秦钟父亲发觉，认为这是辱没家声，

❶ 《自我演戏以来》。凡引文未注明者皆出此书。

❷ 《舞台生活四十年》第2集，90页。

大发雷霆，把无辜的智能押送官府问罪；对病重的儿子也严加训诫。不但活生生拆散一对青年，自己也一气暴亡。秦钟生离情人，死别严父，促使病症益重。他既追念白发衰翁，更愧对薄命红颜，临死前嘱托好友宝玉寻找智能，请予分外照顾，用以弥补自己的过失。缅怀与忏悔参错，留恋与绝望交并，这种痛苦的内心矛盾，描写得比较真实。

智能在小说中交代不多，在戏里却被塑造成一个多情善感、聪明伶俐的女孩子。长年的庵堂生活，使她趋于拘谨、稳重、清淡、恬静。但她不甘于把一生幸福葬送在经卷之中，更不屑把青春消逝在木鱼声里。秦钟点燃了她的爱情火焰，一旦相爱，她便不顾身分的卑下、门第的悬殊和庵堂的教规，一心追求眼看到手的幸福。而悲惨的结局也已在等待着她：一个孤苦无依的弱小女子，叛离封建礼教，触犯宗教法规，再加上秦钟的懦弱无力，只有这一个下场。

剧本也有消极因素，爱情悲剧处理得比较沉闷。智能在秦钟梦中说："到如今万念了心已成灰，还清这风流债魂兮忏悔，从此后弃红尘大限同归。"她这是用宗教的观念对曾经为之而死的爱情的否定和忏悔，以致给自己的性格蒙上灰尘。所以有人看了戏，竟赋出这样的诗句："眼前情好皆魔障，觉后聪明即慧灯，色相幻生空不着，痴儿到死悟何曾？"

《黛玉葬花》作于1913年，是作者同杨尘因、张冥飞三人第一次用京剧形式合写的红楼戏，1915年作为余兴首演于春柳剧场。这是上海古装京剧的第一次演出。就在这同一时期，梅兰芳在京门也排演了《黛玉葬花》——这是他排演的第一个红楼戏。"南欧北梅"，可谓志同道合。在服装扮相方面，欧氏接近时装的模样；梅氏则用古装。后来欧步梅尘，改用古装。他的所谓"高髻倩妆，翩翩翠袖"，正与梅氏的"吕"字髻、长水袖大致相似。他两人都是能排除"文人相轻"陋习，虚心以求的艺术家。欧阳予倩就曾赠诗梅兰芳："我是江南一顽铁，君如郑雪铸洪炉，不烦成败升沉感，许共瑜珈证果无。"这种谦虚求教的精神，是值得我们学习的。但在艺术上，彼此又能保持和发扬自己的风格，在竞赛中求得并驾齐驱。如两人的《黛玉葬花》就各有千秋。梅氏把小说的第23回"西厢记妙词通戏语，牡丹亭艳曲警芳心"的情节，揉合到第27回"埋香冢黛玉泣残红"里。用《西厢记》的戏文在宝玉、黛玉之间搭上一座心桥；忆古联今，古人今人同此一心，增添不少谐趣，渗入些喜剧气氛。用《牡丹亭》的曲声，勾引起黛玉寄人篱下、身世凋零、青春渐逝的孤独感和凄凉感，又增强了悲剧气氛。全出共6场，人物多，情节繁，结构稍弛，场子不免有些松散，看来不够紧凑。欧本集中第27回葬花情节，加以锤炼，意在以花自况，写黛玉之愁、之悲；强调诗的意境，绘出悲剧衬景。全出仅4场，人物少，结构严密，文学性也比较强，缺点是有些冷清，演不到家就会"温"。

葬花是黛玉意识到自己青春黯淡、命多乖戾的开始，这易于描绘她的多愁善感的心情。而最能体现她与旧社会决裂的叛逆性格的，则是临死前的焚稿。欧阳予倩的《黛玉焚稿》就是为了在舞台上完成她的性格而写的。以贾母为代表的封建礼教势力谋划的骗局，把一对两小无猜、青梅竹马的情人，活生生的拆开。宝玉不知李代桃僵的阴谋，还以为娶的就是黛玉妹妹。黛玉欲语无言、欲哭无泪，把一腔愤怒完全倾泄到焚稿上。幕后迎亲礼乐的热火，与潇湘馆的萧条冷寂，形成显明的对比，这更加衬托出社会的世态炎凉，和黛玉孤独凄凉、愤懑绝望的心情。她焚稿时的心境，在下列唱词中和盘托出：

春写愁秋写怨缠绵惝恍，
好一似蚕自缚麝惜脐香，
先只说木与石双栖有望，
到今日大梦醒魂断潇湘，
呕心词断肠句不堪重唱，
倒不如付灰蛾一样消亡。

这些熔铸了心血和精灵的诗稿，曾经是她爱情的见证，幸福的寄托，幻想、欢乐与哀愁的忠实记录。如今爱情失掉了，幸福破灭了，生命垂危了，诗稿便成了最刺心的讽刺。她焚稿，实是焚心。她要用焚稿的火光照明自己光明磊落的心迹：死就死得干净，不给这恶魔般的人世，残留下一丝痕迹，烧断同这个世界上的一切瓜葛与牵连。这时在她的心里只剩下一个念头——寻找清白的葬身之所："我的身子是干净的，我好歹求他们送我回去。”不愿死后的身子熏浸到肮脏气，这对只有门口石狮子是干净的贾府——豪华富贵、声势显赫的贾府，该是多么大的讽刺！

在10年代，欧阳予倩编演了这么多的红楼戏，是有其主客观原因的。他精通古典文学，有深厚的文学修养和丰富的舞台经验，这为自编自排自演，提供了有利条件。而这条件，当时一般处于文盲状态的演员是不具备的、甚至是不可想象的。从客观上来说，“五四”前后，研究“红学”之风甚盛，《红楼梦》这部伟大的古典白话名著，逐渐得到社会的重视，广大观众欢迎和希望把它搬到舞台之上，于是红楼戏便应运而生。但首要的原因是，在“五四”前夕，反帝、反封建的新文化运动逐渐趋向高涨，欧阳予倩做为戏剧运动的一员战将，有意识地把这部封建贵族兴衰史的小说，运用戏剧形式再现于舞台之上，通过视觉形象向广大群众宣传反封建、反礼教的进步主张。在当时所有的红楼戏中，一般公认他的作品，是具有更为深刻的反封建思想倾向的。《红楼梦》里的林黛玉、尤三姐、晴雯、鸳鸯、智能等的形象，都或多或少具有个性解放的意义。她们心地善良、敦厚刚强、爱憎分明，不随波逐流，不趋炎附势。她们大都敢于向封建势力宣战，对宗法、礼教提出异议，坚守自己的清白和情操。正因如此，欧阳予倩才选中了她们，使之复活于舞台之上，让观众为她们赞美、叹息或惋惜。虽然当时，他“颇以唯美主义自命”，把艺术与宣传对立起来，这使得某些戏带来些消极因素，如《宝蟾送酒》的倾向性不够明确，缺乏积极的意义，过多地考虑它的唱工、做工、舞蹈和舞台效果，但戏剧创作总的倾向性还是明确的。他拒演《归元镜》、《割肉疗亲》一类宣传佛教、愚孝的戏，而演出《馒头庵》等戏，就证明他是有所为、有所不为的，是有是非界线的。他并不反对、相反赞成既有艺术感染力又有教育意义的戏。可见划清界线的标志不是什么唯美主义而是现实主义。“五四”新文化运动的前夕，在艺术实践里，他是把林黛玉等的形象作为武器，向封建主义进行冲击的。

其次，众所周知，“五四”时期许多人对戏曲采取了否定的态度，认为它是封建主义的戏剧艺术。甚至胡适之流诬蔑它是野蛮的、落后的、迷信的畸形物，要打倒它。在这种错误舆论的影响下，许多京剧艺人产生了自卑的心理，当然更看不到它的前途。正是处于这种严重的时期，做为话剧运动先驱者和开拓者的欧阳予倩不计任何困难，排除一切非难和讥讽，甘心与“卑贱”的“戏子”为伍，下海演出京剧。他这种行动，不能单纯解释为个人兴趣，而是有胆识的壮举。他认识到戏曲是一笔雄厚、丰富的艺术财富；看到它与广大观众的密切联系——它有着话剧所没有的表演技巧和魅人的魔力。他要改造京剧、运用京剧，使之成为宣传个性解放，反封建、反礼教的武器。他演出不少传统的旦角戏，但把精力集中于编新戏，包括红楼戏，以便进行京剧艺术的改造工作。他写的剧本为避免场子太碎的传统方法，都处理得比较精炼，结构严谨，取消过场戏，适当采取分幕方式。在语言运用方面力求提高文学性，更以描绘人物心理见长。在表演艺术方面，他也力求创新，运用程式又不被程式所拘，讲求动作的目的性和生活化（不是自然主义的模拟生活原样），他还创造了红绸舞、花锄舞等舞蹈身段。此外对舞台美术的革新也很注意。化妆、服装自不必说，一出新戏（包括古装剧）总是力求配以布景，充分运用现代化剧场的技术条件。如在上海演出《黛玉葬花》，潇湘馆一景是这样处理的：回廊下挂着鹦鹉，纱窗外隐隐翠竹浮青，偶一开窗，竹叶便探进屋里，整个情调显得清淡幽美，有助于衬托林黛玉的性格。《馒头庵》最后一场，采用了纱幕和云景。为了造成观众的幻觉，表现智能从空中冉冉而降，他使用在天桥上有人操纵的类似秋千的东西：智能站在上面翩翩起舞，做出卧鱼、下腰等优美、繁重的身段，仿佛在云中游来漂去。这对制造梦境的气氛是有益的。当然，今天看来，他的许多改革，如布景的运用，或有可议之处，但他那勇敢的创造、改革的精神是值得学习的。

“旧戏不能废”，这是欧阳予倩当时对戏曲艺术的态度，而目的是“要把舞台装置，表演法，场子，与乎剧情的内容，极力使其近代化。”他在戏曲艺术面临危机的时候，同梅兰芳、周信芳等艺术家一起挽救戏曲，但并不是消极地护短，而是革新它，从内容到形式，都使之“近代化”。他的红楼戏，既是宣传个性解放，反封建、反礼教的作品，又是推动戏曲艺术向“近代化”道路上发展的可贵尝试。当然，那时由于世界观的局限，他提出“近代化”的内容并不十分明确，但他在戏曲艺术发展方面积累的经验，其中包括红楼戏，是值得我们认真地加以继承和借鉴的。

（原载1963年9月15日《上海戏剧》第8、9期合刊）

划时代的《梁红玉》与《渔夫恨》

醉　芳

欧阳予倩先生在今年2月份的东方杂志上，发表他的改编后的《讨渔税》剧本。那是他向死池似的旧剧界所投下的第一颗石子。但当时并不曾引起人们怎样的注意。

改革旧戏的理论和论争，已往曾喧闹过一时。去年夏天，信芳在黄金大戏院登台，笔者也曾寄托无限的深意，希望他能及时负起那样艰巨的任务。但终因人事上的种种牵制，他非但不能满足我们的欲望，反而去搬演违衷的荒诞无聊的封神榜。这固然怪不得信芳本人，却也足见改革旧戏的工作，在戏院老板未经觉悟的情况下，光靠几个书生喊喊嚷嚷，是不济事的。我和张庚先生，曾在当时的报章上，发表对于改革旧戏的不同的意见。我个人认为改革旧戏是绝对可能的，张先生却持相反的主张。后来他曾召开一个座谈会，邀请欧阳予倩、周信芳、赵景深、阿英、吕骥诸位先生来各抒意见；讨论的结果，大家一致认为改革旧戏决不是一项不可能的空想。张先生也似乎放弃了他所一向坚持的主张。我们的论争总算获得了一个结论，即使各人在方法上的意见还有些出入。但结果仍无补于实际，因为我们所肯定的真理，始终得不到一个实践的机会。

不过，从那次座谈会的讨论起，我开始对欧阳予倩先生怀着厚望。因为无论从经验、学识、魄力各方面来说，他是我认为最适切的一个改革旧戏运动的发难人物。信芳固然不失为一个有心人，但因他一方面还在靠演旧戏生活，囿于周遭的积习，难能毅然摆脱圈套，这是不能加以深责的。

嗣后每次晤及欧阳先生，我总带些鼓动的口吻，劝他早些实现自己的理论，他却老是一笑置之。当时他一方面要替某几个剧社导演话剧，一方面又正在赶拍自己编导的《如此繁华》，忙得不可开交。因此除了把《讨渔税》的剧本交付东方杂志发表外，委实无法从事实际的工作。

感谢八·一三的炮声，它扫荡了一切因循腐化的风气。某几个觉醒的旧剧界的从业员，感于西皮二黄的形式的深入民众，环请欧阳先生替他们编导一些切合时令的剧本，同时他本人也感觉这是一个实践改革理论的机会，于是促成了《梁红玉》和《渔夫恨》（即《讨渔税》）的演出；这一举动，无疑为旧戏界的划时代的转变。

《梁红玉》和《渔夫恨》的演出，不幸处于大上海陷落之后，固然是件憾事，但在大上海人正感苦闷万分，并且争趋戏院寻求娱乐的目前，这两个剧本和《夫妻戏迷传》、《西游记》等同时呈献给观众，也自不失其时代的意义。

无论在内容、表演、布景、灯光以及编剧手腕等各方面，《梁红玉》和《渔夫恨》，全替我们建立了一个崭新的风格，同时它又为旧戏保存了固有的许多美点。它们使顽固的“京朝派烈士”（借用梯维语）瞠目结舌；也使偏激的旧戏必亡论者张皇失措。一言以蔽之，改革旧戏的理论，已在实践上获得胜利的佐证了。

先就内容说，旧戏的情节，历来是支持封建道德的，使观众潜意识地吸收腐蚀的教训，但《梁红玉》和《渔夫恨》却赋有极健全的思想。前者积极推翻了“女子无才便是德”的旧诫，并且昭示我们胜不骄败不馁的真理；后者则无情地暴露了土劣欺诈渔民的实相。如果拿《渔夫恨》和旧戏的《打渔杀家》相较，那末《打渔杀家》所代表的只是狭隘的报复主义，而《渔夫恨》则反映着被蹂躏阶级与恶势力斗争的情绪。我们知道，当广大的中国群众还习惯于欣赏西皮二黄的目前，在旧形式里灌进新的内容，这确是最急迫的一件工作。

其次，关于演唱的方式，《梁红玉》和《渔夫恨》仍袭用着旧戏里的台步、韵白和西皮二黄。这无非为适应观众的欣赏的习惯，一方面也因为台步和韵白等自有其相当的优点。但在这两个戏里，却含有一个取舍的标准，换言之，它们并不自始至终地沿用着公式化的台词和台步。尤其关于武打的场面，往往插入新的演法，象《梁红玉》里的一幕水战，和《渔夫恨》里的一幕教师爷去讨渔税时的对打，动作的线条，非常简劲有力，宛如屡开美丽的画面，令观者为之神往。又如吕子秋往谒太师爷的一幕，几个揖让与起舞的身段，也很美妙。

至于布景和灯光，本是旧戏里最大的缺点。而京朝派烈士之流，也动辄以旧戏无需布景灯光为遮辩的口实。他们以为布景灯光反足以损害旧戏固有的神髓。流风所及，专门考究机关布景的《红莲寺》和《西游记》等，倒投合了不懂欣赏京派艺术的小市民们之所好。在“烈士”之流，还自鸣清高，以为曲高和寡，无形中却注定了旧戏的没落的命运。现在《梁红玉》和《渔夫恨》已替我们尽了改革布景和灯光的先驱的责任了。设计者以极简单的手法，和并不高昂的成本，充分运用了装置的艺术。最予人以深刻之印象的，是《梁红玉》里擂鼓水战的一幕情景。几朵白云在远天游移，巨大的战船扬起了篷，船头上坐着梁夫人，她的面前就展开那场恶战，这是极富诗意的一幅图画。又如，《渔夫恨》的第一场布景，黑暗的狱室里躺着几个囚犯，只有从铁牢外面射进来几条光线，咨叹声伴杂着镣铐声，把整个舞台的空气，点染得非常阴沉。凡此都是人为的努力所致，我相信寻常的戏院子也办得到，因为这些布景化不了多大金钱，是不能拿来和满台霓虹灯的十七八变的布景同日而语的。

就演出的角色的个别成绩来看，自以金素琴所饰的梁红玉与肖桂英最成功，她很能把握聪明、果断、忍耐、娇憨等各种不同的性格；即以嗓子而论，也柔婉动听，够得上歌剧的条件。此外，葛次江所饰的王智和吕子秋，也很活泼自如，比较差一些的是小三麻子所饰的韩世忠与肖恩，无论在表情、歌嗓各方面，都难令人十分满意，这是旧戏演员修养不足的一般现象，我们但看其他许多配角，也大抵平庸呆板，可证旧戏伶人的教练的欠缺。有几位朋友，看了《梁红玉》和《渔夫恨》，回来对我说，这些角儿平日在演公式化的旧剧时，并不嫌其滞，现在要他们饰演有个性的人物，却使人看了不痛快。我觉得这是一个教育的问题，绝对扯不到改革旧戏运动的本质的有无错误。更不可为了小三麻子们的不称职，而怀疑到欧阳予倩氏的尝试的失败。

我们不要轻视《梁红玉》和《渔夫恨》的演出，它们替中国戏剧史写出了新鲜的一页，我们尤其不要忘记这一页的写成的时地，是在中华民国二十六年的十一月的上海。

（原载1938年1月29日《戏》周刊第5期）

读《忠王李秀成》

韦昌英　黄今

其　一

拿太平天国的历史题材来写戏剧的，据我所知已有陈白尘的《太平天国》，阳翰笙的《李秀成之死》，和现在欧阳予倩的《忠王李秀成》了。陈白尘的《太平天国》，是我早在上海的时候就已读过的，它所写的大概都是金田村起义的那一类事情，详细内容这时已经忘记了。阳翰笙的《李秀成之死》没有拜读，所写的是一些什么，这时没法说出来。至于欧阳予倩的《忠王李秀成》，却是最近才读到，而且曾给了我相当深刻的印象，因此我想趁在读后印象还很新鲜的时候，写点小小的感想。

太平天国的历史，我没有精深的研究过，所知道的也极有限，因此，我并不以考察历史的观点来看这个剧本；同时我也不是一个戏剧工作者，想用剧评者的眼光来研究这个剧本。我只是一个极为平凡的文学读者，我仅能把它当作一部文学作品来读，来发表我自己的意见。至于这个意见对不对，我想会有高明的读者，来加以纠正和补充的。

《忠王李秀成》全剧分5幕，中间随剧情发展的需要，还分有若干场，写的是从曾国荃围困天京，李秀成率部血战苏杭起，以至天京沦陷，李秀成被俘就义止。当剧本刚一开头，我们就知道太平天国是如何的危急了，天京已经开始被曾国荃所率领的湘兵围困，苏杭一带失地虽为李秀成所率领的忠义宿卫军克复，但是血战还没有停止，不但没有停止，而且将会更趋激烈。当作者把当时的混乱情形，逐一向我们介绍过后，就慢慢的把我们带进正题上去了，把我们带进这伟大而又壮烈的历史悲剧中去。接着，我们就看见许多场景，有可振奋，也有可鄙夷的；看见许多人物，在这些人物中，有忠肝义胆，也有卑鄙龌龊的；纵的方面有斗争，满清和太平天国的斗争，横的方面也有斗争，忠和奸的斗争。斗争充满了无数的悲剧画面，斗争织就了这一部作品，而结子又是一步紧似一步，到了无可解结的时候，悲剧便达到顶点，悲剧完成了。

我说过，我是一个不懂得历史，对于历史没有深湛研究的人。可是，当我在读完《忠王李秀成》的时候，我却怀疑着作者在这剧中，有意要强调这一段悲剧的历史教训，指出了太平天国的失败，并非由于清廷力量的强盛，由于帝国主义的直接干涉，而是太平天国的迷失了革命方向，内部发生分化和裂痕所致。太平天国之败，不是败于满清和帝国主义之手，而是败于内部的分裂，败于奸臣贼子的挑拨离间，霸道当权，鱼肉民众，以至民怨兵叛。这是贯穿着全剧的中心思想，是主题。从这一个主题中，我们看见了它的现实意义，特别是在今天，正当日寇汉奸企图利用挑拨阴谋来离间我们内部的团结的时候，这部作品的出现是有非常积极的意义的。只要我们从剧本中看出了作者不从金田村起义写起，不从太平天国的建国程序写起，而偏从太平天国末期衰亡时候写起，便知道欧阳先生用心的所在了。我认为，这是这部作品的一大特点。

第二，在表现的手法上，充分的显现着作者有无比的才能。这才能是作者从事几十年来戏剧工作的经验累积成功的。在这剧中，作者曾很大胆的运用了许多新的表现手法，这种手法有些是旧剧里惯用的，有些是电影里惯用的，如第一幕的第一场，如第五幕的第二、第三、第四各场都是采用了这种手法写成的。欧阳先生不只大胆地运用它，而且运用得非常成功。我们喊接受遗产，我们喊建立民族形式，喊了这些时，只听得楼板响，不见人下来，而欧阳先生却在沉默中，给我们开了一个创例，这是非常值得我们学习的。

第三，有一个时候，我们曾经看见许多所谓“流行”剧本，犯了一些普遍的毛病，那是一些什么毛病呢？就是在全剧中，各幕没有处理得匀整，有些幕写得特别好，有些幕却就糟得不堪设想。拿历史剧的例子来说，如《明末遗恨》，如《陈圆圆》；拿现代剧的例子来说，如《包得行》，如《魔窟》等都是。比如《明末遗恨》，第一、二幕是写得很好的，可以看出作者是怎样卖力气来写，可是到了第三幕就垮下去了，把全剧的气氛完整破坏了。可是在《忠王李秀成》中，却没有这个弊病。我觉得作者在各幕中都很卖力气，下死功夫来写，写得紧凑写得完整，从开幕到结束，没有一个地方松懈，作者始终把读者紧紧的抓住，毫不放松，这也是这个作品的成功点。

第四，当作者在起手写这个剧本的时候，我觉得他好象并不把人物性格的刻划放在第一位，反之，他却把强调全剧的气氛放在第一位。因此，我们在剧中，除李秀成一个外，很难找到一个完全的活现的性格，反之全剧的前后，气氛却始终是把握得紧紧的，这是一个成功的地方，同时也以为也是一个失败的地方。

第五，当作者在写到第五幕第一、二场的时候，精神好象有点倦乏，因此，当我们在读着它时，似乎觉得多少有点潦草。本是一个悲剧的场合，气氛该是非常之紧的，但是我在读时印象却是松懈的。不过从第三场起到第四场止，却写得非常好，我特别喜欢当李秀成被枭首以后，把首级升上旗杆，田顺抱了秀成的世子在雷雨中仓皇登场，两手举起那小孩子，用沉痛而雄健的声音叫出来："报仇的快快长大吧！"这虽然只是简单的几笔，却表现得那么有力，那么叫人感奋。当我在读着它时，差不多就要滴下眼泪来了。

拉杂的写了几点鄙陋意见，好在我并不以剧评家自居，说错了我相信原作者会原谅的。

其　二

从1851年到1864年之间，中国曾掀起过一次伟大的革命运动，这运动是以洪秀全、杨秀清、韦昌辉、石达开、肖朝贵、秦日纲等为领导人的太平天国运动。这运动是充满了民族意识的反帝反封的革命运动。它几乎颠覆了专制魔王的统治，它使帝国主义者害怕得发抖，但是，这运动终于失败了，失败于反动的封建势力与国际帝国主义者的围攻；尤其主要的是失败于自身的不健全和不彻底。

1852年，太平军开始自永安（桂平）出兵，到1853年，以仅一年的时间，便先后攻克全州、衡阳、岳阳、武汉、九江、安庆、芜湖，而定都南京，到处都受到广大群众的欢迎与拥护，其势有如燎原之火，以这样庞大的革命武装，这样澎湃的革命运动，终至于土崩瓦解，我们实在有给它以清算的必要。我们应当摄取它宝贵的经验教训，以为“后事之师”。尤其是我们正在与日本帝国主义者作殊死斗争的今天。

从这一点出发，欧阳予倩先生的近作《忠王李秀成》是一件有积极意义的工作。

太平天国这段历史，时间是那么长久，场面是那么浩大，欧阳先生节取了1860年（太平天国十一年）以后的发展，选取了作为撑持残局唯一支柱的李秀成，来剖析太平天国失败的因子，检取它的教训。这方法是正确的，也是经济的。为什么呢？因为从这一阶段所表现的诸般事实，从作者取来作为“忠”的对比的那些鬼蜮人物的恶腐势力，从敌人（帝国主义者的干涉武装和封建势力武装）力量的日渐巩固，我们已经看出太平天国没落的路了。这已经很够了！因为我们的要求是通过艺术来说明历史，而不是把自己掉进历史的圈子里去给历史来操纵。所以我们以为实在没有必要去从洪秀全传教或从金田起义写起；而且，真能继承太平天国过去（从1851年起）的精神的，是李秀成而不是洪秀全、石达开或另外的什么人。洪秀全他们的路，诚如程检点所说：“早已走歪了！”

那么，作者是怎样写洪秀全的呢？关于这一点，我想借李母的话来说明他：

> 我们都是乡下人，你不过是一个烧炭的。十年来封王拜相，你到底替国家作了些什么事？你们为了救百姓，百姓还苦得很啦！你是忠王，千万不要忘了那个“忠”字！

作者把握住了这一点，于是李秀成的忠义之气贯串首尾，作者着力的写出了他，从环绕在李秀成周围人物的口中，从作为“忠”的对比的奸佞们的身上，从李秀成自己对事对人的行动上，作者写出了他，而且感动了读者。

他“刻苦自己，体恤百姓，体恤士兵”。（谭绍洸）

他“常常为了百姓的苦处，在天王面前指出那些王爷的错处”。（程检点）

他“打开了杭州，连王娘老太君都没有看过，就亲自去安抚百姓”。（童容海）

他“决不忍心借外兵的力量来打我们自己中国人的弟兄”。（忠王）

他在极端困难的时候，“办十万石米，来赈济灾民。”“一面办冬赈，一面要替乡下人预备种子，预备耕牛，我想预备二十万两银子，借给种田的，利钱是一定不要”。（忠王）

他不愿牺牲自己的军事部署，宁可叫母、弟、妻、儿入京作质。

他弄到他的敌人都说“个个都象忠王，那就好了”。（林福祥）

……

作者把李秀成当作最最主要的骨干来写，而不把他仅仅当作人物之一来写，所以作者用了许多笔触替我们勾描了一个活生生的李秀成。

作者写李秀成的忠，是很正确的说明他忠于太平天国，忠于“为邦之本”的老百姓，忠于整个的革命运动，而不是狭义的忠于洪秀全。不宁唯是，甚且对洪秀全隐隐的流露着一种愤懑之情，有时候或者还明显的透露了不满。比如说，他自拟于岳飞熊廷弼，他拒绝吃草（甜露），直接给洪秀全的虚伪作风以打击，他在殿上仰天长叹：“这短短的十五年，人心的变，实在太快，太可怕了！”他对宋妃说：“什么天父天兄，那不过是欺人的鬼话！”这些都是针对洪秀全而发，因为他不满于洪秀全的所行所为有以致之。

始终忠于太平天国的，为太平天国只手撑持危局的，对太平天国期望最大的，是李秀成。然而为什么会是李秀成而不是别人呢？简单的说，因为李秀成的教养和他的生活。从教养来说，作者花了相当的篇幅写了一个大义凛然的母亲；以生活来说，作者一再说明他是一个烧炭工人。太平天国的兴起，是“因为受不了那些贪官污吏恶霸土豪的剥削、欺负，因此就放了锄头，拿取刀枪，大家拼命，还不是为了一般穷苦的弟兄吗？”所以能够不走歪路，始终坚持下去的，不是教士出身的洪秀全，不是士大夫的石达开，而是烧炭的李秀成。作者把握住了这一点，所以一再说明他。

作者以全力写李秀成，但对于别人，也并没有忽略。程检点、谭绍洸、陈坤书、洪仁玕、李母，甚至于只有寥寥几笔的老人，个性都相当鲜明。至于赖文洪、陆顺德、洪仁发等，能使他们每一句话，每一个动作都个性化起来，固然未始不可，但那样一来，又不免使作为骨干的李秀成淡褪一些，这也是值得考虑的一个问题。

这个剧本在结构上有一个特点，那就是很新鲜的采用了旧戏和电影的手法，正因为是用这样的方法处理的，便增强了整个戏的气氛。本来话剧最大的困难是时间与空间的局限，欧阳先生用了这样的方法来处理《忠王李秀成》，便相对的解决了时空局限的困难。比如第五幕第三、四两场，如果用间接的方法来表现，那力量便不可想象的减弱许多，但为了效果，又不能省略，于是作者凭他几十年的经验，给我们创造了一条新崭的手法，这是接受遗产的一个举例。

欧阳予倩、夏衍、曹禺三位写剧本，都充满了丰富的感情，而曹禺注重性格的描画，夏衍细腻深沉，一个古老民族积压着的感情，在他笔下开了花，欧阳予倩则使人感到感情的奔放，真有才气横溢、左右逢源之概。当然我这说法是非常概念的，我不过是说他们各自较为突出的特点罢了。

欧阳先生这一特点，从《忠王李秀成》也可以看出，全剧从始至终，象长江大河一样，一泻千里，而左右逢源，到处是戏。第一幕写那么长，使你不感到一点沉闷，倘不是几十年的经验，谈何容易！

写历史剧本来是无可厚非的，但是，有些人却在大开倒车，为了逃避现实，而钻到故纸堆里去，做了历史的俘虏，甚至歪曲历史，对于他们，我们提出“节约”的口号。

我们希望多有几本有意义的历史剧。

主要的因为内部的不能团结一致，争权夺利，彼此猜忌，自相残杀，一如程检点所说“反过来还要搜刮百姓，还要鬼计多端，陷害自己的弟兄”，太平天国遂成了历史上的大悲剧。这样的悲剧应该是中国历史上最后的一次呀！

（原载1941年10月15日《文艺生活》第1卷第2期）

拥护《忠王李秀成》

绀　弩

《忠王李秀成》是一个剧本，欧阳予倩作，这几天正在桂林上演。关于戏剧或艺术批评之类，我都十二分外行，不能讲什么；但是我拥护《忠王李秀成》。这和这剧本的内容或形式以及演出技巧都不相干，我拥护的是这剧名：《忠王李秀成》。

欧阳予倩先生是否创作了一个成功的剧本，是否创造了一个历史上的人物，我不知道：无论怎样，我也不认为是一件了不得的事；只有他在一切之先，把这剧本大书特书地叫做《忠王李秀成》，才是一个伟大的成功，是一件足以正人心，息邪说，距诐行，放淫词的美举、义举、壮举。写太平天国的史实的剧本不是没有，象《太平天国》、《石达开的末路》之类；写李秀成的剧本也不是没有，象《李秀成之死》之类。但是从那些剧本，尤其是那些剧名，都很难看出作者对于他们作品中的英雄的是非可否乃至予夺的态度来。只有《忠王李秀成》，一望而知，一听而明，作者对于他的英雄是赞美的、歌颂的，因为它堂哉皇哉地给李秀成戴上了那光荣的王冠："忠王"。"一字之褒，荣于华衮，一字之贬，严于斧钺"的春秋笔法，是我国文人的优良传统，纵然那王冠本是他自己的，在文人的笔下，也不能轻易给他戴上；但既然给戴上了，就谁也不能轻易取下。如果从这样一种见地去理解《忠王李秀成》这剧本，至少是这剧名，作者对于李秀成的景仰，是不啻若自其口出的。景仰李秀成，就是肯定李秀成；肯定李秀成，就是肯定太平天国——虽然同时也是否定太平天国的那班败类；肯定太平天国，言外就是否定满清，尤其是否定那班替满洲打平太平天国的所谓“中兴名将”。这在当前可说是一件无大八大的大事。

抗战刚开始，我从上海回到武汉，看见武昌有一条马路叫做“胡林翼路”；虽然不知道是否还有“曾国藩路”、“左宗棠路”……但我的心是愤恨的。同时，汉口有一种小报，似乎名字就叫做《民族日报》，副刊上天天刊载一些民族英雄的格言之类，那里面竟引了许多曾国藩之流的所谓“中兴名将”的话，我实在为之大惊失色了。诸如此类的事，一时还有许多，我就写了一篇文章，题为《谈是非》，说明那些所谓“中兴名将”只是满清的忠臣，如果以中兴满清皇朝为“是”，则推翻满清皇朝的辛亥革命是“非”了。投到《大公报》《战线》去，过了几天，被退回了。据编者说，总编辑张季鸾先生——让我们向这位死者致敬吧，不知道现在“公葬”了没有——不主张采用云云；后来，就在一个只出了一期的小刊物《哨岗》上发表了。

几个月前，我从报上读到“名人轶事”，说有一个名士自谓生平最崇拜某古人，那某古人就是所谓“中兴名将”之一：曾国藩。这更使我毛骨悚然：抗战已经4年，中华民族的儿女为了争取民族生存，已牺牲了百万千万，而我们的知识分子，我们的名士，还在崇拜这样一个人物，有什么比这还可怕呢！那些“中兴名将”，不是身为汉人，却为异族的主子，亲手绞杀了同族的民族革命运动的么？他们鞠躬尽瘁、忠心耿耿所辅保的异族的主子的后裔——爱新觉罗溥仪，一直到现在，不还在甘心受日寇的豢养，大做其满洲国皇帝，誓死与中华民族为敌么？

我真不懂一些人的脑筋里的是非观念何以如此薄弱：比如说吧，秦桧、吴三桂之类，固然没有人崇拜，但那些格杀太平天国革命，中兴满清皇朝的“名将”，到现在居然还被人称颂。其实，秦桧与吴三桂，虽然为异族服务，借异族的力量翦灭同族的异己的力量，终于把整个锦绣河山，双手献给异族，但秦桧时候的宋室，吴三桂时候的明室，实在已经成了西山的落日，无力自保，真所谓大势去矣！宋太祖杯酒释兵权，是史书所艳称的，一开国，他就替异族把自己的羽翼爪牙都一齐翦光了（此意，文天祥曾有论到，见宋书文传）；明朝列祖列宗的严刑峻法如剥皮庭杖之类，专与忠良为仇，也无久享之道。太平天国兴起的时候，情形和宋明之季刚刚相反，西山的落日是满清，太平天国倒在长时期中是朝气蓬勃的。虽然太平天国与满清的成败，有不少的原因，但客观上，那些所谓“中兴名将”，总算以旋乾转坤、掀天揭地的本领使满清中兴，使太平天国灭亡了！那么，那些“中兴名将”的罪深于秦桧、吴三桂等辈，岂不是比一加一等于二还要清楚明白的道理么？何以还有人崇拜呢！

天下真有些怪事：在新旧交替之际，新朝的异族主子以刀锯鼎镬逼迫旧朝臣民的当时，人们都求全责备，要求旧朝臣民以死殉国；所以不但阮大铖、马士英为人唾弃，就是仅仅不能一死的钱谦益也不易得到谅解。这自然不坏；可是转眼之间，新朝的天下事大定矣，刀锯鼎镬换上一些别的羁縻人心的东西，虽然主子仍是异族主子，自己仍是旧朝臣民，不过稍为时过境迁，就不妨屈膝称臣，侯方域应顺天乡试，吴伟业以诗史豪于一代，民族国家的界限似乎不但自己早已撤销，就是别人都熟视无睹。再后一点的人就更幸福，不但满口国朝今上，歌功颂德，并且掉过头去讥笑那些被迫的先辈为靦颜偷生。在清一代，这样的名公巨卿实在太多了。别人为生死所应该不受的东西，他们为了万倍不重要的理由而奔走以求之；别人为生死所应该守住的东西，他们为了万倍不重要的理由把它抛弃了。这是一。黄梨洲一代大儒，自己穿戴明代衣冠，到处讲学，却叫儿子去和清人共修明史，并以此为条件，换取自己的衣冠自由，其心较颜之推所记，教子弟学鲜卑语，弹琵琶，以服侍胡贵的，为更不可问。这是二。清初有些明季遗老，感于国破家亡，无力挽救，最后的表白，是不事伪朝；他们是汉人，明朝的皇帝也是汉人，而新朝则是异族，这中间至少客观上包含着民族意识在内。民国时代也有些清季遗老，大概也感于国破家亡，无力挽救，所以最后表白，不为民国服务；但他们忘记了自己是汉人，清室却是异族，甚至于他们自己在清季也不是什么要角，毫无为清室守节的必要；而他们却反引明季遗老为同调，不知彼此所守，刚刚相反！这是三。另外恐怕就是崇拜那些所谓“中兴名将”了。自然，崇拜他们，并不是崇拜他们那对于中华民族的罪行，而是崇拜他们的文章道德，治兵治学的方法；但是他们第一篇经世大文章已经全盘错误，还谈什么雕虫小技？大节已经亏损，还谈什么私人道德？古今中外，圣贤豪杰，名将名儒，在任何方面，超过他们的人何止万千；就是学些技术之末，更怎能谈到崇拜？而且，他们无论在其他方面，有多少美点，比起对于我们民族所犯的罪恶来，都是毫不足道的。反而正因为他有学问，有些小忠小信小智小慧，足以使人叹服，他们的欺骗性就比其他的人的都要巨大、持久。他的美点都是帮助他的罪恶的，本身自然也就变成了罪恶，这一点应该首先明白。

俨然知识分子的“名士”，尚且还崇拜那些所谓“中兴名将”，那么，不知今世何世，抱残守缺的迂夫子，不识不知，顺帝之则的蚩蚩之氓，也就是我们的亲爱的同胞们，其不明是非，不知顺逆，不辨邪正，以太平天国为“长毛”，以满清为“我大清”，而满口“曾文正”、“左文襄”、“胡文忠”的人，恐怕还不在少数。这是个万分严重，也万分迫切的问题；正因为我们的同胞的民族国家观念如此一塌糊涂，日寇才能长驱直入，汪精卫那班东西才敢胆大妄为，日寇所到之地才有伪组织，才有“皇协军”，才能安全固守，予取予求！如果现在还不急起直追，赶快纠正，我们的抗战就只是白抗，百万千万同胞的死难也是白死，最后胜利的到来也就愈加遥远。所以现在虽然民国已经三十年了，我们的文化人，思想家，艺术家，还有大声疾呼地指斥那班甘为清廷作伥的无耻之徒，表彰太平天国的孤臣孽子的必要；而指斥那班甘为清廷作伥的无耻之徒，也就是表彰太平天国，表彰太平天国也就是指斥那班甘为清廷作伥的无耻之徒。所以我说《忠王李秀成》这剧本，尤其是这剧名，无论它在艺术上是成功还是失败，都是足以正人心，息邪说，放淫词，距诐行的。所以我拥护《忠王李秀成》。

1941.2.15. 桂林

（原载1941年12月15日《野草》第3卷第3、4期合刊，署名澹台灭闇，此文后收入1942年11月30日桂林远方书店初版的作者署本名的单行本《早醒记》）

论《和平鸽》

钟惦棐

一　一个有积极意义的主题和演出

欧阳予倩先生蓄意于《和平鸽》的创造，已非一朝一夕。1949年4月20日至25日在布拉格所举行的世界拥护和平大会，已使这位年逾六旬的老人，在艺术上产生了一种不可克制的冲动！及至舞台剧本最后脱稿，此种创造的火焰，在老艺术家心中燃烧达一年多！和平，为了向全世界呼吁圣洁的和平不可破坏，为了表白中国人民对全世界和平的真诚和热爱，作者欧阳予倩先生和主要的演出者戴爱莲先生均对它竭尽了匠心。中国人民将因为有了这样的艺术家而感到喜悦，因为他究竟向全世界人民倾吐了我们最诚挚的心声！

我们可以回想一下：我们的艺术创造即在1938、1939年左右，还不断有些活报歌舞剧的出现，配合当时时事政治宣传，曾起了很大的作用。此种形式尤其是在部队中，受到战士们热烈的欢迎。后来经过文艺上的整风，有了另一个重大的收获，这便是使我们在艺术思想上从概念走向具体、深入，从而创造了若干真正能够反映中国人民生活、面貌的作品，这无疑是极可贵的。但因而也产生了一种过于朴素的观念，即比较善于描写在我们生活中所已经存在的、具象了的东西；而不善于去捕捉在我们生活中已经存在，然而尚不具象，需要经过很大的努力才能把它组织起来的东西。这就是说，我们比较容易表现现实生活中的形象，而不善于表现现实生活中的情绪。和平，人人需要，个个赞成。这个主题曾经鼓舞着我们从事于各种有利于它的创作，这都是对的，需要的。但是在这样一个伟大的政治运动面前，我们却也不能忽略对它作正面的歌颂和描写。欧阳予倩先生攫住了这点，应该说这是一个作家对当前的政治生活具有强烈的感受性的表现——我说表现，这用意是说我们的作家并非没有这种感受，感受是有的，而且也未见得不强烈。但是一个作家的职责并不仅止于此，要表现。即使还不成熟，甚至是失败了，也要表现。文艺创作亦如作战，不仅需要能力，也很需要勇气。对此全国和全世界人民都“梦寐求之”的事情，我们应该有更多的象《和平鸽》这样作为正面描写、单刀直入的艺术。抗战的激情，曾经使我们产生了许多类此的艺术；保卫和平，反抗美帝侵略，我们还会产生更多而且更好的艺术。这是完全可以预期的。

从艺术创作发展的规律看来，一个新的群众革命运动正在酝酿及至爆发之初，它总是比较概念的，因之反映在艺术上，也不可避免的会有许多属于一种情绪和概念的描写。及至运动逐渐展开、深入，斗争的实践丰富了，新的英雄事迹英雄人物产生了，艺术于是转向更加细致的典型事件与典型人物的描写。延安文艺座谈会恰是在这个上一高潮已经过去，而新的高潮尚未到来的时机举行的，所以它适时的解决了新文艺创作在新时期的重大问题。我以为看见这点是必要的。这样就会使得我们的文艺创作在新的革命形势下，不致拘泥于那已往的但却是好容易才被习惯了的写作方法。欧阳予倩先生在这一创作中之所以付出了莫大的激情，这自然一方面是由于他尚未经过文艺在解放区更加深入实践的阶段，但另一方面，我们也必须看出由于《和平鸽》的出现，是唤起了我们应该及时的去注意和表现正在千百万人民中蓬勃展开的新的政治运动。

毛泽东文艺思想的核心，总是教导我们关心千百万人的事情。今日全世界汹涌澎湃的和平运动，是全世界人民（主要是工农兵）政治生活中具有头等重要的事情。艺术家悉心地对它加以渲染和描写，这乃是万分必要的。如果说我们对此并无异议，只是它的形式不大象舞剧，倒是有些象活报；不象舞剧，我想这并不影响到我们对《和平鸽》的基本估价。毛泽东的文艺思想告诫我们：评定艺术有两个标准，第一是政治标准，第二是艺术标准。两者万万不可颠倒！一切革命作家均会在这种思想下获得广泛的创作自由——无论是题材方面和形式方面的。

基于以上理由，我肯定《和平鸽》的演出和创造，无论是对我们今天的政治生活也好，艺术生活也好，都是一件有益的事情。

二 《和平鸽》的缺点在哪里？

我们肯定了《和平鸽》在主题思想上的积极意义，并不是说它的全部已经是白璧无瑕，毫无可以指摘的地方了。我倒以为，在一个七场的舞剧中要来全面表现这样一个重大的主题，竟至马到成功，即使是一个老艺术家，这也是难以想象的事。

《和平鸽》在其表现的内容与手法上是有缺点的。

我们可以看见，这一严肃的主题在艺术家脑子里四处冲击！但却没有凝聚；使它在某一点上，求得更深入的表现。照分场目录看来，它要写红星照耀着和平，要写战贩与和平，要写工人与和平，要写群众对于战贩损害和平所引起的愤怒，要写工人阶级拒运军火，要写帝国主义玩弄战争，要写和平与中国人民的关系。用战略的术语来说，这叫“分兵把守”。要想面面俱到，倒使处处单薄。这就不能不使原来从概念出发的主题，更加流于概念化！特别是其中第二场（《战贩与和平鸽》）及第六场（《魔鬼的梦》），在艺术手法上作了欠妥的处理，使它在政治效果和艺术效果上，都遭受到不小的损失。

我们先说第六场《魔鬼的梦》。战贩们在台上相互吹嘘，走狗们拍马献媚，一种恶俗的交际舞，尤其是在舞台上出现的原子弹与魔鬼！气氛过于阴森，给人一种很不愉快的感觉！美帝国主义今天正想利用人们的神经衰弱，把原子弹的威力，作了一种令人难以想象的夸大的描写，今天我们的旨在保卫和平的艺术，正需要从人们头脑中清除这种莫须有的印象——用什么方法清除？以原子弹对原子弹？还是说它这不过是小孩们吹泡泡而已！这自然都不是我们今天所要宣传的，特别不是这个舞剧中所要宣传的。舞剧应该着重在正面描写和平的声势，和平的号召如何深入到人类最崇高的感情中去，使这一出赞颂和平的舞剧，更具血肉，在光彩上也就更显得灿烂夺目。把好多个上万万的人民鼓动起来，这是艺术的任务，也是和平最坚实的保证。要戳战贩，这就要戳到痛处！照现在所表现的，不但流于表面，而且是已经不恰当了。因之，它在全剧的构成中显得是多余的。

这一缺点，同样还表现在第二场《战贩与和平鸽》的舞台装置上。战贩的金元，高耸云霄。另一具S形的布景，奇怪而大。应该说这样的表现手法已经是陈旧的了！岂但陈旧，以之与第一场象征苏联和平堡垒的灯塔，及第三场那种简单的工厂背景相较，便尤加显出第二场的装置手法在思想性上的贫弱了。

作为一种经验，应该指出《和平鸽》的创作思想没有能够从人们的一般概念中更加深入一步，缺乏具象的动人的描写。它没有透彻的说出全世界人民为了美丽的工厂和田庄，为了情人和孩子们的幸福，为了几千年来人们用血汗铸成的灿烂的文化，为了抔土未干的那些和平战士们在地下长眠安息，为了医治上次战争所留下的血迹斑斑的创伤，人们肯定的需要和平，不要战争！尤其是中国人民，战争所给予我们的灾祸不是三年五年，十年八年，而是几十年，一百年！我们的革命先烈，是从1840年的鸦片战争开始算起的！正是这样一个英勇伟大的民族，他所发出的和平的声音，是最动人有力的。因之，它也要求作为艺术作品来表达这种声音的时候，是要比较的不一般化。欧阳予倩先生自然可以回忆起来：早先在蒋管区，因为统治当局仇视革命，因而在艺术作品中只要多少有一点关于革命的呼唤，便可以哄动一时，并且迅速的传之四方。现在则是处于一种完全不同的情况。艺术所宣传的对象，不仅已经是革命的，而且有许多人已在革命实践中取得了较多的经验；人们不仅拥护和平，而且将要成为和已经成为保卫和平的战士。因而他们对艺术的要求就比较高。今天有些人看过《和平鸽》还觉得不满足，这是完全可以理解的。

作为一种经验，我们还应该提到的是关于舞剧的形式问题。这种形式，它比较的不宜于有太复杂的内容，和彼此衔接性不大的场面。它在艺术形式上更象诗歌，这是对的。它能够给观众在情绪上以特殊的感染，但它却不能给观众以更多的属于斗争知识的教育；它长于抒情，而较难于说理；它要求动作上的更加韵律化，更加富于节奏感，比较难以容忍话剧的动作。如第四场中小孩子们吃力的去描画一只鸽子，末一场人们繁琐的在纸上签名，这都给人一种好象江河突然断流的感觉。

任何一种艺术形式，都有着它一定容量和局限性。只能藉诸形体、动作与节奏来传达其内容的舞剧，其局限性就比较要更大一些。《和平鸽》之所以更接近于活报，便是因为它包含的内容过多，在情节上缺少联系。如《拒运军火》及《魔鬼的梦》两场，与和平鸽的关联就很少。似乎有也可以，没有也可以；摆在前面也可以，摆在后面也可以。这就减弱了一个艺术作品本身的统一性和完整性。《魔鬼的梦》这一场，前面我们已经说过是失败的；就是《拒运军火》这一场，也表现得很软弱、含混。硕大的标明了要"开往朝鲜"的战舰伫立在背后，工人只能来回于木箱上作一些表示抗拒的动作，即使导演与表演者在此竭尽努力，也较难克服战舰与军火所首先给予人的强烈印象！

三　是一个尝试？还是一个方向？

有人很不满意《和平鸽》，是因为它在形式上主要采用了芭蕾（脚尖舞）和一般的西洋舞蹈形式，而采用中国民族舞蹈形式则很少，因而怀疑《和平鸽》在舞剧的创作是不是一个方向！

在某种意义上，《和平鸽》在形式上的创造可以说是一个方向。这便是它没有无条件的拒用外来形式。舞蹈在中国，是一门最年轻的艺术，因而它需要更多的吸取各种对自己有益的形式——中国的和外国的，古代的和现代的，中原的和边疆的。芭蕾舞可否成为一种民族形式？这还有待于艺术家们的实践。今天苏联人民差不多以最崇敬的心情到剧场去欣赏芭蕾舞，认为它是俄罗斯民族的珍品。但是我们知道芭蕾舞的发源地却并不是俄国，而是法国。问题只是在于俄国人民能够接受它，并把它加以发展了。马列主义的艺术观主张发展民族形式，但却并不拒用外来形式。尤其要引起我们注意的：这里所采用的外来形式，并不是在表现我们开荒生产或者某一村某一工厂的劳动英雄，而是在表现一个具有世界意义的"和平鸽"——"和平鸽"这一名称，中国人即比较生疏。这原是古代罗马的基督教徒被迫转入地下活动时所用的代号。既然表现的是这样一种具有国际意义的主题，采用一点西洋形式，自然也不妨。鲁迅先生曾经主张过“拿来主义”。他把“拿来”释为“占有，挑选”。并说：“没有拿来的，人不能自成为新人；没有拿来的，文艺不能自成为新文艺。”如果说《和平鸽》表现天安门前的人群，也是用脚尖走路的，这便说明它占有了，却没有挑选，或者说不会运用。但是《和乎鸽》的天安门一场，却还是秧歌、锣鼓及边疆舞等，这足见它并没有盲目的“拿来”。

我以为我们在艺术思想上的过分朴素，也的确还表现在对艺术形式的见解上。有的竟至觉得只有秧歌舞才算做中国的舞蹈，因而当革命已从华北发展到华南，发展到西北的时候，也还是死守着一种老样式。这也可以说是一种不忘本吧？但从发展的观点来看艺术，这无论如何是不够的，而且也是不正确的。秧歌舞是发展民间舞蹈艺术的一个方向，而绝不是把民族舞蹈局限于这么一种形式，更不能简单地站在秧歌舞的立场，采取排外态度。这实际上是一种固步自封的思想。因之我们对于外来的舞蹈，亦不能采取一味排斥的态度。有人批评《和平鸽》，说是“大腿满台跑，工农兵受不了”。说中国的工农兵暂时还不熟悉这种形式这是对的，但又有什么“受不了”呢？在1938年时，八路军的部队剧社中普遍的没有女演员。有人也说部队中不宜有女兵。但后来竟有了，而且很多，战士不是照样爱看？并没有觉得什么“不宜”。足见工农兵接受新鲜事物，并不如有些人所想象的那么迟钝！

中华民族正在向全世界一切新的、能为我们所用的东西伸手，我们绝不是一个“道貌岸然”的民族！在艺术上，我们尤其应该如此。今天对我们还是生疏的东西，明天也许就会熟悉，并且成为我们自己的东西。文艺形式上曾经有过许多先例是这样的。话剧、白话诗便都是如此。我们在《和平鸽》中采用的“芭蕾舞”，也正是当着中国人民要过问世界政治的形势下出现的，艺术家不应该对中国人民的这种伟大气魄估计不足。

但是如果一般的说《和平鸽》的表现形式就是我们今后舞蹈艺术发展的方向，我也是不能同意的。这乃是因为《和平鸽》的题材内容是千万人民所急切需要知道的，而它的表现形式却还不能为千万人民所熟悉、所易懂。因之它在群众中的宣传动员作用，无疑的要受到很大的限制。在这一点上，我们绝不能鼓励。艺术内容的群众性，同样要求它在形式上的群众性，不然艺术家便算没有最终的达成其目的。芭蕾舞在苏联虽然已被接受、被融化，但它却至今也还不是一种富于群众性的艺术；群众能够普遍掌握运用的，仍是自己民族所固有的舞蹈。

发展中国民族舞蹈面前所摆着的问题固然还很多，但唯其如此，就需要我们作更长期更艰苦的努力。我们固然不拒绝芭蕾舞及一切优秀的西洋舞蹈形式。但是作为中国的艺术家，我们首先要热衷的仍是自己民族的舞蹈形式。这次西北、西南、延边、蒙古各兄弟民族文工团的来京表演，在这方面尤其给了我们许多宝贵的启示。如果欧阳予倩先生早先就不是这样一般的来表现这个主题，而是要显示中国人民从各种不同的角度上来为和平贡献力量，则它将会更有益于启示民族舞蹈的发展。就现在的形式看，芭蕾舞的运用也并不是完全美满的。要表现一只白鸽的飞翔，它自然是完全可以的。但象第三场要表现和平鸽在工人的家里，工人为他医治好了创伤，二人相与舞蹈的情形，明明便是一场普通的芭蕾舞，硬说一个是和平鸽，一个是工人，而且是表现工人爱护和平的情景，也未免显得牵强。我还是要说，一切艺术传统形式的运用都是有限度的。我们固然不妨大胆的去尝试，但尝试之先，首先也就要看出它的局限性来，这样才可以避免我们在实践中的盲目性。

因之，我还是认为《和平鸽》在舞剧形式上的创造，只是一种尝试。这种尝试已经初步告诉我们：由于形式上的陌生，妨碍了我们把这火热的主题更加广泛的传达给全国人民。可见应该从普及的基础上来提高这一正确原则，对于我们今后舞蹈艺术的发展，仍是值得提起加倍注意的。

四 结 语

中国的新艺术中，舞蹈是一门最年轻的艺术。《和平鸽》的创造，不仅在它所描写的主题上有其重大的积极意义，而且在其舞蹈表演艺术上，亦还是有它一定的收获。我们对于这门年轻的艺术，应该看到它不可能一下子便在各方面臻于完善；今天还不可能对它提出过高的要求，希望它的每一个尝试都必须具有示范意义。这实际上是作不到的。试一回顾我们在旧戏改革上一开始所走的弯路，事隔10多年，今天也还不可能完全避免。目前我们的国家用了绝大部分的精力放在财经建设上，开国已一年多，但我们对于财经建设，据说也还是缺乏一套完整的经验，也还是在不断的摸索与改进之中求得进步。对于新中国艺术的花朵，我们不能坐享其成，总是要不断的浇水、施肥、修枝、去叶。这些工作都要耐心，万不可“拔苗助长”。

只要有一种新的东西在上升、成长，我们便有足够的理由去支持它，欢迎它。何况舞蹈，这是我们苗圃中一枝最嫩的、刚刚发芽的新生命。

10月30日

（原载1950年11月10日《文艺报》第3卷第2期）

读《一得余抄》所得

田念萱

作家出版社出版的一本欧阳予倩同志的艺术论文选集，选辑了欧阳予倩同志在1951至1959年间著作中的30几篇论文。书名《一得余抄》，内容却是非常丰富、生动的。

阅读这些文章，首先使人感动的，是这位老艺术家热爱艺术事业的精神，愈老愈旺盛，而这种对艺术事业的热爱，又是日益鲜明地渗透着无产阶级的思想感情和充盈饱满的政治激情。大家知道，到目前为止，欧阳予倩同志从事戏剧艺术工作，已经50多年了，这不能不说是漫长的岁月。而这位老艺术家从艺术为社会服务走向艺术为无产阶级服务、为社会主义事业服务，从民主主义者走向共产主义者的道路，也同样是漫长的、艰辛的。欧阳予倩同志从开始从事戏剧活动，到解放以前的40多年中，经历过我国进步的、革命的戏剧运动的各个重要发展阶段，他都以坚韧的精神，勤恳地贡献出了他的全部精力，认真严肃地从事探索和追求。他的另一本集子《自我演戏以来》告诉我们，早年他所经历的，并不是一条平坦的大道，而是一段极为艰辛、极为曲折的里程。不难设想，在50多年以前，辛亥革命前后的年代，一个仕宦之家、书香门第的子弟，“舍正道而勿由”，要以演戏作为职业，以搞戏剧运动作为终身事业，会遭遇到多么大的阻力，需要冲破多少障碍，又要有多么坚定的意志和决心？一方面要和一切旧的习惯、反动势力作迂回曲折的斗争，另一方面又要在艺术的内容和形式上作不断的新的尝试和探索。而思想认识的局限，又会使这些斗争和探索遭受许多挫折，走一些弯路。在《我自排自演的京戏》那篇文章中，欧阳予倩同志以今比昔，无限感慨地说："我当了近20年的职业演员，一直没有追上真理的光明，我所受的困苦艰难并不少，而我的青年时代就在暗中摸索着过去了。今天看见中国的戏剧事业在党的领导之下突飞猛进，许多演员、导演在自由的空气中飞跃，真幸福啊！"可以想见，一位毕生尽瘁于戏剧事业、历尽艰辛的老艺术家，看到祖国戏剧艺术事业，在新中国的自由肥沃的土地上所呈现出来的百花齐放、丰富多采的繁荣景象，他的感受是特别深刻，心情是特别愉快，干劲是特别大的。他说："面对万紫千红的今日，不禁想起霜风凄紧的当年，真觉得等闲白了少年头也。唯有加倍努力，追上时代的步伐，以迎接祖国共产主义文化辉煌灿烂的明天。"从这本集子里的绝大部分文章中，我们可以看出，解放以来的10年间，他正是以自己的实际行动，为实现一个远大理想而努力。这些年来，对于理论的研究，对于传统的探索，对于学习外国等等方面，他认真严肃地做了许多很有意义的工作。他做这些工作，完全不是为艺术而艺术，不是为研究而研究，而是为了使祖国的戏剧艺术更好地发扬光大，更好地为工农兵服务，为社会主义事业服务，为共产主义明天服务。

在《一得余抄》的许多篇文章里，欧阳予倩同志对有关戏剧艺术的若干问题，提出了不少独到的、精辟的见解。由于他有丰富的实践经验，有广博精湛的学识，特别是在党的领导之下，获得了正确的立场观点，对某些问题，就能有较为全面而透彻的理解，有具体而深刻的分析。如在《京戏一知谈》一文中，谈到昆曲之衰歇和二黄戏之所以在当时盛行这一问题时，他指出是由于二黄戏本身所具有的优点起着决定作用，并且概括了它的优点而着重说明："还有最重要的一点：它的内容比较能显明地反映当时人民的生活和感情。"同时他列举了《讨渔税》、《卖马》、《捉放曹》几出流行的京戏为例，作了具体的分析，论证二黄戏的编剧艺术较之杂剧传奇有很大的进步。文章的结尾说："京戏到共产主义社会还能存在，但必须对毛主席的'百花齐放、推陈出新'的指示，有更深的体会，坚决执行，努力求其实现。能够这样就不会以粗暴的态度对待遗产；也不会说旧的东西全是好的，一点也动不得。"又如《在传统的基础上创造最新最美的戏剧艺术》一文中，欧阳予倩同志首先就中国戏剧的传统发表了自己的意见，他说："中国戏剧的优良传统，是一个富于战斗性的传统——对野蛮的统治，对不合理的制度，对封建的压迫、吃人的礼教等等，进行揭露和反抗，而它的创作和表现方法是浪漫主义和现实主义相结合的。"在论述革命的现实主义和革命的浪漫主义相结合的创作方法时，谈到革命的浪漫主义是不是专写明天的问题，他认为"主要还是写今天，不彻底理解今天，就无法理解明天。……空洞的人云亦云的歌功颂德，不足取；幻想未来随便开清单也不是办法。革命的浪漫主义同革命的现实主义是不可分的。"所有这些论点，为我们提供了有益的启示。

今天，在党的领导之下，一切文艺事业，具备着远大发展的优越条件，戏剧艺术在百花齐放、推陈出新的正确道路上迈步前进。但要使戏剧园地经常呈现出百花盛开的景象，要使这些花开放得更加鲜艳，更加美丽夺目，就还有许多问题有待研究，还有许多工作有待大家去做。而其中有一些问题又是需要着重研究的，有一些工作又是需要及早安排的。《今天的艺术科学研究工作》和《中国戏曲研究资料初辑序言》两文说明欧阳予倩同志对这些问题的关心和远见。他提出了艺术科学研究工作"应当广泛联系群众，依靠群众来做"。他指出有必要从各剧种所上演的主要剧目来研究各剧种的源流和变迁。这些意见，对戏剧艺术事业的发展，是有积极意义的。

欧阳予倩同志对戏剧艺术一丝不苟、严肃认真的态度，也充分表现在《一得余抄》的若干文章里。《我怎样学会了演京戏》一文，讲述他如何刻苦钻研京戏的唱、做、念、打，寻师访友的不断摸索，努力要求达到会、通、精、化的境界。老艺术家以自己当年勤学苦练的精神，勉励今天青年演员，语重心长，诲人不倦。《演员必须念好台词》和《话剧演员的基本训练与文艺修养》两篇文章，对今天的青年演员提出了具体的要求，指出了学习的途径。由于他自己有亲身的经历，对如何勤学苦练，有深切的体会，他的理论，是从长期的艺术实践中提炼出来的，是与实际相结合的理论。由于他对中国语言的特点，有广博的知识，精深的理解，他所谈的，就切合需要，决不是那种不符合民族生活实际的空洞理论。欧阳予倩同志提倡和勉励青年演员勤学苦练，是希望大家懂得，艺术创作的成功，必须经过长期的、艰苦的、创造性的劳动。是要使戏剧艺术更好地表现我国劳动人民的生活和思想感情，具有鲜明的、独特的群众化、民族化风格。而这些又都是为了实现我们的雄心壮志，创造出更多的优秀作品的必要条件。

记得在抗日战争初期，欧阳予倩同志编写了京剧《梁红玉》，脱稿后，曾写过四首绝句，其中有两首是：

无际忧烦不可言，四围荆棘一痕天。
羊肠应是康庄始，手把耰锄辟径前。

正气妖氛互荡磨，风檐茹恨写新歌。
无边弹雨摧城廓，心血何如战血多。

当时，眼看着反动政府消极抗战，积极反共，祖国锦绣河山遭受着敌人的蹂躏，他“手把耰锄”的沉痛心情，是完全可以理解的。今天，祖国的面貌已经彻底改变，每一个革命艺术家的面前，展开了一条无限宽阔、光明的康庄大道。“风檐茹恨”的时代早已一去不复返了。在建设社会主义的伟大时代里，欧阳予倩同志意气风发，心情愉快，写了这么些文章，给予我们以有益的滋养。我们热烈希望欧阳予倩同志老当益壮，写出更多优秀的文章和作品来！

（原载1961年2月15日《上海戏剧》第2期）

从“煞风景”的侯方域说起

张毕来

传奇《桃花扇》，我没有看见过演出。却看了中央实验话剧院演出的话剧《桃花扇》。这个话剧的最后一幕里，有美一人兮，望穿秋水，千里怀人，翩然而至。那是侯方域来了。大氅一脱，顶戴露出。台上李香君一见，大吃一惊，先是一愣，再定睛一看，失望、痛心、愤怒，昏过去了；台下，同我坐在一起的一位同志说：“糟糕！真煞风景。”

为什么觉得煞风景呢？因为他读过传奇《桃花扇》的缘故。那里有一个不煞风景的侯方域。他和李香君，一生一旦，都是正面人物。抵抗失败了，明朝亡了，江山易主，风景全非，他就在栖霞山归隐，就是书中之所谓“人道”。两百多年以来，这部传奇有过广泛的传播。侯方域一直是峨冠博带，没有着过清代衣冠。全剧40出，“入道”以前的若干出，凡是写到他的地方，褒贬轩轾，都同“入道”这个结局相呼应。从头到尾，侯方域就政治品质而论，是干净的。现在，他着清代衣冠而出，辜负了李香君“守楼”、“寄扇”一片忠贞，当然就觉得大煞风景了。

明末清初，知识分子所碰到的，是所谓“胜国晚年”的歧路：对于满族统治阶级是消极抵抗呢，还是合作？这是两条不同的路。顾炎武和方以智，走前一条路。他们二人，或以骡载书自随，遍游各地，或出家为僧。总而言之，不合作。吴梅村和钱谦益，走后一条路，吴梅村作《圆圆曲》的时候，很巧妙地讥讽吴三桂道：“恸哭六军俱缟素，冲冠一怒为红颜。”然而，他自己终于在清朝当起国子监祭酒来。钱谦益也是这样一个人物。孔尚任在“骂筵”一出里点了他的名。在这一出里，阮大铖说：“钱谦益补了礼部尚书。”这是说，钱谦益在替清廷新主子帮闲了。吴梅村、钱谦益之辈，两三百年以来，颇为儒林所耻笑。人们责其“晚节不香”。中国在清中叶以后，又加上了帝国主义的入侵，深感外族侵略者剥削压迫之苦。清末以来，民族主义思想高扬，人们鉴古戒今，对于宋元之际和明清之际晚节不香的文人，更是讥诮唾骂，不留情面。

侯方域入清以后，曾在河南应试，中副榜。这是事实。要证实这一点，也不必多所征引，但看传奇《桃花扇》顾序，就可以明白。顾彩说：“若夫夷门复出应试，似未足当高蹈之目。”顾彩当年就已经如此这般地议论了。那么，这个煞风景的侯方域，倒是历史上的侯方域，他没有上栖霞山，他带着笔砚进考棚了。所以，话剧《桃花扇》让他戴着顶子来会李香君。可见就晚节而论，这侯公子当与吴梅村、钱谦益同科。他们之间，虽然可以有五十步与百步之分，但是“晚节”都属于“不香”之列。

《罢宴》之于寇准，是在小节上与历史事实出入，传奇《桃花扇》之于侯方域，是在大节上与历史事实出入。侯方域这个人，如果对他进行褒贬，提起笔来，总不免要写出他应考之举。话剧《桃花扇》就是这样做的。因为，就这一点而论，此人当贬。可是，孔尚任当年却写他入道，褒之。孔尚任不知道侯方域的“复出应试”吗？当然不是。他不理解塑造形象就是褒贬人物吗？也不是。他在《桃花扇》第十出里，借柳敬亭之口说明一个艺术家的创作态度道：

> 鼓板轻敲，便有风霜雨露；舌唇才动，也成月旦春秋。这些含冤的孝子忠臣，少不得还他个扬眉吐气；那班得意的奸雄邪党，免不了加他些人祸天诛。此乃补救之微权，亦是褒讥之妙用。

这段话的意思很明白：塑造形象就是褒贬人物。对于含冤的，“还他个扬眉吐气”；对于得意的，“加他些人祸天诛”。可见艺术家在那里搞加减法。这是他的“褒讥之妙用”。但是，一加一减之间，艺术作品里的人物就会同历史上的人物矛盾起来。孔尚任在《桃花扇·凡例》里说明自己很尊重历史事实。他说，他这《桃花扇》，对于“朝政得失，文人聚散，皆确考时地，全无假借。至于儿女钟情，宾客解嘲，虽稍有点染，亦非乌有子虚之比。”但是，他到底把侯方域从河南考棚里拉出来，让他上南京栖霞山。莫非他把一个人的立身处世也当作“儿女钟情，宾客解嘲”一类东西看待，因而“稍有点染”？

这里，暂且不管孔尚任的思想情况是怎样的，这有待于专家的研究。但是有些历史剧里的主要人事，与历史事实不同，艺术褒贬与历史评价互相矛盾，这是事实。否认它，既不可能，也全然不必要。问题在于如何对待这个事实。

作为一个看戏的，我以为，最重要的是认定历史剧是艺术品，不是历史著作，不要用衡量历史著作的标准去衡量它。抱着这样的观点，才能在戏园子里泰然久坐。作为一个文艺评论家，最主要的，也是认清这一点。但是，他还有两件事应该做。第一件，指出矛盾所在，并说明这个矛盾何以产生。这里，有特殊的问题，例如“孔尚任何以写侯方域入道？”有一般的问题，例如“历史剧为什么往往与历史事实有出入？”第二件，研究与历史事实有出入的那些历史剧的情况。说明在那些人事上常有出入。分析在哪种情况和哪种程度上有出入，可以或者不可以，好或者不好。如此等等。这样可以从已有的历史剧中摸出一些写作规律来，供以后写历史剧的人参考。

（原载1962年6月28日《光明日报》）

也谈侯方域的“出家”问题

刘知渐

好几年以前，就想对《桃花扇》的结尾问题说几句话，一直没有工夫说出来。最近读了张毕来同志《从“煞风景”的侯方域说起》一文，原来想说的话，更如“骨鲠在喉”，很想“一吐为快”，因而趁此机会略为一谈。

孔尚任的《桃花扇》，在结尾时写侯方域和李香君，看破了红尘，各到“南山之南”、“北山之北”去“修真学道”，表现了对清朝政府的消极反抗态度。一般人认为侯方域没有出过家，而且曾经应考，不合历史真实。欧阳予倩的话剧《桃花扇》和周彦的话剧《桃花扇》，在结尾时写侯方域参加清朝的科举考试，中了副榜，为李香君唾弃而结束。一般人认为侯方域曾经应考，符合历史真实，但看起戏来又觉得“煞风景”，不痛快。

两种结尾都是有根据的，但也并不完全符合历史真实。

侯方域的家庭，是河南的大官僚地主，明亡以后，他本不愿做清朝的官吏，亦不肯参加反抗活动，只想做个不问政治的“遗民”，而统治阶级对他并不放心，并且有人诬告他和南明流亡政府有联系，河南的地方官吏，与侯家有点交情，就劝侯方域以秀才身份参加河南乡试，作为并不反抗清朝的表示，从而保全身家性命。侯方域于公元1651年（顺治八年辛卯）考中副榜以后，心情很痛苦，立即跑到南方去向朋友们表明自己的“苦衷”，住在宜兴陈贞慧家里，哭祭过以身殉国的吴应箕；凭吊过保卫江阴的无名英雄；这一年，他写了《与吴骏公书》、《与方密之书》两篇重要文字。吴骏公就是吴伟业，曾经领导复社运动，清朝逼他出来做官，侯方域在旅行中听到消息，就写信劝吴伟业坚持民族气节。后来吴伟业被迫北上做官时，侯方域已经死了，吴伟业曾在侯方域墓前写过“死生总负侯嬴诺，欲滴椒浆泪满襟”的诗句，证明侯方域在自己“失足”之后，还能鼓励朋友坚持立场，其“苦衷”多少是可以谅解的。方密之就是方以智，本来早已逃亡，因为清朝政府搜查他，迫害他的父亲，他只好回到家乡的高坐寺出家，侯方域写信安慰他，说他虽然为了父亲而回乡，但并未变节，住在高坐寺，亦“无异于南山之南，北山之北”，做到了忠孝两全。这两篇文字，都说明了侯方域虽然一度“应考”，并非甘心降清。同时，他还把自己的书斋改名“壮悔堂”，表示自己壮年而知“悔”，可见心情十分痛苦，而不过两年他就在悔恨中死去了，死时才37岁。

孔尚任很了解侯方域，他读过侯方域的全部著作，以及与侯方域有关的资料，就从侯方域《与方密之书》里的“北山之北、南山之南”这些话里，体会到侯方域那种痛苦心情，采用了“原其心而略其迹”的笔法，发挥想象，虚构了侯方域与李香君各到“北山之北、南山之南”去“修真学道”的结尾，符合侯方域精神状态，也符合历史真实的一个方面。欧阳予倩和周彦认为侯方域的“应考”丧失了民族立场，无论如何不能原谅，因而虚构他中了副榜之后，在栖霞山遇见李香君，当场受到唾骂而结束，也符合侯方域曾经“应考”的事实，反映了历史真实的另外一个方面。

两种结尾都有根据，都符合历史事实的一个方面，又都有虚构，究竟哪一个对？这就要考虑作者写戏的动机，看他是为什么政治服务了。

孔尚任的时代，是清朝统治者利用科举考试和征求山林隐逸来笼络知识分子的时代，他在《桃花扇》的“余韵”一出里，曾经嘲讽过那些纷纷“出山”的“山林隐逸”，当然也不愿意自己所同情的侯方域，在戏里出乖弄丑。“出家”是一种含蓄的反抗，有相当的教育意义。欧阳予倩和周彦的剧本，都写于抗日战争时期，他们看到一些软弱的知识分子，在日伪统治下苟且偷生，非常愤慨，就把侯方域“出家”的结尾，改成身穿“清装”的副榜，让他当场出丑，来教育抗日时期的观众，是尽了为政治服务的使命的。

到今天，历史剧仍然要为现实政治服务，但又不能象从前那样“借古讽今”，而要从历史生活中抽出既符合历史真实又有教育意义的东西，历史主义地加以艺术化，把历史真实和艺术真实统一起来，使他们对我们能够发生艺术上的教育作用、认识作用和美感作用。因之，如何把《桃花扇》的结尾处理得更恰当，这是戏剧艺术上值得反复研讨的问题。

许多优秀戏剧家，常在结尾问题上大伤脑筋，臧晋叔的《元曲选》序言里，曾经批评元代某些剧本的结尾，如“强弩之末”，缺乏力量。捷克戏剧家恰贝克也说：“最后一幕戏”通常是要“挨骂”而“遭到修改”的。这究竟是什么原因呢？我认为主要的、根本的原因，就是戏剧家总爱在结尾的时候，凭主观想法办事，而无意中违反了艺术自身的客观规律。当作家在撰写剧本之前，已经想好了一个结尾，但创作过程中，艺术本身所反映的客观规律，往往迫使作家改变原来已经想好的结尾。如果他不改，或者改得并不符合客观规律，这个结尾必然是失败的。孔尚任在《桃花扇》的结尾写侯方域“出家”，比较上符合侯方域这个艺术人物的性格，但也有点违反客观规律的地方；一对生死冤家，在千辛万苦的情况下久别重逢，张道士几句话就点醒了他俩，他俩就毫无留恋地飘然“出家”，完全不合爱情戏的逻辑，观众是不满足的。欧阳予倩和周彦所创造的侯方域，在前几场戏里，基本上是可以同情的正面人物，忽然在结尾时穿着“清装”上场，大出丑相，前后不大连贯，也同样不符合艺术自身所反映的客观生活规律，因而使观众有“煞风景”的感觉。

究竟怎样结尾才好？我不是戏剧家，提不出具体办法。我想，《桃花扇》的结尾，应从历史真实和艺术真实统一的角度来考虑，剧本的发展线索，是把“离合之情”和“兴亡之感”紧紧地交织在一起的，侯方域和李香君的爱情悲剧是和阮大铖对他们的政治迫害紧紧交织在一起的。如果把悲剧的结尾，变成阮大铖降清以后继续迫害东林、复社人士，因而造成侯方域和李香君的永别，这样就比较符合历史本质的真实和艺术自身的规律。历史上的阮大铖确曾降清，如果把他处理为降清以后，继续迫害复社人士，把侯方域抓走，使舞台上的李香君和侯方域来一个诀别，吩咐他不要投降，把悲剧推向应有的高度，既不违反历史本质的真实，也使侯方域、李香君与阮大铖之间的戏剧冲突前后一致，艺术自身的说服力量也就更大一些。假如“有朝一日”，我也学会编剧的话，倒想这样试试，只是目前还未学会，先把意见说出来，供戏剧家们作参考。

（原载1962年8月23日《光明日报》）

从历史的真实到艺术的真实

——谈《桃花扇》中侯方域的形象

黄清泉

孔尚任《桃花扇》和欧阳予倩《桃花扇》中的侯方域形象，近年来曾引起热烈的争论。侯方域是剧作的主要人物，对他的褒贬抑扬，实质上是接触到对剧作主题的评价问题。那末，应该怎样看这个人物呢？这里，我拟谈点粗浅的意见。

还是先从历史人物侯方域谈起。

侯方域（1618—1654）生活在明清之际。阶级矛盾和民族矛盾的错综交织，使这一时代笼罩在刀光剑影、血雨腥风的氛围中。时代的复杂性也决定他性格的复杂性。

清顺治二年乙酉（1645），弘光出奔，南明亡。他回到河南老家商丘。这一年成了他生活道路和思想的分水岭。前期的侯方域，虽在政治上表现过动摇，对农民起义抱敌对的态度，但基本倾向还算是好的。由于其祖执蒲、父恂、季父恪等，“皆以东林忤逆阉先后罢官”（胡介祉《侯朝宗公子传》），故从小就愤世嫉俗。22岁游金陵，不忘家国，俯仰慷慨，激浊扬清，确有想作一番事业的热情和抱负。他是当时“身不在位，奋然为天下持大义”的四公子之一，又是“复社”的中坚人物，于是“一时文章气节，经济之誉，争归朝宗焉”（田兰芳：《侯朝宗先生传》）。“海内清望胥缔附之”（《清史列传·本传》）。后来，为了挽救危局，曾积极参预南明王朝建立前后的各种政治活动，如反对魏党余孽和卖国集团，代父驰书劝阻左良玉“传檄东下”，作史可法幕下参军，依高杰防河，说高杰军中大将“规划东南”，等等。作为一个贵公子，在那兵荒马乱的时刻，能有这一番行动，就很不容易了。后期的基本倾向则是坏的。明亡后，他“伏处乡国”，“蹉跎终贾谊，漭瀁失张骞”（《壮悔堂诗集·送练三贞吉》），似乎还寓有牢骚不平之志，只他却唱起“老去平原里，黄粱是故乡”（同上《旧业》），“万事甘居后，一樽自可前”（同上《幽栖》）的调儿来了。顺治七年庚寅（1650）为三省督府张存仁条陈“剿抚议”，所谓“监察其致盗之原，可以收弭盗之效”，其反动性显而易见。特别是他死前二年出去应考，中了个“副榜”，对此，前人早有嘲讽或责难。如张船山在《读“桃花扇”传奇偶题十绝句》中说：“两朝应举侯公子，忍对桃花说李香。”梁启超也说过：“晚节无聊甚矣。……方与吴梅村书，劝其勿为‘达节’之说所误。乃未几而身自蹈之，未免其言不怍矣”（《桃花扇注》）。丧失了民族立场，侯方域实难逃其咎。因此，由好变坏，倒很合乎这个封建知识分子生活性格的发展逻辑。他有才能，有抱负，但又软弱动摇，终免不了有此结局。我想只有用阶级观点，全面地发展地分析其性格前后期的根本不同点，才有可能理解孔尚仁和欧阳老对这个人物形象不同的处理情况。

传奇《桃花扇》，就侯方域这一形象说，不完全囿于史实，而是有所“点染”和“编造”的作者笔下的侯方域有正义感，有政治理想，有一定的国家民族观念，在当时的政治斗争中表现得相当活跃。对爱情是真挚执著，始终不渝。同时作者还把出自吕大器等人倡议的“七不可立”之说，及万元吉等为史可法调停“四镇”关系事件，都“移植”到他的身上，来个张冠李戴，使这个人物的典型性更为鲜明完整。当然，作者也没有忘掉批判他软弱动摇的一面，但究竟不是主要的。自始至终，侯方域都是正面形象。何以要这样写呢？那是由作者的创作意图决定的。剧作写的是兴亡谱、是斗争史、是国家恨、是血泪仇。其主题是“借离合之情，写兴亡之感”，“一生一旦，为全本之纲领，而南朝之治乱系焉”（二十一出“媚座”总批），即通过侯方域和李香君的爱情线索，揭示出南明一代灭亡的历史原因，并寄托作者自己凭吊沧桑、缅怀故国的思想感情。是企图借“场上歌舞，局外指点”，以收到“不独令观者感慨涕零，亦可惩创人心，为末世之一救矣”（《桃花扇·小引》）的艺术效果的。作者真实地再现了在腐朽糜烂的政治基础上建立起来的南明王朝，怎样在昏主当朝、权奸执柯、内争外哄中走向冰消瓦解，并把灭亡的主要原因归咎于魏阉余孽，认为他们“进声色、罗货利、结党复仇，隳三百年之帝基者也（《桃花扇小识》）。而当时作为魏阉余孽——马士英、阮大铖对立面的，一是李香君为代表的社会下层人民；一是侯方域为首的“复社”知识分子。这两种进步的社会力量在反马、阮的斗争中，在民族斗争中紧密地结合起来了。而这一结合，又是以政治理想为基础，以政治斗争为纽带的侯、李的爱情具体地表现出来的。一方面以侯李的悲欢聚散，或反映了南明文争武斗朝政得失的历史侧面；或概括了社会下层人民与统治集团的尖锐矛盾。另方面，描写他们的爱情，怎样在政治斗争中得到发展、巩固与结合；描写南明政权的腐朽和复灭，又怎样给他们带来了离乱的痛苦和悲剧的结局。所以，侯李的斗争历程和悲剧一生，处处都印记着那个时代血和泪、爱和恨、正义与非正义的斗争。作者麦莠黍离之悲，也就深深地渗透其间了。不难明白，作者写的是前期的侯方域。剧作四十一出《入道》注明是弘光二年七月（即顺治二年乙酉），把故事收束于南明灭亡的那一年，不是没有道理的。作者肯定他们的爱情和斗争的正义性。也就有力地抨击了魏党余孽。但并不等于说它就没有历史的阶级的局限性了，其结局的处理就有点问题。

欧阳老的《桃花扇》与传奇有很大的不同。其中最大的改动是对侯李爱情结局的处理。孔剧让侯李双双栖真入道，而欧阳本则改为侯投降变节、清装上场，香君则饮恨而死。同是“古为今用”，但后者的思想高度却超过前者了。

关于侯方域中副榜一事，据“年谱”：“当事欲案治公以及司徒公（侯恂）者，有司趋应省试，方解。”侯从顺治二年乙酉回家，直到顺治八年辛卯才出去应考；中副榜后，曾把书斋改名“壮悔堂”，说“余生平之可悔者多矣”，且不到两年就死去了。大概被逼并不是虚话。再说，以他那样的文才，只中了个副榜，到底是统治者有意作难他，还是他逢场作戏，也颇耐人寻味。但不管怎样，“人寰尚有遗民在，大节难随九鼎沦”（顾炎武），余痛犹存，创痕尚在，即无视火海刀山，忘却国难家仇，其易志变节，辱人贱行，是不得人心的。

陆游有诗云："邪正古来观大节，是非死后有公言"，一个人的是非、邪正，就得以"大节"作衡量的标准。臣事两朝、大节有亏，又怎能加以讳饰和辩护！孔尚任显然对侯有所同情和讳饰，因而回避谈这个问题。当时就有人非议："若夫夷门复出应试，似未足当高蹈之目"（顾天石：《桃花扇·序》）。"……顾以朝宗之本末独否，岂以香君故，曲为讳饰与？何朝宗之幸也"（《毗梨耶室随笔》）。当然，他也有难言的苦衷。《桃花扇》写于康熙年间，当时法网重重，动辄得咎的政治环境，不允许他赤裸裸地批判侯方域降清。他不便写，也不敢写。但又要在完成自己的创作意图、不触犯忌讳的情况下，起到"惩创人心"的作用，于是只好用"最曲迂"的文笔，对侯李的结局作"入道"的处理，这就不可避免地使剧作在反映历史真实方面带来了较大的缺陷。"此灵山一会，是人天大道场"，无非是作者"故弄玄虚"罢了。他这样写，从艺术构思说，是"离合之情，兴亡之感，融洽一处，细细归结"，用悲剧收场，打破当时戏剧大团圆的窠臼，与全剧"可以当长歌，可以代痛哭"的苍凉悲壮的基调合拍；且用以表明侯李的悲剧不是个人的悲剧，而是历史的时代的悲剧。但主要还是作者的寓意。"桃花扇，斋坛揉碎，我与指迷津"（试一出《先声》）。张道士那席话，无异是当头棒喝：在此雨翻云变河山破碎之际，应以家国为念，抛却旖旎风光，斩断情根欲种。正如"眉批"所云"悟道者非悟道也，亡国之恨也"，这是它积极的一面。但也得指出，作者让侯李以忧患余生的青春，虚掷于啸傲风月、超然物外的天地中，既说不上是有效的反抗方式，又并非生活的真正出路。战斗性被削弱了，这在当时就难于鼓舞人民的斗志，而在今天来说，就更不足取了。因此，象对待一切遗产那样，我们对待传奇《桃花扇》，也必须既看它在特定的历史条件下所起的一定的进步作用，也看它在今天会产生什么副作用，从而加以批判地继承，去糟粕，取精华。如果今天还是原封不动地上演它，就不能不慎重考虑了。欧阳老的改编，正是在"古为今用"方面，提供了很好的艺术经验。

欧阳本中的侯方域，主要是突出他后期的性格，用他的说话是"侯朝宗尽管会写古文，我不喜欢"。他在京剧本中虽写了侯方域怎样和阮大铖斗争（第一场《文庙里》），怎样结识热爱李香君（第三场《在香君家》），多少还有肯定之处，但仅此而已。侯被阮逼走后许多重要的进步政治活动，就再也没有作正面描写或侧面交代，而结尾的批判却很有分量。批判他不仅叛变了国家民族，作了清贵族统治者的奴才；且叛变了爱情，辜负了香君“守楼”、“寄扇”的真诚，成了负心汉。在李香君这个高大壮美、光辉夺目的形象面前，他显得多么渺小、卑鄙！京剧本是在抗战初期（1937年冬）写成的（解放后作了修改），当时欧阳老一面抗议日寇的侵略，一面揭露蒋介石假意抗战实行不抵抗政策，而对经受不住考验的知识分子又表示深恶痛绝，所以影时射事，“只借以发抒感慨，并没有也不可能仅忠实于原著，作为一个古典剧作的翻版”（京剧本《桃花扇·序言》一），问题也就容易理解了。且不说明清之际，生活中有不少这样的“侯方域”，就是1937年那个群魔乱舞的时代，“侯方域”何尝没有代表性？何尝不“惩创人心”给软弱动摇的知识分子敲起警钟？而今天结合阶级斗争教育，让人们重温过去的历史教训，明辨一下大是大非，也有着深刻的现实意义。“戏者，戏也”，“戏”就得当作“戏”写。知识分子是社会的特殊阶层，它必须依附于一定的阶级，为一定的阶级服务，故侯方域由软弱动摇乃至投降变节，是不奇怪的。写历史人物，只要不离开人物所处的特定环境和阶级关系，那写成“假人真事”或“真人假事”也不算违反历史，何况这还是“真人真事”！欧阳没作老翻案文章，侯方域是该批判嘛！这样的改动，作到历史真实与艺术真实的统一，也使孔著的爱国精神有所发扬光大。因为它虽批判了侯方域，但却以抒情的笔调歌颂和肯定了李香君。这个形象的塑造，甚至比孔著更为鲜明。如第三场、第七场、第八场等，就是孔作《却奁》、《守栖》、《骂筵》等出的渲染和发挥。特别是她和侯彻底决裂的那个场面：那一大段血泪交迸的控诉，撕扇断义、饮恨气绝的动作，真是慷慨壮烈。“桃花薄命，扇底飘零”，但她爱憎分明，勇于斗争，宁为玉碎，毋为瓦全，没有丝毫奴颜媚骨。确实“娼优之贱”不仅超过了“宰相之尊”，而且压倒了一切须眉男子！鲁迅先生说得好：“中国的女性，并不如厌世家说的那样无法可施，在不远的将来，便要看见辉煌的曙色的。”正因为欧阳老看到了在斗争中的广大人民群众的力量，才把希望寄托在他们的身上。所以，透过这一形象，更真实地展现了绚烂的历史画面和广阔的生活场景，给我们留下了深刻的印象。

对《桃花扇》结局的不同处理，说明了作家对历史题材的检验、评价和驾驭，主要决定于作家的世界观，他的思想高度和认识、生活的深度。同一个人物，写成这样而不是那样，都是作家立场、观点的反映。欧阳本的结尾，所以高出于孔著，就很好地说明了这个问题。

（原载1963年6月16日《湖北日报》）

对种族歧视的控诉

——中国剧协艺委会座谈《黑奴恨》

时　间：1961年6月10日

出席人：阳翰笙、曹禺、金山、陈默、凤子、舒强

主持人：田汉

田汉：欧阳予倩同志的《黑奴恨》已经上演一个多星期了，大家看了以后，都很受感动。《黑奴恨》是我国话剧运动历史上的第一个戏，虽是根据美国19世纪中叶斯托夫人的小说《汤姆叔叔的小屋》的故事改编的，用了林琴南先生的译名叫《黑奴吁天录》，但思想内容比小说有所提高和丰富。由春柳社首演于东京，欧阳老在当时演出戏中的小海雷，后来在上海、苏州各地演出过，1932年在中央苏区瑞金也演出过。今天重演这个戏是有很大的历史意义的。不止是作为中国话剧运动一个重要的里程碑，在黑人解放运动上，一方面是美国对黑人的歧视和迫害更加野蛮和凶残，充分暴露了美帝国主义者的反动面目；一方面是帝国主义的残酷压迫和剥削唤起了广大黑人的觉醒，形成坚决反抗帝国主义、殖民主义，建设民族国家的一股洪流——在这个时候演出这个戏，将使我们更憎恨美帝国主义和更热烈地支援黑人解放运动。

我还没有细心读过斯托夫人的原作。据说原作中的宗教情感很浓厚，春柳社在东京演出时则把民族反抗情感强调起来了。曾经有人认为春柳社有唯美主义倾向，但从这个戏看当初春柳社甚至表现了一定

的社会觉悟。倘使春柳社时代的《黑奴吁天录》已比原作有所提高，今天的《黑奴恨》就比原作有更大的提高了。这也说明半个多世纪以来中国社会的进步多么清楚地表现在作者身上。

这个戏不止剧本好，导演、表演和舞台美术都各有很好的成就。我这只是一个开场白，请同志们多提意见。

曹禺：看了这个戏，给自己印象最深、感受最深的是我们的老前辈、老同志——欧阳老在剧本中所表露的如此蓬蓬勃勃的生命力和旺盛的政治热情。老树开红花，老院长的精神使人感佩。

原小说是用宗教感情，资产阶级人道主义，用一种感化的精神来写的。现在的这戏，给人的感受就完全不同。只要是一个正直的人，一个有正义感的人都会因为戏里所淋漓尽致地揭露的种族歧视和种族压迫的罪恶而感到痛恨，从而叫人得出这样一个结论：这种制度不推倒还行吗？我觉得这个剧本虽然写的是19世纪的事情，但它给你的感情是今天的感情，它让人联想到今天。这就是这个剧本成功之处。

昨天读到欧阳老在《北京晚报》上发表的《幕前的话》，他说，1907年春柳社改编和上演这个戏，是“针对当时所谓‘列强’瓜分中国的阴谋，立意借种族压迫的实例，唤起国人的警觉”。所以当初上演的戏，已不是原小说的样子。今天，我们更可以清楚地感到这个戏所反对的种族压迫的实质是阶级压迫，戏的作者充满了阶级的情感，不仅是对剥削者压迫者阶级的仇恨的情感，同时也是对汤姆所属阶级的同情、支持、兄弟般的手足的情感。这个戏之所以能提高到今天这样的水平，一方面是由于观众的觉悟水平提高了，他们对戏剧的要求也提高了；一方面由于欧阳老的思想和艺术比《黑奴吁天录》的改编者有了更高的发展，他对自己这次改编这个戏提出了新的更高的要求。我们把1907年的《黑奴吁天录》和现在的《黑奴恨》一比较，也可看出欧阳老不停息地向前迈进，从一个爱国主义战士成为一个无产阶级战士的光辉道路。

这个戏是很有教育意义的，它的观众对象范围很广，无论是儿童、妇女、工人、干部、青年……都爱看这个戏。尤其是在今天，当黑人挺起腰板起来斗争的时候，看一看这个戏，回顾一下过去是很有意义的。在今天的美国，帝国主义者对黑人的迫害在程度上是不下于剧本所揭示的奴隶主对黑人的残暴的。在美国，不仅有黑奴，还有“白奴”，帝国主义者不仅迫害黑人，而且也迫害那些受压迫受剥削的白人。到现在，美国南部农庄的黑人和穷苦的白人还受着残酷的迫害，他们甚至一生连美国的纸币都没有看见过。

整个演出都很好，但末了这一场戏，不象是欧阳老写的，可能是大家提了意见加上去的。（舒强：这场戏在欧阳老原剧本里确是没有的。凤子：原剧本的结尾是写哲尔治、薏里赛、薏麦苓、凯西等逃到了加拿大。其实当时的黑奴无处可逃。删掉到了加拿大这最后一场戏是必要的，问题是如何把结尾写好。）

欧阳老一次又一次地修改这个剧本，我觉得这样改是可以的。这是古今为用。有人认为，把汤姆写成象原小说一样，一直到最后都不觉悟，不仅他的肉体受到残害，连他的灵魂都受到残害，这不是会更深刻些吗？这种意见对不对呢？我觉得这意见有道理，是可以这样写的。可是，我以为汤姆照现在戏里那样处理，是能为今天广大的观众所接受的。戏是演给今天观众看的，它应该教育人，鼓舞人起来斗争，鼓励人向前。这两种写法都可以。剧作家写历史题材的戏，不可能写得跟历史完全一样。我觉得欧阳老写《黑奴恨》，是用历史的材料来为今天服务，同时基本上又是符合历史的。

剧中厂主威尔逊这个形象是写得好的，很象现在北边的美国富翁，这个人比起那些奴隶主，他懂得更巧妙地剥削人。

哲尔治这个人是符合今天的期望的，我们希望奴隶起来。反抗一切压迫者。黑人的智慧、勇敢和反抗精神表现在哲尔治身上。但是现在这个戏的结尾似乎可以不要，把戏结束在汤姆身上比较好。（凤子：让汤姆临死那一场戏更有力量，就可以结尾了。）假如可以去掉最后这一场，自然要考虑到怎样巧妙地交待哲尔治这条线。事实上，多少已经通过哲尔治妹妹凯西交待了。整个戏都很好，就最后一场是个弱点。

整个演出真实、动人、激动人心。黑人汤姆的形象真挚、朴素，仿佛他身上蕴藏着黑人无限的潜力，使人印象深刻，难以忘记。这应该归功于导演和演员出色的合作。整个演出的成功是和导演孙维世同志的才能和努力分不开的。

汤姆排得、演得都很成功，很感动人。他的几次上场都很好。特别是汤姆在家里那一场戏，排得很细致。汤姆的最后一场戏也处理得出色。凯西、李格里也演得好。

演员的台词念得有一定的功夫，听起来清楚明白，有感情。

那些反面角色写得和演得很真实，不仅过去的奴隶主是那样，而现在的美帝国主义者、殖民主义者也仍旧是那样。美国我去过，他们的确是那样横行霸道、凶暴、残酷、野蛮。我看完戏后，很激动。我有一点意见，就是觉得戏里鞭子抽来抽去的场面用得太多了，奴隶主的凶残本质已经揭露了，就不必过多地来鞭子抽打的场面，这里有一个美感问题。

阳翰笙：鞭子太多了，要去掉一些。《黑奴恨》这名字也可考虑改一改，黑人不爱听。

陈默：看了戏后，我联想到文艺界最近正在讨论的题材问题。我觉得，从题材的多样化，多方面满足观众需要的角度上来看，这个戏的上演也是一件非常令人高兴的事。扩大题材，一般是指描写国内生活的题材，比如反映三面红旗，表现工农兵的斗争生活，应该多样化；既可以写重大题材，也可以写非重大题材，同时也可以写历史题材。但是，题材的多样化，恐怕还不仅限于国内题材，如果有条件的话，作家也可以写国外生活的题材。当然，中国作家写国外题材是比较困难的，但这却不是不可能的。反映国外的题材的作品也可以多种方式，如陈白尘同志就写过《纸老虎现形记》。我还想，我们将来有没有可能出现《俄罗斯问题》那样以正剧的样式表现国际政治题材的作品呢？我看也是可能的。欧阳老这个戏，可以说是外国的历史题材。（田汉：还有黄钢写的《在中国的会见》，也是写外国题材的作品。这类戏可以说是国际主义题材，《黑奴恨》这个戏不要把它看作改编，而要看成创作。这个戏是按国际主义精神来处理历史题材的。）

原小说是百余年前外国的名著，而欧阳老的《黑奴恨》却做到了把“古为今用”、“外为中用”结合起来了。这个戏甚至可以说为全世界所用，是世界人民共同的东西，首先是能为亚洲、非洲、拉丁美洲人民所接受的。（阳翰笙：非洲来的外宾看了这个戏很感动。）这个戏作为我国话剧史上的第一个戏，证明了我国的话剧运动一开始就是倾向革命的，反帝爱国的，现在，欧阳老用今天的观点，更为纯熟的艺术修养，重写了这个戏，应该说这是欧阳老的一个新创作。戏里所反映的虽是100多年前美国南部奴隶主和黑人的冲突，但今天上演这个戏，有着强烈的现实意义。100多年过去了，美国土地上的种族歧视并没有过去，美国的黑人还在受着美帝国主义者非人的迫害和虐待。所谓种族歧视，实质上是一种阶级压迫的形态；美国垄断资产阶级正是利用种族歧视来维护它们的社会制度。《黑奴恨》这个戏所控诉的是奴隶主对黑人的压迫，但是今天，它告诉给观众的却是资本主义制度下人对人的压迫和奴役。马克思主义告诉我们，工人是雇佣的奴隶。方式尽管不同，但把人不当人，这就是资本主义最本质的表现。因而这个戏给我们的启示就不仅仅是反对奴隶制度和种族歧视，而是要在世界上消灭剥削制度和维护这个制度的美帝国主义。

这个戏的艺术感染力是很强的。给我印象最深的是拍卖奴隶的这一场，处理得很好。《中锋在黎明时死去》也有拍卖人的一场戏，中国青年艺术剧院演出时是改用皮影戏的方式来表现，看了《黑奴恨》的演出，觉得在台上正面表现拍卖奴隶这种罪行，控诉和揭露的力量更强烈，被压迫的奴隶埋藏在心头的反抗的火，深深地激动着我们。（阳翰笙：的确很动人！）汤姆这一角色演得很好，给人印象很深。（阳翰笙：汤姆演得很朴素。）

田汉：有人说，在这个戏中是否可以有一两个白人同情黑人，你的意见怎样？

陈默：从这个戏的具体题材看来，很难把同情黑奴的白人表现得很突出。但是也可以考虑。（阳翰笙：我的意见是可以把第七场的那个称秤的白人，突出一下就行了。）我想在这戏里可以有三种白人：一种象李格里那样最反动最凶恶的奴隶主；另一种是象解尔培夫妇那样比较资本主义化的奴隶主；在不影响情节的前提下，可以有第三种白人，即同情黑人的白种的劳动人民，哪怕只有一场戏。是否在南方农场这场戏里，可以出现这样的一些白人。或者在哲尔治被逼上梁山的那一伙人当中，是否可能写上个把同情和帮助哲尔治的白人。（田汉：奴隶主的那些横眉竖目的帮凶，事实上他们也是奴隶，所以他们中有个别的白人同情奴隶，也是合情合理的。不过话剧《记忆犹新》中那个美国青年写得太进步了。）

凤子：有这样的历史材料，当时曾有一个“地下铁道队”的白人组织，这些白人是基督教徒，他们同情黑人，帮助受奴役的黑人逃脱奴隶主的控制。欧阳老说，他也掌握了这些材料，但要是把这些写进去，就要费笔墨了。我想是否可以在戏里加上这样的线索：在哲尔治上山时，那些同情黑人的白人出来帮助哲尔治逃走。而后来这些白人又来把凯西等掩护出去。事实上凯西等要在南方逃脱奴隶主的控制，没有那些白人帮助，是有困难的。而且这些白人在这一场出现，还可以交代一下哲尔治的下落。有了这一笔，现在哲尔治再上场的末了一场就可以删掉了。

陈默：对演出的一点意见就是抽鞭子太多了一些。（田汉：搞一下可以惊心动魄，搞多了，观众却受不了。）不是观众感情脆弱，这是一个美感问题，同时也是如何在精神上更深刻揭露敌人的问题，肉体的、外形的东西要用得适当，这样戏可以搞得更深厚些。

阳翰笙：看了戏后，很受感动，也很激动。我认为这个戏很好。原作是用基督教人道主义精神来同情黑奴解放的。现在欧阳老不只是同情，而是热情支持黑奴的解放，反对封建的和资本主义的奴隶主的残酷剥削，反对帝国主义和殖民主义，热情支持民族解放斗争和被压迫、被奴役、被剥削的劳动人民的解放斗争。所谓种族歧视实质上是阶级压迫。民族解放斗争是整个无产阶级革命的一部分。欧阳老的这个戏的作用也就表现在反对美帝国主义的斗争和争取民族解放斗争上，这不仅对中国人民有教育意义，对亚洲、非洲、拉丁美洲的人民和全世界的人民都是有很大教育意义的。这也表现了这个戏的古为今用。有人说，这戏歌颂了人道主义。我看欧阳老在这戏里没有宣扬资产阶级的人道主义。（田汉：更不是人性论。）人性论不主张阶级斗争，而这个戏里表现的反种族迫害的斗争，实质上是阶级斗争。

欧阳老不老，他今年74岁了，但他的作品象是一个充满热情的青年人的作品，阶级感情是那样饱满、充沛、鲜明。暴露什么，打击什么，同情什么，支持什么，立场分明。

从整个艺术构思来说，这个戏也有很多优点。语言简练，没有废话；人物，特别是汤姆，创造得很成功。戏里写出了几种黑人的典型，一种是汤姆，另一种是哲尔治。而对汤姆也可以有两种写法，一是原来小说所写的汤姆，他是虔诚的基督教徒，受宗教毒害过于深重而最后没有觉悟的黑人典型。另一种典型是汤姆在被烧死之前，最后觉悟过来，这就是现在戏中的处理。汤姆在临死前对他的遭遇与他的民族的遭遇有了一定的认识，就这一点看来，这样的处理还是恰当的。因为汤姆不是哲尔治，哲尔治是逼上梁山，坚决起来反抗的典型，假如把汤姆照原小说那样写成至死仍不觉悟，这也是一种写法，这种写法也有教育意义。这可以说明黑人不仅在身体上受迫害，而且可以深刻地揭露宗教在精神上对黑人的毒害。黑人不外乎这几种典型。把汤姆处理成前面的那两种典型都是真实的。假如把汤姆写成不觉悟的典型，也完全可以写成，并不歌颂他而可以是说明宗教对他毒害之深。作者在戏里所竭力歌颂的是哲尔治的战斗精神。而现在作者把汤姆写成最后觉醒的典型，哪里还说得上是在宣扬资产阶级人道主义呢？

《黑奴恨》是历史真实和时代精神结合得比较好的一出戏。上面所分析的三种黑人的典型是符合当时的情况的，从戏里的汤姆和哲尔治的典型来看，他们是符合历史真实的。假如把汤姆写成象哲尔治那样起来暴动，甚至暴动成功，那倒反而是一种极不全面的简单化的写法了。这种写法，那些搞简单化惯了的人虽然会喜欢，可是广大的观众不一定就会爱好。

那么这出戏的时代精神在哪里呢？欧阳老在这出戏里歌颂哲尔治的斗争精神，反对剥削，反对种族迫害，反对奴隶制度，支持奴隶解放，戏里的这种精神和今天支持亚洲、非洲、拉丁美洲人民反对殖民主义，反对美帝国主义，要求民族解放、民族自由的斗争是相结合的；不一定非写汤姆起来暴动才算与时代精神结合了。我们要知道，如果把汤姆改写得很革命，觉悟很高，把许许多多黑人改写得都很革命，觉悟也很高，那不一定跟历史真实相符合的。所以我觉得这个戏历史的真实与时代精神是结合得比较好的，真是做到了古为今用，外为中用，甚至为世界所用了的。

有几个问题提出来商榷：戏里要不要写些白人中的好人。我认为可以写，应该写。如果象陈默和田汉同志所说的那种改法也好，但要多化些笔墨。我的意思是可以加强在农场里那个称秤的白人的戏，写他也是受迫害而同情奴隶的小职员。现在在戏中有两处都在表现他是一个好人，但不够突出。我想还可以在不影响篇幅下再加几笔，如写他帮助薏麦苓逃走；写奴隶主也对他有一些打击迫害，等等。这样就可以使人看出了白人中被压迫的劳动人民也是同情支持黑人的，同时也反映了当时有很多白人对黑人奴隶的帮助的历史事实。

戏的结尾可有三种写法。现在戏里的这种处理是一种，以汤姆之死作结尾为另一种，再就是哲尔治逃出来和他的妹妹在十分艰苦的条件下会见，表示黑人想要获得自由是通过艰苦斗争的。我看这三种结尾都可以采用，问题是哪一种比较表现深刻些。象现在这样的结尾，只是让大家出口气，痛快虽很痛快，但没给观众回味，不是深刻的表现手法。

《黑奴恨》在今天演出，是有很大的意义的。它有现实意义；它又是话剧运动开创时期的一出好戏，但它已经不是当初的原来面目了。它最初是根据100多年前的小说，在1907年用旧民主主义思想改编演出，企图唤起“国人的警觉”。而今天又等于是重新改编，和1907年的演出可又大不相同了。欧阳老今年已是74岁高龄了，但他精神不老，只要于革命有利的事他都干。《黑奴恨》正反映了他的充沛的生命力和饱满的战斗精神。他这种精神很值得大家学习，特别是值得青年人学习的。

金山：我来晚了，前面几位同志的意见没有听到，只听了翰笙同志的发言。我同意翰笙同志的意见。《黑奴恨》是个成功的剧本，它这次的演出，也是成功的。

这个新戏发表了一年多，一直没有排演，听说有的同志认为剧本中存在着人道主义、人性论问题，这也许就是没有排演的原因。看了最近的演出，我觉得戏里不存在上述问题，我很受感动。我怕自己的思想有毛病，一连看了几遍，仍然看不出人道主义、人性论的问题，而且每次看了都受感动。我觉得这个戏的思想性与艺术性都是很强的。

剧本的成功之处，刚才翰笙同志已经讲了很多。曹禺同志和田汉同志、陈默同志等，一定也都讲了很多，我就不讲了。我简单地讲一点看演出后对导演、表演艺术的感受。

我喜欢这个戏的导演艺术：

一、导演很尊重剧作家，没有任意地把剧本乱删乱砍，这是个可喜的正常现象。作为在舞台上进行再创造的导演，对剧本提出自己的想法，这本来是常有的事，但不管导演的想法如何，最后还是应该取决于剧本的作者。这次的演出，在台词上也很忠实于剧本，没有演员随意增删的情况，这也是个可喜的正常现象。一个成熟的剧本，是导演和演员借以创造之本，舍本之举，是不宜提倡的。

二、这个戏的演出，没有演员在台上吼叫的现象。按照生活的逻辑，演员在台上表演，如非特殊需要，本不应该吼叫。但我曾看到某些戏的演出，几乎满台演员在台上吼叫，我看了很替演员和观众难受，这个责任，恐怕主要要请导演来负。人的感情或激情，不一定必须通过吼叫体现，这是个生活的真实问题，也是个艺术的真实问题。《黑奴恨》的演出，在这个问题上，也是表现得很好的。

三、导演在场面的处理和调度上，新颖可喜。例如反复利用音乐池作为某些演员的上下场，而且同一乐池，却使观众设想到它的环境各异。可贵之处，在于这些形式的运用都是以内容出发的，不是为形式而形式。

四、导演的艺术构思，鲜明易懂。处理每一场戏都赋予不同的特色，但又使全剧浑而为一个整体，最后是通过人物的艺术形象体现了剧本的主题思想（关于主题思想的体现问题，下面再谈）。导演处理群像，很有本事。《卖奴》和《棉地》这两场戏，不仅有力地突出了主线人物，而且也使人难忘地看到了黑奴群的苦难的生活和另外一群不同嘴脸的压迫人的人。这里许多正反面人物都没有穷嘶极喊，但都给我留下较深刻的印象。

五、导演对汤姆这条主线掌握得很牢，不管汤姆戏多戏少的场景，导演都运用艺术手腕突出了这条主线，最后是集中地运用这条主线体现了剧本的主题思想。第一场，汤姆没有什么戏，但却很艺术地把幕落在汤姆一人身上。第二场，几乎全是汤姆的戏。戏多了就怕重拙，导演运用抒情的手法，使人物的感情深化，最后，汤姆下场了，台上只留下两个非主线人物在说话，可是面幕却落在汤姆的婴孩的啼哭声中。第五场，在很长一段戏集中在另一个女奴薏麦苓身上，但导演却抓住一个空当让汤姆给薏麦苓盖毯子，这个小动作，如同电影中的特写镜头一样，一下子使观众的全部注意力集中在汤姆的善良的心灵之中，十分感人。这意味着汤姆这个人物的思想的变化的开端。第七场，汤姆公然抗拒奴隶主的命令之后，奴隶主要施以酷刑，导演避免了自然主义的生理刺激，把汤姆推至后台，通过台上其他人的剧烈的反应，表现了某种令人难以想象的严刑拷打，到这里观众必然会想到汤姆是否屈服和他的命运问题。第八场和第九场，导演最突出的处理是调度汤姆三次起立，第一次，为逃命而起立，但没有立起来，他的腿已经被折断了；第二次，关心女奴凯西和薏麦苓的命运想起立，当然又没有成功，于是观众肯定了汤姆是站不起来的了；可是第三次，却出人意外地面对着奴隶主巍然矗立了起来，在火刑架上深沉地说道："以前我总以为所有的人都能用善心去感动，今天才知道你们这班丧失灵魂的人是不能用善心感动的。……"这第三次的站立，汤姆的人物形象完成了，作品的主题思想也就最终地被体现了。

六、这个戏的布景灯光也都是较为成功的，看出来他们都是在导演的总的构思之中，完成了各自的创造。布景除了山区那场，可能是限于物质条件，不能尽如人意之外，其他各场，都收到集中、提炼之效。灯光的运用，有几场几乎达到诗的意境，如第一场的闭幕，第七场（即《棉田》那一场）的闭幕和第九场汤姆临刑时的闭幕，都很完美，有助于导演艺术构思的完成。看出来导演与布景师灯光师的合作，是一种有利于艺术创造的愉快的合作。

七、这个演出的成就，与音乐家的创造也分不开的。同样使我感受到这个戏的音乐家也是服从导演总的艺术构思的，但决不因此而限制了音乐家的独创性。这次戏剧音乐的主要特色是革命的抒情。音乐家反复运用《老人河》的主题旋律，吐出了黑人渴望自由的心愿。《老人河》虽不是百年前的歌曲，但是，把人们所熟知的这支黑人的民歌，有意识地运用或移植在这个戏里，的确表达了相当深厚的艺术感染力，从而帮助了导演构思的完成。

现在简单讲一点这个戏的表演艺术。限于时间，我不便多讲了，以后有机会写文章吧。现在简单说一点。

这个戏里的满台演员，都使我产生好感。不管年长的或年青的（其中虽然有一些演员还不够成熟），他们都演得规矩、朴素，专心生活于他们的"规定情境"之中，努力地在那里体验与体现，使我感受到，这一群表演艺术家和未来的表演艺术家，是热衷于他们的艺术创造的，是在那里探索着正确的表演艺术的方法的。也就是这种情况，基本上促成了舞台上的统一和完整。我并不以为这个戏的全部演员都已经成熟了，但是作为一个创作的集体，具有这样一种和谐协作的气氛——尽管还好象是刚刚开始——是十分可贵的，这是未来更大成功的重要因素之一。我希望实验话剧院的演员同志们，珍惜自己这种成就。

田成仁同志扮演的汤姆很成功。看出来他在努力体会作者和导演的意图，从而进行着独立的创造。他利用了自己天赋的高大的体形和男中音的特色，塑造着一个沉着有力的黑人，他是不断地用着奇异的眼光探索着周围的事物，脑子里追寻着人生的答案。因此汤姆这个人物的意境是比较高的。演员没有把汤姆这个人物概念化。起先，演员真挚地说道："……人是可以感化的。"经过了一段合乎逻辑的苦难的经历之后，演员又真挚地说道："我今天才知道你们这班没有灵魂的人是不能用善心感化的。"由于演员真切地在那里感受、体验和体现，所以令人可信地看清了汤姆的醒悟过程和醒悟的开始。我深信，演员在排练过程中和在表演的当时，都付出了巨大劳动的。田成仁同志很懂得积蓄力量和集中地使用力量。积蓄力量并不等于休息，而是作为剧中人的演员本人在台上不断地感受和积压的积累，这是很辛苦的事情。集中地使用力量当然更为辛苦，最显而易见的例子就是汤姆临终前站起来申斥奴隶主的那场戏，演员使尽自己的全部精力，用自己的心和声冲击对方，这是创造人物的极高境界，田成仁同志获得了这样的境界。

肖驰同志的凯西也很成功。这位年青的同行相当出色地创造了一个倔强、机智、有胆量的黑人少女。作为一个混血儿的黑人少女，从她身上体现了一些不同于其他黑人的体态，这在一定程度上是有助于人物性格的刻划的。当然，她的性格的形成，主要并不在于此，而在于她的特有的不同于其他黑人少女的经历以及她的文化知识。肖驰同志是比较善于掌握形体动作的，她运用着自己的身材，结合了人物的特定性格，施展了形体动作的特长，从表演技巧的角度看，这是相当不容易的。

另外一位青年演员沈娴秋同志塑造的女奴薏麦苓，也是下了功夫的。她的特色主要在于强烈地感受周围的事物并较多地用近乎静止的塑形，体现人物的内心活动。这种尝试，也是可贵的。

扮演反面人物李格里的张守维同志，也有独到之处。他并不穷凶极恶，也不在自己脸上画脸谱，他在那里真切地思人物之所思，行人物之所行，因此能给我以真实感。

其他许多正反面的主次人物和群众，都有不同程度的成就，限于时间，暂不列举了。

为了精益求精，提出几点意见：

一、关于结尾问题，我同意翰笙同志的意见。我倾向于把尾声割爱。这个戏的主题思想已经在最后通过汤姆这个形象予以完成了。

二、汤姆的台词还要求说得更好一些。有时他故意把音量压低，这也是必要的，但最好仍然能使观众字字听清，句句听真，而且要赋以音乐性。汤姆对周围事物的感受是真实的。但还可以演得更深刻一些，例如第七场（即《棉田》那一场）奴隶主李格里强迫汤姆鞭打黑人少女时，汤姆说："……我永远不会用我的手去打一个无罪的人。"田成仁同志讲这句话时，反抗的情绪已经溢于言表了。我以为那时的汤姆还没有意识到要反抗奴隶主，他只是凭着自己的"良心"决不肯这样做，他只是把自己心里话诚实无畏地告诉对方（这对汤姆来说，已经是个了不起的"反抗"了），却不料对方竟对他下了出乎他意外的毒手，这样就比较合乎汤姆这个具体人物的思想逻辑的发展，进一步发展到下一场戏，再进一步发展到最后的醒悟和反抗。又如第八场凯西等运水来救汤姆，他苦渴逢水，一边喊着"水！水！"一边狂饮起来，这是真实的，但在人与人之间的关系上，汤姆对于运水的人有着一种难以言喻的感受，这一点，田成仁同志还没有充分地体现出来。这只是举例而已，总之，在舞台上通过人与人之间的关系，深刻体现人物的思想感情，是头等重要的事情。田成仁同志这次运用了他的眼睛，这是很好的，我希望他在这一点上，再下更大的工夫。

三、关于哲尔治这个人物，作者的着笔、导演的处理和演员的表演，希望还能作更进一步的探讨。

四、我看了几次戏，每次都看到台上出了些不同的小事故，也许一般观众不会觉察，不过这究竟是有损于舞台艺术的完整的。

凤子：看了中央戏剧学院实验话剧院演出的《黑奴恨》，又对照着读了这次演出的修改本和发表在1959年11月号《剧本》月刊上的稿本，对剧作家的创作意图似乎又加深了一点体会。

谈《黑奴恨》的成就方面是很多的，我觉得剧作者处理这样一个历史题材，既符合历史的真实性又能结合今天的时代精神，“古为今用”，能起到恰到好处的鼓舞教育作用，这许是评价这个作品成就方面需要探讨的一个问题。

《汤姆叔叔的小屋》作者斯托夫人是本着宗教家的良心以悲天悯人的态度来描述120年前黑人被奴役的生活的，原作以写实手法暴露了受奴隶制度宰割的黑人的命运是有其进步性的，可是由于斯托夫人所处的时代和她本人的阶级出身的局限，原作者在当时不可能深刻地揭露种族压迫这一社会问题的本质，更不可能指出反种族压迫的出路来。事实上当时黑人反抗运动多是自发的，林肯领导的美国南北战争，是美国资产阶级为解放黑奴而留下的一页光辉历史，美国当代黑人名画家——怀特画的林肯肖像就把林肯画成为黑人，可见美国黑人有的还把林肯视作为解放自己的救星的。而今天的美国歧视黑人的事例并不少见，说明在资本主义社会制度下不但不可能真正彻底地解决民族平等问题，而且发展到帝国主义阶段，民族压迫和阶级压迫也就更其变本加厉了。

原小说贯串着资产阶级的人道主义精神。美国黑人受宗教思想束缚很大，而宗教对统治者说来正好是一根无形的绳索，有了这根无形的绳索统治者更可以为所欲为，所谓上帝生人是有等级的，人不能违悖上帝的意旨。这种哲理不但是奴役人者的“圣经”，也是受宗教麻醉的被奴役者的“圣经”。原作中汤姆就是这样一个典型的黑人。至于哲尔治这个人物也还不是一个自觉的民族解放运动者，他的逃走到以武力反抗是迫不得已的一种自发的行动。

小说中这两条线的主要人物仍然是剧作中贯串着不同的斗争行动的两个主角，小说对哲尔治的反抗宗教的一点是有所批判的，剧作者却肯定了哲尔治的反抗精神，结合对资产阶级伪善者的形象的塑造，如解尔培夫妇、工业家威尔逊；同奴隶主韩德根、李格里等人凶恶残暴面目的刻划，对于资产阶级虚伪的和残酷的两种人性给予了有力的批判和揭露。

谈到剧作在历史的真实性和时代精神的结合的成就，势必要接触到汤姆这个人物的创造。

汤姆是个虔诚的宗教徒，是个忠诚的奴隶，原小说写他最后被奴隶主李格里毒打将死，他还祷告上帝赦免有罪的人。他从来不想反抗，认为一切都是命中注定的，应当忍受，甚至还应当代人赎罪，汤姆就是以这种代人赎罪的精神自愿去为主人抵债的。《汤姆叔叔的小屋》出版以后，美国黑人中至今还流行着用“汤姆叔叔”作为没有骨气的胆小者的讽刺语，可见小说和这个人物影响之深远。

剧作中的汤姆和原作有相同之处，更有不同之处。汤姆和解尔培主仆关系和汤姆被卖到南方农场后的一些细节描写基本是符合原著的，可是汤姆经受了后一段惨无人道的精神和肉体的摧残，他的思想就和原著所写的有了显著的不同。可以说人物的思想面貌既符合那个时代的精神，更符合今天的时代精神。这话似乎是矛盾的，其实并不矛盾。就汤姆这个人物来研究剧作者的创作思想和创作意图，是否可以得出这样一个看法，就是剧作者体现历史的真实同时又结合了当前黑人解放斗争这一具体现实，使人物的精神面貌跳出了原有的局限，使人物的思想有所升华和飞跃，这个升华和飞跃是有时代的生活的基础的，剧作者的阶级立场和世界观根本不同于原小说作者，全世界人民反殖民主义的斗争，特别是非洲人民反对帝国主义的斗争为剧作者提供了思想的、物质的基础。斯托夫人宣扬的是资产阶级的人道主义，剧本作者恰恰是借汤姆这个人物的发展变化有力地批驳了资产阶级的人道主义。剧本写汤姆有两次机会可以出走，一是听到自己被卖的消息，薏里赛决心带小海雷逃走，劝汤姆同走，汤姆终不肯同走；一是凯西、薏麦苓约他同走，他却未能同走。两次情况不同，而汤姆对出走的认识也大不相同。第一次尽管汤姆为了自己的妻儿能够在解尔培家安定生活下去，是他不愿出此下策的动因之一，但更主要的是他作为奴隶对主人的忠诚和感恩思想；他对主人固然还抱有幻想，同时他更具有“我不入地狱谁入地狱”这种自我牺牲的精神，他的行动正是这种思想指导下的结果。剧本写他对解尔培夫妇伪善的一面是没有认识的（原小说对这种伪善是作为资产阶级的可贵的人性予以宣扬的）。剧作虽然没有写他直接说出对主人的看法，但写了他对乔治的主人韩德根的看法，韩德根是残暴的、无人性的，那末解尔培并不残暴，而人性却是可以“感化”的，所以他虽被卖却嘱咐妻子克鲁好好伺候主人。出现在剧本中这种汤姆精神正是为了说明其不足为训，剧作者对“汤姆叔叔”这一称谓所代表的精神的挖掘是深刻的，也符合那个时代的历史真实的；在目前对进行反殖民主义、反种族歧视的斗争的人们来说是有鼓舞作用的。

经过了拍卖，经过在李格里农场的劳役，汤姆的自我牺牲精神有了新的发展，有了质的蜕变。剧本形象地描写他对不胜劳役的女奴的援助，描写了他身受到肉体的折磨，更重要的是通过这些具体入微的形象描写烘托了人物精神面貌的升华和飞跃，他敢于反抗李格里的命令，他拒绝拿起折磨奴隶的鞭子去鞭打自己的同胞，他终于说出了“不能够不要良心，更不能卖掉灵魂”，维护作为一个人的尊严的话。他，汤姆作为一个人站起来了。他不是人的奴隶，也不再是上帝的奴隶了。凯西和薏麦苓约他一同出走，汤姆所以不走不是不愿而是不能，因为他的两腿已经被打得站不起来了。他被打得躺倒地下，可是他的精神却站在反压迫战线的前沿，在被火烧死之前，他终于雄伟地矗立在敌人的面前，这个形象的产生，是高度的思想性和艺术性结合的产物。汤姆做人的良心有了本质的变革，这变革不是偶然的，是受到生活教育的结果。他对有钱的人产生了不同于过去的看法，有钱人的所谓上帝的仁慈，所谓的民主、自由、平等、博爱都是骗人的鬼话。他更认识到黑人要过人的生活，不能再依赖上帝的仁慈，不能依赖有钱的人的施舍。有钱的人是感化不了的，奴隶主欠下的债，被奴役的人迟早要算总帐的。汤姆在被火烧死前宣言：“受苦受难的人记在心上的帐是烧不掉、毁不掉的。”这不已经被今天非洲黑种人的反殖民主义斗争行动所证实了吗？汤姆的预言，也就是剧作者的写作此剧的立意，汤姆这个人物形象的最后的完成，是符合今天黑种民族运动的斗争情况的。由于作者对汤姆这个人物的刻划如此深入、细致，更由于作者具有的无产阶级的革命热情，和对于反殖民主义斗争的由衷的支持，汤姆精神面貌的转折，完成了艺术的折光镜的作用。这是我重读剧本，看了演出后的一点新的体会。

（原载1961年6月30日《戏剧报》第11、12期合刊）

回忆欧阳予倩同志创作《黑奴恨》

孙维世

欧阳予倩同志逝世了，我忍不住失声痛哭！

医院来电话说他病重，我匆匆赶去时，他已静静地躺在床上，不再慈祥地微笑，不再兴致勃勃地谈艺术创作中的问题，不再谈他的写作计划，不再指导我们工作，他已永远离开我们而去了！谁能不悲痛呢？中国失去了一位优秀的艺术家，我们失去了敬爱的老师。

欧阳予倩同志是中国话剧运动史上最老的一位戏剧家了，因为他是我们中央实验话剧院的院长，我们平时都称呼他老院长。和老院长在一起所受的教益，一时很难用语言来叙述，我只简单谈谈他在创作《黑奴恨》过程中的一些情况，说说我自己的感受。

1907年，中国最早的话剧团体春柳社在日本正式演出第一个剧目《黑奴吁天录》时，他就参加了那次演出。那时他还是一个19岁的青年，演的是美国绅士解尔培的儿子小乔治。春柳社的一群知识青年选择了《黑奴吁天录》作为中国话剧第一次正式公演的剧目，他们提出了反对民族歧视，号召国人独立自强，这反映了当时客观的要求。中国话剧运动从一开始起，就表达了人民的愿望，就和人民的斗争相结合。这个戏演出后，从上海起，产生了许多话剧团体，话剧便在中国各地流行起来。欧阳予倩同志参加了这个戏的演出后，也就终生从事戏剧工作了。

1957年，当纪念中国话剧运动50周年时，有人提议排演《黑奴吁天录》作为纪念性的演出，并想请欧阳老主持这工作。50年来欧阳予倩同志一直坚持在戏剧工作岗位上，在话剧、戏曲、戏剧教育方面朝夕不懈地、辛勤地劳动着，他写了许多优秀的话剧和戏曲剧本，在舞台上创造了许多动人的艺术形象，积累了丰富的经验，著述了戏剧和舞蹈方面的重要理论，培养了许许多多人才。在这时候由他来重新创造《黑奴吁天录》，自然最合适了。当时欧阳予倩同志也曾构思过《黑奴吁天录》的剧本。春柳社在日本的演出本已经找不到了。那次演出据说只有五幕，把原小说的宗教思想洗刷得干干净净，戏的结尾是以一群黑人奴隶杀死追兵、取得胜利结束的。汤姆在最后一幕也和黑人奴隶一起逃走了。那次演出和斯托夫人的原著出入很大，等于一个新创作。欧阳予倩同志在1957年构思的剧本和春柳社演出的剧本又有很大不同。我和剧院的同志们还听他谈过两次剧本构思，后来因为其他工作，这事情就搁下了。

1959年,正当非洲的民族解放运动高涨时,欧阳老的心情很激动。我记得我到他书房去时，常常看见他伏在桌上看报纸，当他看到美国黑人受虐待、受歧视，看到白人惨杀黑人、殴打黑人的消息时，他把报纸递给我看，气忿得连话都说不出来。当他看到非洲人民解放斗争的胜利消息时，他又象孩子似的欢喜。他严肃地说："《黑奴吁天录》还有它的现实意义，应该好好搞一下！"那时候，重新创作《黑奴吁天录》的思想已经在他心中逐渐成熟了。不久，他就到小汤山去写剧本。这个十场大戏（后来改为九场），一共只用了10天工夫就完成了。剧名改为《黑奴恨》。这个戏人物鲜明、语言简练，作者酝酿了很久的思想已经化为活生生的人物形象在我们眼前展现出来了。善良的汤姆，勇敢的哲尔治和薏里赛，温柔的薏麦苓，美丽而智慧的凯西……这些人在奴隶主的重重压迫下没有屈服，他们顽强地站立了起来！他们不屈的意志、宽厚的胸怀和高尚的人格，是那些奴隶主所不能理解的。他们所受的不公平的待遇，也是惨绝人寰的，这一切都是对美国不合理的社会制度的无情揭露与控诉！这个戏既不是斯托夫人的原著，也不是春柳社演出的剧本，这是欧阳予倩同志的新创作。每次演出，在观众的阵阵掌声中，我好象又看见作者手里拿着报纸，愤愤地说道："《黑奴吁天录》还有它的现实意义，应该好好搞一下！"是的，过去每当他说这话时，慈祥的笑容收敛起来，目光是严肃的，那时创作的火焰正在他心中燃烧着。这火焰化为语言，化为形象，传达出中国人民的意志与思想——反对种族歧视！反对阶级压迫！现在中国人民虽然正在胜利地建设社会主义，但是他们永远不会忘记被压迫被奴役的兄弟民族。他们永远以自己的行动来支持被压迫国家的民族解放斗争。

非洲的友人来看《黑奴恨》时很是激动，我从他们互相谈话的语气和表情中，看到了我们共同的愿望，了解了他们的心情。有一次几个黑人兄弟来看戏，散戏后他们长久伫立在剧场门口，不肯离去，最后演员们出来和他们见了面。他们向演员表达了自己的愿望，他们希望能把这个戏送到非洲去演出，也希望能把这个戏拍成电影。那个说话的友人声音很低沉，说得很慢，说完了话沉默了许久，才离开了剧场。我们那时也说不出话来，眼睛都有些湿润。我心里明白，这个戏的演出在导演的处理和演员的表演上还很不够，那么究竟是什么力量使观众受到感染呢？作者在《黑奴恨》的后记中这样写道：

> 现今，在美国，黑人还是受到严重的歧视和压迫。黑人的生命财产、基本人权都无保障。殖民主义者蹂躏非洲惨无天日，可是非洲的劳动人民也和其他殖民地的人民一样，已经觉醒，掀起了蓬蓬勃勃的民族解放运动，使帝国主义者手忙脚乱，浑身发抖。但他们决不甘心就此放手，还在一面施用阴谋诡计，一面肆行屠杀，还有就是甜言蜜语的欺骗。我以对被压迫者的深切同情，对殖民主义者极端的愤慨写了这个戏。

作者对被压迫者深切的同情，对殖民主义者极端的愤慨，正是这种思想感情，感染了观众。

我把黑人兄弟的话转告给老院长时，他已在病中，但是他又在构思一个揭露美帝国主义的剧本。当他给我们讲述新的构思时，他的幽默，他的天真的笑容把我们逗乐了。这是揭露美国虚伪的民主制度、伪装的自由平等的一个讽刺剧。不久前我到医院去看他时，他又谈起这个剧本。他谈话时是那样乐观，使我感到他象还有无穷的生命力，他还能为祖国和人民做许多事情！他有创作计划，这些作品在他心中已酝酿成熟，他对剧院的工作、对剧目的建设、对导演表演艺术的提高有一套完整的想法，他对戏剧和舞蹈的研究也正动手，但是疾病竟这样快的夺去了他的生命，我们敬爱的老院长，我们多么需要你啊！

欧阳予倩同志对后辈的关怀爱护、循循善诱，使人永远铭记在心。他常常在不知不觉中把自己丰富的知识和经验传授给你。他勤劳不懈的工作精神给人极大的启发，使人永远难忘。我和他住在一个院子里，一清早他就坐着推车出去，晨风拂着他的银发，他脸上充满了一天工作开始的喜悦。晚上常常听见他的推车声从我的窗前经过，在暮色中，朦胧地看见他的身影，他勤劳工作了一整天，带着没有虚度时光的心情，坐着推车归来。他不出门时就坐在书房里读书写文章。他学习马克思列宁主义经典著作，学习毛主席著作，非常认真。写作一篇接一篇，没有休止的时候，他永远不知疲劳，在勤劳的工作中感受到无穷的幸福。

欧阳予倩同志为人正直，爱憎分明，他对敌人仇恨，对党对毛主席最衷心热爱。入党那天，他的全家都高兴得落下泪来。在新社会中，他获得了新的生命。无论在生活中，在创作中，他充满了政治热情！

永别了，我们敬爱的欧阳老院长！在今后的生活与创作中，我永远不会忘记您！对您的回忆督促我勤劳不懈地进行创造性的劳动，对您的怀念，使我更加明确人生的目的，把自己整个生命，贡献给社会主义建设事业！

（原载1962年9月25日《人民日报》）

资料目录索引

欧阳予倩著译系年目录

苏关鑫

1913年

运动力（五幕剧）

作者在《自我演戏以来》中提及，原剧散佚。

宝蟾送酒、馒头庵、鸳鸯剑、黛玉焚稿、王熙凤大闹宁国府、摔玉请罪、鸳鸯剪发、卧薪尝胆、晚霞、青梅、仇大娘、嫦娥、申屠氏、哀鸿泪、杨贵妃、潘金莲、最后知侬心、人面桃花（均京剧）

作者在《我自排自演的京戏》中说："我自排自演的京戏一共24个。其中我自己编的18个……"上述18个剧本中，除《鸳鸯剑》编于1913年，《大闹宁国府》编于1914年冬，其他剧本均是作者1915年下海正式当职业京剧演员后编演的，现少数得以保存（另列），其余均已散佚。

百花献寿（京剧）

与张冥飞合编，在《我自排自演的京戏》中提及，已散佚。

软玉屏、是恩是爱（又名韩宝英，均京剧）

根据陕西易俗社的剧本改编，余同上。

1915年

神圣之爱（三幕悲剧）

作于1915年，在《自我演戏以来》中提及，陆镜若突然去世，他把剧本烧了，表示对死者的悼念，故原剧已不存。

黛玉葬花（京剧）

作于1915年，与张冥飞、杨尘因合编。1959年编入北京出版社《京剧汇编》第57集。1980年又收入中国戏剧出版社《欧阳予倩文集》第2卷。

1916年

馒头庵（京剧）

作于1916年。1917年收入《春雨梨花庵丛刊》第2集。1980年又收入中国戏剧出版社《欧阳予倩文集》第2卷。

1917年

晴雯补裘（京剧）

作于1917年，与张冥飞合编。1918年收入上海交通图书馆《鞠部丛刊》。1959年编入北京出版社《京剧汇编》第57集。1980年又收入中国戏剧出版社《欧阳予倩文集》第2卷。

黛玉焚稿（京剧）

同上。

1918年

予之戏剧改良观

载1918年10月15日《新青年》第5卷第4号，署名欧阳予倩。

1919年

断手（小说）

载1919年2月1日《新潮》第1卷第2号，署名欧阳予倩。

茶花女（春柳剧本，八幕）

1919年4月10日中华图书集成公司出版的《新剧考证百出》（郑正秋编）中有“本事”，署名予倩。

秋海棠（春柳悲剧，六幕）

同上。

一缕麻（春柳剧本，六幕）

同上，与镜若合编。

浮云（春柳剧本，六幕）

同上，署名予倩。

王熙凤大闹宁国府（春柳剧本，六幕）

同上，有“本事、剧情”，署名予倩。

恨海（春柳剧本，十一幕）

同上，有“本事、剧情”，与绛士合编。

亡国大夫（春柳剧本，七幕）

同上，有“剧情”，与冥飞合编。

怨偶（春柳悲剧，八幕）

同上，有“本事、剧中人、剧情”，与小髭合编。

田七郎（春柳剧本，八幕）

同上，“本剧取材《聊斋》”，署名予倩。

玉润珠圆、长夜、哀鸿泪、和平的血（均话剧）

作者在《自我演戏以来》中提及，因没有留稿，俱已散佚。

1920年

人面桃花（京剧）

作于1920年，1950年重新整理。1954年和1956年分别由北京宝文堂书店和上海文化出版社出版单行本。1980年

8月收入中国戏剧出版社《欧阳予倩文集》第2卷。1982年8月又收入湖南人民出版社的《欧阳予倩戏曲选》。

1921年

西洋歌剧谈

载1921年5月31日《戏剧》（民众戏剧社编）第1卷第1期，署欧阳予倩译编。

法兰西的歌剧

载1921年6月30日《戏剧》第1卷第2期，署名欧阳予倩。

德国的歌剧

载1921年7月30日《戏剧》第1卷第3期，署欧阳予倩译述。

英吉利之歌剧

载1921年9月30日《戏剧》第1卷第5期，署欧阳予倩译编。

俄罗斯之歌剧

载1921年10月30日《戏剧》第1卷第6期，署名欧阳予倩。

1922年

泼妇（独幕剧）

作于1922年，收入1925年3月商务印书馆《剧本汇刊》第1集。又收入1980年8月中国戏剧出版社《欧阳予倩文集》第1卷。

1924年

回家以后（独幕剧）

载1924年10月25日《东方杂志》第21卷第20号，署名欧阳予倩。收入1928年商务印书馆的《剧本汇刊》第2集。又收入1931年文化出版社的《近代独幕剧选》。又收入1933年亚细亚出版社的《现代中国戏剧选》。又收入1934年北新书局的《现代戏剧选》（下）。又收入1935年良友图书公司出版的《新文学大系·戏剧集》。又收入1935年群众书局的《戏剧甲选》。又收入1936年启明书局出版的《戏剧》。又收入1936年仿古书店的《现代戏剧文选》。又收入1937年武林书店的《一片爱国心》。

1925年

乐剧革命家瓦格拉

连载于1925年1月4日和1月11日《国闻周报》第2卷第1期和第2期，署名欧阳予倩。

傀儡之家庭（挪威易卜生原作）

连载于1925年4月19日、4月26日和5月3日《国闻周报》第2卷第14、15和16期，署欧阳予倩改译。

1926年

潘金莲（五幕话剧）

1926年据作者自己的京剧本改写而成（京剧台本散佚）。载1928年6月10日《新月》第1卷第4期。收入1928年

10月15日新东方书店的《潘金莲》，并附“南国鱼龙会”演出时的剧照三张。又收入1935年群众书局的《戏剧甲选》。又收入1937年武林书店的《一片爱国心》。又收入1940年11月现代戏剧出版社的《现代最佳剧选》第3集。又收入1959年6月人民文学出版社的《欧阳予倩选集》。

玉洁冰清（电影剧本）

作于1926年春，民新影片公司于当年拍成电影，卜万苍导演。

上海民新影片公司宣言

载1926年7月1日民新影片公司出版的《玉洁冰清》特刊，欧阳予倩起草。

三年以后（电影剧本）

作于1926年8月后，民新影片公司于当年拍成电影，自编自导。

导演《三年以后》感言

作于1926年8月后，载民新影片公司《三年以后》特刊。

天涯歌女（电影剧本）

作于1926年8月后，民新影片公司于次年拍成电影，自编自导。

1927年

我编《天涯歌女》的感想

载1927年4月10日民新影片公司出版的《天涯歌女》特刊。

荆轲（五幕歌剧）

作于1927年，载1929年7月25日《戏剧》（广东戏剧研究所发行）第1卷第2期，署名予倩。收入1980年8月中国戏剧出版社《欧阳予倩文集》第2卷。

1928年

空与色（两幕剧，日本谷崎润一郎作）

收入1928年10月15日新东方书店出版的《潘金莲》，署欧阳予倩改译。

1929年

叫座的戏与不叫座的戏

载1929年4月1日广州《民国日报》副刊《戏剧研究》第7期，署名欧阳予倩。

怎样完成我们的戏剧运动

载1929年4月8日广州《民国日报》副刊《戏剧研究》第8期，署名欧阳予倩。

戏剧改革之理论与实际

连载于1929年4月15、21、28日广州《民国日报》副刊《戏剧研究》第9、10、11三期，署名欧阳予倩。又载1929年5月25日《戏剧》第1卷第1期。收入1931年5月广州泰山书店出版的《予倩论剧》。

屏风后（一幕喜剧）

载1929年5月25日《戏剧》第1卷第1期，署名欧阳予倩。收入1939年9月现代戏剧出版社《现代最佳剧选》第1集。又收入1956年5月人民文学出版社《欧阳予倩剧作选》。1957年11月3日此剧作为“五四以来独幕剧的名著”登载于《剧本》第11期上。又收入1959年6月人民文学出版社《欧阳予倩选集》。又收入1980年8月中国戏剧出版社《欧阳予倩文集》第1卷。

粤剧北剧化的研究

载1929年5月25日《戏剧》第1卷第1期，署名欧阳予倩。收入1930年出版的《粤剧讨论集》。

用粤语演话剧

同上。

杨贵妃（创作歌剧）

载1929年5月25日《戏剧》第1卷第1期，署名予倩。

车夫之家（一幕悲剧）

载1929年5月25日《戏剧》第1卷第1期，署名欧阳予倩。收入1956年5月人民文学出版社《欧阳予倩剧作选》。又收入1959年6月人民文学出版社《欧阳予倩选集》。又收入1980年8月中国戏剧出版社《欧阳予倩文集》第1卷。

卷首语

载1929年5月25日《戏剧》第1卷第1期，未署名。欧阳予倩为广东戏剧研究所所长，《戏剧》是该所发行之刊物，故虽未署名，亦可看作是他的主张。

粤游杂记

（按：此系目录题，正文标题为《粤游琐记》）载1929年5月1日《南国月刊》第1卷第1期，署名欧阳予倩。

戏剧与宣传

载1929年5月3日广州《民国日报》副刊《戏剧研究》第12期，署名予倩。又载1929年7月25日《戏剧》第1卷第2期。收入1931年5月广州泰山书店出版的《予倩论剧》。

开场白

载1929年7月25日《戏剧》第1卷第2期，署名欧阳予倩。

动的艺术

载1929年7月25日《戏剧》第1卷第2期，署名予倩。收入1931年5月广州泰山书店出版的《予倩论剧》。

现代法国剧坛之趋势

下分四个小标题：今日之写实主义；德国与法国之国立剧场；法国的民众剧运动；欧洲之国际戏剧运动。载1929年7月25日《戏剧》第1卷第2期，署予倩译。

小英姑娘（独幕剧）

载1929年7月25日《戏剧》第1卷第2期，署欧阳予倩。收入1980年8月中国戏剧出版社《欧阳予倩文集》第1卷。

自我演戏以来

连载于1929年7月25日、9月5日、11月15日、12月15日、1930年4月1日、7月、10月《戏剧》第1卷2期、3期、4期、5期、6期和第2卷1期、2期，署名予倩。1933年2月上海神州国光社出版同名单行本。1959年5月中国戏剧出版社又出版经作者整理加注的单行本。

民众剧的研究

载1929年9月5日《戏剧》第1卷第3期，署名欧阳予倩。收入1931年5月广州泰山书店出版的《予倩论剧》。

日本戏剧运动的经过（日本小山内薰著）

载1929年9月5日《戏剧》第1卷第3期，署予倩译。收入1931年5月广州泰山书店出版的《予倩论剧》。

戏剧运动之今后

载1929年11月15日《戏剧》第1卷第4期，署名欧阳予倩。收入1931年5月广州泰山书店出版的《予倩论剧》。

刘三妹（五幕创作歌剧）

连载于1929年11月15日、12月15日和1930年4月1日《戏剧》第1卷第4、5、6三期，署予倩初稿。

买卖（独幕剧）

作于1929年，载1931年4月《戏剧》第2卷第5期，署名欧阳予倩。收入1956年 5月人民文学出版社《欧阳予倩剧作选》。又收入1959年6月人民文学出版社《欧阳予倩选集》。又收入1980年8月中国戏剧出版社《欧阳予倩文集》第1卷。

1930年

白姑娘（两场笑剧）

载1930年4月1日《戏剧》第1卷第6期，署名欧阳予倩。

陕西易俗社之今昔

载1930年3月3日广州《民国日报》副刊《戏剧研究》第30期，署名予倩。收入1931年5月广州泰山书店出版的《予倩论剧》。

听观众的话

载1930年5月12日广州《民国日报》副刊《戏剧研究》第40期，署名予倩。

岭大最近之戏剧比赛

（按：“岭大”，广州岭南大学）

载1930年5月26日广州《民国日报》副刊《戏剧研究》第42期，署名予倩。

怎样完成戏剧运动

载1930年6月2日广州《民国日报》副刊《戏剧研究》第43期，署名欧阳予倩。收入1931年5月广州泰山书店出版的《予倩论剧》。

包多丽许研究（日本岸田国士作）

连载于1930年6月23日、30日和7月7日广州《民国日报》副刊《戏剧研究》第46、47、48期，署欧阳予倩译。又载1930年10月《戏剧》第2卷第2期。收入1931年5月广州泰山书店出版的《予倩论剧》。

《怒吼吧中国》上演记

载1930年10月《戏剧》第2卷第2期，署名予倩。1933年9月15日《戏》创刊号予以转载，题目改为：《怒吼吧中国》在广东上演记。

演《怒吼吧中国》谈到民众剧

载1930年10月《戏剧》第2卷第2期，署名予倩。收入1931年5月广州泰山书店出版的《予倩论剧》。

1931年

玩具骚动（十场剧，苏联巴尔道夫斯基作）

载1931年2月《戏剧》第2卷第3、4期合刊，署欧阳予倩译。

中国艺术界的救贫运动

载1931年4月《戏剧》第2卷第5期，署名欧阳予倩。

1932年

同住的三家人（一幕剧）

载1932年11月《现代》第2卷第1期，署名欧阳予倩。收入1956年5 月人民文学出版社《欧阳予倩剧作选》。又收入1959年6月人民文学出版社《欧阳予倩选集》。又收入1980年8月中国戏剧出版社《欧阳予倩文集》第1卷。

不要忘了（十六景话剧）

作于1932年，余同上。

1933年

上海之战（独幕八景话剧）

载1933年3月5日《矛盾》第1卷第5、6期合刊（戏剧专号），署名欧阳予倩。

从汉调说到花鼓戏

同上。

1934年

日本最近的宣传戏

载1934年8月26日《戏》周刊第2期，署名欧阳予倩。

巴黎剧场

载1934年10月16日《东方杂志》第31卷第20号，署名欧阳予倩。

高尔基与莫斯科艺术剧院（日本野崎韶夫作）

载1934年11月1日《文艺月刊》第6卷第5、6期合刊，署欧阳予倩译。

如何组织新剧剧团

载1934年11月18日《戏》周刊第14期，署名欧阳予倩。

渔夫恨（京剧）

作于1934年，载1937年《东方杂志》2月号，署名欧阳予倩。收入1980年8月中国戏剧出版社《欧阳予倩文集》第2卷。又收入1982年8月湖南人民出版社《欧阳予倩戏曲选》。

1935年

油漆未干（剧本，法国伏墅涅作）

连载于1935年2月1日、3月1日、4月1日《文艺月刊》第7卷第2、3、4三期，署欧阳予倩译。1943年1月桂林版《大公报》曾在广告栏刊出单行本出版预告，是否出版，待查。

创作翻译剧及改译剧

载1935年2月26日《戏》周刊第27期，署名欧阳予倩。

为什么要写实？

载1935年5月1日《文艺月刊》第7卷第5期，署名欧阳予倩。

田汉与洪深（下）

载1935年12月1日南京《扶轮日报》，署名欧阳予倩。因该报残缺，其（上）发表在何日，待查。

因曹禺氏的《雷雨》谈到运命悲剧

载1935年12月13日《晨报》，署名欧阳予倩。

新桃花扇（电影剧本）

作于1934年秋后。新华影业公司于1935年拍成电影，由作者自导。文学剧本发表于1936年5月1日《文学丛报》第2期，署名欧阳予倩。

1936年

现代戏剧的欣赏

载1936年1月《申报周刊》第1卷第2期，署名欧阳予倩。

中国文艺家协会宣言

载1936年7月1日《文学丛报》第4期，欧阳予倩是签名者之一。

二黄戏改革的可能性

载1936年9月《申报周刊》第1卷第36期，署名欧阳予倩。

清明时节（电影剧本）

作于1936年，明星影片公司于当年拍成电影，姚莘农的故事梗概，欧阳予倩编导。

小玲子（电影剧本）

作于1936年，明星影片公司于当年拍成电影，欧阳予倩编剧，程步高导演。

清明时节与小玲子

（按：此文述说编导体会）载1936年10月10日《电影·戏剧》第1卷第1期，署名欧阳予倩。

海棠红（电影剧本）

作于1936年，明星影片公司于当年拍成电影，欧阳予倩编剧，张石川导演。

不要以悲哀来纪念鲁迅之死

载1936年11月10日《电影·戏剧》第1卷第2期，署名欧阳予倩。

1937年

再谈旧戏的改革（一）——剧本的改编与创作

载1937年2月《申报周刊》第2卷第7期，署名欧阳予倩。

再谈旧戏的改革（二）——演出法的研究

载1937年2月《申报周刊》第2卷第8期，署名欧阳予倩。

再谈旧戏的改革（三）——表演术的研究

载1937年3月《申报周刊》第2卷第12期，署名欧阳予倩。

再谈旧戏的改革（四）——乐曲的研究

载1937年4月《申报周刊》第2卷第16期，署名欧阳予倩。

戏剧运动与批评

载1937年《中国文艺》第1卷第3期，署名欧阳予倩。

欲魔（原名黑暗之势力，俄托尔斯泰原作）

载1937年5月1日《文艺月刊》第10卷第4、5期合刊，署欧阳予倩改编。1939年8月由上海现代戏剧出版社出版单行本。

明日的新歌剧

载1937年5月16日《戏剧时代》第1卷第1期，署名欧阳予倩。

中国剧运先驱者怀旧座谈会

（按：这是我国著名戏剧家的一次会议记录。出席者有欧阳予倩、夏衍、唐槐秋、郑伯奇、应云卫、袁牧之、马彦祥等20余人，发言内容由赵慧深、尤兢笔记。）载1937年5月25日《光明》第2卷第12期（戏剧专号）。

话剧职业化问题的讨论

（按：这是编辑部组织的书面讨论，此为专栏题。本期共发表8人的文章，“以收到先后为序”，欧阳予倩同志的列为首篇，其余作者尚有张庚、柯灵、凌鹤等，均无小标题。）载1937年6月5日《新演剧》第1卷第1期。

导演经验谈

载1937年6月16日《戏剧时代》第1卷第2期，署名欧阳予倩。

日本民众应有的觉悟

载1937年9月8日《救亡日报》，署名

欧阳予倩。

怎样组织民众

载1937年9月15日《救亡日报》，署名予倩。

青纱帐里（三幕剧）

1937年10月上海大时代出版社出版，列为“抗战小文库”之一，署名欧阳予倩。

导演《欲魔》时的杂感

载1937年上海“业余剧人协会”举行第三次公演而出版的《业余剧人》特刊，署名欧阳予倩。

起来，旧剧界的同志们

载1937年10月26日《救亡日报》，署名欧阳予倩。1937年12月1日《抗战戏剧》第1卷第2期予以转载。

如此繁华（电影剧本）

作于1937年，联华影业公司于当年拍成电影，自编自导。

桃花扇（京剧）

作于1937年冬。1959年重新整理，于同年由中国戏剧出版社出版，署名欧阳予倩。收入1980年8月中国戏剧出版社《欧阳予倩文集》第2卷。又收入1982年8月湖南人民出版社《欧阳予倩戏曲选》。

梁红玉（京剧）

作于1937年，连载于1938年1月1日和16日《抗战戏剧》第1卷第4、5两期，署名欧阳予倩。1938年由上海杂志公司出版单行本。

1938年

关于戏剧改革

（按：此为刊物目录题名，正文题为：关于旧剧改革。）载1938年8月13日《克敌》第23期，署名欧阳予倩。

木兰从军（电影剧本）

作于1938年8、9月间，次年春天由新华影片公司拍成电影，卜万苍导演。载1939年3月10日《文献》第6卷。

开天辟地（电影剧本）

作者在《电影半路出家记》中说，该剧本“是作为历史故事来写的，影射着西安事变到蒋介石被迫抗战”。因电影公司不敢要它，故没有拍成电影。

梁红玉（桂剧）

作于1938年（按：《欧阳予倩文集》第2卷说明，说该剧作于1937年，而《电影半路出家记》则说是1938年，以后者为准。因为1937年作者还未应邀去桂林，也就谈不上改良桂剧、撰写桂剧剧本了）。1938年国防艺术出版社出版单行本。收入1980年8月中国戏剧出版社《欧阳予倩文集》第2卷。又收入1982年8月湖南人民出版社

《欧阳予倩戏曲选》。

1939年

一年来戏剧运动的展望

载1939年2月1日《戏剧杂志》第2卷第2期，署名欧阳予倩。

鲁迅不死

载1939年10月20日《救亡日报》，署名欧阳予倩。

桃花扇（桂剧）

1939年作者按自己的同名京剧本改编。

越打越肥（独幕话剧）

作于1939年。载1940年8月20日《十日文萃》新1卷第4、5期合刊，署名欧阳予倩。收入1943年桂林远方书店出版的《二十九人自选集》。又收入1956年5月人民文学出版社《欧阳予倩剧作选》。又收入1959年6月人民文学出版社《欧阳予倩选集》。又收入1980年8月中国戏剧出版社《欧阳予倩文集》第1卷。

1940年

改革桂剧的步骤

载1940年1月《公余生活》第2卷第5期，署名欧阳予倩。

改革旧戏的步骤

载1940年6月1日《新中国戏剧》第1卷第1期，署名欧阳予倩。

战地鸳鸯（小杂会之一）

载1940年11月1日《戏剧春秋》第1卷第1期，署名欧阳予倩。

我们的经典（小杂会之二）

载1940年12月1日《戏剧春秋》第1卷第2期，署名欧阳予倩。

《心防》的写作与上演

载1940年12月6日《救亡日报》，署名欧阳予倩。1941年1月20日《剧教》第1卷第1期予以转载。

1941年

追念西苓沈先生

载1941年2月1日《戏剧春秋》第1卷第3期，署名欧阳予倩。

上演《日出》的杂感

载1941年5月26日桂林《大公报》，署名欧阳予倩。

忠王李秀成（五幕史剧）

连载于1941年5月30日至8月18日桂林《大公报》文艺副刊，共32期登完。每登一次，在题下标有①②③的顺序数字，8月1日因稿挤暂停，但编者误作登载计算，故8月18日那一期题下标明㉝，实际登载为32期，均署名欧阳予倩。1941年10月桂林文化供应社出版单行本。收入1956年5月人民文学出版社《欧阳予倩剧作选》。又收入1959年6月人民文学出版社《欧阳予倩选集》。又收入1980年8月中国戏剧出版社《欧阳予倩文集》第1卷。

马君武先生与戏剧改进会

载1941年7月1日《逸史》第12期，署名欧阳予倩。

省立艺术馆的工作概况

载1941年7月广西建设研究会出版的《建设研究》第5卷第5期，署名欧阳予倩。

如意歌

载1941年《妇女岗位》第3期，署名欧阳予倩。

为打击法西斯侵略而共同奋斗

（按：此文为我国戏剧电影界慰问苏联同行而发表的宣言，由田汉、欧阳予倩等197人签名。）载1941年8月17日《华商报》。

吊刘保罗先生

载1941年10月10日《戏剧春秋》第1卷第5期，署名欧阳予倩。

忠王李秀成自序

载1941年10月15日《文艺生活》第1卷第2期，署名欧阳予倩。此文与单行本序言相同。

为寄女曼如婚事敬告亲友

载1941年11月19日桂林《大公报》，署名欧阳予倩。

寄慰苏联战士

载1941年12月15日《文艺生活》第1卷第4期，署名欧阳予倩。

1942年

新形势与新艺术（座谈）

（按：这是一次座谈记录，参加者有田汉、夏衍、欧阳予倩等人。）载1942年4月15日《文艺生活》第2卷第2期。

《谭嗣同书简》序

载1942年4月25日《文化杂志》第2卷第2号，署名欧阳予倩。

后台人语

连载于1942年9月15日、1943年1月15日、4月15日、10月15日《文学创作》第1卷第1期、4期、6期和第2卷第5期，署名欧阳予倩。

一刻千金（独幕剧）

载1942年10月15日《文艺生活》第3卷第1期，署名欧阳予倩。

迫切的呼吁

载1942年10月15日《文学创作》第1卷第2期，署名欧阳予倩。

历史剧问题座谈

（按：这是由田汉主持的《戏剧春秋》编辑部召集的一次座谈会，参加者有柳亚子、茅盾、欧阳予倩、胡风、宋云彬等知名人士，欧阳予倩在会上作了数次发言，谈及自己从事历史剧的创作体会。）载1942年10月30日《戏剧春秋》第2卷第4期。

木兰从军（桂剧）
作于1942年（按：《欧阳予倩文集》第2卷的说明中说此剧作于1939年，但据原作者在《电影半路出家记》中自述："1942年我曾经根据电影剧本把《木兰从军》编成桂戏。"且该剧亦在1942年由桂林桂剧实验剧团对外公演，故应以后说为准。）收入1980年8月中国戏剧出版社《欧阳予倩文集》第2卷。又收入1982年8月湖南人民出版社《欧阳予倩戏曲选》。

1944年

关于西南第一届戏剧展览会
载1944年1月1日《当代文艺》第1卷第1期，署名欧阳予倩。

旧家（五幕剧）
载1944年5月10日《新文学》第1卷第4期（戏剧专号），署名欧阳予倩。

能否把圈子放得更大
同上，署名予倩。

民众的声音
载1944年11月1日昭平《广西日报》，署名予倩。

可爱的桂林（独幕剧）
连载于1944年11月3、4、5日昭平《广西日报》，署名欧阳予倩。

一个可供参考的故事
载1944年11月18日昭平《广西日报》，署名予倩。

祝福、盼望——敬送何香凝先生（新诗）
载1944年12月21日昭平《广西日报》，署名予倩。

1945年

第八个年头
载1945年1月1日昭平《广西日报》元旦增刊，署名欧阳予倩。

治标与治本
载1945年1月21日昭平《广西日报》，署名欧阳予倩。

艺术与民众
载1945年3月5日昭平《广西日报》，署名欧阳予倩。

罗斯福是共和党的领袖?
同上，署名予倩。

"势力范围"作祟
载1945年3月11日昭平《广西日报》，署名予倩。

怀旧录（一、母与女）

（按：这是以专栏形式出现的一组小品，怀旧录是总题，下面有小标题，集中谈一个问题。前有总序，说明作者起名及写作原因。）载1945年3月23日昭平《广西日报》，署名予倩。

怀旧录（二、S君的牢骚）

载1945年3月24日昭平《广西日报》，署名予倩。从该天起，该报改为两版，副刊取消，怀旧录中断连载达一月之久。

怀旧录（三、英雄与赌博）

载1945年4月24日昭平《广西日报》，署名予倩。

怀旧录（四、宁滥无缺与报销主义）

载1945年4月25日昭平《广西日报》，署名予倩。

怀旧录（五、P太太的妙语）

载1945年4月27日昭平《广西日报》，署名予倩。

怀旧录（六、押宝入伍）

载1945年4月28日昭平《广西日报》，署名予倩。

怀旧录（七、九五之尊）

载1945年4月29日昭平《广西日报》，署名予倩。

怀旧录（八、小先生争议长）

载1945年5月4日昭平《广西日报》，署名予倩。

得救了的和平之神（歌剧本事稿）

载1945年5月11日昭平《广西日报》，署名欧阳予倩。

怀旧录（九、没落期的南通）

载1945年5月12日昭平《广西日报》，署名予倩。

怀旧录（十、悲剧的民族资本家）

载1945年5月14日昭平《广西日报》，署名予倩。

怀旧录（十一、办案子好比作医生）

载1945年5月15日昭平《广西日报》，署名予倩。

怀旧录（十二、结婚四十年）

载1945年5月16日昭平《广西日报》，署名予倩。

怀旧录（十三、无补时艰的吟咏）

载1945年5月21日昭平《广西日报》，署名予倩。

怀旧录（十四、戒严中的晚会）

载1945年5月25日昭平《广西日报》，署名予倩。

怀旧录（十五、“五卅”的回忆）
载1945年5月30日昭平《广西日报》，署名予倩。

从事大众艺术教育运动的态度
载1945年6月2日昭平《广西日报》，署名予倩。

怀旧录（十六、苏联第一届的戏剧节）
连载1945年6月10日、11日、12日、15日、17日、19日和20日昭平《广西日报》，均署名予倩。

诗人节，端午节
载1945年6月14日昭平《广西日报》，署名予倩。

关于旧形式的运用
载1945年6月16日昭平《广西日报》，署名予倩。

高尔基剧院
载1945年6月18日昭平《广西日报》，署名予倩。

作家谭
载1945年6月30日昭平《广西日报》，署名予倩。

去恶而从善
同上。

疏散十个月
载1945年7月14日昭平《广西日报》，署名予倩。

灵魂的净化
载1945年8月1日昭平《广西日报》，署名予倩。

战后的戏剧运动
载1945年8月11日昭平《广西日报》，署名予倩。

民主的胜利
载1945年8月14日昭平《广西日报》，署名予倩。

艺术工作者今日的任务
载1945年8月25日昭平《广西日报》，署名予倩。

民众教育的电化
载1945年9月8日昭平《广西日报》，署名予倩。

农村民众教育问题的提出
载1945年9月22日昭平《广四日报》，署名予倩。

光荣的十一个月
载1945年9月29日昭平《广西日报》，署名予倩。（按：该报创办时间为1944年11月1日，停刊时间为1945年9月30日，实际出刊为11个月。）

保障剧作家创作自由的建议
载1945年11月11日桂林《广西日报》，署名欧阳予倩。1945年12月4日《文萃》第1卷第9期转载。1946年1月1日《文艺生活》光复版第1期又转载。

桂林夜话（独幕剧，又名：归来夜话）
作于1945年，载1946年《半月文萃》复刊第1期，署名欧阳予倩。收入1980年8月中国戏剧出版社《欧阳予倩文集》第1卷。

言论自由（默剧）
作于1945年，载1946年《半月文萃》复刊第2期，署名欧阳予倩。收入1980年8月中国戏剧出版社《欧阳予倩文集》第1卷。

1946年

推进农村剧运的商讨
载1946年2月15日桂林《广西日报》，署名予倩。

一九四四到四六
同上，署名欧阳予倩。1946年3月15日《半月文萃》复刊第3期予以转载。

发刊词
载1946年3月广西艺术馆编印的《广西画报》创刊号，署名欧阳予倩。

音乐节感言
载1946年4月5日桂林《广西日报》，署名欧阳予倩。

欲哭无泪
载1946年7月28日《群众》周刊第12卷第1期，署名欧阳予倩。

民元以来的戏剧
载1946年10月10日《华商报》，署名欧阳予倩。

平剧改革座谈会
（按：发言记录，出席者田汉、欧阳予倩、信芳、马彦祥、阳翰笙、顾仲彝。）连载于1946年10月14日、21日、28日和11月4日《新闻报》《艺月》副刊第4、5、6、7期。

漫谈平剧改革
载1946年10月21日《新闻报》《艺月》副刊第5期，署名欧阳予倩。

话剧复兴运动座谈会
（按：发言记录，出席者田汉、欧阳予倩、阳翰笙、于伶、洪深等。）连载于1946年11月18日、12月2日、16日、23日《新闻报》《艺月》副刊第9、11、13、14期。

关不住的春光（电影剧本）
作于1946年10月，1948年11月由昆仑影业公司拍成电影（王为一、徐韬导演）。

《天国春秋》导演的话

载1946年11月25日《新闻报》《艺月》副刊第10期，署名予倩。

孔雀东南飞（京剧）

作于1946年，1955年重新整理，由北京宝文堂书店出版单行本。收入1980年8月中国戏剧出版社《欧阳予倩文集》第2卷。又收入1982年8月湖南人民出版社《欧阳予倩戏曲选》。

桃花扇（话剧）

1946年12月作者按自己的同名京剧本改编。（按：《欧阳予倩文集》第1卷说明说此剧作于1947年，而《桃花扇·序言（一）》则说是1946年12月，自当以作者此说为准。）收入1956年5月人民文学出版社《欧阳予倩剧作选》。1957年中国戏剧出版社出版了单行本。又收入1959年6月人民文学出版社《欧阳予倩选集》。又收入1980年8月中国戏剧出版社《欧阳予倩文集》第1卷。

1947年

国粹（独幕剧）

原发表处待查，收入1947年4月上海潮锋出版社《现代名剧精华》（魏如晦编）。

剧运在台湾

载1947年5月8日《大公报》《戏剧与电影》周刊第29期，署名欧阳予倩。

三个戏

载1947年7月15日《文艺春秋》第5卷第1期，署名欧阳予倩。

一饭百感

载1947年9月15日《艺声》第1卷第2期，署名欧阳予倩。

弱者，你的名字是女人（电影剧本）

（按：作者在《电影半路出家记》中说："这个片子的片名和故事梗概我都忘了，无从查考。"现在的剧名，是"洪深给我改了名字"。）作于1947年，次年由大同电影企业公司拍成电影，洪深、郑小秋导演。

1948年

留港艺术工作者发表反美扶日宣言

（按：在宣言中签名的有名作家、名导演、名演员195人，欧阳予倩为其中之一。）载1948年7月2日《华商报》。

负责推荐

载1948年9月27日《华商报》，署名欧阳予倩。

旅港戏剧界人士电贺莫斯科艺术剧院

（按：此系消息，中有电文，文末签名者有郭沫若、茅盾、欧阳予倩、夏衍等12人。）载1948年10月27日《华商报》。

野火春风（电影剧本）

（按：在《电影半路出家记》中，作者说，这个剧本，“是一位朋友写的故事梗概”。）作于1948年，同年底由大光明影业公司拍成电影，欧阳予倩导演。

恋爱之道（电影剧本）

（按：在《电影半路出家记》中，作者说：“这个戏原来也不是我写的，分幕和对话是我写的。”）作于1948年，次年由南群影业公司拍成电影。

芳草啼鹃（电影剧本）

作于1948年，据瞿白音回忆，剧本因内容进步而被香港永华公司所否定，未拍成电影。

1949年

略谈唱工

载1949年11月25日《文艺报》第1卷第5期，署名欧阳予倩。

1950年

再谈唱工

载1950年4月25日《文艺报》第2卷第3期，署名欧阳予倩。

关于旧戏改造的几小点

载1950年4月1日《人民戏剧》创刊号（戏曲改革专号），署名欧阳予倩。

克服缺点，发挥创造——中央戏剧学院1950年上半年的工作报告

载1950年8月1日《人民戏剧》第1卷第5期，署名欧阳予倩。

集体力量完成集体的艺术

载1950年9月1日《人民戏剧》第1卷第6期，署名欧阳予倩。

我对一年来戏剧创作的感想

载1950年10月1日《人民戏剧》第2卷第1期，署名欧阳予倩。

反美必须援朝

载1950年12月1日《人民戏剧》第2卷第2、3期合刊，署名欧阳予倩。

漫谈京戏改进的一、二事

载1950年12月10日《文艺报》第3卷第4期，署名欧阳予倩。

和平鸽（七场舞剧）

作于1950年，同年演出，由戴爱莲主演，文字剧本似未见发表。

1951年

莫斯科“五一”观礼见闻记

载1951年8月10日《人民戏剧》第3卷第4期，署名欧阳予倩。

观剧琐谈

载1951年10月1日《文艺报》第4卷第11、12期合刊，署名欧阳予倩。

拥护文艺界整风学习

载1951年12月10日《文艺报》第5卷第4期，署名欧阳予倩。1951年12月16日《人民日报》予以转载。

1952年

学习增加了我的勇气和信心——在中央戏剧学院文艺整风学习大会上的报告

载1952年1月5日《人民日报》，署名欧阳予倩。又载1951年1月10日《文艺报》第1期。收入1959年12月作家出版社《一得余抄》。

毛主席的文艺思想引导着我们向前

载1952年5月25日《文艺报》第10期，署名欧阳予倩。

欢迎罗马尼亚人民共和国部队歌舞团

载1952年9月3日《人民日报》，署名欧阳予倩。收入1959年12月作家出版社《一得余抄》。

珍爱部队文艺的每一成就

载1952年9月16日《解放军文艺》9月号，署名欧阳予倩。

我看到了具有高度感染力的舞蹈艺术

载1952年11月15日《人民日报》，署名欧阳予倩。收入1959年12月作家出版社《一得余抄》。

百花齐放中的桂戏

载1952年11月25日《文艺报》第22期，署名欧阳予倩。收入1959年12月作家出版社《一得余抄》。

1953年

遵循斯大林同志的遗训前进

载1953年3月15日《文艺报》第5期，署名欧阳予倩。

紧紧的握手，诚恳的学习——为欢迎蒙古人民共和国艺术团而作

载1953年4月30日《人民日报》，署名欧阳予倩。收入1959年12月作家出版社《一得余抄》。

1954年

我怎样学会了演京戏

连载于1954年1月20日、2月20日《戏剧报》第1、2两期，署名欧阳予倩。1959年4月由北京宝文堂书店出版单行本。收入1959年5月中国戏剧出版社《自我演戏以来》。又收入1959年12月作家出版社《一得余抄》。

演员必须念好台词

载1954年4月20日《戏剧报》第4期，署名欧阳予倩。1958年2月《戏剧学习》第3期转载。收入1959年12月作家出版社《一得余抄》。

人民的宪法保证着社会主义的建设

载1954年7月15日《文艺报》第13期，署名欧阳予倩。

人民的宪法——建立社会主义国家的基石

载1954年7月20日《戏剧报》第7期，署名欧阳予倩。

希望不负人民的委托

载1954年9月20日《戏剧报》第9期，署名欧阳予倩。

看了苏联舞剧《巴黎圣母院》以后

载1954年12月29日《人民日报》，署名欧阳予倩。收入1959年12月作家出版社《一得余抄》。

1955年

抗议胡风对中央戏剧学院的诬蔑

载1955年3月30日《文艺报》第6期，署名欧阳予倩。

真正的演员，美的创造者——梅兰芳

载1955年4月9日《戏剧报》第4期，署名欧阳予倩。收入1959年12月作家出版社《一得余抄》。

对反革命分子决不姑息

载1955年6月9日《戏剧报》第6期，署名欧阳予倩。

为完成五年计划站在斗争的前线

载1955年8月9日《戏剧报》第8期，署名欧阳予倩。

追念洪深同志

载1955年9月15日《文艺报》第17期，署名欧阳予倩。

日本的歌舞伎

载1955年10月1日《新观察》第19期，署名欧阳予倩。

日本歌舞伎观后

载1955年10月7日《人民日报》，署名欧阳予倩。收入1959年12月作家出版社《一得余抄》。

京戏一知谈

连载1955年10月9日、11月9日《戏剧报》第10、11两期，署名欧阳予倩。收入1957年7月中国戏剧出版社《中国戏曲研究资料初辑》。又收入1959年12月作家出版社《一得余抄》。

欢欣鼓舞迎接农业合作化的高潮

载1955年11月20日《北京文艺》第11期，署名欧阳予倩。

我要为实现伟大的共产主义理想贡献一切

载1955年12月12日《人民日报》，署名欧阳予倩。收入1959年12月作家出版社《一得余抄》。

1956年

苏联戏剧专家普·乌·列斯里同志对中国戏剧运动的巨大贡献

载1956年2月9日《戏剧报》第2期，署名欧阳予倩。

略谈青年话剧演员的修养——为全国话剧汇演而作

载1956年3月28日《中国青年报》，署名欧阳予倩。

谈昆剧《十五贯》和《长生殿》的演出

载1956年4月16日《人民日报》，署名欧阳予倩。收入1959年12月作家出版社《一得余抄》。

谈广东粤剧团演出的《搜书院》

载1956年5月14日《人民日报》，署名欧阳予倩。

戏曲艺术的斗士盖叫天

载1956年12月9日《戏剧报》第12期，署名欧阳予倩。另见1956年12月《新华半月刊》第24期。

朝鲜唱剧《沈清传》的艺术成就

载1956年12月20日《人民日报》，署名欧阳予倩。收入1959年12月作家出版社《一得余抄》。

1957年

我们要发扬中国舞蹈艺术的优良传统

载1957年2月20日《人民日报》，署名欧阳予倩。收入1959年12月作家出版社《一得余抄》。

关于举办话剧运动五十年纪念及搜集整理话剧运动史资料出版话剧史料集的建议

载1957年4月11日《戏剧报》第7期，田汉、欧阳予倩、夏衍、阳翰笙合署。收入1958年2月中国戏剧出版社《中国话剧运动五十年史料集》第1辑。

关于台词教学与训练的一些问题——在台词教学研究会议上的发言摘录

载1957年6月《戏剧学习》第1期，署名欧阳予倩。

回忆春柳

载1957年8月27日《戏剧论丛》第3辑，署名欧阳予倩。收入1958 年2月中国戏剧出版社《中国话剧运动五十年史料集》第1辑，署名欧阳予倩。又收入1959年5月中国戏剧出版社《自我演戏以来》。

粉碎右派分子对社会主义戏曲事业的进攻

载1957年9月28日《戏剧报》第18期，署名欧阳予倩。

旧话重提

（按：此文在重登作者独幕剧《屏风后》时同期发表。）载1957年11月3日《剧本》第11期，署名欧阳予倩。

歌唱红十月（诗）

载1957年11月7日《文汇报》，署名欧阳予倩。

无私的帮助,伟大的友谊——纪念十月革命四十周年，为苏联专家歌唱（诗）

载1957年11月10日《文艺报》第31期，署名欧阳予倩。

谈幕表戏

载1957年11月27日《戏剧论丛》第4辑，署名欧阳予倩。收入1959年12月作家出版社《一得余抄》。

怎样才是戏剧

载1957年11月27日《戏剧论丛》第4辑，署名欧阳予倩。

葵向吟（诗）

载1957年11月29日《人民日报》，署名欧阳予倩。

1958年

台词课教学大纲的说明

载1958年2月《戏剧学习》第3期，署名欧阳予倩。收入1959年12月作家出版社《一得余抄》。

谈文明戏

载1958年2月中国戏剧出版社《中国话剧运动五十年史料集》第1辑，署名欧阳予倩。

鼓起干劲，多写剧本

载1958年2月26日《文艺报》第4期，署名欧阳予倩。

欢迎松山树子芭蕾团来我国访问演出

载1958年3月5日《舞蹈》第2期，署名欧阳予倩。

谈芭蕾舞剧《白毛女》

载1958年3月22日《人民日报》，署名欧阳予倩。收入1959年12月作家出版社《一得余抄》。

一个成功的好戏《关汉卿》——看彩排的印象记

载1958年7月15日《戏剧报》第13期，署名欧阳予倩。收入1959年12月作家出版社《一得余抄》。

为《十三陵水库畅想曲》大声喝采

载1958年7月16日《人民日报》，署名欧阳予倩。

全力支持阿拉伯兄弟的正义斗争(歌词)

载1958年8月3日《文汇报》，署名欧阳予倩。

我们懂得如何对付豺狼

载1958年9月9日《人民日报》，署名欧阳予倩。

坚决打走美国狼

载1958年9月11日《新文化报》，署

名欧阳予倩。

美国强盗滚出东方（诗）
载1958年9月11日《文汇报》，署名欧阳予倩。

《红霞》开了昆曲的新生面
载1958年9月15日《人民日报》，署名欧阳予倩。收入1959年12月作家出版社《一得余抄》。

《桃花扇》排演札记——中央戏剧学院实验话剧院演出
载1958年10月《戏剧学习》第5期，署名导演欧阳予倩。

为共产主义的戏剧艺术而奋斗
载1958年10月3日《剧本》第10期，署名欧阳予倩谈，子英记。

秦腔《三滴血》和碗碗腔《金琬钗》
载1958年11月19日《人民日报》，署名欧阳予倩。

今天的艺术科学研究工作
载1958年11月21日《新文化报》，署名欧阳予倩。收入1959年12月作家出版社《一得余抄》。

在传统的基础上创造最新最美的戏剧艺术
载1958年10月6日《人民日报》，署名欧阳予倩。收入1959年12月作家出版社《一得余抄》。

歌颂中朝友谊的《友谊》
载1958年11月22日《人民日报》，署名欧阳予倩。收入1959年12月作家出版社《一得余抄》。

矿工的女儿（电影剧本）
作于1958年，系初稿，未经修订定稿，没有拍成电影。

1959年

写剧本的一把钥匙
载1959年《中国电影》第2期，署名欧阳予倩。

电影半路出家记
分载于1959年《中国电影》第3期和1961年2月15日、4月15日《电影艺术》第1、2期，均署欧阳予倩。1962年1月由中国电影出版社出版单行本。

试谈唐代舞蹈
载1959年3月9日和5月9日《舞蹈》第3期和第5期，均署欧阳予倩。收入1959年12月作家出版社《一得余抄》。

提高话剧艺术的几点感想
载1959年3月30日《戏剧报》第6期，署名欧阳予倩。

高歌健舞情何限——看川剧《打神告庙》
载1959年4月5日《人民日报》，署名

欧阳予倩。收入1959年12月作家出版社《一得余抄》。

再看川剧《秋江》

载1959年4月30日《戏剧报》第8期，署名欧阳予倩。

话剧演员的基本训练与文艺修养

载1959年5月19日《人民日报》，署名欧阳予倩。收入1959年12月作家出版社《一得余抄》。

话剧向传统学习的问题——在中央戏剧学院讲课的记录

连载于1959年6月、10月《戏剧学习》第6、7两期，署名欧阳予倩。1959年7月10日、9月25日《戏剧研究》第3、4两期予以转载。1961年1月9日《舞蹈》第1期又转载了其中的一部分，题为《谈戏曲表演》。

提高戏剧创作的水平

载1959年6月3日《剧本》第6期，署欧阳予倩谈，本刊记者记。

舞剧《蝶恋花》座谈会

（按：这是中国戏剧家协会和中国舞蹈艺术研究会联合主持召开的座谈会，会上有欧阳予倩的长篇发言，此是座谈会发言记录。）载1959年7月9日《舞蹈》第7期。

令人喜悦的《槐树庄》

载1959年7月26日《光明日报》，署名欧阳予倩。

看了《金玉奴》的一点感想

载1959年8月8日《文汇报》，署名欧阳予倩。收入1959年12月作家出版社《一得余抄》。

话剧、新歌剧与中国戏剧艺术传统

连载于1959年8月11日和26日《文艺报》第15、16两期，署名欧阳予倩。收入1959年12月作家出版社《一得余抄》。

意永情高——评《蝶恋花》

载1959年9月23日《解放军报》，署名欧阳予倩。

话剧的今天

载1959年9月30日《戏剧报》第18期，署名欧阳予倩。

苏联芭蕾世界第一——看《宝石花》、《雷电的道路》的感想

载1959年10月13日《人民日报》，署名欧阳予倩。1959年11月9日《舞蹈》转载。

黑奴恨（九场话剧）

（按：与剧本同时还附有后记。）载1959年11月3日《剧本》第11期，署名欧阳予倩。1962年12月由中国戏

剧出版社出版单行本。

1960年

高举红旗、坚持不懈——欢迎日本“前进座”

载1960年2月16日《北京日报》，署名欧阳予倩。

一个好戏——天津市越剧团的《文成公主》观后

载1960年2月20日《文汇报》，署名欧阳予倩。

欢迎日本“前进座”诸友（诗）

载1960年2月20日《光明日报》，署名欧阳予倩。

精彩的演出，深厚的友谊——日本前进座剧团演出观后

载1960年2月22日《人民日报》，署名欧阳予倩。

你们是幸福的一代

载1960年2月24日《北京日报》，署名欧阳予倩。

剑器舞

载1960年3月9日《舞蹈》第3期，署名予倩。

中央戏剧学院十年

载1960年4月《戏剧学习》第9期，署名欧阳予倩。

唐代舞蹈续谈

载1960年6月9日《舞蹈》第6期，署名欧阳予倩。

《赤胆红心》观后

载1960年6月18日《光明日报》，署名欧阳予倩。

中日文艺战士心连心

载1960年6月26日《文艺报》第12期，署名欧阳予倩。

可喜的黔剧《秦娘美》

载1960年6月30日《戏剧报》第12期，署名欧阳予倩。

有关戏剧表演导演艺术的两个问题

载1960年8月11日《文汇报》，署名欧阳予倩。

继承传统并发扬传统

载1960年8月13日《光明日报》，署名欧阳予倩。

戏剧表演导演艺术的三个问题——《毛泽东思想指导下的戏剧表导演艺术》的第二、三部分

载1960年8月30日《戏剧报》第16期，署名欧阳予倩。

又新又美的歌舞剧《刘三姐》

载1960年9月8日《人民日报》，署名欧阳予倩。

欢迎日本话剧团

载1960年9月17日《光明日报》，署名欧阳予倩。

1961年

1961新年展望

载1961年1月30日《戏剧报》第1、2期合刊，署名欧阳予倩。

坚决支持刚果人民的英勇斗争

载1961年2月28日《戏剧报》第4期，署名欧阳予倩。

幕前的话——写在话剧《黑奴恨》上演的时候

载1961年6月9日《北京晚报》，署名欧阳予倩。

欧阳予倩给周信芳的贺信

载1961年12月30日《戏剧报》第23、24期合刊。

1962年

春节病中偶吟（二首）

载1962年3月3日《北京日报》，署名欧阳予倩。1962年10月11日《文艺报》第10期转载。

漫谈工人戏剧创作

载1962年3月25日《工人日报》，署名欧阳予倩。

追念梅兰芳同志

载1962年8月7日《人民日报》，署名欧阳予倩。

1979年

欧阳予倩谈《黑奴恨》——在中央实验话剧院《黑奴恨》剧组的两次谈话

载1979年10月《戏剧艺术论丛》第1辑，文末署王南记录整理，孙维世校阅。

关于继承传统和研究斯氏体系

载1979年《戏剧学习》第2期，署名欧阳予倩。

1980年

唐代舞蹈引言

载1980年1月《文艺论丛》第9辑，署欧阳予倩遗作。

唐代舞蹈总论

同上。

欧阳予倩著作书目

苏关鑫

潘金莲（五幕话剧）

1928年10月15日上海新东方书店出版。前有自序，除收入《潘金莲》外，还附有他改译的日本谷崎润一郎作的两幕剧《空与色》。

予倩论剧（戏剧论文集）

1931年广州泰山书店出版。目次：戏剧改革之理论与实际；民众剧之研究；戏剧与宣传；动的艺术；戏剧之布帛菽粟化；演《怒吼吧中国》谈到民众剧；戏剧运动之今后。附录：戏剧是艺术还是娱乐（日本小山内薰作，予倩译）；日本戏剧运动之经过（同上）；当作剧场来看的莫斯科艺术剧院；游戏剧论（正文标题为巴尔德夫斯基的“游戏剧”说）；包多丽许研究（日本岸田国士作，欧阳予倩译）；陕西易俗社之今昔；怎样完成戏剧运动。

自我演戏以来（自传）

1933年由神州国光社初版发行，1959年5月经作者修订加注，由中国戏剧出版社重印。目次：前言；童年的爱好；春柳社的开场；申酉会；广西的生活；同志会；社会教育团；文社；春柳剧场；作京戏演员的时期；在南通住了三年；离开南通以后；国民剧场的经过。附录：回忆春柳；谈文明戏；我怎样学会了演京戏；我自排自演的京戏；广东戏剧研究所的经过情形。

青纱帐里（三幕剧）

1937年10月上海大时代出版社初版，列为“抗战小文库之一”，前有序言。

梁红玉（京剧、桂剧本）

1938年分别由上海杂志公司和国防艺术社同时出版。

欲魔（原名黑暗之势力，五幕剧）

托尔斯泰原作，欧阳予倩改编，1939年8月现代戏剧出版社出版。

忠王李秀成（五幕剧）

1941年10月桂林文化供应社初版，前有序言。

谭嗣同书简

1942年1月桂林文化供应社初版，欧阳予倩选辑。内收谭嗣同给欧阳中鹄的书简27封。附录有唐才常给欧阳中鹄的书简9封和欧阳中鹄分别给他们的书简14封。书前有谭嗣同的手迹两幅和欧阳予倩撰写的序。

闲事闲谈（杂文集）

1942年3月桂林大千书屋出版，列为“孤星丛书”之一，共收杂文32篇。

人面桃花（五场京剧）

1955年10月北京宝文堂书店出版。

孔雀东南飞（八场京剧）

1955年10月北京宝文堂书店出版。

欧阳予倩剧作选

1956年5月人民文学出版社出版，共收入独幕剧6个，多幕剧2个。目次：前言；屏风后；车夫之家；买卖；同住的三家人；不要忘了；越打越肥；忠王李秀成；桃花扇；附记。

中国戏曲研究资料初辑

1957年7月中国戏剧出版社出版，欧阳予倩主编，戏曲论文资料集。目次：序言（欧阳予倩）；京戏一知谈（欧阳予倩）；谈汉剧（周贻白）；论长沙湘戏的演变（黄芝冈）；试谈粤剧（欧阳予倩）；谈楚剧（周贻白）；闽剧（周贻白）；滇剧（杜颖陶）。

桃花扇（三幕九场话剧）

1957年10月中国戏剧出版社出版，前有序言，末附曲谱。

桃花扇（十一场京剧）

1959年3月中国戏剧出版社出版，前有序言（一）（二），后有附录：剧情梗概；1958年中国京剧院排演桃花扇的职演员表。

我怎样学习演京剧（自传）

1959年4月北京宝文堂书店出版，共分四节：一、学唱；二、学做；三、学念；四、学打。

欧阳予倩选集

1959年6月人民文学出版社出版，有前言，入选剧目除增加五幕剧《潘金莲》外，其余同欧阳予倩剧作选。

话剧、新歌剧与中国戏剧艺术传统（论文）

1959年11月上海文艺出版社出版，全文分10小节，有顺序数字，无小标题。

一得余抄（1951—1959年艺术论文选）

1959年12月作家出版社出版，内收作者解放后所写的艺术论文35篇。目次：我要为实现伟大的共产主义理想贡献一切；争取艺术科学研究的大跃进；今天的艺术科学研究工作；学习增加了我的勇气和信心；太阳光里百花开；在传统的基础上创造最新最美的戏剧艺术；中国戏曲研究资料初辑序言；话剧、新歌剧与中国戏剧艺术传统；谈幕表戏；演员必须念好台词；台词课教学大纲的说明；话剧演员的基本训练与文艺修养；京戏一知谈；我怎样学会了演京戏；我自排自演的京戏；谈粤剧；一个成功的好戏《关汉卿》；歌颂中朝友谊的《友谊》；谈昆剧《十五贯》和《长生殿》的演出；《红霞》开了昆曲的新生面；真正的演员——美的创造者；看了《金玉奴》的一点感想；高歌健舞情何限；百花齐放中的桂戏；发扬我国舞蹈艺术的优良传统；试谈唐代舞蹈；狮子舞；看了苏联舞剧《巴黎圣母院》以后；我看到了具有高度感染力的舞蹈艺术；欢迎罗马尼亚人民共和国部队歌舞团；我喜爱匈牙利人民的艺术；唱剧《沈清传》的艺术成就；紧紧的握手，诚恳的学习；谈芭蕾舞剧《白毛女》；日本的歌舞伎。

电影半路出家记（回忆录）

1962年1月中国电影出版社出版，共分14节：一、小引；二、第一次学编电影剧本《玉洁冰清》；三、《三年以后》第一次作电影导演；四、想替被压迫者说句公平话的《天涯歌女》；五、希望电影成为教育工具；六、第一次拍有声影片《新桃花扇》；七、企图暴露封建家庭罪恶的《清明时节》；八、影片《小玲子》及其他；九、电影讽刺喜剧《如此繁华》的尝试；十、配合抗日战争宣传的《木兰从军》；十一、为什么编写《关不住的春光》；十二、香港永华公司种种；十三、关于大光明影片公司和《野火春风》；十四、我最后导演的影片《恋爱之道》。在正文前有作者剧照和工作照数帧。

黑奴恨（九场话剧）

1962年12月中国戏剧出版社出版，另附后记。

欧阳予倩文集第1卷

1980年8月中国戏剧出版社出版，系作者话剧创作的结集。共收入 8个独幕剧：泼妇；屏风后；车夫之家；小英姑娘；买卖；同住的三家人；越打越肥；桂林夜话。1个默剧：言论自由。4个多幕剧：不要忘了；忠王李秀成；桃花扇；黑奴恨。书前有田汉的代序和本卷说明，书后有附录3篇：黑奴恨后记；欧阳予倩剧作选附记；欧阳予倩选集前言。

欧阳予倩文集第2卷

1980年8月中国戏剧出版社出版，系作者戏曲创作的结集。共收入8个京剧本：黛玉葬花；馒头庵；晴雯补裘；黛玉焚稿；人面桃花；渔夫恨；桃花扇；孔雀东南飞。4个桂剧本：梁红玉；木兰从军；抢伞；关王庙。1个歌剧：荆轲。书前有本卷说明，书后有附录2篇：桃花扇序言（一）；桃花扇序言（二）。

唐代舞蹈

1980年8月上海文艺出版社出版，欧阳予倩主编。目次：怀念欧阳老（杨荫浏）；回忆欧阳予倩对新舞蹈运动的贡献——纪念欧阳予倩九十诞辰（吴晓邦）；唐代舞蹈序（阴法鲁）；引言（欧阳予倩）；第一章唐代舞蹈总论（欧阳予倩）；第二章唐代舞蹈分述（内分6节，除“剑器”为欧阳予倩执笔示范外，余由王克芬、孙景琛、董锡玖分头执笔）；结语（欧阳予倩）；后记（王克芬、孙景琛、董锡玖）。

欧阳予倩戏曲选

1982年8月长沙湖南人民出版社出版，共收入4个京剧本：人面桃花；渔夫恨；桃花扇；孔雀东南飞。2个桂剧本：梁红玉；木兰从军。

欧阳予倩评论文章目录索引

苏关鑫

（一）作家生平思想的评论和回忆

欧阳予倩之《晴雯补裘》（照片）
载1918年11月上海交通图书馆出版的《鞠部丛刊》。

吴我尊、欧阳予倩之《未了缘》（照片）
同上。

欧阳予倩与赵醉梅
同上。

欧阳予倩之诗牍（照片）
同上。

余上沅致欧阳予倩、洪深、汪仲贤信（1925年11月19日）
原件由洪深保存，见洪深：《中国新文学大系·戏剧集导言》。

余上沅致欧阳予倩信（1926年1月4日）
同上。

一九三一初期剧坛的乱动，从北平到广州
（按：其中有两条记载欧阳予倩在广州的消息。）载1931年3月30日《文艺新闻》第3号。

欧阳予倩的《杨贵妃》——肥婆京旦在广州之最后命运　　佛　朗
载1931年8月24日《文艺新闻》第24号。

“欧阳予倩为人若何与本题无涉”　　胡春冰
载1931年9月14日《文艺新闻》第27号。

欧阳予倩竟扬言要上海话剧运动复兴
载1931年11月23日《文艺新闻》。

欧阳予倩氏二十年前小影及其化装像
载1933年3月5月《矛盾》第1卷第5、6期合刊（戏剧专号）。

中国戏剧家在日本——日本戏剧界与欧阳予倩和王莹
载1934年9月2日《戏》周刊第3期。

中国剧界前辈从上海到香港——欧阳予倩在孤岛奋斗大有收获
载1938年4月16日《立报》。

上海影人纷纷来到香港生活五光十色
载1938年4月20日《立报》。

戏剧家欧阳予倩印象　　金　柳
载1938年4月22日《大众日报》。

群英会——港沪戏剧电影界昨讨论合作纲领　　子　荣
载1938年4月23日《立报》。

名戏剧家欧阳予倩访问记　　哈庸凡
载1938年5月28日《克敌》第12期。

敌人口中的上海电影界
日本崎松启次作，梅堪译
（按：文中提到欧阳予倩拒与日本人周旋的问题。）载1938年7月25日《抗战戏剧》第2卷第4、5期合刊。

戏剧艺术家的志节问题　　田　汉
（按：文中表彰了欧阳予倩高尚的民族气节）载1938年7月25日《抗战戏剧》第2卷第4、5期合刊。

欧阳予倩由梧来港
载1938年8月31日《星岛日报》。

广西的戏剧——欧阳予倩访问记　　圣
载1938年10月10日《戏剧杂志》第1卷第2期。

全港文化界纪念鲁迅　　刘　宁
（按：文中提到欧阳予倩担任纪念会主席团成员）载1938年10月23日《大众日报》。

戏剧消息
（按：内提及欧阳予倩为中旅剧团导演《夜光杯》事）载1938年10月28日《星岛日报》。

剧团公演讯
（按：内提及欧阳予倩为时代剧团导演《雷雨》、《油漆未干》事）载1938年11月12日《星岛日报》。

上演《正气歌》的意义
（按：内提及为中旅剧团导演《正气歌》)载1938年11月19日《星岛日报》。

业余话剧社将正式成立，特聘请戏剧家欧阳予倩担任顾问
载1938年11月25日《立报》。

中华艺术团昨晚成立
（按：该团由中旅剧团部分演员分化出来另行组建，欧阳予倩应邀担任导

演）载1938年12月11日《大公报》。

中艺公演，二十七日起一连三天演出均属新编名剧
载1939年4月26日《星岛日报》。

一个月的报告　适　夷
（按：文内提及欧阳予倩为文协香港分会研究部电影戏剧组负责人。）载1939年5月2日《大公报》。

为庆祝欧阳予倩寿辰，《黄花岗》决再义演，戏剧界定期举行国民宣誓
载1939年5月8日、22日《大众日报》。

我记忆中的欧阳予倩　西　冷
载1939年5月21日《大众日报》。

欧阳予倩与金大小姐
载1946年4月27日《戏剧画报》第1期。

欧阳予倩（附欧阳氏剧照）　布
同上。

怀念欧阳予倩先生　老　哥
（按：此文通篇是攻击之词）载1946年8月16日桂林《中央日报》。

来函照登　广西艺术馆会计室
（按：此文是对上文一些事实的辩正。）载1946年8月26日桂林《中央日报》。

欧阳先生被逼离桂　任
载1946年9月7日《群众》周刊第12卷第7期。

欧阳予倩先生的道路　田　汉
载1946年9月12日《文萃》第47期。

欧阳予倩流落广州
载1946年9月17日《解放日报》。

欧阳予倩先生泛谈港沪戏剧 本报记者
施　坚
载1946年10月2日《华商报》。

欧阳予倩先生离桂内幕及今后动向
俞　晨
载1946年11月11日《西南日报》。

“新中国”·欧阳予倩·《桃花扇》
何　泛
载1947年6月12日《大公报》的《戏剧与电影》周刊第34期。

话剧界三先进：欧阳予倩、熊佛西、田汉（摄影）
载1948年2月1日《文潮月刊》第4卷第4期。

记欧阳予倩先生六十大寿庆　胡文基
载1948年7月7日《影剧》第1卷第1期。

戏剧家欧阳予倩的光辉道路　安瑞华
载1955年12月13日《北京日报》。

戏剧界的老前辈，共产党的新战士——记者访欧阳予倩同志
载1955年12月16日《新观察》第24期。

欧阳予倩同志等宣誓入党
载1956年1月9日《戏剧报》第1期。

一个追求真理的戏剧家欧阳予倩
李伯钊
同上。

作家小辞典：欧阳予倩
载1958年2月12日《读书月报》第2期。

热情·关怀·帮助——记老艺术家欧阳予倩、梅兰芳给青年舞蹈演员排练
夏　虹
载1960年11月9日《舞蹈》第11期。

缺少了些什么？——从欧阳予倩、梅兰芳同志给我们排舞谈起　胡果刚
载1961年4月9日《舞蹈》第3、4期合刊。

我国著名艺术家、戏剧教育家欧阳予倩同志逝世
载1962年9月22日《人民日报》。

我国著名艺术家、戏剧教育家欧阳予倩（生前活动照片）
载1962年9月23日《光明日报》。

悼欧阳予倩同志　熊佛西
载1962年9月23日《文汇报》。

悼老战友欧阳予倩同志　田　汉
载1962年9月24日《人民日报》。

悼我的老师欧阳予倩同志　袁文殊
同上。

首都各界公祭欧阳予倩同志陆定一主祭郭沫若沈钧儒陪祭
载1962年9月25日《人民日报》。

欧阳予倩同志治丧委员会收到国内外唁电唁函二百余件
载1962年9月25日《光明日报》。

悼念欧阳老　白云生
载1962年9月25日《人民日报》。

敬悼我们的导师　老舍
载1962年9月25日《光明日报》。

悼欧阳予倩同志　喜彩莲
同上。

追悼欧阳予倩　叶恭绰
同上。

永不忘却的纪念　周信芳
载1962年9月25日《文汇报》。

挽欧阳予倩同志　田　汉

载1962年9月25日《大公报》。

悼予倩同志　田　汉

载1962年9月26日《光明日报》。

欧阳予倩同志遗作手迹

载1962年9月26日《文汇报》。

遥悼欧阳老师　葛次江　顾曼庄

载1962年9月26日《福建日报》。

悼念我们的老院长　郑振瑶

载1962年9月26日《北京晚报》。

师门迢递哭南欧　金素雯

载1962年9月26日《新民晚报》。

悼念著名艺术家欧阳予倩

载1962年9月26日《天津晚报》。

欧阳予倩与桂剧　李　寅

载1962年9月26日《南宁晚报》。

惊悉欧阳予倩先生逝世感怆志悼　周　鼐

载1962年9月26日《桂林日报》。

欧阳予倩同志你永远活在我们中间　张　庚

载1962年9月27日《北京日报》。

欧阳予倩先生二三事　郑逸梅

载1962年9月27日《新民晚报》。

回忆欧阳老师　尹羲等

载1962年9月27日《广西日报》。

永志不忘的教诲——记欧阳老给我们排《人面桃花》　李小娥等

载1962年9月27日《广西日报》。

为中国新戏剧运动鞠躬尽瘁——追忆欧阳予倩老先生　郑天健

载1962年9月27日《广西日报》。

欧阳予倩在广州的一次演出　郑大雯

载1962年9月27日《羊城晚报》。

思想·生活·技巧——学习欧阳予倩同志的编剧遗言杂感　洪　非

载1962年9月28日《安徽日报》。

悼欧阳予倩同志　郑振瑶

载1962年9月28日《天津日报》。

沉痛的悼念　侯　枫

载1962年9月28日《广西日报》。

悼欧阳予倩先生　吕集义

同上。

上海文艺界集会——追悼欧阳予倩同志

载1962年9月30日《文汇报》。

忆欧阳老　　李　门
载1962年10月5日《羊城晚报》。

诲人不倦的欧阳院长　　肖　驰
载1962年10月6日《中国青年报》。

欧阳予倩学京戏的故事　　朱郁华
载1962年10月6日《羊城晚报》。

悼老院长欧阳予倩同志　　赵　路
载1962年10月7日《天津日报》。

哀悼欧阳予倩同志　　戴爱莲
载1962年10月9日《舞蹈》第5期。

痛悼欧阳予倩老师　　克　芬
同上。

悼念欧阳予倩同志　　张光年
载1962年10月11日《文艺报》第10期。

纪念他，学习他——悼欧阳予倩同志　　顾仲彝
载1962年10月15日《上海戏剧》第10期。

悼欧阳予倩同志诗七首　　田　汉
同上。

悼念老战友欧阳予倩同志　　周信芳
同上。

我的父亲欧阳予倩　　欧阳山尊
载1962年10月15日《南宁晚报》。

欧阳予倩与易俗社　　李哲明
载1962年10月16日《陕西日报》。

欧阳予倩在湖南的戏剧活动　　钟　言
载1962年10月17日《新湖南报》。

我国著名艺术家、戏剧教育家欧阳予倩同志逝世
载1962年10月18日《戏剧报》第10期。

忆欧阳老二三事　　熊佛西
同上。

学习他的革新精神　　马连良
同上。

痛失良师　　胡恨生
同上。

哭欧阳先生　　凤　子
同上。

忆欧阳老师在桂林　　尹　羲
同上。

痛悼欧阳予倩伯伯　　筱白玉霜
同上。

悼老战友欧阳予倩同志　　田　汉
同上。

悼念亲爱的老战友——予倩同志 周信芳
同上。

一笛秋风唱尾声——悼欧阳予倩同志 周贻白
同上。

悼念欧阳予倩老师 尹 羲
载1962年10月20日《广西文艺》第10期。

你永远是我们学习的榜样——哀悼欧阳予倩老院长 谭伟明等
同上。

悼念欧阳予倩同志 瞿白音
载1962年10月26日《大众电影》第10期。

欧阳予倩和粤剧改革 易 巩
载1962年10月28日《南方日报》。

悼予倩先生 瞿白音
载1962年11月15日《上海戏剧》第11期。

诲人不倦循循善诱的良师 徐 韬
载1962年11月26日《大众电影》第11期。

追怀欧阳予倩同志 铁 尺
载1962年12月1日《雨花》第12期。

悼念欧阳予倩老院长 董锡玖
载1962年12月9日《舞蹈》第6期。

追念欧阳予倩同志 李伯钊
载1962年12月18日《戏剧报》第12期。

怀念我们的老院长 严 正
同上。

戏剧、剧目、英雄人物及其他——献给欧阳予倩同志的《挂剑吟》 田 汉
载1963年2月20日《剧本》第2期。

欧阳予倩与粤语话剧 梁 轲
载1963年4月19日《羊城晚报》。

欧阳予倩与红楼戏 曲六乙
载1963年9月15日《上海戏剧》第8、9期合刊。

欧阳予倩与广东戏剧研究所 梁 轲
载1963年9月20日《羊城晚报》。

忆欧阳予倩同志 袁世海
载1963年9月21日《光明日报》。

怀念敬爱的欧阳予倩老师 董锡玖 王克芬
载1963年10月9日《舞蹈》第5期。

欧阳予倩同志战斗的一生 李伯钊
载1963年10月20日《戏剧报》第10期。

首都戏剧界纪念欧阳予倩逝世一周年（简讯）
同上。

现代中国剧曲影艺集成　曹聚仁辑
（按：此书为大型剧、曲、影的资料集，分甲、乙两编，收2000多幅照片和20多万字的评论记述。在文字部分中，专辟《纪念欧阳予倩》一栏，共分10节，各节标题为：①中国的易卜生；②文明戏；③前驱者的甘苦；④从《宝蟾送酒》到《潘金莲》；⑤广西的生活；⑥学无常师；⑦淑世的精神；⑧在南通；⑨在广州；⑩谈粤剧。此外在《名家谈艺录》中，又收入欧阳予倩的《京戏一知谈》和《试谈粤剧》两文。）1971年7月香港出版。

艺坛红专立楷模——纪念欧阳予倩九十诞辰　董锡玖
载1979年5月11日《北京日报》。

怀念我们的老院长欧阳予倩　常　青
载1979年5月18日《人民戏剧》第5期。

戏曲艺术实验室里培育的《人面桃花》——记欧阳予倩老师晚年的一次表、导演艺术实践　樊　放
同上。

欧阳予倩诞辰九十周年纪念演出（消息和剧照）
载1979年5月28日《剧本》第5期。

回忆欧阳予倩对新舞蹈运动的贡献——纪念欧阳予倩九十诞辰　吴晓邦
载1979年5月30日《舞蹈》第3期。

后生长仰楷模——深切怀念欧阳予倩老师　董锡玖
同上。

欧阳老师教我研究舞蹈史　王克芬
同上。

自古激流别金沙——怀念欧阳予倩老院长　许还河
载1979年《戏剧学习》第2期。

春柳依依，桃李芬芳　董锡玖
同上。

过去的美好岁月——欧阳先生往事片断　[日本]胡　儿
同上。

永远年青的老艺术家　蓝　光
载1979年10月《戏剧艺术论丛》第1辑。

迈进毋畏路途艰——怀念欧阳予倩老师　尹　羲
同上。

欧阳予倩与桂林剧运　魏华龄
载1979年12月23日《广西日报》。

知之为知之，不知为不知——忆欧阳予倩同志谈舞蹈史研究　　孙景琛
载1980年《舞蹈艺术》第2期。

桂剧《梁红玉》演出前后——忆欧阳予倩先生　　关　玉
载1980年3月1日《广西文艺》第3期。

一息尚存此志不容稍懈——回忆我的父亲欧阳予倩　　欧阳敬如
载1980年8月《文化史料》第1辑。

欧阳予倩与桂剧改革　　丘振声
载1980年10月15日《学术论坛》第4期。

一个未能实现的愿望——回忆我与欧阳先生在桂林的两次合作　　凤　子
载1981年1月8日《广西日报》。

回忆欧阳予倩先生　　季小波
载1981年2月28日《上海戏剧》第1期。

欧阳予倩轶事　　关　玉
载1981年2月1日《广西文学》第2期。

怀念我的父亲——欧阳予倩　欧阳敬如
载1981年4月20日《辽宁戏剧》第2期。

扇上桃花，笔底波澜　　欧阳敬如
载1981年《艺术世界》第2期。

欧阳予倩艺术生平纪略　　陈丁沙
载1981年3月《戏剧学习》第1期。

“迈进毋畏路途艰”——回忆我父亲欧阳予倩在广西　　欧阳敬如
载1981年5月15日《学习论坛》第3期。

欧阳予倩年表　　欧阳敬如　董锡玖
载1981年5月《戏剧艺术资料》第4期。

欧阳予倩　　毕　华
载1981年10月《新剧作》第5期。

欧阳予倩与南通伶工学校　　江上行
载1981年11月《江苏戏剧》第11期。

李叔同与欧阳予倩　　刘炎臣
载1981年10月1日《剧坛》第1期。

记欧阳予倩和罗常培、老舍谈话剧台词课　　贺　健
载1982年2月25日《文艺研究》第1期。

欧阳予倩与金素琴　　江上行
载1982年5月5日《西湖》第5期。

辉煌的艺术巨星——纪念欧阳予倩逝世二十周年　　宋铁铮
载1982年《戏曲研究》第3期。

“砍枝要发芽”——忆欧阳予倩老师给我排《拾玉镯》、《烤火》　　尹　義
载1982年10月18日《人民戏剧》第10期。

关于欧阳予倩“两起艺术教育”问题的商榷　欧阳敬如
载1982年《文艺情况》第11期。

欧阳老师要我学曲艺——关于台词训练的片断回忆　贺　健
载1982年12月1日《剧坛》第7期。

忆欧阳老导演《日出》　曹　藻
载1982年12月18日《人民戏剧》第12期。

启蒙者和导师　欧阳山尊
载1982年12月20日《戏剧论丛》第3辑。

回忆欧阳予倩老院长给我们排戏　澹台仁慧
同上。

（二）创作或活动的总评

读欧阳予倩的旧剧作品——兼论旧剧改革　易　庸（即廖沫沙）
载1942年9月10日《戏剧春秋》第2卷第3期。

旧剧改良问题——一个新闻记者所看到的改良旧剧运动　龚啸岚讲　美野笔记
载1945年9月30日《文艺先锋》第7卷第3期。

剧艺大众化的道路——复李健吾先生　田　汉
载1946年5月25日《周报》第38期。

战斗的五十年——介绍《中国话剧运动五十年史料集》第1辑　北　风
载1958年1月30日《人民日报》。

欧阳予倩和他的剧作选　蓝田玉
载1959年《文学书籍评论丛刊》第5期。

读《一得余抄》所得　田念萱
载1961年2月9日《上海戏剧》第2期。

欧阳予倩研究戏曲声腔的成就　蒋星煜
载1961年11月16日《光明日报》。

谈欧阳予倩同志的话剧创作　田　汉
载1962年11月20日《剧本》第10、11期合刊。

《欧阳予倩文集·代序》（即《他为中国戏剧运动奋斗了一生》）　田　汉
载1980年8月中国戏剧出版社出版的《欧阳予倩文集》卷首，又载1980年10月《戏剧艺术论丛》第3辑。

予倩话剧创作谈（即《谈欧阳予倩同志的话剧创作》一文的节录）　田　汉
载1982年《艺术世界》第1期。

（三）《忠王李秀成》的评论

读《忠王李秀成》（两篇）　韦昌英　黄　今
载1941年10月15日《文艺生活》第1

卷第2期。

拥护《忠王李秀成》　　澹台灭闇
载1941年12月15日《野草》第3卷第3、4期合刊。

关于《拥护忠王李秀成》——答林帆先生　　澹台灭闇
载1942年5月15日《野草》第4卷第1、2期合刊。（按：澹台灭闇即绀弩，上述两文后收入1942年11月30日作者在桂林远方书店出版的单行本《早醒记》。）

《李秀成之死》等剧本宣扬了什么思想　　罗思鼎
载1964年11月19日《文汇报》。

（四）《桃花扇》的评论

《桃花扇传奇》与桂剧《桃花扇》　　易声伯
载1940年5月11日《公余生活》第2卷第11期。

论《桃花扇》的人物　　肖　获
载1947年6月19日和26日《大公报》副刊《戏剧与电影》周刊第35期和36期。

欣赏话剧《桃花扇》　　吴　赴
载1957年9月14日《新民晚报》。

话剧《桃花扇》中的侯方域　　张志岳
载1958年2月27日《戏剧论丛》第1辑。

话剧《桃花扇》中的杨文聪　　蒋敬生
同上。

如何继承文学遗产——从《桃花扇》的改编谈起　　肖润华
载1960年1月《陕西戏剧》第1期。

由历史人物到戏剧人物——从《桃花扇》中的杨龙友说起　　王　毅
载1961年9月8日《光明日报》。

评《桃花扇》的演出　　邓　辰
载1961年11月11日《福建日报》。

喜看桃花四度开——看中央戏剧学院实验话剧院第四度公演《桃花扇》　　赵　健
载1961年11月30日《戏剧报》第21、22期合刊。

话剧《桃花扇》观后感　　袁世硕
载1961年12月1日《大众日报》。

保留剧目新创造　　凤　子
载1961年12月27日《人民日报》。

《桃花扇》演出史话　　兆　剑
载1962年1月19日《人民日报》。

谈娄际成扮演的杨文聪　　吴承基
载1962年6月15日《上海戏剧》第6期。

也谈侯方域的“出家”问题　刘知渐
载1962年8月23日《光明日报》。

教育人民，打击敌人——略谈欧阳予倩的桂剧剧本《梁红玉》、《桃花扇》的战斗性　季　华
载1962年9月28日《广西日报》。

不应当替投降变节行为辩护——评刘知渐《也谈侯方域的“出家”问题》　穆　欣
载1962年12月29日《光明日报》。

从“煞风景”的侯方域说起　张毕来
载1962年12月29日《光明日报》。

对投降变节行为严正鞭挞——谈《桃花扇》中的侯方域　温超藩
载1963年1月10日《天津晚报》。

从历史的真实到艺术的真实——谈《桃花扇》中侯方域的形象　黄清泉
载1963年6月16日《湖北日报》。

红桃经雨更芳芬——为影片《桃花扇》平反　韩望愈
载1979年12月10日《人民日报》。

（五）舞剧《和平鸽》的评论

舞剧《和平鸽》的演出　光未然
载1950年9月1日《人民戏剧》第1卷第6期。

关于《和平鸽》的音乐创作　章　彦
同上。

参加排演《和平鸽》的感想　陈锦清
同上。

论《和平鸽》　钟惦棐
载1950年11月10日《文艺报》第3卷第2期。

评舞剧《和平鸽》的音乐　焕　之
载1950年12月10日《文艺报》第3卷第4期。

（六）《黑奴恨》的评论

首都作家的新耕耘　朱继勋
载1959年9月17日《人民日报》。

殖民主义者自取灭亡的火山口——欧阳予倩同志的新作《黑奴恨》读后感　凤　子
载1959年12月3日《剧本》第12期。

看话剧《黑奴恨》有感　赵　沨
载1961年6月16日《北京晚报》。

对种族歧视的控诉——中国剧协艺委会座谈《黑奴恨》　田汉　曹禺　阳翰笙等
载1961年6月30日《戏剧报》第11、12期合刊。

五十四年——观话剧《黑奴恨》随感　兆　剑
载1961年7月6日《人民日报》。

谈《黑奴恨》　田　汉
载1961年7月12日《人民日报》。

宁为自由死，决不当奴隶——谈谈话剧《黑奴恨》及其演出　廖可兑
载1961年8月1日《中国青年报》。

谈《黑奴恨》设计的点滴体会　齐牧冬　程　珣
载1961年10月15日《上海戏剧》第10期。

汤姆的觉醒——略谈田成仁在话剧《黑奴恨》中的表演　赵　健
载1961年12月30日《戏剧报》第23、24期合刊。

回忆欧阳予倩同志创作《黑奴恨》　孙维世
载1962年9月25日《人民日报》。

重排《黑奴恨》有感　孙维世
载1963年9月21日《人民日报》。

宁愿站着死去，决不跪着求生——谈欧阳予倩改写的剧本《黑奴恨》　闻　华
载1963年9月24日《大公报》。

起来，不愿做奴隶的人们——看话剧《黑奴恨》　乐　生
载1963年10月4日《福建日报》。

黑人的正义斗争一定要胜利——看话剧《黑奴恨》有感　东如流
同上。

血泪·仇恨·斗争——话剧《黑奴恨》观后随感　黎　军
载1963年10月23日《北京日报》。

惊雷在美洲上空滚动——看牡丹江市京剧团演出的《黑奴恨》　李安恒
载1963年10月30日《黑龙江日报》。

《黑奴恨》观后　吉　成
载1963年12月4日《辽宁日报》。

与时代脉搏一起跳动　澹台仁慧
载1964年1月20日《戏剧报》第1期。

战斗吧，黑人弟兄——话剧《黑奴恨》观后　长　山
载1964年1月23日《鞍山日报》。

香港演出的《黑奴恨》　李乔治
载1980年2月《南国戏剧》第2期。

（七）其他话剧及戏曲、电影的评论

戏剧协社的三出独幕剧：《好儿子》（汪仲贤编）、《月下》（徐卓呆编）、《回家以后》（欧阳予倩编）

载1924年12月15日《文学》第152期。

演了《泼妇》以后　徐公美
载1926年7月作者在光华书局出版的《戏剧短论》。

《杨贵妃》与予倩先生　罗　复
载1930年1月20日《南国周刊》第15期。

《潘金莲》　张继纯
载1931年1月25日北平《晨报》剧刊第5期。

从欧阳予倩说到《潘金莲》　飘　篷
载1936年4月15日《新民报》。

潘金莲与毛剑秋　绿　庐
载1938年1月15日《戏》周刊（沈剑公发行）第3期。

李绮年在《潘金莲》中　阿　兰
载1942年《话剧界》第1卷第5期。

《名优之死》《潘金莲》，令人长忆“鱼龙会”
载1957年8月10日《人民日报》。

《名优之死》和《潘金莲》观后　舒绣文
载1957年9月4日《戏剧报》第16期。

怀旧与祝新——为《潘金莲》与《名优之死》上演而作　孟　超
载1957年9月12日《人民日报》。

《小玲子》　旅　冈
载1936年11月10日《电影戏剧》第1卷第2期。

划时代的《梁红玉》与《渔夫恨》　醉　芳
载1938年1月29日《戏》周刊第5期。

欧阳予倩编导之改良平剧《梁红玉》全剧之场面（剧照）
同上。

《梁红玉》的两个演出——桂演与平演　卜斯水
载1939年5月8日《救亡日报》。

推荐《木兰从军》
载1939年2月17日《大晚报》。

谈《木兰从军》（电影介绍）　江　山
载1939年12月20日《救亡日报》。

《欲魔》评　朱　丹
载1942年《话剧界》第1卷第17期。

《旧家》观后　本朝古人
载1944年2月29日《力报》。

看《野火春风》 司马文森
载1948年12月14日《华商报》。

《野火春风》观后所感 周 伟
载1948年12月15日《华商报》。

评《野火春风》 梓甫 达之等
载1948年12月19日《华商报》。

谈《关不住的春光》编导 朱 诚
载1949年2月20日《华商报》。

我看《恋爱之道》 葛 琴
载1949年6月27日《华商报》。

重新和中国影片见面——看《恋爱之道》试片之后 杨云慧
载1949年6月28日《华商报》。

欧阳予倩早期编导的三部影片
程季华 李少白 邢祖文
中国电影发展史第1卷第105—108页，中国电影出版社1963年版。

欧阳予倩编剧或导演的三部影片
程季华 李少白 邢祖文
同上卷，第430—434页。

喜剧片《天作之合》和《如此繁华》
程季华 李少白 邢祖文
同上卷，第478—480页。

《木兰从军》的摄制和所谓“古装片”的泛滥 程季华 李少白 邢祖文
中国电影发展史第2卷第100—106页。

欧阳予倩战后第一个电影剧作——《关不住的春光》
程季华 李少白 邢祖文
同上卷，第228—231页。

《弱者，你的名字是女人》及其他作品 程季华 李少白 邢祖文
同上卷，第293—295页。

“大光明”和《野火春风》、《水上人家》等片的拍摄
程季华 李少白 邢祖文
同上卷，第320—324页。

“南群”的两部优秀作品：《恋爱之道》和《结亲》
程季华 李少白 邢祖文
同上卷，第324—330页。

1983年8月初稿
1984年2月二稿

编后记

欧阳予倩是我国话剧运动的创始人之一，但我过去除了看过他的几个剧本之外，所知甚少。编写本书，是我学习、熟悉欧阳老的一个极好机会。

应该承认，对于编写本书的困难，我缺乏必要的思想准备。刚接任务，原以为难度不大，只需半年，定可完成；然而从1981年暑假动手以来，我竟用上了4个寒暑假和2段教学轮空时间！实践嘲弄了我的轻视资料的想法是何等幼稚可笑。

从1907年参加“春柳社”到1962年在京逝世，欧阳予倩在戏剧工作岗位上不间断地奋斗了50余年。他在浏阳、长沙、东京、上海、南通、南京、广州、桂林、香港、北京等地，少则耽过一年，多则十来年，至于辗转流徙作短暂停留的地方就更多了。要把他长达50余年在上述各地所从事的戏剧活动、所写过的作品文章以及他人的评述，搜集起来作一番钩稽考察，在当前我们图书馆信息储存十分落后的情况下，实非易事。没有捷径，只有笨干：解放后的有报刊目录索引可寻，找到原文，核实一下即可；解放前的就只能埋头于报刊的深山大海中苦苦寻觅了。我按作家大致活动的时间和地区，搜寻他可能发表文章的当时当地报刊，发现蛛丝马迹，就扩大线索。深山探宝，大海捞针，殚精竭力，日积月累，搜集到数十万字材料。经过筛选、归纳、整理，晨抄暝写，未敢怠惰，终于编成了现在这么个样子。

需要说明的是，欧阳予倩一生经历丰富，涉足的领域相当广泛。

他在话剧创作、理论、电影编导、戏剧教育、旧剧改革诸方面均有所建树。在整理和选录时，我力图兼顾这些方面的成就，求得较为准确地反映作家的全貌。入选的文章，限于篇幅，有的只能存目，有的作了节录，明显的误排已作了改正，其余悉依原样。个别史实和少数索引加上简要按语，便于读者参考。有的剧本虽知其名而查无实据者，如《团长之死》、《曙光》等，只得暂告阙如。

在编选过程中，承北京、上海、昆明、南京、南通、广州、桂林等地及中央戏剧学院、上海戏剧学院、南京大学、云南大学、中山大学等校图书馆的热情支持，给予查阅资料之便，欧阳予倩的女儿欧阳敬如同志介绍情况、提供照片，赵铭彝先生对“年表”提了宝贵意见，香港中文大学卢伟銮女士手抄复印了欧阳老在港的有关材料，初稿又经文学研究所徐迺翔同志认真审阅，剧协研究室沈毅同志和出版社的编辑同志为出版本书花了不少精力，在此一并致谢。

“筚路蓝缕，以启山林”，古人曾以此比喻创业之难，本书虽非创业，但其中甘苦，确也尝到一些。限于编者水平及种种条件，错误、遗漏和编排失当之处肯定不少，祈请专家、读者批评指导。

编　者

1984年2月于桂林广西师范大学